地图上的
第二次世界大战
ATLAS OF WORLD WAR II

[英]戴维·乔丹（David Jordan）　[英]安德鲁·威斯特（Andrew Wiest）　著

穆强　金存惠　译　徐玉辉　审校

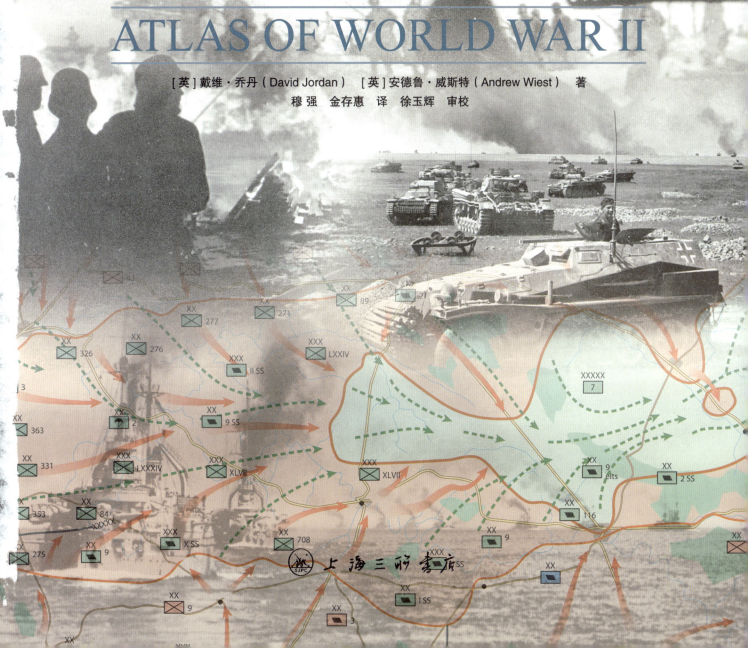

上海三联书店

目 录
Contents

第 **1** 部分　战争背景 /1

第一次世界大战打破了1815年以来的旧的世界秩序，但《凡尔赛和约》等终战条约并没有反映出新的势力均衡，也漠视了德国、苏联、日本以及——（某种程度上）意大利的崛起。这些新兴强国都认为受到了第一次世界大战终战条约的蒙骗，因而寻求伸张"正当权益"的机会。

德国乱局　/2　　　　　　　轴心国　/9

西班牙内战　/7　　　　　　波兰走廊　/19

第 2 部分 闪电战

到了1939年9月，希特勒决意走向战争，复国不久的波兰成了他眼中的待宰羔羊。与苏联达成了分割波兰的协议之后，希特勒确信法国和英国对于波兰领土完整的保证不过是虚张声势。波兰即将成为（纳粹）德国军队展示实力的舞台。

苏联的军事理论　/22　　　法国陷落和"发电机"行动　/36

东线战争爆发　/25　　　不列颠之战　/37

苏芬冬季战争　/28　　　"鹰袭"计划　/40

闪击西欧　/30　　　伦敦大轰炸　/40

渡过默兹河　/33

第 3 部分　欧洲大陆的空战

战略轰炸的理论产生于两次世界大战期间。该理论提出，只要规模够大、力度够强，单靠空军的轰炸行动就足以迫使敌国屈服。但是，盟军损失的大量年轻飞行员——以及德国科隆、德累斯顿等地无辜且无助的平民——证明这个理论是行不通的。

1941—1942 年的对德轰炸　/51　　　大火焚城　/56

毁灭性的新台阶　/52　　　战争末期　/59

第 4 部分　大西洋战场

　　在英国与希特勒的持久战中，其补给线完全依靠美国和其殖民地。如果德国海军的潜艇能够击沉足够多的船只，就能切断运往英国的原料和美国武器，英国将被迫乞和。大西洋的战斗激烈而持久。

战争爆发　/63　　　　　　克竟全功　/76

"欢乐时光"的终结　/66　　败局已定　/77

危机时刻　/67

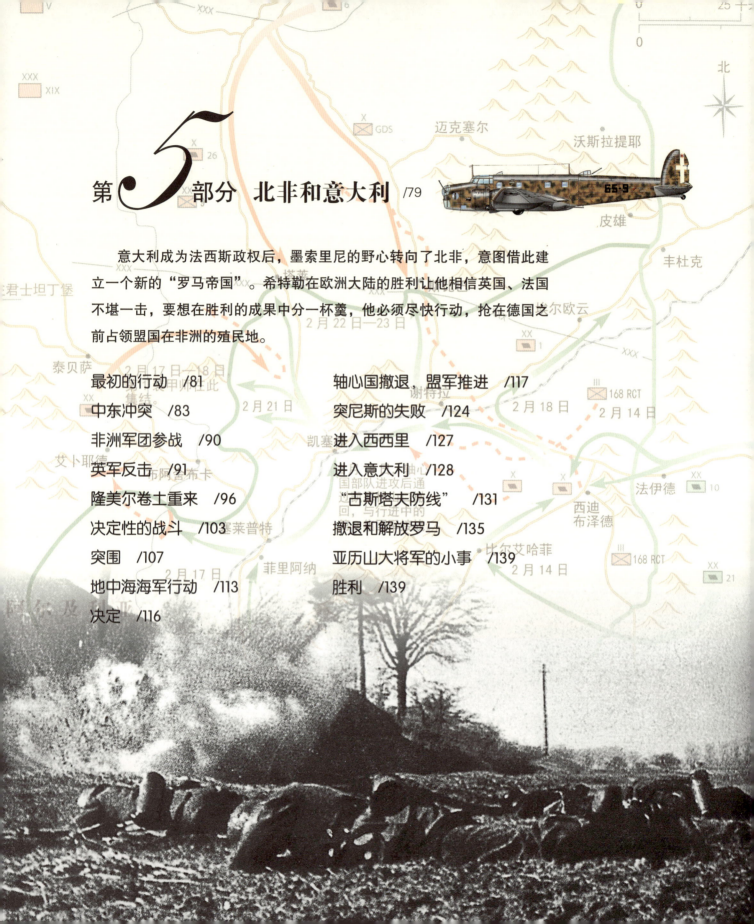

第5部分　北非和意大利 /79

意大利成为法西斯政权后，墨索里尼的野心转向了北非，意图借此建立一个新的"罗马帝国"。希特勒在欧洲大陆的胜利让他相信英国、法国不堪一击，要想在胜利的成果中分一杯羹，他必须尽快行动，抢在德国之前占领盟国在非洲的殖民地。

最初的行动　/81

中东冲突　/83

非洲军团参战　/90

英军反击　/91

隆美尔卷土重来　/96

决定性的战斗　/103

突围　/107

地中海海军行动　/113

决定　/116

轴心国撤退，盟军推进　/117

突尼斯的失败　/124

进入西西里　/127

进入意大利　/128

"古斯塔夫防线"　/131

撤退和解放罗马　/135

亚历山大将军的小事　/139

胜利　/139

第 **6** 部分 东线 /143

征服苏联一直是希特勒的理想。尽管受到巴尔干半岛战事的牵制，希特勒还是在1941年6月22日集结强大军队，要为德国开疆辟土。但苏联并未被立即征服，而仅仅四年之后，苏军攻占了德国首都。

巴尔干半岛 /147

"巴巴罗萨"行动 /147

"台风"行动 /151

列宁格勒 /153

苏联工业的疏散 /156

斯大林格勒和哈尔科夫 /161

1943 年 3 月的东线 /164

重取哈尔科夫 /165

坦克大战 /167

库尔斯克 /167

进军第聂伯河　/171

解放乌克兰和克里米亚　/176

列宁格勒和卡累利阿前线　/179

南斯拉夫　/181

"巴格拉季昂"行动　/181

华沙起义　/186

德国的反应　/188

罗马尼亚和波兰　/188

巴尔干半岛　/194

布达佩斯和维也纳　/197

进军奥得河　/201

目标柏林　/204

德意志的终结　/205

第 7 部分　西线战场

　　1944年6月6日，美国、英国和加拿大军队在诺曼底海滩登陆，在西欧开辟了第二次世界大战场。经过几个月的艰苦战斗，打开了通往柏林的道路，但盟军的后勤和德国的顽强抵抗使得战争没能在1944年结束。寒冷的冬天延长了战争，1945年5月战争才会结束。

孤立的英国　/212

全球战略　/213

"哥萨克"的计划　/213

诺曼底　/215

突破计划　/216

法莱斯和解放巴黎　/220

法国南部和 1944 年 9 月进军　/220

蒙哥马利的大胆计划　/225

阿纳姆战役　/232

"突出部之役"　/235

进占莱茵河　/239

跨过莱茵河　/241

最后阶段　/241

第 **8** 部分　太平洋战争

　　自日本帝国海军偷袭美国的珍珠港海军基地开始，直到美国向日本本土扔下名为"小男孩"和"胖子"两颗原子弹，其间日本和美国一直在太平洋地区展开激战。中途岛海战之后，日本在太平洋战区咄咄逼人的态势迅即遭到遏制；尽管如此，彻底打败日本军队还需经历数年苦战。

如意盘算　/252

珍珠港事件　/253

日本的扩张　/258

入侵马来半岛和新加坡　/259

印度洋空袭　/264

入侵缅甸　/271

入侵菲律宾　/276

入侵荷属东印度　/277

珊瑚海 /280

中途岛海战 /280

瓜达尔卡纳尔岛 /285

最后阶段 /287

新几内亚 /300

胜利的起点 /301

"车轮"行动 /302

阿留申群岛战役 /303

缅甸"钦迪特"支队 /304

太平洋局势 /309

中太平洋的航母打击行动 /309

吉尔伯特群岛战役 /313

日本商船 /321

菲律宾海海战 /321

第二次若开攻势 /329

缅甸的盟军攻势 /331

塞班岛、关岛和天宁岛 /331

1944 年年末至 1945 年春的太平洋局势 /337

重返菲律宾 /339

麦克阿瑟的胜利 /341

反攻缅甸 /343

硫黄岛和冲绳岛 /345

苏联红军出兵中国东北 /347

烈焰和原子弹 /349

日本投降 /351

第 *9* 部分　结语 /357

　　这场战争以多种方式给世界留下了印记。数以百万计的男女在军中服役，或在军工厂中劳作；更多人在战斗、屠杀、针对欧洲和日本城市的轰炸中死亡。之后，世界分为两极，一面是苏联，另一面是它曾经的盟友，它们将要在核时代中展开对抗。

战争动员　/358　　　　人员伤亡　/361

和平　/360　　　　　　高死亡率　/363

地图说明

军事单位类型

⊠　步兵

◆　装甲兵

⌣　空降兵

☉　伞兵

•　炮兵

军事单位大小

XXXXX　集团军群

XXXX　集团军

XXX　军

XX　师

X　旅

III　团

II　营

I　连

军事行动

➤　进攻

⇢　撤退

✈　飞机

✷　爆炸

⊕　机场

地理标志

建筑

城市地区

路

铁路

河流

季节性河流

运河

边界

桥梁或通道

沼泽 / 湿地

岩石和沙滩

林地

单位换算

本书中用到的英制/美制单位与公制单位的换算关系如下：

1英寸 = 2.54厘米

1英尺 = 12英寸 = 0.3048米

1码 = 3英尺 = 0.9144米

1英里 = 1760码 = 1.6093千米

1平方英尺 = 0.0929平方米

1加仑（美制）= 3.7854升

1加仑（英制）= 4.5461升

1磅 = 0.4536千克

1节 = 1.852 千米/小时

1平方英尺 = 0.09290304平方米

1磅力 = 0.004445 千牛 = 4.445牛

1磅力/平方英寸 = 0.00689兆帕 = 6.894757千帕

1马赫 = 1225千米/小时

1海里 = 1.852千米

第**1**部分
战争背景

第一次世界大战打破了1815年以来的旧的世界秩序，但《凡尔赛和约》等终战条约并没有反映出新的势力均衡，也漠视了德国、苏联、日本以及——（某种程度上）意大利的崛起。这些新兴强国都认为受到了第一次世界大战终战条约的蒙骗，因而寻求伸张"正当权益"的机会。

暮气、剧变、新的冲突呼之欲出……第一次世界大战留给欧洲的就是这样一个暗含祸患的局势。第一次世界大战（1914—1918）首先是一个灾难，但不止于此，它的终结还是一个懦弱的妥协。第一次世界大战的罪魁祸首德国战败了，但其本土未曾经历战火，其国力根基也未遭重大破坏。终战条约《凡尔赛和约》只是战胜国内部两种极端意见的折中，诡异而无可避免的折中：在战争中遭受了惨重损失的法国以确保德国无力再次威胁他国为目标，主张彻底削弱德国；然而，依照伍德罗·威尔逊（Woodrow Wilson）总统提出的"十四点和平原则"，美国主张"宽宏大量"的和平。之后的历史证明，法国和美国之间的这个折中极其危险。

第一次世界大战过程中，俄国对德作战屡遭失败，时至1917年，内忧外困的俄国爆发了一场持续四年的革命。并且，这个曾经的第一次世界大战战胜国还失去了其在东欧的大片领土，尤其值得注意的是其中的波罗的海三国和波兰。长期以来的一流强国奥匈帝国须臾之间分崩离析，在奥匈帝国原来的领地上出现众多民族国家，这永久地改变了欧洲的势力均衡。然而，最具影响的还是德国的第一次世界大战命运。由于被视为引发第一次世界大战的罪魁祸首，战胜国强迫其承担全部战争责任和战争赔款、接受严苛的军事限制并割让1/3的国土。《凡尔赛和约》让德国蒙受了巨大的羞辱，德国社会因此濒临崩溃，但同时又为德国留下了巨大的恢复空间：德国在西欧诸国中依旧人口最多、经济潜力巨大、自然资源丰富。

战后初期的混乱之中，不少欧洲国家兴起了致力于实现既有政治制度的极端主义政党。由于俄国革命的鼓舞，欧洲大陆的左派赢得了相当的政治支持，进而开始积极组织罢工活动。与此针锋相对的是，视左派为威胁、以打击左派为己任的极右政党也纷纷创建。1923年，贝尼托·墨索里尼领导的法西斯主义者在意大利取得政权，右翼政党及其支持者赢得了一次出人意料的胜利。

德国乱局

此时德国的政治形式可谓危若累卵。采用民主政体的魏玛共和国尝试以中间路线

重新规划欧洲

　　1919年《凡尔赛和约》用严苛的条款为第一次世界大战画上了句号，但德国对此的不满却与日俱增。《凡尔赛和约》的签订让中欧政治局势发生了剧变。德国在1871年占领的阿尔萨斯和洛林还给了法国，重要的采煤区萨尔区被国际联盟托管了15年。莱茵兰在永久解除武装前也被联军占领了15年。

　　但最重要的领土变更是在东部：波兰在此前分属德国和沙俄的土地上重建，重新出现在欧洲的地图上。德国最重要的损失是"波兰走廊"，这片通往波罗的海的、德意志民族的土地被划给了波兰，目的是保障这个新生国家的生存。德国的主权领土但泽港被改为一座自由市，由国际联盟托管，但波兰有使用权。德国因此损失了大量的领土，但德国大部分的核心人民和经济潜力还在。德国仍是欧洲大陆最强大的经济体，人口数量仅次于苏联。这个国家仍有潜力，已经准备好在20世纪30年代在希特勒的野心的引领之下崛起。

　　掌控危局，但面对种种经济灾难，民众质疑的正是"民主制度是否适合德国"这个更具根本性的问题。1923年，由于战争赔偿问题引发的争执，法国直接出兵占领德国的工业区鲁尔，德国的通货膨胀由此失控。第一次世界大战之前，德国马克对美元汇率为4.2，而在通胀的最高点，这一汇率变成了4.2万亿。经济危机彻底摧毁了德国的中产阶级，并迫使越来越多的民众站到激进政党的队列里去了。

　　"德意志国家社会主义工人党"（The National Socialist German Workers' Party，NSDAP）便是其中一个人数不多但非常活跃的政治团体，该党被普遍称之为"纳粹党"（The Nazis）。在极具个人魅力的党首阿道夫·希特勒的领导下，纳粹党人不知疲倦地从当时的艰难时世中汲取政治支持。通过雄辩的演说和盛大的仪式，希特勒向德国民众发出了强有力的信息。纳粹党人向民众许诺：打破《凡尔赛和约》套在德国人身上的枷锁，重建德国经济，最终恢复伟大德意志的荣光！纳粹党人还告诉德国民众：眼下的所有不幸，全该归咎于左派和犹太人！

　　在魏玛共和国期间，德国的经济曾一度有所恢复，但到了1929年，全球性的"大萧条"开始，灾难再次降临德国。复苏之中的德国中产阶级再次濒临绝境，这引发了一场支持纳粹党的高潮，纳粹党由此成为德国第一大政党。经过大量骚乱和政治"巷战"之后，阿道夫·希特勒（于1933年1月30日）出任德国总理，德国进入了纳粹时代。

　　由于"大萧条"造成的经济和政治动荡，欧洲各国外交政策发生重大变动，正是这些外交政策为将来的战争划定了阵营。在德国，希特勒一上任就宣布扩充德国军备，着手废除《凡尔赛和约》。但是，希特勒内阁——某种意义上的国际社会弃儿——同时又宣布与波兰签订《德波互不侵犯条约》，这是希特勒内阁上台后签署的第一个外交协定。更加胆大的是，德国还在试图吞并奥地利或者组建德国—奥地利联盟。

　　德国的崛起让意大利和苏联都恐慌不已。为阻遏德奥合并（Anschluss），墨索里尼命令部队开进意大利—奥地利边界地区；1935年，英国、法国及意大利的代表在意大利的斯特雷萨举行会议，成立了预防、抗衡德国侵略的"斯特雷萨阵线"；同年，出于对德国强盛的恐惧，苏联则先后与法国及捷克斯洛伐克签订了防御性的《法苏互助条约》和《捷苏互助条约》。如此，希特勒德国在很大程度上遭到了国际社会的外交孤立。

　　不幸的是，意大利在非洲的野心妨碍了"斯特雷萨阵线"国家预防、抗衡（德国发动）战争的共同目标。1935年10月3日，墨索里尼派军队侵入埃

芬兰
赫尔辛基
塔林
爱沙尼亚
里加
拉脱维亚
立陶宛
奥斯陆
斯德哥尔摩
挪威
北 海
瑞典
丹麦
哥本哈根
柯尼斯堡
但泽
（国际联盟管辖
下的不设防城市）
东普鲁士
格拉斯哥
爱丁堡
英国
都柏林
利物浦
爱尔兰
伯明翰
阿姆斯特丹
荷兰
汉堡
柏林
华沙
波 兰
布里斯托尔
伦敦
加莱
布鲁塞尔
比利时
卢森堡
德 国
法兰克福
萨尔
（国际联盟管辖下
的自治区）
克拉科夫
布拉格
捷克斯洛伐克
巴黎
维也纳
布达佩斯
奥尔良
伯尔尼
列支敦士登
奥地利
匈牙利
大西洋
法 国
瑞士
的里雅斯特
贝尔格莱德
里昂
米兰
威尼斯
南斯拉夫
波尔多
热那亚
圣马力诺
马赛
摩纳哥
亚
得
里
亚
海
阿
尔
巴
尼
亚
安道尔
意
大
利
葡萄牙
巴塞罗那
科西嘉岛
罗马
马德里
西班牙
那不勒斯
阿利坎特
撒丁岛
地 中 海
加的斯
巴利阿里群岛
爱奥尼亚海
直布罗陀（英）
阿尔梅里亚

塞俄比亚。英法两国——非洲大陆的主要殖民国家——被迫做出反应，通过国际联盟对意大利实施经济制裁，墨索里尼为此狂怒不已。希特勒从中找到了机会：他预计正为埃塞俄比亚的事情争执不下的英法意无暇他顾，趁机小试牛刀，派兵进入莱茵兰非军事区，时为1936年3月7日。对于德国军队开进《凡尔赛和约》和《洛迦诺公约》规定的莱茵兰非军事区（仍属德国领土）的行为，英法两国选择了默认——他们不愿因此和德国开战。绥靖主义悄然浮出水面：隐身其后的是德国日益壮大的实力，墨索里尼敏锐地嗅出了这一点。

西班牙内战

　　德国占领莱茵兰非军事区之后不久，西班牙的紧张政治局势演变成了一场内战，弗朗西斯科·佛朗哥将军领导的法西斯军队与忠于左翼的联合政府的军队［指西班牙第二共和国（1931年4月14日—1939年3月28日）总统曼努埃尔·阿扎尼亚领导的共和政府军与"人民阵线"左翼联盟］展开了激烈厮杀。内战期间，德国和意大利都与弗朗哥达成了一致，并向后者提供各种援助。另一方面，苏联则向西班牙共和政府提供援助并派遣志愿者进入西班牙参战。残酷的西班牙内战直到1939年才结束，弗朗哥领导的右翼集团取胜。因为这场内战，意大利和德国两国走得更近了，而苏联却疏远了西方盟国。

　　西班牙内战的过程中，意大利对德国实力的上升留下了深刻的印象，于是在1936年退出了"斯特雷萨阵线"，以密切与第三帝国（the Third Reich）的关系。与

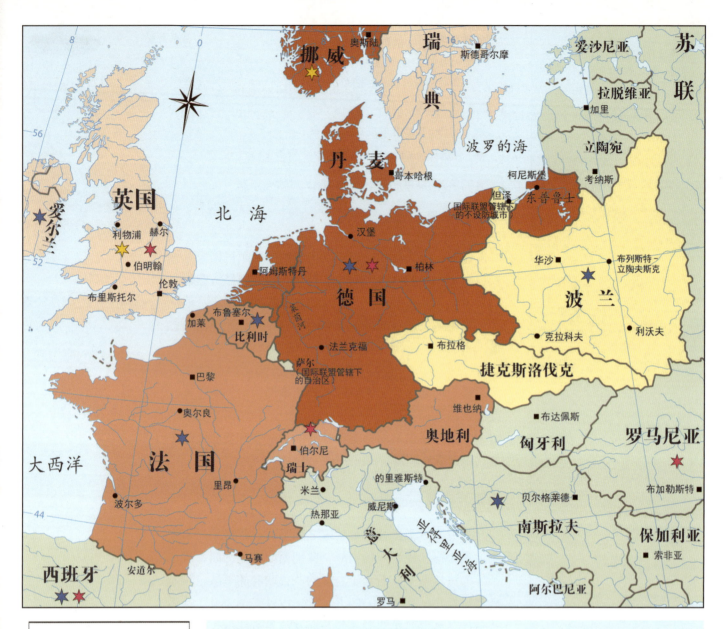

欧洲经济大萧条

工人失业率（%）

- 31.7
- 28
- 23
- 18
- 13

★ 出现罢工潮的地区

★ 静坐示威罢工地区

★ 出现暴乱、示威或起义地区

大萧条

尽管世界上的国家都在努力恢复欧洲的经济——尤其是美国，但第一次世界大战的损失非常巨大。德国在1923年的恶性通货膨胀后更加衰弱，世界经济在第一次世界大战后也没能真正恢复。

1929年10月，美国股票市场崩盘的事件导致了大萧条。失业、贫困、饥饿横扫世界。在欧洲，经济崩溃导致激进党派大受欢迎，法西斯党也是如此。

在此情况下，德国、西班牙加入了意大利的法西斯阵营。在东欧，从北部的爱沙尼亚到南方的希腊，处在夹缝之间的国家无不处境艰难、压力巨大，因为它们的东边是苏联，西边是纳粹德国。只有捷克斯洛伐克是自由民主政权，和法国、英国、低地国家、斯堪的纳维亚半岛在同一阵营。这为这个地区爆发冲突打下了基础。

此同时，比利时也加入了这场外交纷争。由于与法国结成了密切的军事联盟，比利时在即将到来的对德战争中扮演了一个重要角色。比利时的以埃本－埃马尔要塞为基础的防御体系构建起来并开始发挥作用，盟军的众多军事战略都以埃本－埃马尔要塞为倚仗。然而，考虑到外交局势的新进展和盟国的弱点，比利时于1936年宣布中立——这使得法国的军事谋划陷入了极大的混乱。

轴心国

国际局势急遽演变，德国在欧洲的地位不断增强。缘此之故，墨索里尼认为，意大利的未来在于与德国建立并维持一种联盟关系。1936年11月，德国和意大利签订了一个承诺在可预见的未来开展一般性德意合作的

▼ 在德国南部举办的一次党代会（建党节）上，元首阿道夫·希特勒视察棕色制服的冲锋队。冲锋队帮助他在1933年登台，但之后他们的领导者——或许是唯一能威胁希特勒地位的人——罗姆在"长刀之夜"（Night of the Long Knives）［又称血洗冲锋队，德语中更常称罗姆政变（德语：Röhm-Putsch），是一次发生于德国1934年6月30日至7月2日的清算行动，纳粹政权进行了一系列的政治处决，大多数死者为纳粹冲锋队成员。］中被清洗。控制了德国之后，希特勒决定挑战欧洲的民主政权。

挪威

奥斯陆

斯德哥尔摩

瑞典

波罗的海

英国

爱丁堡

北　海

丹麦

哥本哈根

柯尼斯堡

但泽
（国际联盟管辖下
的不设防城市） 东普鲁士

伯明翰

汉堡

柏林

华沙

波　兰

伦敦

德　国

莱茵河

法兰克福

克拉科夫

加莱

布拉格

巴黎

萨尔
（国际联盟管辖下
的自治区）

捷克斯洛伐克

奥尔良

维也纳

法　国

伯尔尼
瑞士

奥地利

波尔多

里昂

的里雅斯特

米兰

威尼斯

南斯拉夫

马赛

热那亚

意
大
利

亚
得
里
亚
海

葡
萄
牙

罗马

马德里

巴塞罗那

那不勒斯

西班牙

巴利阿里群岛

地　中　海

阿利坎特

56

52

48

40

8

0

16

两国间协定。在这个含糊其词的被称为"柏林-罗马轴心"（the Rome - Berlin Axis）的条约中，墨索里尼巧妙地为意大利保留了战争条件下的自主权。然而，虽然墨索里尼将来会经常对德国的军事冒险提出质疑，但他还是忠实地执行了上述两国间协定——直到被游击队曝尸街头为止。

在远东地区，中国（世界历史上的传统强国）的衰微和新兴的世界强国日本之间的战争正日益走近。自恃拥有一支现代化的陆军和海军，日本决定与西方列强一决高下：侵占军阀连年混战、国民党统治不稳的中国，建立自己的殖民帝国。

日本的野心与俄国人发生了冲突，后者也对中国的领土觊觎不已。在1905年的日俄战争中取得了出人意料的胜利之后，日本又吞并了朝鲜，并在中国东北诸省攫取了一系列特殊权益，从而巩固了自身在东北亚的影响力。第一次世界大战期间，日本厕身获胜的协约国阵营，于是趁第一次世界大战结束（国际社会严惩德国）的时机设法占领了中国的山东半岛。日本在中国连连得手，并最终导致其与太平洋彼岸的强国——美国之间的冲突。

条约和协议

1934—1939年间，德国在外交领域施展的一系列灵巧的谋略，以及同盟国一系列的外交失败，不仅终结了德国的孤立状态，而且让第三帝国有志于发动世界范围的军事行动。1934年，第三帝国惧怕苏联的力量，因而坚决地打破孤立状态，和波兰联合。德国的不足是和奥地利结盟没有成功。因此，奥地利和匈牙利都和保护国意大利签署了协议。

但影响最大的是《法国-苏联-捷克条约》（Franco Soviet Czech Pact）的签署。这个联盟让德国处于危险的战略位置，有可能阻止第二次世界大战的发生。但是由于西欧局势的缓和，这个联盟注定解散。不到一年，外交局势就发生了意味深长的转变。

由于德国的崛起，意大利在1936年签署了《柏林-罗马轴心条约》（Rome Berlin Axis），很快比利时就和法国签署军事协议并宣告中立。1938—1939年，德国的扩张粉碎了《法国-苏联-捷克条约》，欧洲国家终于认识到希特勒的野心和威胁。

欧洲法西斯国家

- 民主国家
- 保守国家
- 法西斯国家
- 苏联
- 右翼势力活动区

▲ 在第二次世界大战于
1939年9月全面爆发之前，
已有大量德国武装部队几
乎全程参加了西班牙内战
（1936年7月17日—1939
年4月1日）。这些德国士
兵在专为支持弗朗哥推翻西
班牙第二共和国政权而组建
的"秃鹰军团"（包括空
军、装甲兵、通信兵、辎重
兵、海军和教练人员，但以
空军人员为主）中获得了宝
贵的战斗经验。在第二次世
界大战爆发的头年，这些经
验发挥了莫大的作用，尤其
是对容克Ju-88轰炸机的机
组人员而言。

　　对于日本人的扩张主义，美国再也不能坐视不管了。富兰克林·罗斯福总统决
定增加对华援助——主要经由法属中南半岛进入中国，美国还开始考虑对日本采取
经济制裁手段。1940年，德国在西欧取得的成功进一步恶化了当时的国际局势，前
景难以预料：荷兰和法国相继陷落，英国也正遭受德国的攻击，它们在亚洲的殖民
地也处境危险。1940—1941年期间，日本人在法属中南半岛设立了军事基地，切断
了意义重大的美国援华路线。罗斯福由此认识到日本即将发动一次新的重大攻势，
目标是马来半岛、荷属东印度，甚至还有菲律宾——美国在亚洲的保护国。为阻止
日本继续扩大对外侵略，罗斯福总统做出了意义重大的"切断对日石油出口"的
决定。罗斯福的决定给了日本人一个意义非常的刺激，因为日本的石油供应88%来
自美国。没有来自美国的石油，日本的军事机器用不了多久就会停止运转。遭此大
劫，日本决计占领石油资源丰富的荷属东印度——太平洋战争渐渐逼近了。

　　与此同时，确信英国和法国不会（立即）阻挠德国的领土野心之后，希特勒再
次开始谋划德奥合并的事宜。1938年2月12日，希特勒在德国巴伐利亚州召开的一次

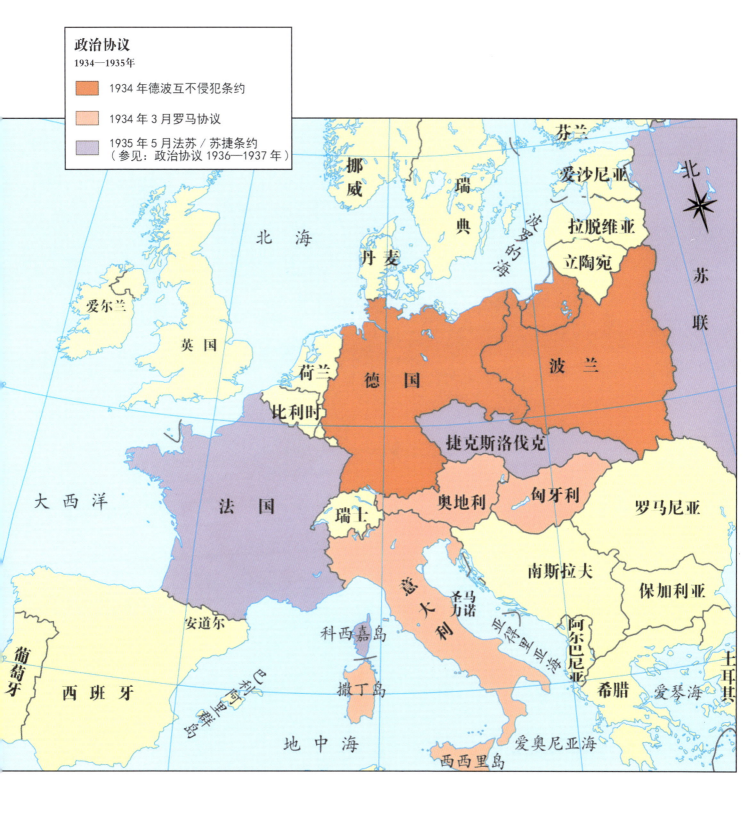

政治协议
1934—1935年

■ 1934 年德波互不侵犯条约

■ 1934 年 3 月罗马协议

■ 1935 年 5 月法苏／苏捷条约
（参见：政治协议 1936—1937 年）

芬兰

挪威

瑞典

爱沙尼亚

拉脱维亚

立陶宛

北

苏联

北海

波罗的海

丹麦

爱尔兰

英国

荷兰

比利时

德国

波兰

大西洋

法国

捷克斯洛伐克

瑞士

奥地利

匈牙利

罗马尼亚

安道尔

意大利

圣马力诺

南斯拉夫

保加利亚

科西嘉岛

阿尔巴尼亚

葡萄牙

西班牙

撒丁岛

地中海

爱奥尼亚海

西西里岛

希腊

爱琴海

土耳其

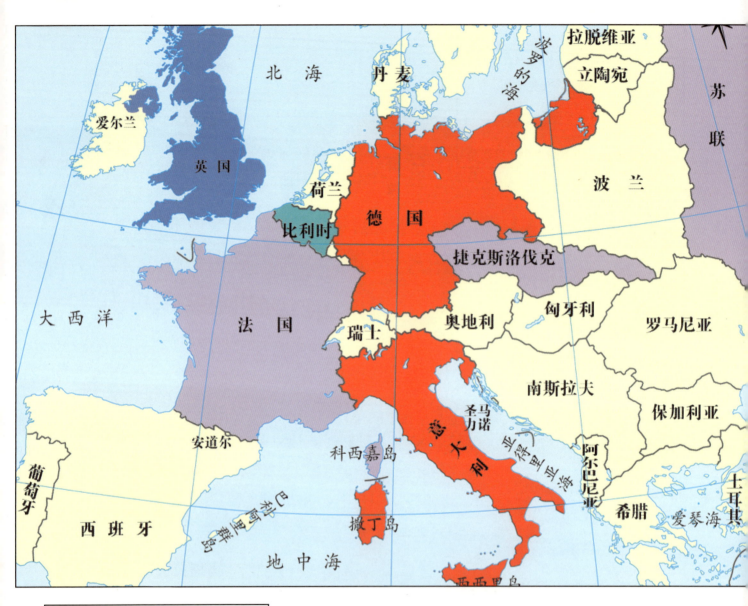

北海
丹麦
波罗的海
拉脱维亚
立陶宛
苏联
爱尔兰
英国
荷兰
比利时
德国
波兰
捷克斯洛伐克
匈牙利
罗马尼亚
大西洋
法国
瑞士
奥地利
南斯拉夫
保加利亚
安道尔
科西嘉岛
意大利
圣马力诺
亚得里亚海
阿尔巴尼亚
土耳其
葡萄牙
西班牙
撒丁岛
地中海
希腊
爱琴海
西西里岛

政治协议
1936—1937年

■ 1936 年 11 月轴心国

■ 1936 年宣布中立的国家

■ 1936 年英埃条约

■ 1935 年 5 月法苏／苏捷条约

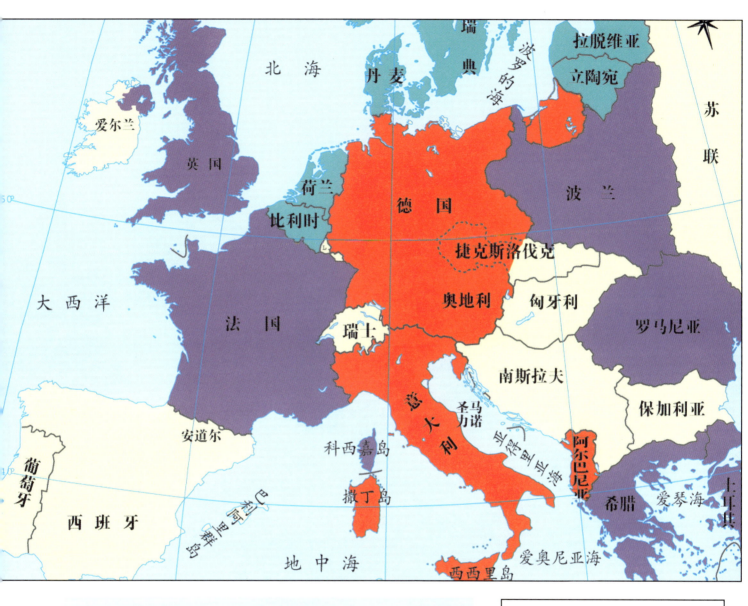

德-日轴心条约

　　尽管希特勒在西线有了重要的进展，但他的长期计划是军事入侵东方——从苏联手中夺取生存空间。为此，希特勒不惜违背他的种族主义论调，和日本结盟——因为日本认为苏联是其在远东的对手。1936年11月，德国和日本签署了《反共公约》（Anti-Comintern Pact）来对抗苏联。两国关系一直都不错，直到日本在1940年正式加入轴心国。德国已经结束了外交孤立状态，到1938年，为了实现目标，开始了一系列更加大胆的外交和军事行动。

会议上恐吓奥地利总理舒施尼格（Schuschnigg）得逞。回到维也纳之后，舒施尼格决定将德奥合并的事宜付诸全民公决，但希特勒想要的不是一个"听天由命"的结果，于是以"即刻入侵"相威胁。见此形势，舒施尼格的立场又有所松动，但德国军队还是于3月12日开进了奥地利；次日，德国正式吞并奥地利。事件的发生和结束让英法两国措手不及，但为此事件与德国开战的意愿也不强烈。这次冒险的全身而退更是助长了希特勒的胆量。

希特勒接着把目光投向了捷克斯洛伐克和靠近德捷边境的苏台德地区（Sudetenland）（历史地名，特指两次世界大战期间捷克斯洛伐克境内与德国接壤的德意志人居住地。——译者注）。相较于德奥合并事件，苏台德事件又有其迥然不同的意义和影响：在外界看来，捷克斯洛伐克完全有能力阻挡德国的侵略，因为该国军力强大，且同时与苏联和法国存在盟友关系。此外，德国的苏台德要求也非常狂妄。至此，希特勒军队对外侵略大概是要戛然而止了。

尽管共同防卫捷克斯洛伐克极有必要，但除非英国愿意联手行动，法国不敢独自对抗德国。就英国而言，其新上任的首相内维尔·张伯伦却一心想着如何避免战争；事实上，他正是对希特勒德国采取"绥靖"政策的倡议者。尽管此时的德国自身也极为担心战争当即爆发的可能前景，希特勒还是决定孤注一掷、虚张声势——他向相关国家发出了"战争是解决苏台德问题的唯一途径"的威胁。面对德国人的战争恫吓，一心只想避免战争的张伯伦不惜两次亲赴德国，为此事展开"私人外交"。然而，张伯伦的主动调停只换来了希特勒的愚弄：欧洲正在"一片安心"中等待战争的到来。

◀ 1937年，日军坦克穿过中国的一条河流，在侵略中国的战争中，日军试图扩大其领土和原材料储备。同时中国军队进行了军事抵抗也给日军造成了不少的损失，同时美日关系也降到了最低点。日本对中国的军事侵略一直持续到1945年，其间占用了其大量的军队和资源。

日军在太平洋的扩张

1920—1941年

日本

京都　东京

长崎

太平洋

中途岛

硫黄岛

复活岛

马里亚纳群岛

塞班岛

马绍尔群岛

关岛（属美国）

雅浦岛

加　罗　林　群　岛

日　本　托　管　区

吉尔伯特岛

俾斯麦群岛

拉包尔

新几内亚

阿拉弗拉海

莫尔斯比港

瓜达尔卡纳尔

珊瑚海

斐济

澳大利亚

一阵狂乱的外交斡旋之后，旨在解决苏台德危机的慕尼黑会议于1938年9月30日召开。在没有苏联和捷克斯洛伐克参与的情况下，英法两国径直与德国达成了以下协定：德国占领整个苏台德地区，区内的强大国防工事和兵工厂也一并纳入德国囊中；捷克斯洛伐克另将指定的领土分别割让给波兰和匈牙利。张伯伦不辞辛劳换来的不过是希特勒"避免新的侵略"的空头支票。从慕尼黑回到伦敦后，张伯伦受到了民众的热情迎接，他挥舞着带回来的文件，并宣称："我们的和平来临了！"

树欲静而风不止。1939年3月，希特勒食言了，德国军队进占捷克斯洛伐克全境。至此，英法两国方才如梦初醒：希特勒乃是出尔反尔、欲壑难填之人。英法随后对波兰（希特勒的下一个入侵目标）的安全给予保证，并向唯一有能力（从东线）遏止希特勒的侵略野心的国家——苏联，发出了笨拙的外交照会。

波兰走廊

德国一直对其东部的"失地"耿耿于怀，尤其是其中的"波兰走廊"和港口城市但泽。经过数年发酵之后，这个问题终于在1939年夏天演变成一场危机。对于德国的收回要求，波兰断然拒绝；之所以如此，部分地是因为害怕苏联效仿德国——夹缝之中的波兰对于分处东西两向的两个强国不得不采取一种"不偏不倚"的外交政策。确信英法两国不会出兵干涉之后，希特勒开始谋划入侵波兰。之于希特勒的这个企图，唯一的绊脚石就是苏联的可能反应。不过，苏联部长会议主席以及新上任的外交部部长莫洛托夫（Molotov）此时的观点是：西方盟国承诺的支持是不可靠的，不如暂与希特勒合作，以待从长计议。

1939年8月23日，心怀鬼胎的希特勒和苏联签署了《苏德互不侵犯条约》。令英法两国震骇不已的是，这个条约公开宣布：一旦苏联或德国与第三国发生战争，德国或苏联将就此保持中立。事实上，希特勒和斯大林在这份条约中还秘密协定了有关"瓜分"苏德两国之间的大部分东欧国家的事宜：德国占有波兰西部和立陶宛若干区域，苏联则占有芬兰、拉脱维亚、爱沙尼亚以及罗马尼亚若干区域。1939年9月1日凌晨4点40分，德军联合其附庸国斯洛伐克的军队入侵波兰。只要苏联保持"善意的"中立，英法两国必定重回对德"绥靖"的政策轨道，希特勒如此盘算。出乎希特勒之意料且令其极为不安的是，9月3日，英国、法国先后对德宣战——第二次世界大战的欧洲部分揭开了序幕！

希特勒的吞并之路

1935—1939年，希特勒一系列的外交胜利不仅稳固了其国内地位，还把欧洲拖到了战争边缘。德国从废墟中崛起的最早例证是萨尔区在1935年公投后重归德国。1936年，希特勒将他的新军队开进了莱茵兰。

此时希特勒的权力有限、军力弱小，是法国和英国反抗希特勒的合适时机，但他们没有。取得意大利的支持后，希特勒很快就在1938年和奥地利结盟。这一年稍后，希特勒在捷克斯洛伐克边境的苏台德地区制造了一次危机。尽管这个地区对捷克斯洛伐克意义重大，1938年的慕尼黑会议后，苏台德地区还是被德国强占。

第二年年初，希特勒占领了捷克的剩余领土。德国占据了外交上的主动，现在已经兵不血刃地占领了两个国家，而英法继续执行绥靖政策。尽管西欧的盟国表示将捍卫波兰边界，但希特勒认为他们不会参战。签署了《苏德互不侵犯条约》后，希特勒认为夺回《凡尔赛和约》中被割让的波兰不会引发强国的对抗。

1940年入侵挪威时的德国伞兵。最初，伞兵对德国的快速胜利起到了重要作用，控制了桥梁和战略要地，是德国进军的开路先锋。对于很多德国人来说，1914—1918年的失败记忆很快就被1939—1940年的横扫之势取代了。多数的德国人都期盼着能够战胜波兰，甚至法国——但肯定没想到如此之快、代价如此之小。

第2部分
闪电战

到了1939年9月，希特勒决意走向战争，复国不久的波兰成了他眼中的待宰羔羊。与苏联达成了分割波兰的协议之后，希特勒确信法国和英国对于波兰领土完整的保证不过是虚张声势。波兰即将成为（纳粹）德国军队展示实力的舞台。

入侵波兰

　　1939年9月1日，德国闪击波兰。海因茨·古德里安指挥的第19装甲军是北方集团军群的铁拳，仅用两天时间就切断了波兰走廊。南方集团军群从捷克斯洛伐克侧面攻击波兰守军。第11装甲军于9月8日抵达华沙市郊，将一些零星抵抗军包围起来。装甲部队继续推进的时候，古德里安于9月9日从东普鲁士向南进攻，后来和从南方攻击的克莱斯特的装甲部队会合。两军在布列斯特-立托夫斯克收紧，同时苏军从东部抵达。

　　第一次世界大战结束之后，世界各国及其军队开始认真反思战争或冲突的意义。大体上，第一次世界大战的各个胜利国很少关注军事创新，一意寻求避免新的战争或冲突。西方很多人认为未来可能的战争与刚刚结束的第一次世界大战在形态上必然相去不远，而在本质上则是防御性的和静态的。尽管如此，也有一些西方军事思想家试图朝前看而不是一直停留在过去。

　　基于意大利的朱利奥·杜黑的军事理论，英国的休·特伦查德和美国的比利·米彻尔认为未来战争的结局将取决于空军。空军的支持者认为，以大规模的轰炸机编队攻击敌国的工业和民事目标，足够迫使对方屈服。由于本国的领土受到了广袤水域的保护，美国和英国的领导人很自然地受到了这种军事理论的吸引。"战略轰炸"的理论由此诞生。但另有一些军事理论家——诸如英国的富勒——则认为，未来战争的决胜关键在于装甲部队。不久之后，很多西方国家的军队发现，正是由于本国对于空中力量的片面重视，他们在与敌国的战争中面临一种明显的劣势。

　　第一次世界大战的战败国尤其是德国和苏联则更加严肃而系统地反思了战争的本质。在热情高昂的海因茨·古德里安等军队将领的领导下，德国军队开始组建装甲军。海因茨·古德里安认为，应该将坦克集中起来，编成装甲师；作为新式战争的机动力量，装甲师将发挥"拳头"的作用，有效避免第一次世界大战时期的"堑壕战"僵局。坦克——协同步兵、工兵及战术空军——将在敌军防线上最脆弱的地点集结，施展联合火力，洞穿于一点；紧接着，坦克将利用其速度优势，持续追击，打乱敌军阵脚，最终加以围歼，达到"毕其功于一役"的效果。希特勒对这种新的军事理论分外着迷，他甚至将主宰欧洲大陆的希望寄托在这种新的军事理论和战术上。

苏联的军事理论

　　在欧洲东部，米哈伊尔·尼古拉耶维奇·图哈切夫斯基（M.N. Tukhachevsky）

入侵波兰
1939年9月1日—28日

德军推进方向
苏军推进方向
波军撤退方向
德军野战工事
波军防线
波军阵地
德苏瓜分波兰分界线

波罗的海

立陶宛

考纳斯

拉布劳

卡尔瓦里亚

东普鲁士

柯尼斯堡

因斯特堡

XXXXX
北方集团军群
博克

苏瓦乌基
XXXX
纳雷夫

格罗德诺

XXXXX

劳恩堡

格丁尼亚

但泽

埃尔宾

奥尔什丁

XXXX
3 屈希勒

沃德里格

比亚韦斯托克

斯图尔皮

XXX
XXI

XXX
I

莫德林和
纳雷夫

XXXX
XXX
XIX
古德里安

XXXXX
IV
克卢格

XIX

XXXXX
波兹摩尔兹

XXXX
莫德林

沃姆扎

XXXX

斯德丁

XXX
III

比得哥什

波 兰

鲁然

谢德尔采

布列斯特-
立托夫斯克

德

国

斯内德姆尔

XXX
III

伊诺弗罗茨瓦夫

弗沃茨瓦韦克

普沃茨克

华沙

苏 联

波兹南

XXXX
波兹南

波兹摩尔兹
XXXX

罗兹

罗兹

科茨克

古本

莱什诺

瓦尔塔河

卡利什

格沃古夫

XXX
V

罗兹
XXXX

托马舒夫

拉多姆

卢布林

XXXXX
克拉科夫

布雷斯劳

XXX
XII

琴斯托霍瓦

凯尔采

喀尔巴阡

XXXX
VIII
布拉斯科维茨

奥波莱
XXX

卡托维兹

热舒夫

XXXXX

XX
XI
赫普纳

奥
得
河

XXX

克拉科夫
XXXX
维斯瓦河

普热梅希尔

XXXX
X
赖歇瑙

XXXX
IV

克拉科夫

塔尔努夫

桑博尔

库特纳霍拉

XXX
VIII

新松奇

喀尔巴阡
XXXX

捷克斯洛伐克

奥洛穆茨

XXX
XVII

新塔尔格

第聂伯河

布尔诺

XXX
VII

兹沃伦

普雷绍夫

XXXXX
南方集团军群
伦德施泰特

特伦钦

XXX
XVII

XXX
XXII

XXX
XVIII

乌日哥罗德

兹诺伊莫

奥地利

特尔纳瓦

XXXX
XIV
李斯特

米什科尔茨

北

布拉迪斯拉发

匈 牙 利

维也纳

多瑙河

布达佩斯

德布勒森

0   100 千米

0   100 英里

入侵波兰时期，德意志国防军为战地记者摆拍照片。在东部的迅速胜利，以及迅速征服挪威，让盟军士兵丧失信心，并让德军铸就了不败的神话。《信号》（*Signal*）之类的杂志也宣扬这种名声，拍摄了很多得意扬扬的德军击败失落的盟军的照片。对于盟军来说，德国的常胜神话及其对士气的影响，要到1942年年末才会消退。

和弗拉基米尔·基里阿科维奇·特里安达菲洛夫（V. K. Triandafillov）领导的苏联军界提出了自己的现代战争理论。苏联的现代战争理论被称为"大纵深"理论（Deep Battle），强调坦克的作用，同样依赖于大规模的装甲部队和各军种之间的协同。有所不同的是，由于"大纵深"理论将敌军视为一个系统，其装甲部队的主要作用被界定为：最大程度地突破敌军的防御纵深、最大程度地打击敌方指挥架构，进而整体性地瓦解敌军，而非"包围和打击敌军有生力量"这个有限的目标。此外，"大纵深"理论还认为，单次的战术性胜利意义有限，重要的是要形成并贯彻、执行一种"将一系列的局部胜利'串联'成战略性胜利"的"作战（指挥）艺术"（Operational Art）。尽管20世纪30年代中后期的"大清洗"运动严重损害了苏军内部创新氛围，但"大纵深"理论及相应的"作战（指挥）艺术"的军事思想还是保存下来了。

东线战争爆发

1939年9月1日，近100万德军士兵越过了波兰的国境线，第二次世界大战的欧洲部分开始了。落后的波兰军队只动员起来了60万人，本就不足的兵力被绵长的防御阵线"稀释"得十分厉害：这正是德军

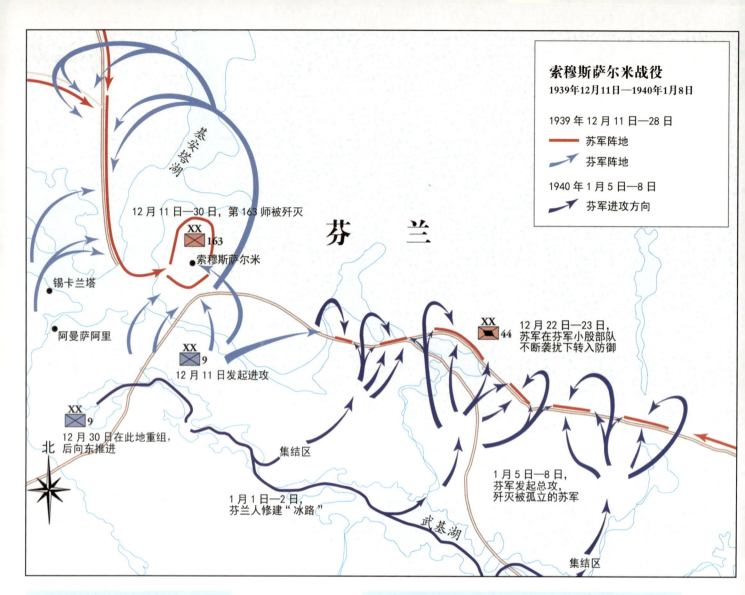

索穆斯萨尔米战役
1939年12月11日—1940年1月8日

1939 年 12 月 11 日—28 日
—— 苏军阵地
→ 芬军阵地

1940 年 1 月 5 日—8 日
→ 芬军进攻方向

芬 兰

12 月 11 日—30 日，第 163 师被歼灭

XX 163

索穆斯萨尔米

锡卡兰塔

阿曼萨阿里

XX 9

12 月 11 日发起进攻

XX 9

12 月 30 日在此地重组，后向东推进

北

XX 44

12 月 22 日—23 日，苏军在芬军小股部队不断袭扰下转入防御

集结区

1 月 5 日—8 日，芬军发起总攻，歼灭被孤立的苏军

1 月 1 日—2 日，芬兰人修建"冰路"

武基湖

集结区

索穆斯萨尔米战役

　　1939年11月，苏军163师穿越基安塔湖（Lake Kianta）来到索穆斯萨尔米（Suomussalmi）。芬兰军队包围了这个师，并切断了其补给路线。到12月30日，该师被消灭。另外的芬兰军队利用可用的冰上小道，在拉特公路（Raate road）沿线袭击刚抵达的苏联第44师，歼灭了多支被孤立的苏军部队。

"虚假战争"

　　西部的盟国发现德国不从马其诺防线经过，也不按预想的那样经过难以通行的阿登高地森林时，便研究出了"D计划"。英法军队进入比利时，在德尔河附近迎击德军。尽管比利时宣布中立，让盟军一度进退两难，但比利时的埃本-埃马尔要塞还是给了盟军准备的时间。

　　德国初始的"黄色计划"（Plan Yellow）就需要这样的攻势，因而对严阵以待的盟军发起攻击。但德军改变了计划，选择出其不意地穿过"不可逾越的"阿登高地。德军的装甲师需要快速穿越英吉利海峡，阻隔并摧毁在比利时的盟军。

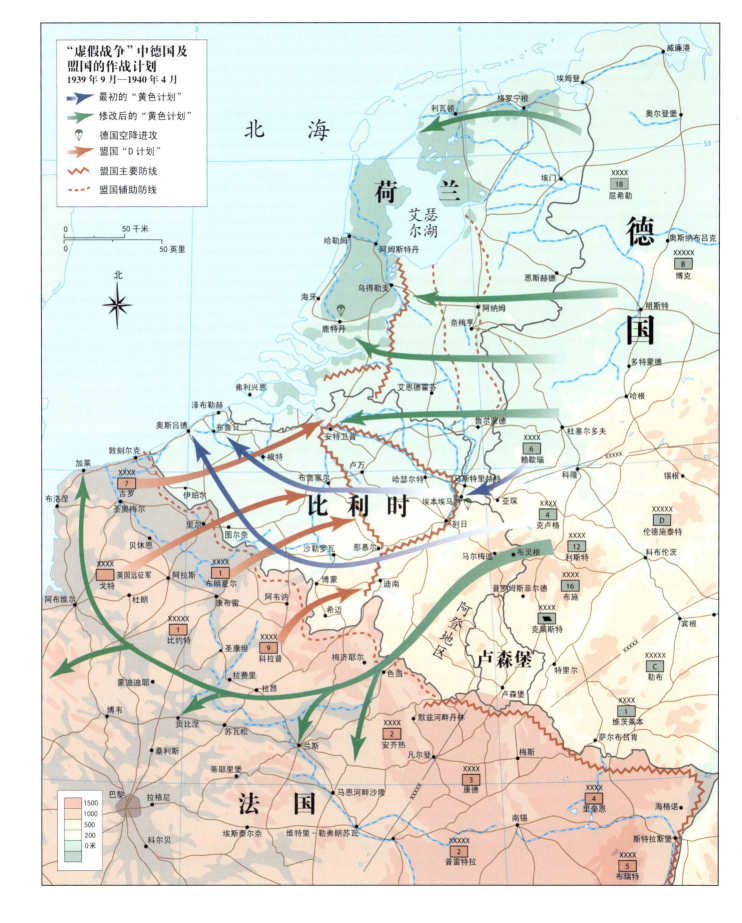

"虚假战争"中德国及
盟国的作战计划
1939 年 9 月—1940 年 4 月

最初的"黄色计划"

修改后的"黄色计划"

德国空降进攻

盟国"D 计划"

盟国主要防线

盟国辅助防线

北 海

荷 兰

德

国

艾瑟
尔湖

比 利 时

阿登
地区

卢森堡

法 国

0   50 千米
0   50 英里

北

50 千米
50 英里

1500
1000
500
200
0 米

威廉港

埃姆登

奥尔登堡

利瓦顿

格罗宁根

埃门

奥斯纳布吕克

XXXX
18
屈希勒

XXXX
B
博克

恩斯赫德

明斯特

多特蒙德

哈根

哈勒姆

阿姆斯特丹

乌得勒支

海牙

鹿特丹

阿纳姆

奈梅亨

鲁尔蒙德

杜塞尔多夫

XXXX
6
赖歇瑙

科隆

锡根

弗利兴恩

艾恩德霍芬

泽布勒赫

奥斯吕德

布鲁日

根特

安特卫普

卢万

布鲁塞尔

哈瑟尔特

马斯特里赫特

埃本埃马尔

亚琛

克卢格

XXXX
4

XXXXX
D
伦德施泰特

科布伦茨

敦刻尔克

加莱

布洛涅

阿布维尔

XXXX
7
吉罗

圣奥梅尔

里尔

伊珀尔

图尔奈

沙勒罗瓦

那慕尔

列日

马尔梅迪

布灵根

XXXX
12
利斯特

XXXX
16
布施

XXXX
克莱斯特

特里尔

普罗姆斯菲尔德

宾根

贝休恩

英国远征军
戈特

杜朗

XXXX
1
布朗夏尔

康布雷

阿拉斯

阿韦讷

希迈

博蒙

迪南

勒布

XXXXX
C

XXXX
1

维茨莱本

萨尔布吕肯

海格诺

XXXXX
1
比约特

圣康坦

拉费里

拉昂

XXXX
9
科拉普

梅济耶尔

色当

卢森堡

默兹河畔丹林

凡尔登

梅斯

里奎恩

XXXX
4

蒙迪迪耶

博韦

贡比涅

苏瓦松

兰斯

马恩河畔沙隆

XXXX
2
安齐热

XXXX
3
康德

斯特拉斯堡

桑利斯

蒂耶里堡

XXXX
5
布瑞特

巴黎

拉格尼

埃斯泰尔奈

维特里-勒弗朗苏瓦

南锡

科尔贝

XXXX
2
普雷特拉

施展"闪击"战术的理想场所！纳粹德国空军（Luftwaffe）首先出动，对波兰空军发动突然袭击，后者大多数战机在地面就被击毁，德军完全掌握了前线的制空权。面对处于绝对劣势的敌手，费多尔·冯·博克（Fedor von Bock）指挥的北方集团军群和格尔德·冯·龙德施泰特（Gerd von Rundstedt）指挥的南方集团军群在波兰境内狂飙突进。其中，战绩最为突出的是德军装甲兵各部。尽管德军装甲部队很多坦克是陈旧的I号坦克，但他们还是轻松地扫荡了英勇抗击的波兰步兵和骑兵部队。9月3日，古德里安指挥的德军第19装甲军成功合围了"波兰走廊"之内的波兰军队。在南路，埃里克·霍普纳（Erich Höpner）指挥的德军第16装甲军也突破了波军防线，并于9月8日抵达华沙郊外。波兰境内的德军势如破竹，但英法两国随即履行了它们对波兰边境安全的担保——它们对德宣战了，这让希特勒吃惊不小。尽管有了来自英法两国的公开支持，但波兰人很快就意识到，他们从西方国家那儿得不到多少实质性的援助。

德军各部在华沙郊外会师——装甲部队突进得更远，在布列斯特-立托夫斯克（现在的布列斯特市，白俄罗斯西南部城市，布列斯特州首府。1921年以前称"布列斯特-立托夫斯克"）城外包围了另一支波军主力。与此同时，苏联军队也从波兰东部攻入。至此，波兰在事实上已经不复存在。面对两大强国的联手攻击，完全暴露在德国空军火力之下的波兰人继续抵抗。1939年9月28日，波兰全境沦陷，德国和苏联完成了对波兰的瓜分。在波兰战役中，"闪击"战术的速度和战斗力优势凸显无遗。面对波兰的迅速陷落，英法两国本该及时汲取教训，但它们只是简单地归罪于波兰军队的无能。

苏芬冬季战争

在欧洲北部，苏联开始四处声张其通过《苏德互不侵犯条约》得来的势力范围。对于小国芬兰，苏联要求占领列宁格勒（Leningrad）［即今天的俄罗斯城市圣彼得堡（St. Petersburg）］附近的卡累利阿地峡（Karelian Isthmus）和拉多加湖（Lake Ladoga）北部。仅有400万人口的芬兰人拒绝了苏联的要求。1939年11月30日，约30个师的苏联部队攻入芬兰境内，而芬兰军队最初投入战斗的仅有9个师。看起来，这将是一场典型的以弱搏强的战争。然而，在芬兰构筑的卡累利阿地峡防御体系——世称"曼纳海姆"防线的面前，苏联军队的攻击惨遭失败。在卡累利阿地峡以北的芬兰防线面前，苏联人败得更加彻底；严寒和崎岖的地形使得补给困难的苏联军队的行进变得异常笨拙。本土作战的芬兰人熟悉地形，又针对严寒的天气做了充分准备，甚至准备好了滑雪板；利用自己的速度和机动性，他们成功地伏击了数支孤立的苏联部队。

时至1940年1月，苏联人的大规模进攻明显受挫；但是，震怒不已且不甘失败的斯大林命令谢苗·铁木辛哥（Semyon Timoshenko）接替指挥，并向芬兰战场调派了更多的兵力和资源。铁木辛哥集中兵力攻击"曼纳海姆"防线令芬军不堪重负，并在3月初

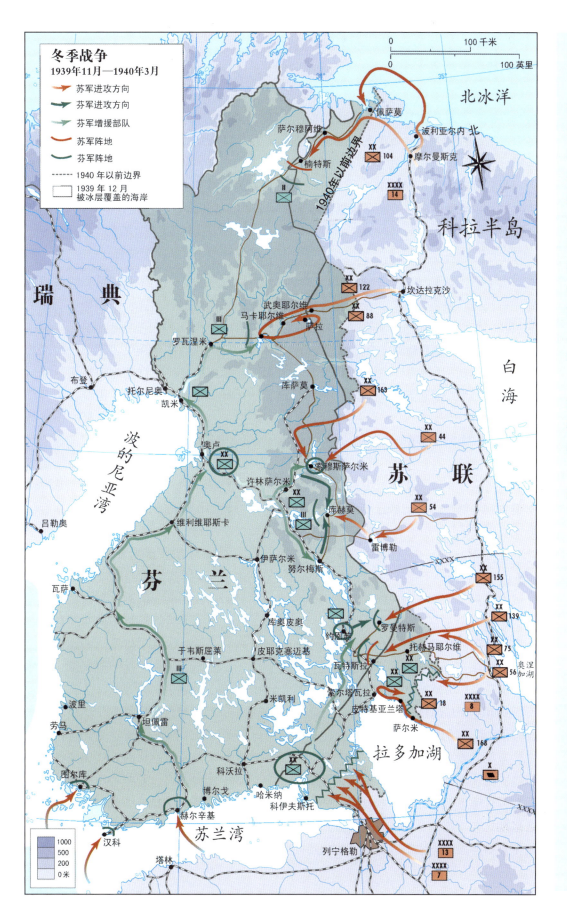

冬季战争
1939年11月—1940年3月

→ 苏军进攻方向
→ 芬军进攻方向
→ 芬军增援部队
━ 苏军阵地
━ 芬军阵地
⋯⋯ 1940年以前边界
▢ 1939年12月
被冰层覆盖的海岸

北冰洋

佩萨莫

萨尔穆阿维

波利亚尔内

楠特斯

XX 104

摩尔曼斯克

北

XXXX 14

科拉半岛

瑞典

武奥耶尔维
马卡耶尔维

萨拉

坎达拉克沙

XX 122

罗瓦涅米

XX 88

布登

库萨莫

XX 163

托尔尼奥

凯米

白海

XX 44

奥卢

苏联

索穆斯萨尔米

XX

许林萨尔米

库赫莫

XX

维利维耶斯卡

XX 54

努尔梅斯

雷博勒

伊萨尔米

XX 155

库奥皮奥

约恩苏

于韦斯屈莱

XX 139

皮耶克塞迈基

罗曼特斯

托赫马耶尔维

XX 75

波里

瓦特斯拉

XX 56 奥涅加湖

米凯利

XX

索尔塔瓦拉

劳马

XX 18

XXXX 8

皮特基亚兰塔

萨尔米

XX 168

科沃拉

拉多加湖

图尔库

博尔戈

哈米纳

科伊夫斯托

X

XXXX

赫尔辛基

1000
500
200
0米

汉科

苏兰湾

塔林

列宁格勒

XXXX 13

XXXX 7

波的尼亚湾

芬兰

吕勒奥

瓦萨

1940年以前边界

II

III

III

III

0   100千米
0   100英里

冬季战争

　　1939年11月30
日，苏军入侵芬兰。
最初苏联第7集团军
和第13集团军未能突
破"曼纳海姆"防线
到达卡累利阿地峡。
在更北方，苏联第8
军团和第14军团开往
芬兰——战斗在北
极圈打响——被切
断。在索穆斯萨尔米
（Suomussalmi）
和凯米特拉斯克
（Kemiträsk）遭遇惨
重损失后，苏军在3月
初重组休整，随后在
猛烈火力支援下突破
"曼纳海姆"防线，
迫使芬兰求和。

将其突破。面对敌我兵力对比高达50：1的形势，顽强的芬兰人不得不寻求议和。此战结束之后，苏联通过《苏芬和平协定》获得了拉多加湖周边所有具有重要战略意义的地区。

尽管苏联取得了最终的胜利，但他们在对芬兰这样一个小国的战斗中表现如此拙劣，这让希特勒和西方国家都认清了苏联在军事上的虚弱。

闪击西欧

击败波兰之后，希特勒打算尽早对西欧诸国发动进攻。按照德国原本的作战计划——代号"黄色方案"，德军将经由比利时中部攻击前进，而这也正是盟军所作出的判断。然而，纳粹德国国防军（Wehrmacht）中的埃里克·冯·曼施坦因（Erich von Manstein）等人并不赞同这个计划。终于，1940年1月的一件事情使纳粹德国国防军的内部分歧达到了顶点：一架携带着"黄色方案"的德国联络飞机在比利时境内迫降，原作战方案面临提前泄露的风险，只好做出妥协。经过希特勒的批准，由曼施坦因牵头，纳粹德国国防军对"黄色方案"做了根本性的、绝妙的调整。按照新的作战计划，费多尔·冯·博克（Fedor von Bock）指挥的B集团军群将对比利时中部发起猛攻，吸引盟军注意；在B集团军群的南部，龙德施泰特指挥的，配备优势装甲兵力的A集团军群将攻击、突破被认为无法逾越的阿登高地——旨在出奇制胜；接着，A集团军群将向英吉利海峡突击，切断比利时境内的盟军退路。新的作战方案优在可以出奇制胜，但风险极大。

在盟军一方，由英国的戈特子爵（Viscount Gort）和法国的莫里斯·甘末林（Maurice Gamelin）指挥的英法联军却在既定的防线之后自信满满地静候德军的到来。大战即将来临，盟军的决策层却十分平静，似乎德军的一切动向都尽在掌握之中。事实上，西欧盟军存在诸多重大缺陷。年纪老迈、性格倔强的甘末林将军此时还超然地待在他远离战场的别墅之内，他认为他的应战计划完美无缺，除了防御阿登地区的两支法国部队——以预备兵力为主——比较薄弱之外。然而，正是在这个薄弱点，法国人将遭受以1800辆坦克为先导的德军主力（A集团军群）的攻击。

1940年5月10日，德国"闪击"部队侵入低地国家。"曼施坦因计划"的成功要求B集团军群必须始终保持快速攻击前进的态势。为此，德军派出大量空降部队去夺取一些重要的桥梁，确保其完好无损，以供德军装甲部队快速通过。面对强大的德军，荷兰人很快投降了。此外，盟军的预期和计划是基于比利时人会发起一次英勇的抵抗战的，号称不可攻克的埃本-埃马尔要塞被视为比利时防线的关键——预计会阻挡德军数星期之久。然而，一支仅有85人的德军空降部队乘滑翔机在要塞顶部成功着陆。控制了要塞的表面阵地之后，用聚能装药摧毁了要塞内的防御工事，俘虏了750名比利时

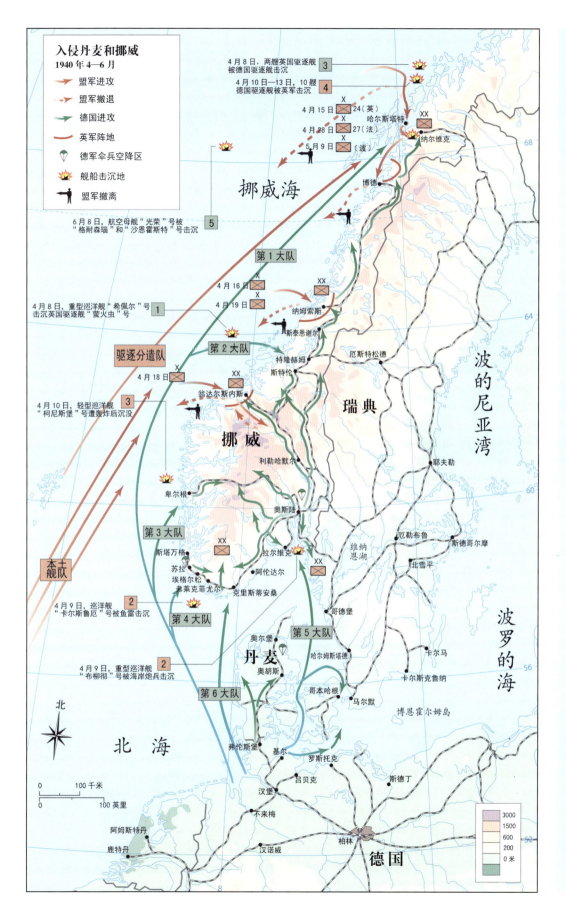

丹麦和挪威

迅速侵袭丹麦后，6支德国海军舰队大胆地进攻挪威，控制了所有重要的港口。尽管德军损失了3艘巡洋舰，但英国本土舰队反应太慢，迟迟未能从设得兰群岛的斯卡帕湾港口出发。

德军登陆还伴随着在斯塔万格和奥斯陆的大胆空降，取得巨大成功。只有在遥远北方的纳尔维克（Narvik），英国海军重创了德军，摧毁了10艘德国驱逐舰，控制了该海域。然后英军在纳姆索斯（Namsos）和安道尔尼斯（Andalsnes）派遣了12000人登陆，试图夺回特隆赫姆（Trondheim）。

德军的防御很分散，所以从奥斯陆前往增援。德军利用空中优势击败了盟军的企图，迫使盟军从纳姆索斯和安道尔尼斯撤退。但在纳尔维克的一支小规模德军仅有4000人，由迪特尔（Eduard Dietl）将军统帅，被将近25000人的盟军包围。

德军在绝望的海峡中奋力突出纳尔维克，在瑞典边界寻求庇护。到6月的时候，由于法国战场的危急局势，盟军撤离纳尔维克，让德军兵不血刃地占领了港口。

北海

荷　兰

英　国

多佛尔

福克斯通

5月27日—6月4日，
"发电机"行动实施，
228000名英军和
110000名法军被
撤运到英格兰南部

英
吉
利
海
峡

50千米

50英里

北

鹿特丹

奈梅亭

艾恩德霍芬

鲁尔蒙德

莫尔

XXXX
18

安特卫普

XXXXX
B

伯克

卢万

哈瑟尔特

马斯特里赫特

埃本埃马尔

列日

马尔梅迪

泽布吕赫

奥斯坦德

布鲁日

迪克斯迈德

敦刻尔克

根特

比利时

XXXX

布鲁塞尔

XXXX
6

加莱

戈特

英国
远征军
XXXX

伊伯拉斯

里尔

图尔奈

比　利　时
XXXXX

沙勒罗瓦

博蒙

那慕尔

迪南

梅济耶尔

布洛涅

圣奥梅尔

贝蒂讷

圣波勒

1940年5月21日盟军前线

康布雷
XXX

阿韦讷斯

希迈

5月12日，A集团军群
从"不可通行"的阿登
山区通过

卢
森
堡

蒙特勒伊

阿布维尔

杜朗

XXX

XXXX
18

XXX

色当

XXXX
12

迪耶普

XXXX
4

XXX

讷沙泰勒

XXXX
6

蒙迪迪耶

圣康坦

拉费尔

拉昂

XXXX
9

苏瓦松

XXXX
2

1940年5月16日盟军前线

默兹河畔丹村

凡尔登

XXXXX

博韦

贡比涅

桑利

XXX

1940年6月12日盟军前线

XXXX
10

鲁昂

蒂耶里堡

兰斯

XXX

XXXX
7

4

马恩河畔沙隆

XXXX
4

维特里
－勒弗朗索瓦

圣迪济耶

XXXX
2

德勒

巴黎

拉格尼

XXXXX
6

埃斯泰尔奈

法　　国

科尔贝

XXXXX
3

贝松

XXXXX
4

安齐热

1000
500
200
0米

守军。空降部队的这次成功突袭加快了博克的B集团军群的推进。由此之故，英法军队只好仓促退到德尔河一线的防御工事，这正中德军下怀。

英法军队不知道的是，他们开始与博克的B集团军群交火之时，龙德斯泰特的A集团军群正在艰难地通过地形崎岖的阿登地区——德军西线攻势的总体成败全赖于此；A集团军群此时正遭遇"交通堵塞"，停滞不前的坦克车队绵延160千米。倘若博克的B集团军群在此之前没有完全压制住盟军的防御和反击，一支小规模的盟国空军就有能力将德军的此次西线攻势遏阻于半途。不幸的是，在5月11日和12日这两天的时间里，A集团军群的坦克车队最终还是秘密地通过了阿登地区。至此，盟军的机会还没有完全溜走，驻守阿登地区的法军第10集团军之一部仍在实力强大的默兹河防线背后据险而守。

渡过默兹河

对于德国人来讲，法兰西战役到了最关键的时刻：在色当附近渡过默兹河。如果法国人坚守住了默兹河防线，德军此前一直保持的冲劲将化为乌有，旨在出奇制胜的"曼施坦因计划"也就穷途末路了。但是最后，战术灵活的德国装甲兵还是成功突破了默兹河防线。甘末林将军一直在远离战场的别墅里遥控指挥，而德军的指挥体系却始终十分贴近战斗前沿。古

入侵西欧

1940年5月10日，"B"集团军群在比利时中部展开牵制性攻击。由于迅速占领了比利时的埃本－埃马尔要塞，博克的部队迅速推进，瓦解了盟军在德尔河沿线的防御。

盟军认为博克率领的是德军攻击主力。但在南方的"A"集团军群从5月12日起，从阿登高地开始进攻，兵力包括7个装甲师。利用优越的装甲战术和各兵种协同，古德里安和隆美尔将军的装甲部队迅速清除了法军抵抗，越过默兹河，进入开阔的旷野。

法国认为德军装甲师会朝北开往英吉利海峡，去截击在比利时奋战的盟军，而不是进军巴黎，因而法军准备不足，无法应对。5月17日，一支法国装甲部队在拉昂附近反攻，由戴高乐上校指挥，但被德军第10装甲师击退。5月21日，一支英国装甲部队在阿拉斯反击，也被德军的反坦克火炮打败。事实上，盟军行动已经太迟了，因为古德里安的装甲部队已经于前一天到达英吉利海峡，切断了在比利时的盟军的退路。

装甲部队突破

1940年5月12日，古德里安的装甲军团突破阿登高地，到达色当（Sedan）附近的默兹河。法国第10集团军守卫着这条天然屏障，自认为可以借此阻挡住德军的进攻。

但是，渡过色当的默兹河战斗成了德军战术的典范。5月13日，在德国空军的强大火力支援下，古德里安主动进攻默兹河守军。法军火力完全被德国空军和火炮压制，德军迅速用橡皮艇过了河。工兵部队随后抵达，搭建浮桥。不到10小时，德国装甲部队全部过河，并立刻和法军短兵相接。

古德里安发现自己的部队分布在河两岸，形势不妙。5月14日，法国15集团军从侧面攻击古德里安，尽管很多德军坦克尚未过河，但德军的空中支援和反坦克火炮挫败了法军的反攻。德军的战术和兵种配合让他们很成功地渡过了默兹河，而不是他们引以为傲的装甲部队。

阿登山区的装甲突击
1940 年 5 月 12 日—14 日

- 装甲推进部队
- 空中支援
- 炮兵支援
- 法军撤退

3 战斗机为俯冲轰炸机提供掩护。

蒙泰梅

伯汉

皮斯芒日

查尔维尔

法军
第 10 集团军部队

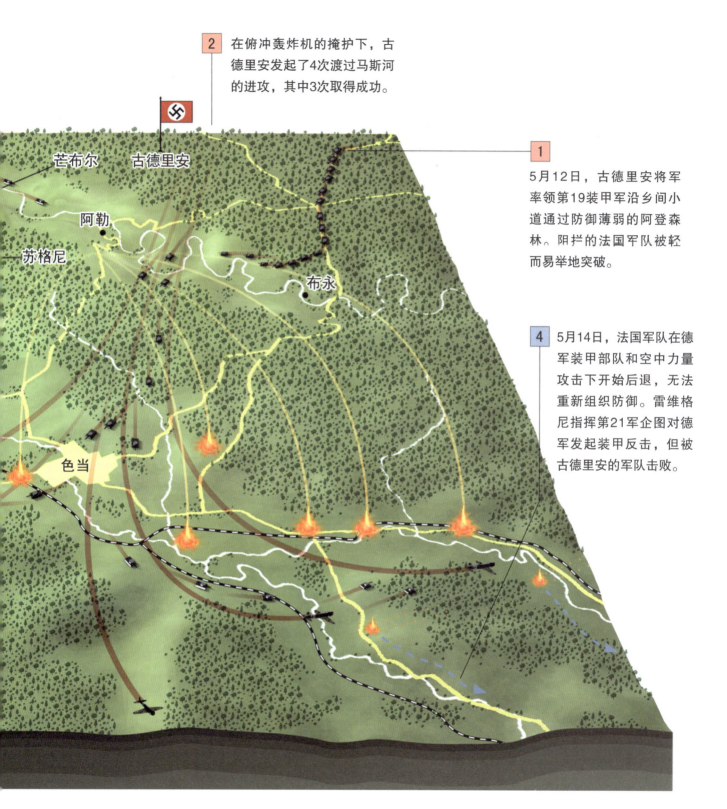

2 在俯冲轰炸机的掩护下，古德里安发起了4次渡过马斯河的进攻，其中3次取得成功。

1 5月12日，古德里安将军率领第19装甲军沿乡间小道通过防御薄弱的阿登森林。阻挡的法国军队被轻而易举地突破。

4 5月14日，法国军队在德军装甲部队和空中力量攻击下开始后退，无法重新组织防御。雷维格尼指挥第21军企图对德军发起装甲反击，但被古德里安的军队击败。

芒布尔　古德里安
阿勒
苏格尼
布永
色当

德里安始终跟随先导部队一起行动，龙德斯泰特将军也给予了古德里安充分的临机指挥权——德军前线指挥官无须坐等上级命令。

事实上，德军装甲师远非完全意义上的坦克部队，在为数不多的坦克之外，还编入了众多步兵、炮兵、反坦克兵、防空兵、工程兵，或许正是这种"多兵种合成"的特性使他们赢得了胜利。刚一抵达默兹河前线，古德里安就招来德国空军为步兵的渡河战斗提供近距离空中掩护，后者乘坐橡皮艇拼死向前，终于在对岸建立起一个很小的桥头堡。接着，德军工兵部队在10个小时之内建成了一架可供坦克通过的浮桥。注意到了色当附近的危险之后，盟国空军开始攻击德国人刚刚建成的浮桥。前来助战的德国空军和德军地面防空部队奋力阻截，盟国空军损失惨重：71架参战的英国皇家空军（Royal Air Force）战机被击落40架。

5月13日，德军在色当附近渡过默兹河，处于劣势的法国第10集团军惊慌失措。由于后续部队渡河缓慢，初登彼岸的古德里安部队还很脆弱。5月14日至15日，法国第3装甲师攻击了古德里安部队的侧翼，渡河战役面临前功尽弃的危险。危机之中，德军让88毫米防空炮承担起了反坦克的任务，并借此打退了法国人组织混乱的坦克攻击。反击得手之后，德军在法军防线上撕开了一个80千米宽的口子，德军装甲部队转而向北攻击前进。

法军彻底乱了阵脚，士气变得十分低落。他们试图在狂飙突进的德军装甲部队的前进路线上构筑防线，但根本来不及。5月17日，夏尔·戴高乐（Charles de Gaulle）上校受命指挥匆匆组建起来的法军第4装甲师在拉昂阻击德军，也没能成功。德军装甲部队不断向法国北部突进，孤军深入，德国指挥官开始担心自己的侧翼安全。其实，德军指挥官的担心是多余的：高高在上的甘末林将军已经失去了对战事的掌控，他手中也没有再可用来攻击德军侧翼的装甲部队了。

短暂停歇之后，领头的德军装甲部队于5月20日抵达英吉利海峡，比利时境内的盟国军队被包围了。最初，德军的包围还很脆弱，盟军试着突围。5月21日，在两支坦克部队的支持下，两个英国师在阿拉斯对德军发动攻击，但由于缺乏必要的后续部队，该次行动失败了——只在德军防线上打出了一个"凹点"而已。德军合围比利时境内的盟军已成定势，灾难降临了。

法国陷落和"发电机"行动

5月10日刚刚上任的英国首相温斯顿·丘吉尔面临一个非常棘手的局势：比利时境内的英法两国军队随时有可能被德军装甲部队围歼。但他们获得了一个喘息期，因为德国装甲部队的前锋在距敦刻尔克（Dunkirk）24千米的地方停了下来，盟军步兵趁机关闭了一个易受攻击的缺口。正当德军对盟军的包围圈越来越小之时，丘吉尔26日做

出了一个生死攸关的决定：横渡英吉利海峡，将尽可能多的盟军士兵撤到敦刻尔克对岸的英国——代号为"发电机"行动。

英法两国士兵前进到海滩，再由已经在此等候的数以百计的英国小型民用船舶将他们转运到等候在深水区的大型船只上去。与此同时，他们另一部分战友正在另一处顽强阻击前来进攻的德军。到6月4日，整个"发电机"行动将总计33万人的盟军部队撤到了英国。但灾难并不到此为止，因为这些逃出包围圈的士兵丢失了所有的重武器，法国的陷落的时间节点也更接近了。

击溃了比利时境内的盟军部队之后，德军攻势朝南转向，直趋巴黎。一股强烈的失败情绪在法国政府弥漫开了，法国总理雷诺（Reynaud）在5月13日就公开宣称：法国战败了，法国输掉了战争。6月5日，95个德国师对防守埃纳河（River Aisne）一线的61个法国师发起猛攻，并迅速突破。此时，法国政府宣布巴黎为不设防城市，巴黎于6月14日落入德军手中，未经一战。6月16日，法国政府——此时由年迈的贝当元帅（Marshal Pétain）领导——决定同德国议和。德国人强加给法国人一个严苛的条约，包括巴黎在内的3/5的原法国国土（主要是北方工业区）归德军占领，剩余的法国南部和西部区域则在名义上处于"维希法国"政府的统治下。法国在短短35天内便告陷落，英国只好独力支撑危局。

不列颠之战

虽然法国沦陷了，丘吉尔领导的英国决定：继续战斗，决不投降！为了对付英国，德国拼凑出了一个代号"海狮"行动（Operation Sea Lion）的入侵计划，按照该计划，德军将在英国南部登陆一支约40万人的部队。德国海军司令埃里克·雷德尔（Erich Raeder）认为，由于英国强大的海军和空军实力，"海狮"行动面临很大的风险。于是，希特勒决定首先对英国发起一场空中攻势，为地面部队入侵英国做准备。

纳粹德国空军司令赫尔曼·戈林（Hermann Göring）信誓旦旦地保证完成任务，但德国空军的核心建军思想——为地面部队提供近距离的空中支援——导致它缺少完成此种远程战略任务的重型轰炸机。投入不列颠空战的德国空中力量由1000架中型轰炸机组成，分别部署在法国北部的两处基地。由于轰炸机的自卫火力和防护均为极为薄弱，德国轰炸机得到了约750架梅塞施密特Bf-109战斗机的护航。英国派出的是休·道丁指挥的650架战机，主要是"飓风"式、"喷火"式战斗机。英国人掌握的一种新式军事技术有效弥补了己方战斗机在数量上的劣势：他们沿着英国海岸线建立了大量雷达站，无论德国战机飞临何处，英军战斗机司令部都能获得预警。

法国陷落

随着盟军在比利时战败，纳粹国防军向南推进几乎没有遭遇抵抗，于6月14日轻松占领巴黎。随后德军在东部攻打马其诺防线。那里的法军英勇抵抗，在祖国沦陷接近一周后才投降。6月16日，法国政府投降。德军占领了法国北部和西部，法国南部则在维希成立了一个软弱政府维持统治。

"发电机"行动

古德里安在海峡的岸边暂停，英军启动了"发电机"行动（Operation Dynamo），主要是救援比利时和法国北部的盟军。大量英国的舰船从英格兰南岸起航，主要是从多佛出发。英军的军舰无法在敦刻尔克的复杂浅滩进行疏散，因而有很多平民的游船和志愿救生船参与救援。平民的船舶在敦刻尔克水路，冒着德国空军的炮火救援被困士兵。到1940年6月4日，"发电机"行动大约营救了33.8万盟军士兵。

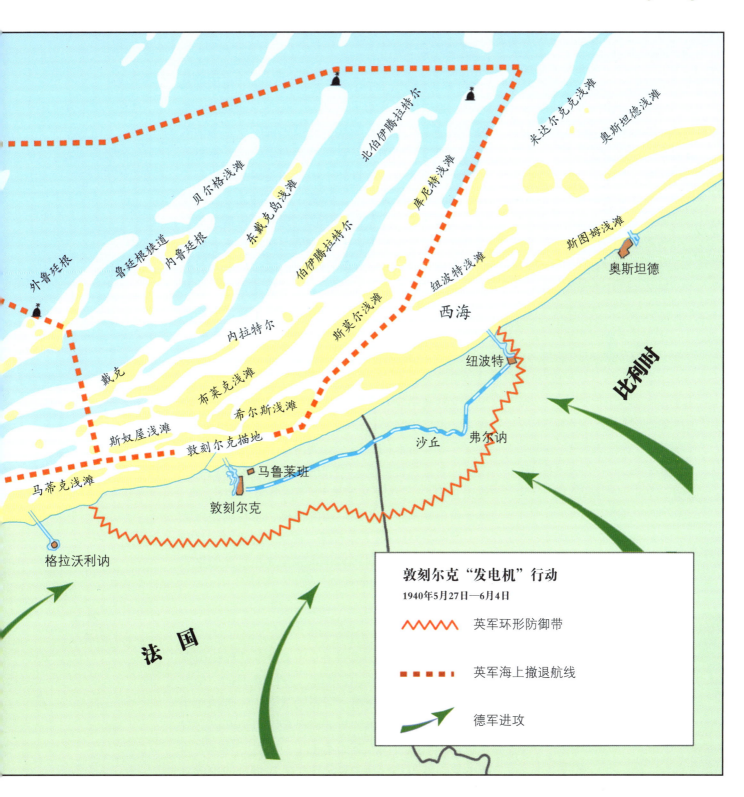

外鲁廷根

鲁廷根狭道

内鲁廷根

贝尔格浅滩

东戴克岛浅滩

伯伊腾拉特尔

北伯伊腾拉特尔

库尼特浅滩

米达尔克克浅滩

奥斯坦德浅滩

斯图姆浅滩

奥斯坦德

内拉特尔

斯莫尔浅滩

纽波特浅滩

西海

戴克

布莱克浅滩

希尔斯浅滩

纽波特

沙丘

弗尔讷

比利时

斯奴屋浅滩

敦刻尔克描地

马蒂克浅滩

马鲁莱班

敦刻尔克

格拉沃利讷

法 国

敦刻尔克"发电机"行动
1940年5月27日—6月4日

〰〰〰 英军环形防御带

▬ ▬ ▬ 英军海上撤退航线

➤ 德军进攻

不列颠之战

不列颠之战的过程中，德军的3个航空队（Luftflotte）利用法国北部和挪威的基地向英国皇家空军发起攻击。纳粹德国的亨克尔He-111等中型轰炸机自身防护薄弱，十分依赖梅赛施密特Bf-109等战斗机的火力支持。

借助分布于英国海岸的21个雷达基地和完善的观测员网络的预警，英国战斗机司令部以"飓风"（Hurricane）战斗机和新式的"喷火"（Spitfire）战斗机组织反击。大部分战斗任务由基思·帕克少将指挥的第11战斗机大队承担。部分是因为德国的梅赛施密特Bf-109战斗机航程所限，战斗最激烈的空域主要局限在英格兰东南部。空战表明，梅赛施密特Bf-109战斗机对英国的"飓风"战斗略占上风，但英国的"喷火"则与之相当。

在为期2个月的空战过程中，英国皇家空军在严密的防空火力的支援之下勉力抗争，以飞行员的惨重牺牲换来了微弱的胜利。

到了9月17日，英国皇家空军的英勇抵抗迫使希特勒在事实上取消了入侵英国东南部的行动，尽管从技术层面上来说，德国只是将这一行动"延期"了。不列颠之战以纳粹德国空军的失败收场。

"鹰袭"计划

1940年8月，对英国沿海目标开展了预先轰炸之后，德国空军开始了代号为"鹰袭"计划的对英国皇家空军攻击。这场战斗的最关键阶段是德国轰炸机猛烈攻击英国皇家空军基地和雷达站。在整个英国南部的天空，数量处于劣势的英国战斗机每天都与德国对手展开激战。频繁、激烈的战斗让英国飞行员精疲力竭，他们经常在一架战斗机遭击落、跳伞逃生之后又于同一日驾乘另一架战斗机升空作战。震惊于英国皇家空军的强力反击，从8月24日开始，戈林元帅将打击英国皇家空军战斗机部队的德国空军力量增加了一倍。英国皇家空军首次面临战机损失超过新机补充的现象。

为避免不列颠空战延宕过久，戈林又于9月7日改变了空袭策略：集中兵力，发动对伦敦的昼间轰炸。戈林此举意在迫使英国将更多的空军力量投入战斗，但道丁将军还没有集结他的兵力。然而，德国空军轰炸重点的转移，对英国皇家空军战斗机司令部反而是一件好事（尽管伦敦人不会这么想），英国皇家空军各个基地得到了一个喘息的机会。对于英国皇家空军不顾一切的抵抗，希特勒颇感沮丧，因而在9月17日下令暂缓"海狮"行动——尽管德国的对英空袭直到1941年才完全终止。英国皇家空军经受住了最严峻的考验。

伦敦大轰炸

由于不甘失败，戈林在9月末命令纳粹德国空军将轰炸重点转移到了伦敦市，为期8个月的"伦敦大轰炸"开始了。在前一阶段的战斗中，英国战斗机损失惨重，德国轰炸机此时已经可以离开己方战斗机的护航独自深入英国本土了；不过，德国轰炸机的第一波轰炸行动主要集中于人口稠密的伦敦东

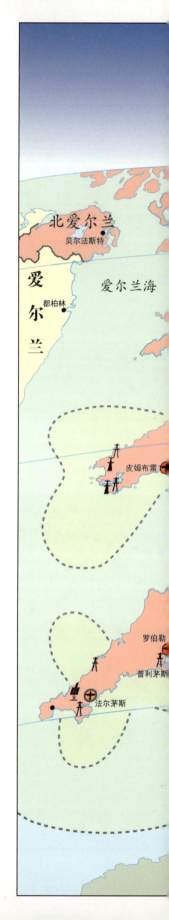

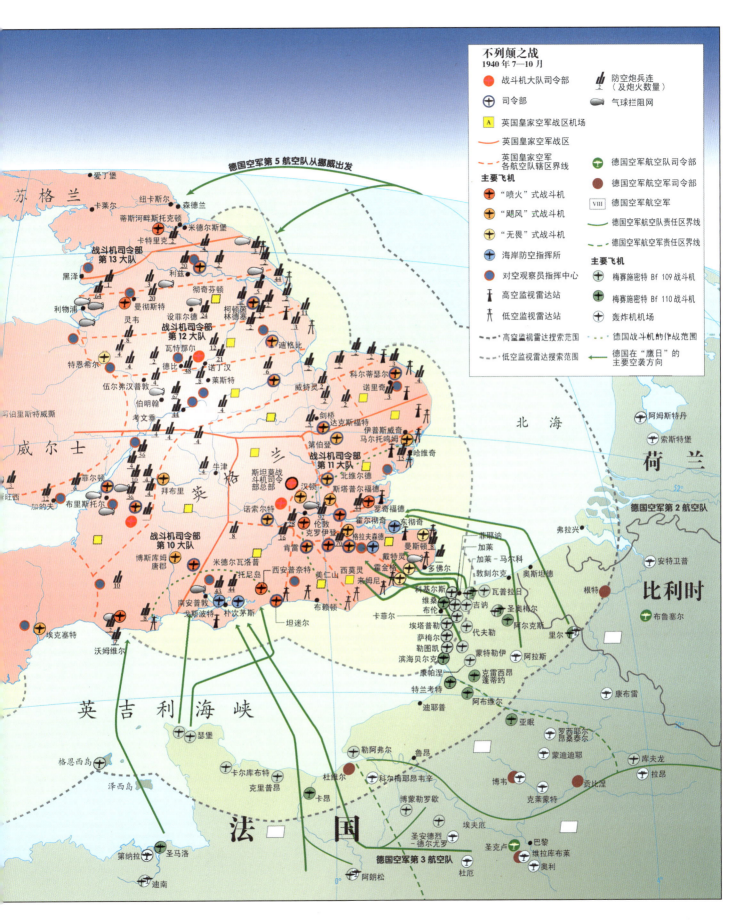

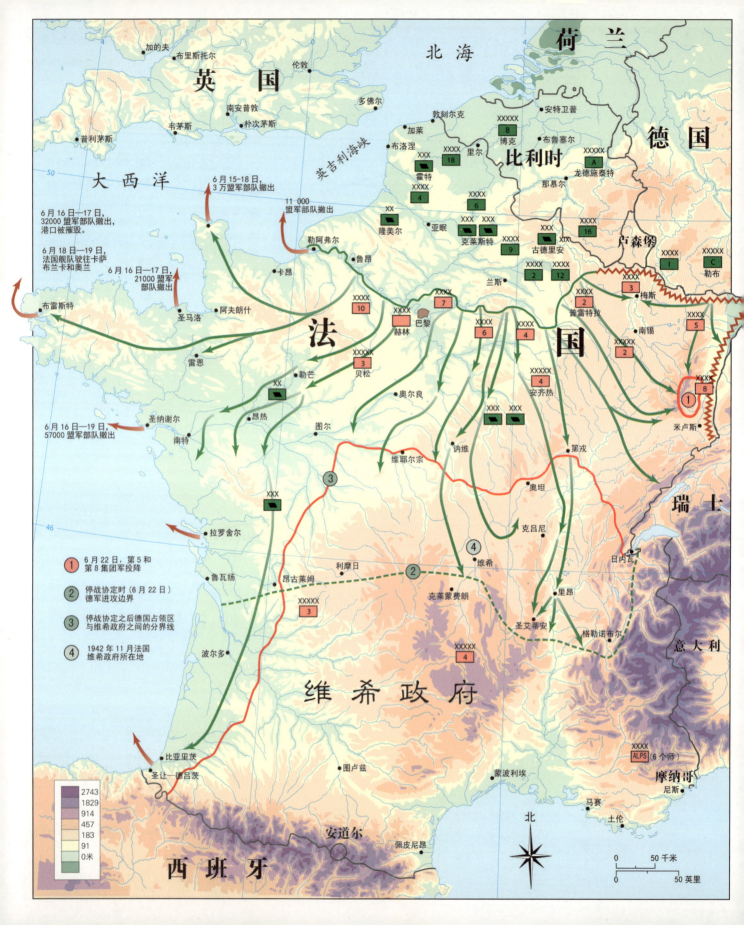

荷兰

英国

德国

北海

加的夫
布里斯托尔
伦敦
南安普敦
韦茅斯
朴次茅斯
多佛尔
敦刻尔克
安特卫普
普利茅斯
加莱
布洛涅
布鲁塞尔
比利时
博克
XXXXX
B
龙德施泰特
XXXXX
A

卢森堡

英吉利海峡

6月15-18日，
3万盟军部队撤出
11 000
盟军部队撤出
那慕尔
里尔
XXXX
18
XXXX
霍特
XXXX
4
XXXX
6

6月16日—17日，
32000 盟军部队撤出，
港口被摧毁。

6月18日—19日，
法国舰队驶往卡萨
布兰卡和奥兰

勒阿弗尔
鲁昂
卡昂
阿夫朗什
雷恩

大西洋

亚眠
XXX XXX
克莱斯特
XXXX
9
古德里安
XXX
XXXX
16

梅斯
XXXX
3
南锡
XXXX
2

XXXX
5

法

6月16日—17日，
21000 盟军
部队撤出

圣马洛

10
XXXX

XXXXX
7
赫林
XXXX
巴黎

兰斯

XXXX
2
XXXX
12

普雷特拉

XXXX
2

国

6月16日—19日，
57000 盟军部队撤出

布雷斯特

勒芒
贝松
XXXXX
3

XXXX
6
XXXX
4

XXXX
2

米卢斯

XXXX
8
1

圣纳谢尔
南特

XX

昂热

奥尔良

安齐热
XXXXX

XXX XXX

瑞士

图尔

拉罗舍尔

XXX

维耶尔宗

讷维

第戎

奥坦

克吕尼

日内瓦

1 6月22日，第5和
   第8集团军投降
2 停战协定时（6月22日）
   德军进攻边界
3 停战协定之后德国占领区
   与维希政府之间的分界线
4 1942年11月法国
   维希政府所在地

鲁瓦扬
昂古莱姆
3
XXXXX

利摩日

克莱蒙费朗

4

里昂

4

圣艾蒂安

格勒诺布尔

意大利

波尔多

维希政府

XXXXX
4

蒙波利埃

比亚里茨
圣让—德吕茨

2743
1829
914
457
183
91
0米

图卢兹

佩皮尼昂

安道尔

西班牙

北

尼斯

摩纳哥

马赛
土伦

ALPS（6个师）
XXXX

0   50 千米

0   50 英里

区。德国空军的轰炸给伦敦人造成了极大的伤亡和破坏，但他们没有被吓倒。由于人防工程不足，很多伦敦人只好整晚整晚地待在地铁站里。英国人士气没有低落下去，反而更加高昂了：他们抵抗侵略的意志更加坚定了，也变得更加团结了。每每夜幕降临，空袭警报总会响起，英军的防空部队猛烈开火，德国人的炸弹从天而降。到了白天，清点伤亡和损失之后，伦敦人又坚定地投入到打赢这场战争的工作中去了。

1940年11月，德国空军400架轰炸机突然轰炸英国的考文垂市（Coventry）——他们扩大了对英攻击的范围。德国人的高爆炸弹和燃烧弹杀死了大约500名考文垂市民，市中心大部遭毁。11月29日，德国人轰炸了伦敦市圣保罗大教堂附近的区域；几枚燃烧弹击中了著名的圣保罗大教堂，但它仍然屹立不倒，从此成为英国人抵抗决心的象征。德国人的空袭一直持续到第二年的春天，主要攻击目标是英国中部的工业区。但是，此时希特勒的计划已经有了转变，他正在为对苏宣战——他心中的终极对决——做准备；这一波攻击高潮的目的——一如希特勒对英作战的初衷，在于打击英国人的获胜决心，迫使英国媾和。希特勒的"优先目标"也落空了。自此之后，德国空军中断了伦敦大轰炸，专心准备"巴巴罗萨"计划（Operation Barbarossa）。

英国挺住了，尽管付出了数以万计的生命代价。在这场史诗般的抗争中，英国皇家空军损失了1265架战机，德国空军的损失是1882架。不列颠空战是一场决定了一个国家的生死存亡的纯粹空战，这在人类历史上尚属首次。如此之少的一小批勇敢的飞行员和空勤人员——其中很多是流亡英国的捷克斯洛伐克人和波兰人——赢得了胜利；对此，丘吉尔赞叹道："在人类战争历史上，从来没有这么少的人为这么多的人做出过这么大的贡献。"

大轰炸
1940 年 9 月—1941 年 5 月

德国空袭航线
1940 年 11 月 14—15 日
德军依靠 X—Great 系统进
行无线电导航轰炸的航线
Eastern 民防区
民防区边界
疏散区
接收区
安全区
中立国
德军重点轰炸目标

因弗内斯
阿伯丁
金卡丁郡
安格斯
珀斯
邓迪
阿盖尔郡
法夫
克拉克曼南
斯特灵
邓巴顿
邓姆
西洛锡安郡
东洛锡安郡
伦弗鲁
格拉斯哥
爱丁堡
苏格兰
中洛锡安郡
贝里克郡
比特
兰纳克
皮布尔斯
艾尔
希尔克
罗克斯巴勒郡
邓弗里斯
诺森伯兰郡
威格顿
柯库布里
坎伯兰郡
泰恩河畔纽卡斯尔
森德兰
西北英格兰
东北英格兰
威斯特摩兰
达拉谟
米德尔斯伯勒
北约克郡
伦敦德里
安特里姆郡
北爱尔兰
蒂龙
贝尔法斯特
弗马纳郡
唐郡
阿马
德罗赫达
都柏林
威克斯福德
爱尔兰
爱尔兰海
黑泽
普雷斯顿
布拉德福德
利兹
约克郡
赫尔
布莱克本
哈德斯菲尔德
西区
东区
约克
曼彻斯特
设菲尔德
利物浦
圣海伦斯
弗林特
柴郡
德比郡
登比
梅里奥尼思郡
特伦特河畔斯托克
诺丁汉郡
林肯
威尔士
斯塔福德
德比
诺丁汉
北密德兰
什罗普郡
莱斯特郡
伍尔弗汉普顿
沃尔索尔
莱斯特
蒙哥马利
伯明翰
艾勒夫伊利
诺福克郡
考文垂
北安普敦郡
亨廷登区
诺里奇
拉德诺郡
沃里克
伍斯特
剑桥
剑桥郡
东英格兰
密德兰
格洛斯特
北安普敦
贝德福德
伊普斯威奇
西萨克斯郡
斯旺西
蒙默恩郡
牛津郡
白金汉郡
卢顿
滨海绍森德
格拉摩根郡
牛津
赫特福德
艾塞克斯
加的夫
布里斯托尔
米德尔
塞克斯郡
伦敦
戴布罗克郡
卡马森
布雷克诺克郡
巴斯
雷丁
萨里
肯特郡
南英格兰
东南英格兰
坦布里奇韦尔斯
多佛尔
萨默塞特
威尔特郡
汉普郡
加莱
西南英格兰
南安普敦
西苏塞克斯郡
东苏塞克斯郡
布赖顿
滨海布洛涅
德文郡
多塞特
朴次茅斯
埃克塞特
伯恩茅斯
康沃尔
普利茅斯

北海

德国空军第 5 航空队
由丹麦和挪威起飞

德国空军第 2 航空队

德国空军在对贝尔法斯特
袭击时，意外地将炸弹丢在
了中立的爱尔兰共和国境内

瑟堡

海峡群岛

英吉利海峡

法国

德国空军第 2 航空队
德国空军第 3 航空队

北

0   50 千米
0   50 英里

"闪电战"

英国政府意识到德国的空袭让英国人很敏感,因而制订了一个复杂的计划,将儿童从易受攻击的城市送到乡下。有些儿童甚至被疏散到遥远的加拿大。德国在夜间轰炸英国城市,被称为"闪电战"(Blitz),轰炸从1940年9月开始,一直持续到1941年5月。

大多数轰炸针对伦敦。德国空军在夜间寻找伦敦很容易——沿着泰晤士河飞就行。尽管英国到战争结束时死亡了大约6万人——大多数是伦敦人,但屠杀并未能让英国屈服。为了达到更好的战果,到1940年11月,德军开始轰炸那些准备不足的城市,通常是英国中部。

为了定位目标,德军使用了X-Gerät无线电波。法国各地的不同地点发射无线电波,越过目标上方,将轰炸位置告诉飞行员。这个方法导致考文垂(Coventry)在11月突袭中损失惨重。

英军最初利用探照灯和防空火炮进行防御。但有些战斗机配备了雷达,让他们可以定位德国的夜间突袭者。最终,"闪电战"失败,德国空军部署到东部区袭击苏联了。

◀ 法国沿海地区,德国空军的地勤人员正在维护一台Bf-109战斗机的戴姆勒-奔驰发动机。戈林元帅对希特勒吹嘘说,德国空军将迫使英国投降。但英国皇家空军以及大量捷克、波兰、法国飞行员和少量美国飞行员确保了英国不致沦陷。

盟军炸弹落向潜艇基地。和英国、美国空军不同，德国空军更擅长在战场上和对手进行战术较量，比如充当装甲部队的"飞行火炮"，但不经常对工厂、铁路调车场之类的战略目标进行轰炸。总之，德国空军在第二次世界大战初期有很大优势，因为他们的飞机设计更出色，而且在西班牙内战中锻炼了一批经验丰富的飞行员。

第3部分
欧洲大陆的空战

战略轰炸的理论产生于两次世界大战期间。该理论提出，只要规模够大、力度够强，单靠空军的轰炸行动就足以迫使敌国屈服。但是，盟军损失的大量年轻飞行员——以及德国科隆、德累斯顿等地无辜且无助的平民——证明这个理论是行不通的。

对欧洲的早期轰炸 1939—1941 年

- ● 轰炸机司令部总部
- ● 轰炸机大队总部

炸弹重量：
- ✳ 25 ~ 1000 吨
- ✴ 1000 ~ 3000 吨
- ✴ 3000 ~ 4000 吨

挪威

丹麦

北　海

爱尔兰海

英　国

约克

格兰瑟姆

亨廷登　埃克斯宁

阿宾登　海威科姆

伦敦

哥本哈根

叙尔特岛　弗伦斯堡

基尔　瓦尔讷明德

罗斯托克

库克斯港　吕贝克　维斯马

威廉港　汉堡

埃姆登　不来梅港

奥尔登堡　不来梅

特塞尔　荷　兰

阿姆斯特丹　萨尔伯根

史基普　奥斯纳布吕克　不伦瑞克

索斯特德　比勒费尔德　马格德堡

鹿特丹　埃默里希　明斯特　哈姆　帕德博恩

哈姆斯特德　索斯特　卡赛尔　梅泽堡

弗利辛恩　德　国

泽布吕赫　蒙切姆

敦刻尔克　艾恩德霍芬　科隆

加莱　奥斯坦德

布洛涅　阿兹布鲁克　布鲁塞尔　科布伦茨

莫维尔　比利时　法兰克福

瑟堡　英吉利海峡　曼海姆　纽伦堡

迪耶普

勒阿弗尔

布雷斯特

洛里昂　法　国　巴　斯图加特　慕尼黑

圣纳泽尔

兰斯区 /
拉罗谢尔

鲁瓦扬

比斯开湾

维希政府
1942 年 11 月 11 日占领

伯尔尼

瑞　士

日内瓦

鲁尔地区

韦瑟尔　吕嫩　曼海姆

斯达科德　博特罗普　吉伦基兴　多特蒙德　卡尔斯鲁厄

霍姆贝格　万讷艾克尔　施维特　斯图加特

休尔斯　埃森

克雷菲尔德　杜伊斯堡　慕尼黑

慕尼黑 -
格拉德巴赫　杜塞尔多夫

雷沙罗兹

第一次世界大战期间，空战刚刚起步，即便如此，空战还是显示出了军用飞机作为一种制胜性武器的潜能。空中军事力量刚刚展示出其巨大的军事侦察和地面攻击价值，很多军事理论家就开始对战略轰炸机的作用报以极大的期望。第一次世界大战期间，德国的齐柏林飞艇和"哥达"式轰炸机对英国的工业和民用目标发动了规模不大但成效明显的轰炸，一时引起了英国民众的巨大恐慌，英国的工业产出也大幅下降——下降幅度甚至远超德国人的预期。

在第一次世界大战结束之后不久的1921年，意大利的朱利奥·杜黑就认定：通过打击敌国的工业产出和民众意志，轰炸机可以单独赢得战争。杜黑的理论在英国和美国获得了滋长的沃土，因为这两个国家都在寻求一种将本国军力投送到一场大陆战争中去的方法。在英国，"空军制胜论"的倡导者是皇家空军首任司令休·特伦查德将军，在美国则是比利·米切尔。

"空军制胜论"理论家从西班牙内战当中受益匪浅。为了援助弗朗西斯科·佛朗哥，德国向西班牙战场派出了臭名昭著的"秃鹰"军团（Condor Legion），这支军团在西班牙巴斯克的格尔尼卡（Guernica）等地肆无忌惮地攻击平民目标。"秃鹰"军团在格尔尼卡的空袭中造成了巨大的伤亡，这使得一些英国军事理论家认为：一旦战争爆发，敌军的集中空袭将在伦敦造成每日数以万计的死亡。人们过高地估计了空中攻击所能带来的人员伤亡，盟国的空军理论家却十分相信轰炸机之于赢得这场战争的作用和意义。

尽管英国军界对于战略轰炸的理论十分着迷，但英国皇家空军内部的轰炸机司令部对于即将到来的第二次世界大战却几无准

轰炸欧洲（1939—1941年）

在欧洲战争开始阶段，英国皇家空军刚刚开始重整军备的计划，因此没有足够的重型轰炸机执行轰炸德国的任务。因而，空军参谋长查尔斯·波特尔决定，派遣皇家空军针对德国的工业目标实施一系列小规模轰炸。最开始，这些攻击在白天展开，因为希望通过精确空袭摧毁德国的军事工业，但是空袭——尤其是针对港口城市吕贝克（Lubeck）和工业中心鲁尔的空袭——被证明是错误的，浪费了大量人力和装备。

皇家空军还集中精力突袭德国海军目标——特别针对德国的潜艇基地，因为德国的潜艇正在大西洋战场上肆虐。这些强大而坚固的潜艇从法国的洛里昂（Lorient）和圣纳泽尔（St-Nazaire）的港口潜入大西洋，几乎无迹可寻、无法摧毁。

然而，战略轰炸的支持者认为，轰炸机配备足够弹药后，对目标进行密集轰炸的话，在夜间轰炸的效果会更好。

▼ 法国海岸地区的一个德国防空火炮班组奔向火炮阵位。此前，英国皇家空军开始执行对德战略轰炸任务，不久之后即因为轰炸机及机组人员损失惨重而改为只在夜间轰炸。到了1943年，美国陆军航空队也开始自主实施对德轰炸，德国境内的战略目标由此面临来自盟军一方的不分黑夜、白天的轰炸，小至14岁的德国男性也被迫走上战场，为本土的防空作战出力。

备，（截至1939年）它只拥有为数不多的中型轰炸机——无论是单机性能还是数量都不足以影响战局。尽管如此，英国皇家空军也没有停止其研发、制造有能力攻击德国工业和人口中心区的四引擎重型轰炸机的计划。正是"斯特林"（Stirling）、"兰开斯特"（Lancaster）、"哈利法克斯"（Halifax）等重型轰炸机组成了英国日后借以压垮德国的末日抵抗的轰炸机编队之基干。

1939年至1940年期间的空中军事行动主要是纳粹德国空军对华沙和鹿特丹、英国以及在"闪击"战中的攻击。在决定国家生死的反击战中，英国皇家空军几无任何对德国本土展开有组织的空中打击的能力。1939年年末，一些老旧的"惠灵顿"轰炸机对德国的北海岸地区展开行动，却收效甚微。在大不列颠空战期间，英国皇家空军对德国的柏林发动了5次威胁不大的空袭行动——105架轰炸机参战，却只有29架找到了预定的轰炸目标。尽管如此，英国的战略轰炸理论的倡导者并不苦恼；他们相信，待到重型轰炸机力量足够强大之后，通过夜间行动——以尽量避开德国的防空措施，战

略轰炸必定可以有效打击德国的抵抗意志和能力。

1941—1942年的对德轰炸

　　1942年，英国继续对德国展开不定时的夜间空袭行动，却依然收效甚微。1941年，在一份名为《巴特报告》（the Butt Report）的文件中，综合利用军事侦察和来自超级特工的情报，英国对通过战略轰炸发动对德攻势做出了评估。让丘吉尔不安的是，这份报告表明英国皇家空军投下的炸弹经常偏离预定目标远至8千米，某些轰炸机甚至会偏离既定航线120千米。也就是说，只要目标小于一个城市，英国就无法期待皇家空军的行动效果。然而，皇家空军参谋长查尔斯·波特尔（Charles Portal）爵士依然坚信战略轰炸即是赢得战争胜利的关键；他声称：一支拥有4000架重型轰炸机的空军部队定能有效打击德国的城市，迫使其屈膝投降。尽管对使德国平民成为合法的轰炸目标感到不安，丘吉尔还是批准了"区域轰炸指令"。此后，英国皇家空军增加了轰

▼ 一架"兰开斯特"轰炸机（Avro Lancaster）飞过德国上空，这是皇家空军的主力轰炸机。英国和美国都认为四引擎的轰炸机能够抵达位于德国纵深的目标。美国陆军航空队（USAAF）还是继续在欧洲使用B-17"空中堡垒"（B-17 Flying Fortress），尽管当时B-29"超级堡垒"（B-29 Superfortress）已经服役，但基本用于此后在太平洋战争中的对日大规模轰炸。

千机突袭

英国皇家空军急需一场标志性的胜利，因而轰炸机司令部的亚瑟·哈里斯（Arthur Harris）制订了"千机"行动（Operation Millennium）计划，第一批千机轰炸针对工业城市科隆（Cologne）。哈里斯认为这样的突袭有重大的宣传价值，所以集结了1046架飞机，包括了英国几乎所有能用的轰炸机。

利用新型的Gee无线电导航设备，轰炸机从英国98个地方分别编队，分三拨出发。第一波轰炸机用燃烧弹轰炸克隆中心，燃烧弹起火作为后续飞机的瞄准点。突袭共持续98分钟，共有898枚炸弹在目标区域落地爆炸。

英国皇家空军共在科隆投下1455吨炸弹，摧毁了这座城市，并迫使20万人疏散。英国皇家空军则损失了40架飞机，也就是仅损失了3.8%的飞机——大规模的行动完全压制了德军在此区域的防空力量。

英国公众正需要这样的好消息，但军事行动的结果并未达到预期。不过，哈里斯仍坚信战略轰炸是通往胜利的最快道路。

炸德国民用目标的重型轰炸机，此举意在摧毁德国人的士气。为了更好地执行这个新的计划，丘吉尔任命亚瑟·哈里斯（Arthur Harris）为英国皇家空军轰炸机司令部总司令。亚瑟·哈里斯的绰号即是"轰炸机哈里斯"，他完全赞同战略轰炸将有效摧毁德国人的抵抗意志的观点。

尽管英国人的轰炸行动开始有了夜色的掩护，但德国人在防空技术上的进展似乎抵消了这一点。德军建立起了一张雷达探测网络，这能够提前探测到英军战机的动向，而纳粹德国空军也开始装备更多的夜间战斗机——其机载短程雷达能够有效探测到夜空中难以分辨的英军轰炸机。尽管英国轰炸机的损失不断上升，但哈里斯依然期待以绝对数量去压垮对手。哈里斯需要通过胜利去展示既定计划的有效性，他于1942年3月发动了第一次——针对德国城市卢贝克的——大规模"区域轰炸"。由于混合使用了高爆炸弹和燃烧弹，242架英国轰炸机将这座港口城市的中心炸成了一片废墟。这次空袭对于哈里斯来说无疑是一次重大的"宣传"胜利，但卢贝克的工业区并未因这次轰炸受损，德国国民的士气也没有因此低落下去。尽管如此，哈里斯还是坚信他正在走向成功，他预计一次单独的"极限"轰炸即可证实他的观点。

毁灭性的新台阶

哈里斯调集了手头的所有轰炸机发动第一次"千机轰炸"。在采取一系列的佯攻措施之后，1942年5月30日，约1046架轰炸机分别从英国各地的98个基地起飞并编队（其背后是一次极大规模的后勤工作），直扑德国科隆市的中心地带。这次行动摧毁了科隆的中心地带，而英国皇家空军仅损失40架轰炸机，成为又一次显赫的"宣传"胜利。但在军事层面，这次行动谈不上取得了什么成果，德国的工业产出并没有下降，德国人的士气也依然坚挺。此后，英国军方又对德国的其他工业和人口中心地带实施了三次类似的大规模轰炸，结果也相似。在很多观察家看来，尽管世人瞩目，但这些大规模的轰炸行动大体上是失败的。无论如何，哈里斯还是坚信战略轰炸是赢得对德战争胜利的关键，他最终等到了实现这一目标的最佳工具——强大的美国陆军航空兵（USAAF）。

尽管被太平洋地区的战事搞得焦头烂额，美

"千机轰炸"
1943年5月30日—31日

→ 皇家空军夜间攻击方向
□ 主要总司令部
□ 集群司令部
● 轰炸机司令部机场
✳ 被轰炸目标
— 战斗机师分界线
4 战斗机师
⌂ 德军雷达站
● 德军夜间战斗机机场
◎◎ 探照灯连
⊡ 高射炮连

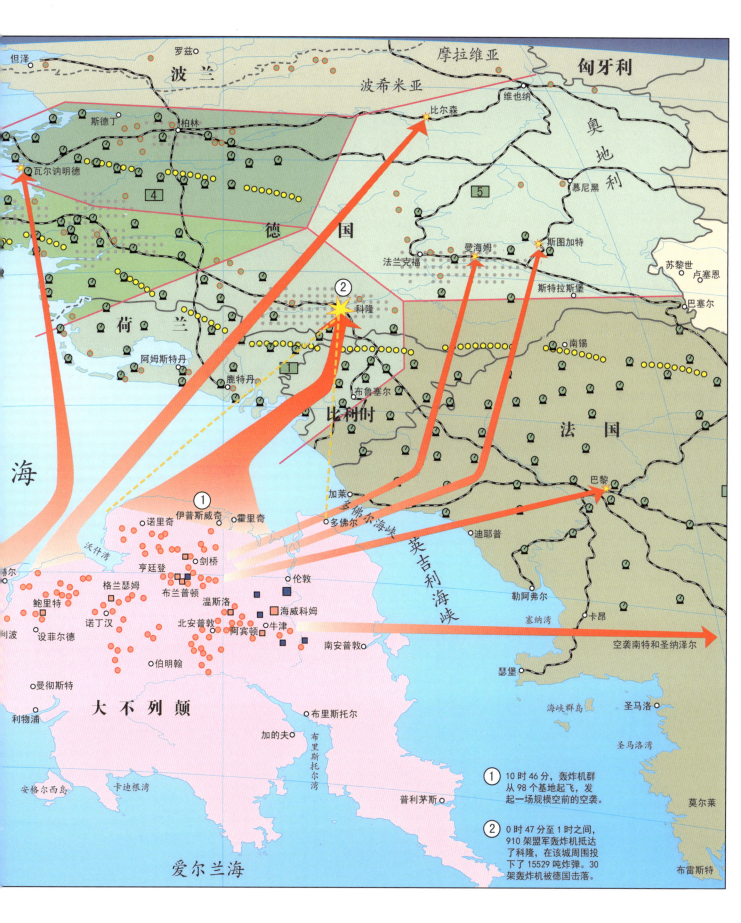

罗兹 波 兰 摩拉维亚 匈牙利

但泽

斯德丁 柏林 波希米亚 维也纳 奥

瓦尔讷明德 4 比尔森 慕尼黑 地

利

德 国

5 斯图加特 苏黎世

荷 兰 曼海姆 卢塞恩

法兰克福 巴塞尔

2 斯特拉斯堡

阿姆斯特丹 科隆 南锡

鹿特丹 1

布鲁塞尔

比 利 时 法 国

海 加莱 巴黎

多佛尔 迪耶普

伊普斯威奇 多佛尔海峡 英

诺里奇 霍里奇 吉 勒阿弗尔

沃什湾 利 塞纳湾

赫尔 剑桥 伦敦 海 卡昂

亨廷登 峡

格兰瑟姆 布兰普顿 温斯洛 空袭南特和圣纳泽尔

鲍里特 海威科姆

诺丁汉 北安普敦 牛津 海峡群岛 圣马洛

利波 设菲尔德 阿宾顿 南安普敦

伯明翰 圣马洛湾

曼彻斯特 瑟堡

利物浦 大 不 列 颠 布里斯托尔

加的夫 布里斯托尔湾

安格尔西岛 卡迪根湾

普利茅斯 莫尔莱

布雷斯特

爱 尔 兰 海

① 10时46分,轰炸机群
从98个基地起飞,发
起一场规模空前的空袭。

② 0时47分至1时之间,
910架盟军轰炸机抵达
了科隆,在该城周围投
下了15529吨炸弹。30
架轰炸机被德国击落。

1943 年战略轰炸

- □ 总司令部
- □ 轰炸机大队司令部
- ● 轰炸机司令部机场
- ● 美国第 8 航空队机场
- ✳ 皇家空军轰炸的目标
- ✳ 美国陆军航空队轰炸目标
- ✳ 英美空军轰炸目标
- —— 战斗机师分界线
- 4 战斗机师
- ⦿ 德军雷达站
- ● 德军夜间战斗机机场
- ○○ 探照灯连
- 高射炮连

瑞典

波罗的海

卡特加特

哥本哈根

博恩霍尔姆岛

格丁尼亚 但泽

罗兹

波兰

斯德丁

安克拉姆

柏林

罗斯托克

盖尔讷明德

吕贝克

汉堡

德 国

4

汉诺威

卡塞尔

施韦因富

法兰克

威斯巴

弗伦斯堡

库克斯港

威廉港

艾登

敖柏萨克

不来梅

威斯纳布吕克

明斯特

多特蒙德

科隆

迪伦

亚琛

埃森

杜塞尔多夫

杜伊斯堡

2

1

阿姆斯特丹

鹿特丹

安特卫普

布鲁塞尔

弗利辛恩

里尔

敦刻尔克

加莱

北 海

多佛尔海峡

埃塔普

诺里奇

伊普斯威奇

霍里奇

多佛尔

沃什湾

亨廷登

伦敦

约克

鲍里特

格兰瑟姆

诺丁汉

北安普顿

阿宾顿

牛津

朴次茅斯

怀特

纽卡斯尔

利兹

设菲尔德

伯明翰

南安普顿

伯恩茅斯

曼彻斯特

利物浦

大 不 列 颠

布里斯托尔

加的夫

埃克塞特

布里斯托尔湾

福斯湾

爱丁堡

格拉斯哥

马恩岛

安格尔西岛

卡迪根湾

爱尔兰海

贝尔法斯特

地图标注：

匈牙利　克罗地亚　亚得里亚海

维也纳　奥地利　5

雷根斯堡　纽伦堡　慕尼黑　斯图加特　的里雅斯特　威尼斯

意大利　博洛尼亚　摩德纳

曼海姆　美因茨　路德维希港　苏黎世　瑞士　米兰

斯特拉斯堡　巴塞尔　卢塞恩　伯尔尼　热那亚

萨尔格米讷　都灵

南锡　第戎　日内瓦　瓦朗斯

罗米伊　里昂

兰斯　圣艾蒂安

维特雷　亚眠　普瓦泰龙　博韦　布尔歇地区　3

阿比维尔　鲁昂　沙特尔

迪耶普　勒阿弗尔　图尔

维希政府控制下的法国

克莱蒙费明

瑟堡　勒芒

英吉利海峡

窝纳湾　海峡群岛　圣马洛　卡昂

姆湾　圣马洛湾　南特　圣纳泽尔　拉罗谢尔

普利莱斯　莫尔莱　洛里昂

布雷斯特　比斯开湾

1943年战略轰炸

到1943年，英国已经配备了"哈利法克斯"轰炸机和"兰开斯特"轰炸机，而美国第8航空队（8th Air Force）也带着B-17"空中堡垒"和B-24"解放者"参战了。德国对此的反应是建立"康胡贝"防线（Kammhuber Line）来防御。

这条防线的最前线是"维尔茨堡"雷达，可以侦测到盟军轰炸机来袭，后方则是探照灯和防空火炮，扼守在进入第三帝国本土的必经之路上，在柏林城外还有一道较小的防线。最后则是战斗机部队（通常配备了雷达）升空迎战，通常而言，在经过与德军战斗机的长时间纠缠后，入侵者即便侥幸生还也只能打道回府。

英国皇家空军在1943年对德国实施夜间轰炸，也是集中在鲁尔和柏林的工业区，同时美国空军则在白天对德国工业目标进行精确轰炸。德国在1943年的防御能力逐渐增强，盟军飞行员伤亡惨重。但他们在德国城市成功投下大约20万吨的炸弹。即便如此，德国的工业生产能力仍在上升，德国民众仍然士气高昂。

"水坝毁灭者"

1943年中期，英国皇家空军轰炸机司令部对德国鲁尔工业区集中进行了43次突袭。而其中最为大胆的空袭行动则是由英军第617中队执行的，该中队因为此次任务而得名"水坝毁灭者"。这些突袭的目的是摧毁莫内河、斯盖梅[JCH2]、埃德尔河和索尔珀河上的大坝，切断该区域的电力来源。

在艰险的低空轰炸训练中，飞行员要练习投放圆筒状的炸弹，这种炸弹会在水面弹跳击中大坝，然后沉至水底引爆。这支只有19架飞机的飞行中队由皇家空军中校盖·吉布森（Guy Gibson）指挥，他们大部分时间都要在德军控制的空域飞行，因此损失了3架飞机。但最重要的损失是在低空朝鲁尔飞行的途中被击落了5架飞机。幸存的英勇低空飞行员成功炸毁了莫内河大坝和埃德尔河大坝。但造成的损害并没有预想中大，德国很快就修复了大坝。

尽管低空轰炸行动备受称赞，但代价惨重而成果不足，导致后来更多是常规轰炸。不过，在战争后期，617中队因为炸沉了德国"提尔皮茨"号（Tirpitz）战列舰而再度声名大噪。

国还是于珍珠港事件发生之后迅速向英国派遣了第8航空队，并于1942年5月进驻。美国第8航空队的主要机型是B-24"解放者"（Liberator）和B-17"飞行堡垒"——均为四引擎且配备强大的防御火力。英国人之所以选择在夜间轰炸德国，就是因为他们缺少能为轰炸机提供掩护的远程战斗机。亨利·哈里·阿诺德（H.H. Arnold）统领的美国陆军航空兵则认为，密集编队的美国重装轰炸机群有能力击退德国人的拦截战斗机，因而昼间轰炸是可行的。另外，美国人已经将"诺顿"轰炸机瞄准器投入使用，并相信这可以使他们更精准地轰炸德国人的工业区。起初，美国人的对德空袭代价高昂且并不精准，1943年1月，英国和美国商定联合发动对德轰炸攻势：英国皇家空军负责夜间轰炸德国城市，美国第8航空队负责昼间轰炸德国工业区。

大火焚城

在1943年7月末至8月初的对德国港口城市汉堡的一系列轰炸中，盟国空军展示出了可怕的新实力。7月24日夜间，约800架英国轰炸机毁灭了汉堡市中心的大部，随后两天中，美国第8航空队又对汉堡实施了不间断的轰炸。7月26日夜晚，英国皇家空军重返汉堡上空，向这座已成废墟的城市投下燃烧弹，全市各处火情不断，并最终汇成一个直径3千米的燃烧区，引发一场巨型火风暴。这场火风暴大逞淫威，时速高达320千米/小时，温度高达800摄氏度。这场大火几乎将汉堡毁坏殆尽，约6万人丧生——比英国在整个不列颠空战中的人员损失还多。尽管如此，盟军也无力长期维持如此轰炸强度。盟军此后继续轰炸德国各地——其中比较突出的有鲁尔工业区和柏林工业区，但轰炸效果都无法比肩盟军对汉堡的轰炸。令人惊异的是，将德国工业从易受攻击的城市分散转移到乡下，德国1943年的工业产出不升反降；另一方面，由于德国人的拦截战斗机的生产，盟军的轰炸机损失持续上升。

美国陆军航空队第8航空队处境艰难。针对德国工业区的轰炸主要是在白天攻击德国的飞机生产，美国空军确实获得了重大的成功。但是，一旦脱离己方战斗机的护航，美国轰炸机就很可能要付出高昂的代价。1943年8月，由于天气糟糕和德国人采取了新的战斗机战术，在轰炸德国雷根斯堡（Regensburg）工业区和施韦因富特（Schweinfurt）地区的滚珠轴承厂的行动中，美军轰炸机遭遇了一场灾难——40架轰炸机被击落、100架严重受损，而德国滚珠轴承厂却损失甚少。同一个月，

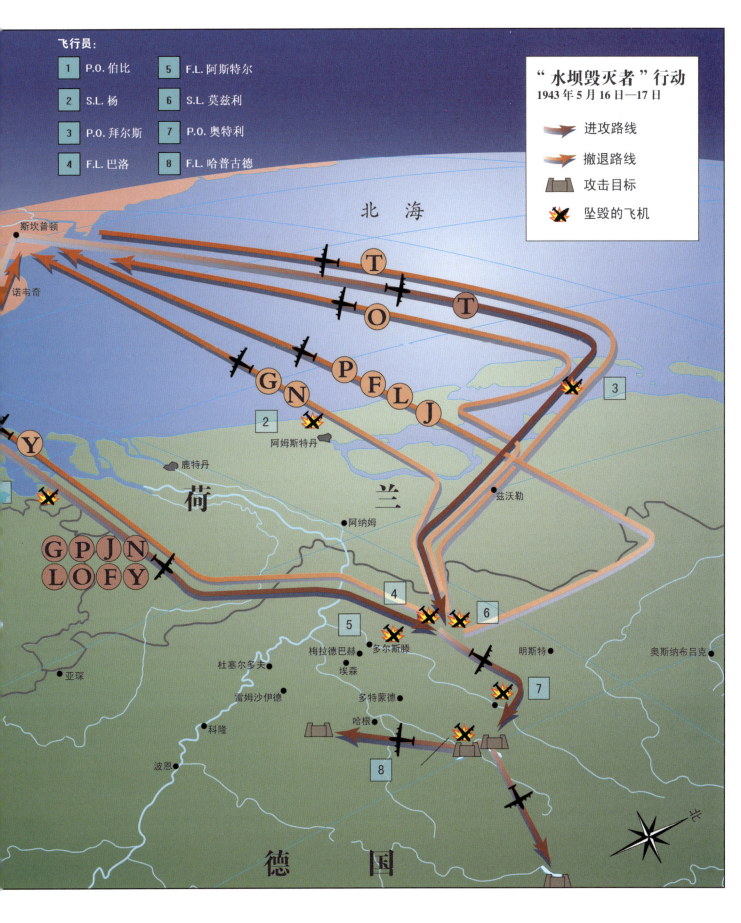

1 P.O. 伯比   5 F.L. 阿斯特尔
2 S.L. 杨   6 S.L. 莫兹利
3 P.O. 拜尔斯   7 P.O. 奥特利
4 F.L. 巴洛   8 F.L. 哈普古德

"水坝毁灭者"行动
1943 年 5 月 16 日—17 日

进攻路线
撤退路线
攻击目标
坠毁的飞机

北 海

斯坎普顿

诺韦奇

T
T
T
O
P
F
L
J
G
N

2
阿姆斯特丹

Y

鹿特丹

荷

兰

阿纳姆

兹沃勒

G P J N
L O F Y

4
6

5
梅拉德巴赫   多尔斯滕   明斯特   奥斯纳布吕克
杜塞尔多夫   埃森
亚琛
雷姆沙伊德   多特蒙德   7
科隆   哈根
波恩   8

德   国

北

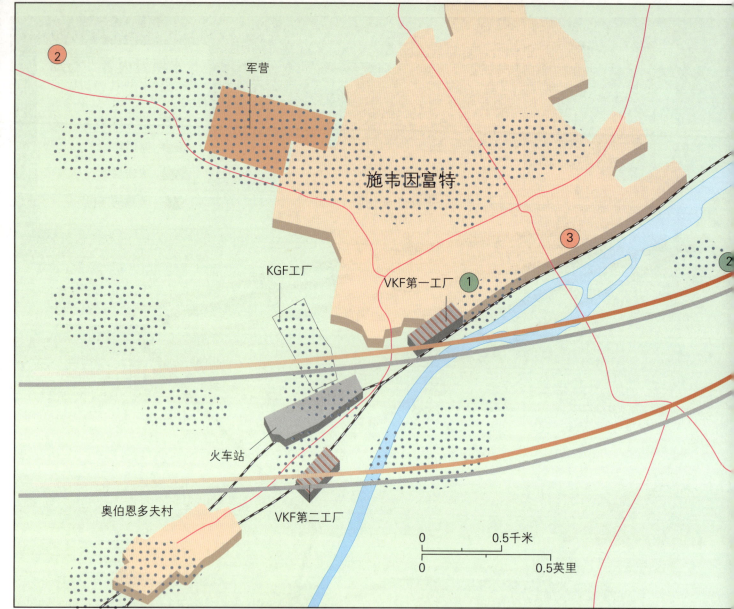

施韦因富特

军营

KGF工厂

VKF第一工厂

火车站

奥伯恩多夫村

VKF第二工厂

0　　　　　0.5千米

0　　　　　0.5英里

爱丁堡

北　海

丹麦

哥本哈根

英　国

汉堡

阿姆斯特丹

荷　兰

伦敦

德　国

比利时

法兰克福

巴黎

施韦因富特

法　国

慕尼黑

① 1943年8月17日：230架B-17轰炸机离开英国。

② 当地时间15时53分，198架轰炸机开始抵达目标区域。

③ 当地时间16时11分，最后一颗炸弹落在施韦因富特。仅有184架飞机在目标区域投放炸弹，共投下265吨烈性炸药和115吨燃烧弹。

④ 只有194架B-17轰炸机返回英国，其中81架被击伤或出现人员伤亡。美军此战共损失36架飞机和361名空勤人员。

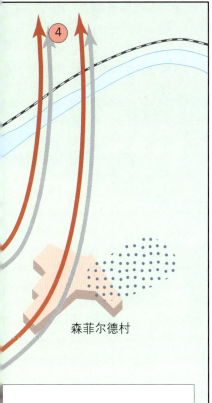

施韦因富特轰炸的结果

- ⣿ 命中区域
- ▨ 轴承工厂
- ➡ 轰炸机航线

插图

- ---➤ 德国主要的拦截
- ➡ 轰炸机航线

森菲尔德村

① 15时44分警报拉响，多数人忽视警报，但11个88毫米（3.45英寸）防空火炮连已经准备就绪。

② 空袭持续12分钟，多数炸弹偏离了预定目标。城市及其周围约有275人被炸死。攻击美军轰炸机编队的德军战斗机部队损失了16架飞机。

117架美国轰炸机从北非起飞前去轰炸罗马尼亚的普罗耶什蒂（Ploesti）油气区，54架被击落，522名机组人员丧生，同样所获甚微。见此情形，美国取消了所有脱离己方战斗机护航的轰炸任务。

战争末期

进入1944年之后，诺曼底登陆临近了，盟国空军暂时将轰炸重点转移到了法国北部。诺曼底登陆胜利之后，盟国在1944年11月初又恢复了对德战略轰炸。美国陆军航空队第8航空队——新任指挥官为詹姆斯·杜立德将军——与驻扎在意大利的美国陆军航空队第15航空队对德国的石油工业发动了一系列联合行动，德国的石油产出骤然下降，使得（纳粹）德国军队的处境更加窘迫了。德国人本来指望最新的梅塞施密特Me-262喷气式战斗机能够逆转颓势，但无奈梅塞施密特Me-262在数量上太少。此外，盟军现在已经拥有了第二次世界大战期间最好的全用途战斗机——P-51"野马"战斗机，有能力为轰炸机提供有效的护航。

战争日益接近尾声了，很多人开始质疑进一步攻击德国平民的必要性。尽管如此，1945年2月，英国及美国轰炸机还是轰炸了德国的德累斯顿，引发了另一场城市大火。超过37000多人在这次轰炸中丧生，而盟军收获的军事成果却十分可疑。很可能的是，德累斯顿大轰炸是为了给仅仅80千米之外的苏军留下深刻的印象。这之后，盟军停止了针对德国平民的轰炸，战略大轰炸行动走向终结。

在这场针对德国的战略轰炸中，德国有约40万平民丧生，而盟军也损失了4万架战机以及16万名空勤人员。轰炸行动既没能彻底打击德国的工业，也没能有效削弱德国的抵抗意志。直至战争结束的最后一年，战略大轰炸才显现出其效果，虽然没有达到战略大轰炸的热情支持者的预期，但确实促成了盟国胜利的到来。

施魏因富特

1943年8月17日，美国陆军航空队第8航空队对德国雷根斯堡的飞机制造工厂和施魏因富特的滚珠轴承工厂进行了双重袭击，但恶劣的天气和混乱导致了灾难。230架飞机中只有184架在施魏因富特投下了380吨炸弹。

一名德军水兵在舰长上舰时吹响海军哨致意。英国的总体力量优势和后来美国海军参战，导致卡尔·邓尼茨上将在大西洋战场上大力推进他的潜艇舰队。但"海军上将施佩伯爵"号（Graf Spee）、"俾斯麦"号（Bismarck）和"提尔皮茨"号（Tirpitz）等水面舰艇依然给皇家海军带来了不小的麻烦。随着战争进行，盟军的空中优势让任何德军军舰离港都成了危险的行为。

第4部分
大西洋战场

在英国与希特勒的持久战中，其补给线完全依靠美国和其殖民地。如果德国海军的潜艇能够击沉足够多的船只，就能切断运往英国的原料和美国武器，英国将被迫乞和。大西洋的战斗激烈而持久。

　　在第一次世界大战时，很多英国人认为最主要的海军威胁来自于强大的德国公海舰队（High Seas Fleet），但在战争期间，大多数德国主力舰都留在它们的母港中。德国海军最致命的武器是潜艇。这些秘密的水下舰艇遍布大西洋航线，严重打击了作为英国生命线的商船。在1917年，情况实在太糟，英国甚至在几个星期后就要投降了。但最终，护航制度克服了潜艇的威胁。由于情况曾经如此危急，所以《凡尔赛和约》禁止德国再造潜艇。

　　希特勒掌权导致大西洋的战争再度可能发生。德国海军司令埃里克·雷德尔元帅主张，应该在未来的战争中保持水面舰艇和潜艇的平衡。德国潜艇司令部司令卡尔·邓尼茨（Karl Dönitz）上将表示异议，他认为只有尽可能地发展潜艇才能打败英国。在第二次世界大战初期，德国那野心勃勃的海军造舰计划才刚刚开始。当时德国的水面舰艇舰队规模很小，只有3艘弱小的袖珍战列舰、2艘战列巡洋舰、8艘巡洋舰和21艘驱逐舰。此外，德国拥有57艘潜艇，但只有22艘能够在大西洋执行任务。尽管德国希望利用水面舰艇和潜水艇侵扰英国，但他们不是英国本土舰队的对手——英国有15艘战列舰、62艘巡洋舰、7艘航空母舰、178艘驱逐舰和56艘潜艇。

　　尽管力量悬殊，邓尼茨仍认为，德国集中力量建造潜艇就能后来居上。他主张，打造一个300艘潜艇的舰队就能侵袭脆弱的大西洋航线，每月击沉70万吨的货船，并将能迫使英国投降。邓尼茨确信英国会再次依靠护航制度来保护商船，但他已经研究出了击破护航的新方案——"狼群"战术。只要观测到护航队，该海域的所有的德国潜艇就利用无线电通信集结，在夜间对护航舰群起攻之，这也是护航舰最脆弱的时刻。傲慢而自信的邓尼茨很快就引起了希特勒的注意。

　　但邓尼茨钟爱的潜艇还是出现了无数缺点，当时的潜艇与其说是"潜艇"，倒更像是"具备潜水能力"的船舶。潜艇在水面之上敏捷迅速，潜入水下主要是为了保卫自身。在水下，它们笨重而缓慢，而且潜入水中的时间相当有限。因此，潜艇主要在水面之上执行任务、进行攻击。潜艇的武器和装甲都较弱，因而只能低调行事、秘密攻击。一旦在水面上遭到任何攻击，潜艇都要潜入水中，因而即便最慢的护航队也能

逃走。

在第二次世界大战中，为了保护商船运输，英国再次仰仗护航制度，即一组商船由一队军舰护航。护航舰配备声呐脉冲测距系统，以便侦测水下的潜艇。护航舰还携带深水炸弹作为武器，这种炸弹会在海面之下的某个深度引爆。护航舰的武器系统也有弱点：声呐系统面向船前方，无法探测潜艇深度，而深水炸弹只能在船尾投放，必然导致一定的失准。

战争爆发

随着战争在1939年9月爆发，邓尼茨准备展开针对英国的潜艇战。他可支配的潜艇数量很少，大西洋航线又被英国战舰封锁，所以潜艇战也只对英国造成了一点小麻烦。但潜艇还是有一些成绩的，比如击沉了英国的"勇敢"号航母。由冈瑟·普里恩（Gunther Prien）指挥的U–47号潜艇单独执行了一次令人震惊的行动，它渗入英国皇家海军在斯卡帕湾的基地，击沉了"皇家橡树"号战列舰，并成功逃回德国。1939年9月到1940年3月间，德国潜艇仅仅击沉88.6万吨的商船吨数，却损失了15艘珍贵的潜艇。德国少数潜艇只能小心翼翼地在英国附近海域巡逻，用高昂的代价换取那点微不足道的成果。

但海战还有另一面，德军的水雷和水面舰艇共让盟军船只损失90万吨的货船吨数。部分德军水面舰艇的船只被召回德国，包括"德意志"号袖珍战列舰，其余舰只留在海上尽量破坏海中航线。德军"海军上将施佩伯爵"号袖珍战列舰在南非的邻近海岸轻松狩猎，击毁9艘商船。英国海军部立刻派遣了一支部队追捕德国舰只。1939年12月13日，由一艘重型巡洋舰和两艘轻型巡洋舰组成的英国舰队在南大西洋发现了"海军上将施佩伯爵"号。"海军上将施佩伯爵"号自恃武器火力更强大，与英国军舰针锋相对，重创了"艾克赛特"号（Exeter）重型巡洋舰，但德国军舰也在战斗中严重受损，驶入中立国乌拉圭的蒙得维的港（Montevideo）修整。"海军上将施佩伯爵"号舰长汉斯·朗斯多夫（Hans Langsdorf）犯了一个严重错误，被困在港中时，更多英国军舰抵达封锁了出口。在此进退维谷的情形下，为避免被英军摧毁，朗斯多夫自行凿沉了"海军上将施佩伯爵"号，然后自杀身亡。尽管第二次世界大战中德国的水面舰艇的袭击间歇性地造成一定威胁，但效果十分有限。

此时英国似乎控制了大西洋战场，事实也的确如此，但德国在1940年占领法国和挪威的行动改变了一切。潜艇和海面舰只可以驶出挪威的庇护峡湾和法国的大西洋港口，避开英国的封锁。此外，潜艇的航行时间大幅缩短，行动半径深入到大西洋航线。潜艇不必再到英国的北海和西部海岸外的繁忙水域行动，而可以隐身在广袤的海洋中，出其不意地攻击对方。大西洋的战斗立刻变得危急起来。

大西洋战争 I

第二次世界大战爆发前，德国毫无经验的潜艇舰队从北部的基尔（Kiel）基地出海执行任务。潜艇部队的司令卡尔·邓尼茨上将仅有57艘潜艇，大多数都是旧式的。为了抵达大西洋，潜艇必须花费大量时间穿过北海（North Sea），避开英国在英吉利海峡或挪威和苏格兰之间的海峡布设的封锁。这趟航程很危险，损失了好几艘潜艇。

潜艇抵达大西洋后，剩余的燃料只够在不列颠群岛的西岸附近执行任务。更糟糕的是，这片水域都在英军反潜飞机的航程内，因而潜艇很容易被发现和攻击。因此，德国潜艇在第一阶段的大西洋战争中仅仅击沉了222艘盟国商船。邓尼茨努力改变局面，不断向希特勒施压，要求建造更多潜艇。

尽管邓尼茨说服元首每月建造29艘潜艇，但在1940年，德国每月实际仅能生产2艘潜艇。

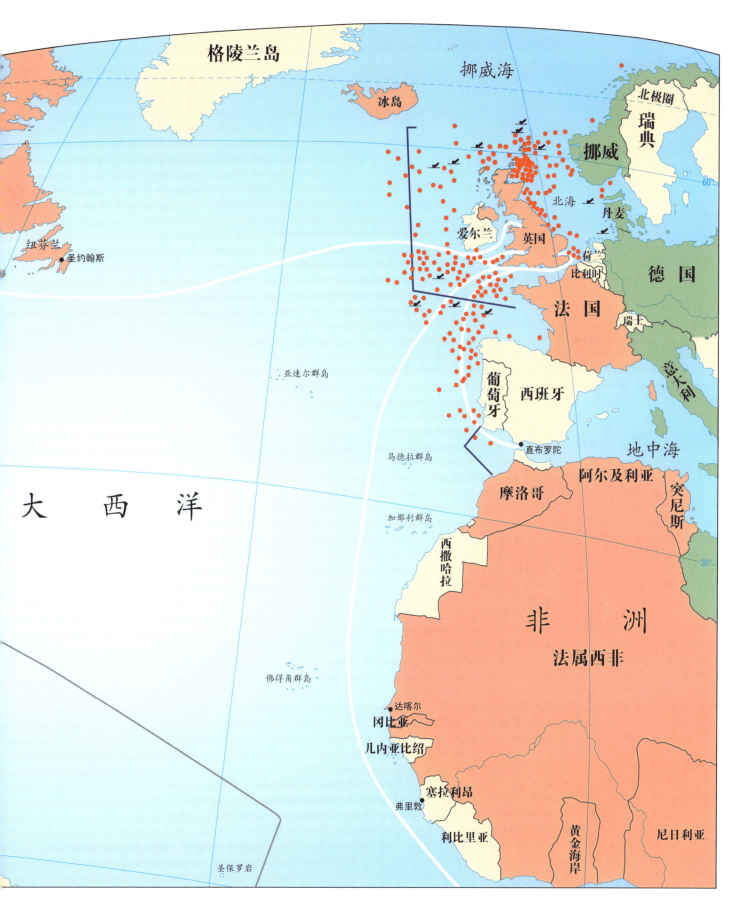

格陵兰岛

挪威海

冰岛

北极圈

瑞典

挪威

纽芬兰

圣约翰斯

北海

丹麦

爱尔兰

英国

荷兰

比利时

德国

法国

瑞士

意大利

亚速尔群岛

葡萄牙

西班牙

直布罗陀

地中海

大　西　洋

马德拉群岛

加那利群岛

摩洛哥

阿尔及利亚

突尼斯

西撒哈拉

非　洲

法属西非

佛得角群岛

达喀尔

冈比亚

几内亚比绍

塞拉利昂

弗里敦

利比里亚

黄金海岸

尼日利亚

圣保罗岩

1940年6月，潜艇从新占领的法国港口出海行动，更容易接近脆弱的大西洋运输航线。尽管英国护送他们的商船，但护航战舰的数量仍然很少，因为大量战舰被召回以备应对迫在眉睫的德国入侵威胁。而且，在不列颠空战如火如荼时，英国的空军力量同样很小。因此，从1940年到1941年早期，德国潜艇占据了优势，潜艇的指挥官们都称这个阶段是"欢乐时光"。尽管如此，德国的潜艇对英国的威胁仍然微乎其微。损耗和低下的生产效率，使得1940年9月时的德国潜艇并不比战争开始时更多。

总体而言，在1940年，单个的潜艇指挥官出其不意地袭击护航队是主流。这一年中，潜艇王牌艇长们获得了最大的成就，比如奥托·克雷奇默尔（Otto Kretschmer）、沃尔夫冈·吕特（Wolfgang Lüth）和冈瑟·普里恩。一般而言，潜艇指挥官会在英国西部海岸外静候护航队，或者更远一点，在英国空军航程覆盖范围之外的大西洋海域守株待兔。侦测到护航队后，潜艇加速开到船只前方，潜到潜望镜深度袭击护航队。当然，有些护航舰会反击，迫使潜艇下潜或承受令人头疼的深水炸弹的密集攻击。此时英国的反潜艇技术尚未成熟，多数潜艇都能逃过一劫，但即便是在潜艇最成功的1940年6月，也仅仅击沉了28万吨的货船吨数，远低于计划的70万吨的目标。因此，邓尼茨在9月下令更改战术，"狼群"战术第一次让潜艇协同作战。结果相当出色，但冬天的天气迅速恶化，行动只能停止。但邓尼茨仍然确信，只要有了300艘潜艇，"狼群"战术就能摧毁英国。

雷德尔上将针对英国提出了另一条妙计。1941年年初，德国将9艘商船改装成伪装袭击舰。这些舰只，包括著名的"亚特兰蒂斯"号，在此后的3年内巡弋于各大洋，遇到落单的商船就各个击破。到战争结束时，这些战舰共击沉130艘船，总吨位数达到85万吨。让英国更担心的是德国军舰一直未被击沉。1940年11月，"舍尔海军上将"号袖珍战列舰在大西洋击沉了15艘船，而"沙恩霍斯特"号和"格奈森瑙"号在来年1月又击沉了22艘船。由于袭击很成功，1941年，雷德尔让德国海军的骄傲——"俾斯麦"号战列舰出海袭击，却不料很快就被击沉了。

"欢乐时光"的终结

1941年，英国几项开拓性的工作扭转了大西洋的战局。反潜艇作战的领导者是海军上将、大西洋西部总司令珀西·诺布尔（Percy Noble）。诺布尔制订护航策略，并游说政府提供额外支持、加强造船。英国也从第二次世界大战中一项不受重视的武器系统——轻型护卫舰——的发展中获益。这些小型、丑陋的战舰装备轻型武器，由于让船员受罪而声名狼藉，但它们既便宜又容易制造，是理想的护航舰。

在对抗潜艇的战争中，英国又在1941年得到了其他帮助。先是皇家加拿大海军接管了西大西洋的护航任务，随后美国又在大西洋的战争中发挥了更大作用。最初，

美国给英国提供了50艘急需的驱逐舰，作为回报，英国将新印度群岛的基地租给了美国。基地租借也帮助英国提升了舰船制造能力，而且到了1941年9月，美国甚至负责在大西洋中部提供护航，实际上已经对德国潜艇不宣而战了。

此外，英国在大西洋战争中的密码分析领域获得了不可估量的优势。英国分析师在布莱切利花园（Bletchley Park）进行了代号"极"（Ultra）的行动，在破解德国加密系统方面取得了巨大成功，经常帮助皇家海军定位行踪诡秘的"狼群"。而且英国舰船装备了高频测向（简称HF/DF，或"Huff Duff"）设备，可以利用潜艇的无线电广播确定其位置。因此，在1941年4月到12月间，尽管德国断断续续地成功击沉了约150万吨的船舶，英国仍能在"狼群"战术面前支撑。联合战术甚至取得了一些显著的成功，比如在3月的一次护航行动中英军便一次性击沉了普里恩、马茨和克雷齐默尔这3名王牌艇长所指挥的。

5月，"俾斯麦"号战列舰在冈瑟·吕特晏斯上将的带领下闯入大西洋袭击盟国船只。英国海军部立刻集结最强的战列舰追击"俾斯麦"号。5月24日，在冰岛南部海岸，"胡德"号和刚完工的"威尔士亲王"号战列舰与"俾斯麦"号发生了一场遭遇战。双方在距离22千米（14英里）的时候互相开火。一枚德军射出的炮弹恰好击中了装甲防护落伍的"胡德"号的防护薄弱部位。"胡德"号迅速断成两半，1400余名官兵阵亡，仅有3人获救。"威尔士亲王"号同样受损，撤出了战斗。"胡德"号被击沉震惊了英国人民，"俾斯麦"号则似乎已经准备好了在大西洋上兴风作浪。

但"俾斯麦"号也在战斗中受到损伤，只得减速驶往法国海岸，希望能够甩开英国人的追赶。5月26日夜间，一群老式的"剑鱼"式双翼飞机从"皇家方舟"号航空母舰上起飞攻击"俾斯麦"号并破坏了其舵机。受创的德国战舰只能在皇家海军的死亡包围圈中打转。次日，英军"罗德尼"号和"英王乔治五世"号战列舰连续猛击"俾斯麦"号，火焰连天。最终这艘骄傲的军舰翻转沉没在波浪下，2000名舰员中仅有110人幸存。大西洋战场的德国军力只剩潜艇了。

危机时刻

大西洋战争的危机出人意料地出现于1942年。英国的对策和潜艇的缺乏使得每月的商船运输损失为18万吨，距离德国胜利的目标还差得远。然而，美国参战却让潜艇瞬间获得了明确而始料未及的优势。在美国近海的船只尚未安排护航，而且美国也没有对近海城镇和城市进行强制性的灯火管制。邓尼茨意识到了这一点，将所有能派的潜艇（仅有12艘）都派去袭击美国疏忽的新目标，形成了"第二次欢乐时光"。夜里，潜艇隐藏在美国近海的海面上，等待单独的商船到来，借着沿海城镇的灯光，渴望看到贵重的油轮出现在视野中。形势立刻紧急起来。从2月到5月，潜艇每个月摧

大西洋战争 II

战胜挪威和法国后，德国已经突破了英国的封锁，潜艇可以更容易地接近重要的大西洋航线。尽管英国使用了护航系统保护商船，但无法同时提供战舰和空中掩护。因此，几艘德国潜艇可以在大西洋兴风作浪，在"欢乐时光"阶段取得了非凡的成功。

潜艇战转移到西部航线，因为那里商船更多，而且远离北海的危险海域。此外，随着德军潜艇的性能有所提升，数量也有所增加，潜艇可以深入大西洋中部以及远离非洲海岸的水域，让英国空军鞭长莫及。1940年6月到11月，潜艇共造成160万吨的损失，但英国为了阻止德军入侵本土，仍在苦苦支撑。

护航舰太少，而且护航舰只能护送商船到大西洋中部，到这里，西行的护航舰就会返回，转而护送东行的商船，这就常常导致西行的商船在后半段就没有护航舰队。

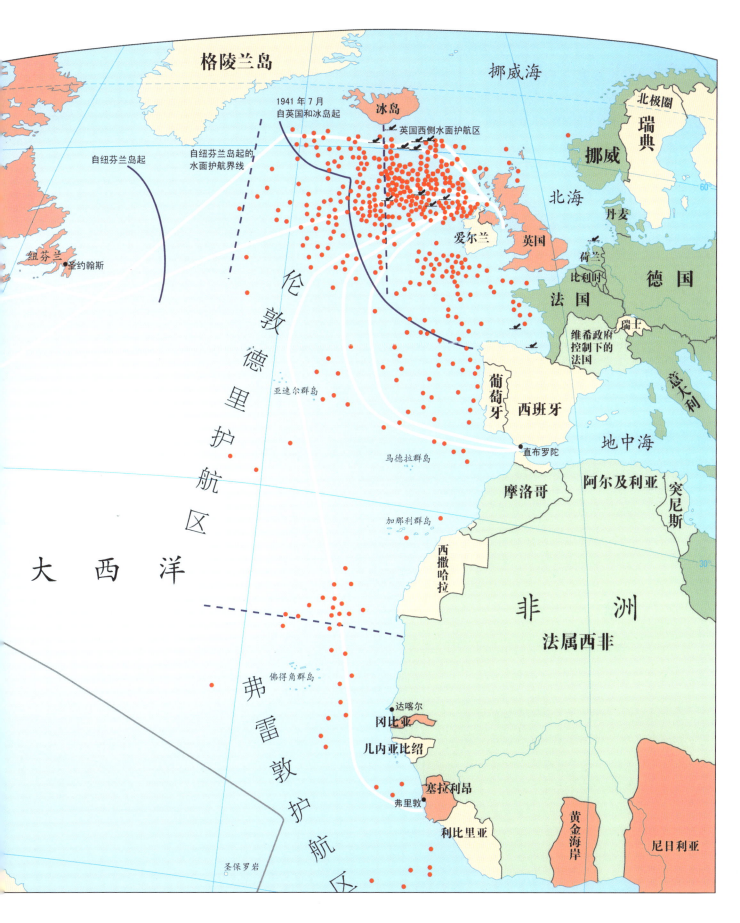

格陵兰岛　　　　　　　　　　　挪威海

1941年7月
自英国和冰岛起　　冰岛

英国西侧水面护航区

自纽芬兰岛起

自纽芬兰岛起的
水面护航界线

北极圈

瑞典

挪威

北海

丹麦

荷兰

爱尔兰　英国

纽芬兰

圣约翰斯

比利时

法国

德国

伦敦德里护航区

亚速尔群岛

瑞士

维希政府
控制下的
法国

意大利

大　西　洋

马德拉群岛

葡萄牙

西班牙

地中海

直布罗陀

摩洛哥

阿尔及利亚

突尼斯

加那利群岛

西撒哈拉

非　　洲

法属西非

弗得角群岛

弗雷敦护航区

达喀尔

冈比亚

几内亚比绍

塞拉利昂

弗里敦

利比里亚

黄金海岸

尼日利亚

圣保罗岩

60°

30°

大西洋海战第三阶段

1941年4—12月

— 4月份后英国商船责任区界限

— 空中护航覆盖区

- - - 4月份后水面护航界线

☐ 主要的船运航线

• 被德国潜艇击沉的盟国商船

⚓ 被击沉的德国潜艇

☐ 盟国控制的地区

☐ 轴心国控制的地区

☐ 维希政府控制地区

☐ 中立区

大西洋战争 Ⅲ

1941年，德国仍缺少控制大西洋的必要数量的潜艇。而且，英国护航系统的改进和新型护航舰（轻巡洋舰）投入使用，让护航舰自身的防卫情况迅速好转。加拿大和美国参战也在很大程度上补充了英国的护航系统。

到1941年6月，护航舰可以在大西洋提供全程保护了。到9月，美军在大西洋对潜艇不宣而战，不管是否宣称中立，只要遭遇就发起攻击。

因此，德国潜艇必须找到一个避免攻击的安全猎场。最受潜艇指挥官欢迎的行动区域是被称为"大西洋中部间隙"的地方。盟军的空军无法到达这里，潜艇十分活跃。德国潜艇还在非洲漫长的西海岸愉快地狩猎，专门猎杀从塞拉利昂出发开往英国的护航队。

加 拿 大

美 国

（1941年7月加盟）

纽约

百慕大群岛

泛美中立区

墨西哥湾

巴哈马群岛

墨西哥

古巴

海地 多米尼加共和国

牙买加

英属洪都拉斯

危地马拉

洪都拉斯

萨尔瓦多

尼加拉瓜

加勒比海

哥斯达黎加

巴拿马

委内瑞拉

英属圭亚那

荷属圭亚那

哥伦比亚

太平洋

厄瓜多尔

巴 西

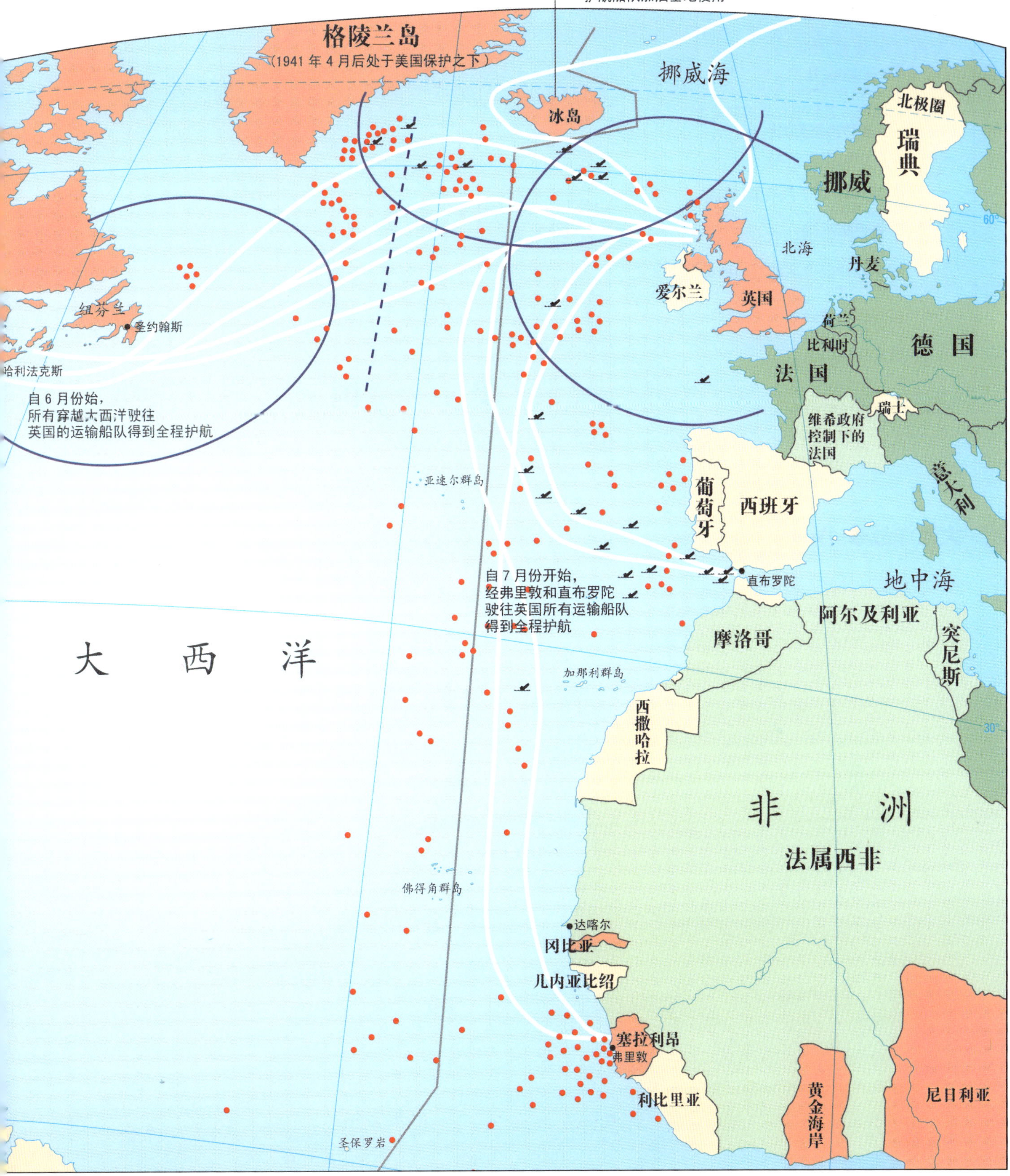

1941 年 4 月开始作为
护航船队加油基地使用

格陵兰岛
（1941 年 4 月后处于美国保护之下）

挪威海

冰岛

北极圈

瑞典

挪威

北海

丹麦

爱尔兰

英国

荷兰

比利时

德国

法国

纽芬兰

圣约翰斯

哈利法克斯

自 6 月份始，
所有穿越大西洋驶往
英国的运输船队得到全程护航

维希政府
控制下的
法国

瑞士

意大利

亚速尔群岛

葡萄牙

西班牙

地中海

自 7 月份开始，
经弗里敦和直布罗陀
驶往英国所有运输船队
得到全程护航

直布罗陀

阿尔及利亚

突尼斯

摩洛哥

大　西　洋

加那利群岛

西撒哈拉

非　　洲

法属西非

佛得角群岛

达喀尔

冈比亚

几内亚比绍

塞拉利昂

弗里敦

利比里亚

黄金海岸

尼日利亚

圣保罗岩

大西洋海战第四阶段
1942年1月—1943年2月

—— 1942年8月护航作战控制完全
由英国转换至美国区域

—— 空中护航覆盖范围

--- 截至1942年7月英国护航站

主要护航线路

● 被U型替艇击沉的盟国商船

被击沉的替艇

同盟国控制区

轴心国控制区

中立区

大西洋战争 IV

1942年的大西洋战场发生了一场危机。邓尼茨将潜艇调离了英国的西部航线和大西洋中部，转而到美国东海岸寻找更容易的目标。美国船只没有及时安排护航，在东部沿海地区航行时被德国潜艇轻而易举地击沉。

美国一开始决定采用大队战舰去猎杀潜艇，这种战术早就被英国皇家海军证明是无效的。到了7月，美国终于在东海岸采取了护航措施，而潜艇则转移到了更薄弱的墨西哥湾和委内瑞拉沿海，击沉了大量珍贵的油轮。

虽然损失惨重，但这个区域的船只大部分不是给英国运送战争物资的，因而德军的胜利影响不大。后来美国在这片区域也开始护航，德国潜艇——此时已经超过300艘，并在法国西海岸执行任务——再次转移，回到了北大西洋的运输线。

加拿大

哈里法克斯

美国

纽约

百慕大群岛

墨西哥湾

巴哈马

墨西哥

古巴

多米尼加共和国

海地

牙买加

英属洪都拉斯

危地马拉

洪都拉斯

加勒比海

萨尔瓦多

尼加拉瓜

哥斯达黎加

巴拿马

哥伦比亚

委瑞拉

英属圭亚那

荷属圭亚那

太平洋

法属圭亚那

巴西

厄瓜多尔

1942年8月22日向德国宣战，使盟军在南太平洋沿岸有了可用的护航空军基地。

秘鲁

格陵兰岛

挪威海

冰岛
（1942年7月11日
由美国占领）

北极圈

瑞典

挪威

丹麦

北海

爱尔兰

英国

德国

荷兰

比利时

法国

瑞士

意大利

维希政府
控制区

葡萄牙

西班牙

地中海

实施完整的跨大西洋护航

本土战区

纽芬兰

圣约翰斯

亚速尔群岛

直布罗陀

直布罗陀

北大西洋战区

经弗里敦和直布罗陀
驶往英国所有运输船
队得到全程护航

摩洛哥

阿尔及利亚

突尼斯

大 西 洋

加那利群岛

西撒哈拉

非 洲

法属非洲

佛得角

达喀尔

冈比亚

几内亚比绍

西非战区

弗里敦

塞拉利昂

尼日利亚

利比里亚

黄金海岸

圣保罗礁

源自阿森松岛

60

30

30

0

大西洋海战第五阶段

1943年5-9月

—— 空中护航覆盖范围

▢ 主要护航线路

• 被 U 型潜艇击沉的盟国商船

⚓ 被击沉的潜艇

▢ 同盟国控制区

▢ 轴心国控制区

▢ 中立区

大西洋战争 V

　　1943年，德国潜艇回到北大西洋，希望能切断英国的补给线，并威胁正在执行"波莱罗"计划（Operation Bolero）的宝贵运兵船只。大西洋中部远离盟军空军的威胁，因而潜艇在这一年取得了一些成绩——3月共击沉60万吨货运船。

　　但是，盟军新技术和新战术的进展宣判了潜艇的厄运。盟军发现了威胁，往大西洋增派了更多的军舰，有些技术让护航队的自我防御能力显著提升。此外，"猎潜杀手"大队以及新型的"刺猬"前射反潜迫击炮的使用，使得盟军的发现并摧毁了大量脆弱的潜艇。

　　装配了雷达和深水炸弹的飞机也可以轻松地定位并攻击潜艇。因此，到1943年5月，损失已经无法承受，邓尼茨召回了大西洋的潜艇。1943年9月，邓尼茨试图让潜艇重回大西洋，但大多数还未驶出法国比斯开湾（Bay of Biscay）水域，更未抵达大西洋航线，就被发现并摧毁了。潜艇战至此结束。

加拿大

美　国

纽约

百慕大群岛

墨西哥湾

巴哈马

古巴

墨西哥

多米尼加共和国

海地

牙买加

英属洪都拉斯

危地马拉

洪都拉斯

加勒比海

萨尔瓦多

尼加拉瓜

哥斯达黎加

巴拿马

委内瑞拉

哥伦比亚

英属圭亚那

荷属圭亚那

太平洋

法属圭亚那

巴　西

厄瓜多尔

秘鲁

120

90

60

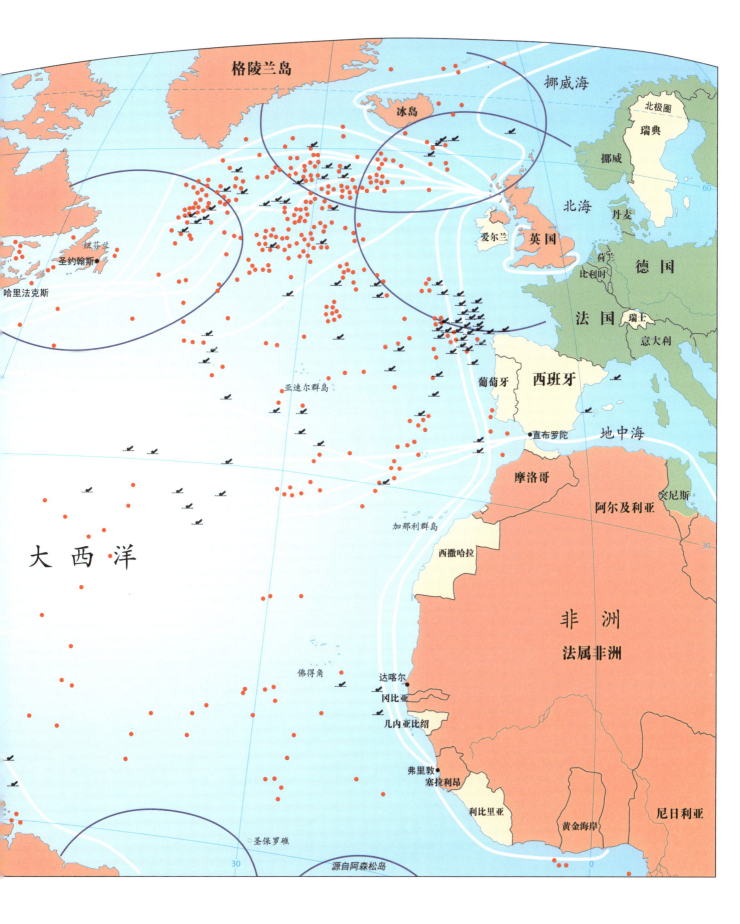

毁超过50万吨的商船。到1942年6月，潜艇每月击沉吨位达到了令人难以置信的70万吨——可能足够迫使英国投降了。

事实上很多在美国海域被击沉的船只并不是前往英国的，所以英国的危险被夸大了，但大西洋战争的确到了危急时刻。美国海军发现它的战线太长，需要同时在两个大洋分别开战——在太平洋对付日本，在大西洋对付德国。在参战之初，多数美国海军力量前去对日作战，留给大西洋战场的军力很有限。但是美国总统富兰克林·罗斯福坚定地相信"欧洲优先"策略，即认定德国是最迫在眉睫的威胁。这项策略的确立，意味着美国军人很快就会大规模开赴欧洲。在此之前，潜艇的威胁必须消除，以免美军士兵在乘船前往欧洲途中葬身鱼腹。

到了6月，美国人终于接受了英国的建议，在美国东海岸设立护航制度。作为回应，潜艇只是转移到了更丰饶的猎场——包括通往苏联的北大西洋海域、防御力量薄弱的南美洲海岸和加勒比海区域，这些正是同盟国尚未充分保护的地方。与此同时，德国的水下舰艇建造计划终于提速了，到1942年8月，邓尼茨终于拥有了比战争初期吹嘘的300艘潜艇更强大的舰队。原先随着美国护航制度而降低的商船损失，到11月再度升到了每月70万吨。损失率升高并没有迫使英国投降，而是促使盟军发起了风险极高的"波莱罗"行动（Operation Bolero），这是为了诺曼底登陆行动将美军和物资运往英国集结的大规模海运行动。

克竟全功

邓尼茨上将希望1943年的潜艇战役取得巨大成功，但他的潜艇不能再在美国海岸享受"第二次欢乐时光"了。取而代之的是，大量的潜艇舰队重回大西洋中部的缺口，全力施展"狼群"战术，以期对英国造成决定性的打击。1943年3月一切看起来都很好，"狼群"战术摧毁了超过60万吨的商船——几乎都是开往英国的，但是随着同盟国的联合反击，潜艇的战局急转直下。

为了支持"波莱罗"行动，盟军在新任大西洋西部总司令马克斯·霍顿的领导下灵活作战。在"极"项目的近期突破的帮助下，霍顿发明了针对德国潜艇的防御、进攻新方法。美国在欧内斯特·金上将的指挥下，将更多军力投入了大西洋战场，与英国的协同更加紧密。穿越大西洋的船只得到比以往都多的保护。盟军在部署于大西洋的力量逐步增加后，开始编组"猎潜大队"。护航舰的定位就是防御性角色，而"猎潜大队"的天然属性就是攻击，它们可以在一个区域巡逻、袭击、摧毁潜艇，而不再是赶走、放走。

盟军还装备了改进的新型反潜艇武器。很多军舰都安装了更先进的声呐系统，以及"刺猬"弹，后者可以在战舰与敌军潜艇保持声呐接触的情况下，连续发射24发安放于

舰艇的深水炸弹。此外，增强的空军力量也为盟军扭转大西洋战局起到了举足轻重的作用。远程飞机的巡逻范围覆盖整个，装备的新型雷达可以轻松锁定潜艇的位置，即便是在夜里也是如此。盟军反潜飞机同样携带深水炸弹，可单独对潜艇发起攻击。由此，护航舰队得到了比此前更为严密的保护，潜艇在数量更多、装备更先进的对手面前无处藏身。大西洋战争的局势陡然逆转。

败局已定

1943年5月，ONS-5护航舰队的命运彰显出大西洋战场的新局面。确定了护航舰队的位置后，"狼群"集结在一起准备彻底摧毁它。护航舰队遭到超过50艘潜艇的攻击，损失了几乎1/3的船只，但潜艇的损失更严重。盟军通过雷达和通信情报确定了"狼群"的位置，飞机和猎潜大队毫不留情地展开攻击。这是一场空前的屠杀。盟军在5月这一个月内击沉了大约41艘德国潜艇，远远超过ONS-5护航舰队的损失。因此，邓尼茨将宝贵的潜艇调出了危险的北大西洋，他在后来的回忆录中说，1943年5月他意识到德国在大西洋战场已经失败了。

但邓尼茨依旧存有一线希望，期盼着包括声响自导鱼雷（声响自导鱼雷由德国率先发明，相比普通鱼雷，声响自导鱼雷可以根据敌军舰船的发动机噪音自主扑向目标。——译者注）和配备"瓦尔特"发动机的新型潜艇能够逐渐逆转战场局面。1943年9月，潜艇重返北大西洋，损失了25艘潜艇却只取得了很少的战果。1944年年初，邓尼茨的战果更惨，仅仅击沉3艘商船却损失了37艘潜艇。多数潜艇甚至未能驶出比斯开湾的出口就被巡逻的飞机击沉了。任何新技术都无法更改大西洋战局已定的事实了。

大西洋战争中，潜艇共击沉2848艘盟国船只和1400万吨的货物。尽管如此，即便在大西洋战争的顶峰时期，英国也从未向德国人的潜艇封锁战屈服。经过拉锯战，盟军在大西洋最终赢得了全面胜利。第二次世界大战中德国共有1170艘潜艇服役，其中784艘被盟军摧毁。德国潜艇的损失率高达75%，比日本神风特攻队还高。尤其要注意的是，从美国运送数百万士兵到欧洲的运兵船却没有任何一艘遭到潜艇的攻击。

德意志非洲军团抵达北非，改变了战争的进程。埃尔温·隆美尔在入侵法国时已经指挥第7装甲师取得了重大成功，而非洲军团在他的指挥下，有效阻挡了盟军的推进，把英国和英联邦军队赶回了尼罗河一线。尽管（事后来看）沙漠战争不是主战场，但在法国陷落之后、入侵巴尔干和苏联之前，这里是盟国和法西斯在1941年的主战场，并消耗了纳粹的资源。

第**5**部分
北非和意大利

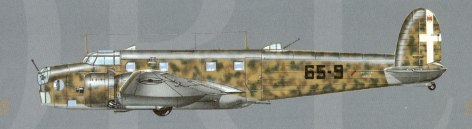

意大利成为法西斯政权后，墨索里尼的野心转向了北非，意图借此建立一个新的"罗马帝国"。希特勒在欧洲大陆的胜利让他相信英国、法国不堪一击，要想在胜利的成果中分一杯羹，他必须尽快行动，抢在德国之前占领盟国在非洲的殖民地。

第一次世界大战时，意大利几经权衡，最终决定站在协约国一边对抗德国为首的同盟国，部分原因是英国保证其在战争结束后可以获得亚得里亚海（地中海的一个大海湾，位于意大利与巴尔干半岛之间。——译者注）东部海岸的大片领土。但在凡尔赛的协议谈判时，意大利未能如愿，仅仅获得了的里雅斯特和特伦蒂诺周边的小片领土。意大利在第一次世界大战中牺牲了将近50万士兵，结果却几乎一无所获。

战争结束后意大利濒临经济崩溃，国家几乎蹒跚地走到了革命的边缘。柔弱的联合政府无力应对如此深重的危机，大批失业的退伍军人走上街头，发起民主暴动。贝尼托·墨索里尼的法西斯党利用混乱，从小党派逐渐壮大。墨索里尼在选举方面的成就不大，转而利用"黑衫军"抗击罢工工人、社会党人。1922年10月，"黑衫军"人举进军罗马。国王维克托·伊曼纽尔任命傲慢的墨索里尼为首相，加速了法西斯党登台。

意外成功后，法西斯党拼凑出了一套意识形态理论，提倡各阶级合作主义和极端的民族主义。在外交政策上，法西斯党试图征服巴尔干半岛和北非来重建罗马帝国。墨索里尼明白意大利的军事和经济实力较弱，所以他希望先进行国家的工业化和重整军备。

但希特勒的迅速崛起束缚了意大利的手脚。最初墨索里尼也震惊于希特勒激进的外交政策，但希特勒取得的一系列胜利很快就赢得了墨索里尼的钦佩和支持。随着德国一步步走向胜利，意大利也开始对外侵略：1936年入侵埃塞俄比亚，1939年入侵阿尔巴尼亚。即便如此，墨索里尼在外交政策上仍比希特勒克制得多。墨索里尼意识到自己的不足，因此他以英法在19世纪占领的小殖民地为目标。意大利的领导人告知希特勒，意大利在数年之内都无法应对重大冲突。

让墨索里尼始料未及的是，德国先后闪击波兰和法国。和第一次世界大战时类似，意大利一边自立于冲突之外，一边打着自己的算盘。但德国迅速攻陷法国，让墨索里尼打定了主意。似乎希特勒很快就能控制欧洲，但英法的富裕殖民地还无人下手。因此，意大利于1940年6月10日参战，但入侵法国南部的行动以惨败收场。面对毫

无斗志的败军，意大利竟难求一胜，这本应该警醒墨索里尼，但意大利独裁者似乎看不到军队的明显缺陷。意大利的装甲力量薄弱，军队的机械化程度也很低。此外，意大利的经济也很脆弱，无力支持战争。尽管他的军队装备很差，墨索里尼仍然坚信英法都已处在崩溃的边缘，必须从德国人那里分一杯羹。意大利军队似乎很快就能横扫英国在北非的少量军队，重建"罗马帝国"了。

最初的行动

墨索里尼和意大利人最开始盯上了英国在东非的殖民地。意大利驻扎在埃塞俄比亚和意属索马里兰的军队共有20万大军主要是在当地征召的土著士兵，指挥官是奥斯塔公爵。1940年8月3日，26个营的意大利军队入侵英属索马里兰，这个殖民地掌控着红海的入口，非常有价值。意军很快横扫了只有1500人的英军。尽管意大利占据此地后就停止了进攻，但唇亡齿寒的肯尼亚和苏丹殖民地已经准备反攻了。

丘吉尔担心如果意大利扼住红海，将对重要的英国贸易航路造成巨大损害。因此，英军在肯尼亚集结7.5万名士兵，在苏丹集结2.8万名士兵，由阿奇博尔德·韦维尔上将统领进行反攻。反击意大利的第一波攻势由北部的两支印军部队发起，在普拉特将军（Platt）的指挥下攻入意大利的厄立特里亚殖民地。一支约有1.7万名士兵的意大利军队勇猛抵抗，扼守克伦附近的山地长达53天，后来被一支势不可挡的英国装甲部队击退。意大利军队战败后，英军长驱直入，于4月出进驻厄立特里亚的首都阿斯马拉，有效控制了当地的局势。

在南部，英国军队在艾伦·坎宁安（Alan Cunningham）将军的指挥下，于1941年2月11日进入意属索马里兰，横扫不堪一击的意军，14天后就抵达摩加迪沙的重要港口。在勇猛野蛮的埃塞俄比亚游击队的配合下，坎宁安的军队从摩加迪沙北上，穿过意属索马里兰，进入埃塞俄比亚境内，到达贝莱德文附近。装备不良的意军没对英军造成多大阻碍，刚刚征召的埃塞俄比亚军人则四散奔逃。因而，到3月17日，坎宁安已经神奇地行军640千米（400英里），抵达吉吉加，将埃塞俄比亚一分为二。与此同时，由英属保护领亚丁出发的一支联军已经夺回了柏培拉，将意军赶出了英属索马里兰。

然后坎宁安的军队转而向西，开往埃塞俄比亚首都亚的斯亚贝巴。意军后无退路，只能奋起抗击，双方在德雷达瓦（Dire Dawa）附近爆发激战。3月28日，意军向英军开战，1941年4月6日，亚的斯亚贝巴落入英军之手。奥斯塔公爵手下还有7000名残兵，被普拉特和坎宁安的军队围困在阿拉吉山下。5月，奥斯塔投降，这场激动人心的机动作战宣告结束，而此时英国人民正迫切渴望前线能传来捷报。

英埃共管苏丹

北部军
普莱特

5印军 卡萨拉
4印军

1941年1月—2月：英军
重夺卡萨拉和加拉巴特

犹太部队

加拉巴特
贡德尔

厄立特里亚

红海

克伦
马萨瓦
阿斯马拉

安巴阿拉吉

德塞

也门

萨那

穆哈

法属
索马里兰

吉布提

沙特阿拉伯

亚丁保护国

豪拉

亚丁

1940年8月19日：
英军撤退

卡林

亚丁湾

1940年8月5日：法属
索马里兰忠于维希政权

1941年4月6日：英军
解放了亚的斯亚贝巴

金比

亚的斯亚贝巴

金马

索杜

拉韦洛

内格里

梅加

摩亚雷

第一南非军

1940年7月15日：
英军占领摩亚雷

瓦吉尔

肯尼亚

南部军
坎宁安

塔纳兰

德雷达瓦
哈勒尔 吉吉加

1941年3月28日：德
雷达瓦被英军攻克

埃塞俄比亚
（阿比西亚尼）

瓦尔瓦尔

柏培拉

1940年7月—8月：意
军入侵英属索马里兰

英属索马里兰

加勒底

奥比亚

贝莱德文

卢格

杜卡德里阿布鲁奇村

摩加迪沙

1941年2月25日：
英军占领摩加迪沙

布拉瓦

意属索马里兰

乌干达

维多利亚湖

内罗毕

坦噶尼喀

第一南非军

11非洲军

12非洲军

1941年2月11日：英
军进攻意属索马里兰

基斯马尤

印度洋

北

0   100千米
0   100英里

皇家海军
支援部队
F部队

东非战役
1940年6月—1941年11月

意军进攻
埃塞俄比亚反攻
盟军进攻
盟军撤退

中东冲突

法国沦陷后，中东的叙利亚处于德国的傀儡的法国维希政权的控制下，可能威胁到宝贵的石油资源。1940年，邻近的伊拉克成立了反英政权，让事态更加恶化。此前的伊拉克政府好多年都是亲英的，因而伊拉克是英国重要的石油来源，哈巴尼亚（Habbaniya）还有一处重要的英国皇家空军基地。但1941年4月3日，拉希德·阿里（Rashid Ali）在德国间谍的帮助下控制了伊拉克，并继续要求希特勒提供帮助。

德国立刻利用这次机会，向伊拉克提供军事援助并派出纳粹空军飞机助战，而这批德军飞机均使用了维希法国政府在叙利亚的机场加油。尽管威胁不大，英军还是迅速反应。4月17日，匆忙集结的印度部队在伊拉克南部着陆，以保护该区域的油田。印度部队遭遇微弱的抵抗，迅速朝北推进，守卫重要的输油管道。5月时，印度部队已经抵达巴格达和哈巴尼亚，路上仅遇到一些伊拉克军队的袭击。在机场附近的一场小规模战斗后，伊军战败，拉希德·阿里逃亡。努里·赛义德（Nuri-es-Said）复职后亲英政府重新掌权，但英军仍留守在当地保卫油田安全，直到战争结束。

尽管如此，丘吉尔和英国仍关注叙利亚的局势。希特勒此时的注意力已经被苏联牵制，因而德国没有针对中东的近期计划，而且早已撤出了该地区的空军。但丘吉尔不能让重要的油田门户大开。因而，在1941年6月8日，英国和"自由法国"的部队从伊拉克和巴勒斯坦入侵叙利亚。战况相当混乱，英国和"自由法国"的部队遭遇法国维希政权当地驻军的激烈抵抗。这场战斗持续了五周，这是一场法国人兄弟阋墙的战争。联军于6月17日攻入大马士革，维希法军被赶到了北方，并最终于1941年7月14日投降。和伊拉克一样，英军直到第二次世界大战结束都驻扎在叙利亚和邻近的黎巴嫩。

由于希特勒入侵苏联，所以更东部的伊朗变得很重要。随着战争的进行，往苏联运输物品必须经过伊朗，而当时苏联面临着德国闪电战的威胁，迫切需要各种经济支援，尤其是中东的石油。伊朗政府从自身考虑，既要满足同盟国的要求，又拒绝驱逐德国特工。出于补给运输的考虑，英国和苏联军队在1941年8月开进伊朗，几乎未遇抵抗。9月17日，盟军抵达伊朗首都德黑兰，强迫沙哈·礼萨·巴列维（Shah Reza Pahlavi）传位于更容易控制的儿子。英国和苏联将军队留在伊朗，各自控制了一部分区域。1942年1月，两国都同意在战争结束六个月后从伊朗撤军。由于盟军的行

东非的意大利军队

1940年7月，为了重建"罗马帝国"，墨索里尼的军队从英属索马里兰突然攻击埃塞俄比亚。仅用数天，意大利主力部队就把弱小的英国部队赶走，控制了非洲之角（非洲之角指东北非洲的这片区域，包括吉布提、埃塞俄比亚、厄立特里亚和索马里等国家。——译者注），并威胁到重要的红海贸易路线。

墨索里尼知道他的军队规模虽大，但装甲和运输都很弱，而且充斥着在当地强征的士兵。因此，意大利并没有攻击英国在该区域的更强大殖民地——肯尼亚和苏丹——而选择集中精力攻克更北方的埃及。

为了保护殖民地和贸易航路，英国集结10万军队——多数是南非、印度和非洲本土军队——在东非攻击意军。普拉特上将指挥的北路部队（Northern Force）率先攻出苏丹，很快占领了厄立特里亚。坎宁安指挥的南路部队（Southern Force）则从肯尼亚出发，攻入意属索马里兰。

坎宁安的军队以闪电般的速度推进到摩加迪沙，然后仅用四个月就一路推进到埃塞俄比亚首都亚的斯亚贝巴。墨索里尼对东非意军的判断是正确的，他所预言的困难和失败都在非洲战争中——证实。

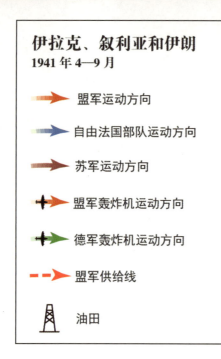

伊拉克、叙利亚和伊朗
1941 年 4—9 月

→ 盟军运动方向

→ 自由法国部队运动方向

→ 苏军运动方向

✈→ 盟军轰炸机运动方向

✈→ 德军轰炸机运动方向

⇢ 盟军供给线

⛏ 油田

德国空军从克里特岛出发 5 月 12 日进攻摩苏尔

阿勒颇 7 月 4 日 维希军队投降

叙利亚

代尔祖尔 7 月 3 日

德国空军从克里特岛出发 5 月 15 日进攻大马士革

大马士革 5 月 14 日, 英军猛烈轰炸 7 月 3 日, 维希军队投降

5 月 13 日 英军越过边界

5 月 2 日, 英军基地遭到 伊拉克军队攻击

金考尔

安曼

约旦 英国托管地

塞卡凯

焦夫

内 夫 得 沙 漠

泰布克

泰伊马

哈马

沙 特 阿 拉 伯

沃季

麦地那

延布

伊拉克、叙利亚和伊朗

1941 年，各方对石油供应的争夺让中东成为战场。丘吉尔担心叙利亚在亲德的维希政权统治下，可能会成为德国入侵伊拉克油田的跳板。在德军入侵希腊和北非后，英国更加担忧，似乎德国已经准备对付中东了。

1941 年 4 月，丘吉尔的担忧成为现实，拉希德·阿里在伊拉克发动政变，并要求德国支援。德国迅速回应，战机飞到大马士革和摩苏尔。英军已经预料到这种情况，所以反应迅速，派遣了一个印度旅到伊拉克南部保护油田，并开赴巴格达。在哈巴尼亚清除了伊拉克军队的抵抗后，英军迫使拉希德·阿里流亡，亲英政府重新掌权。

英国担心维希法国在将来仍是威胁，因而在 1941 年 6 月，英国和"自由法国"军队从伊拉克和巴勒斯坦入侵叙利亚。意外遇到超过一个月的顽强抵抗后，盟军战胜了维希法国的军队，并在阿勒颇接受了对方的投降。

1941 年 9 月，英国和苏联军队占据了邻近的伊朗，以便保护对苏联来说非常重要的石油补给线。

哈卡里

乌尔米耶湖

大不里士

阿尔达比勒

里 海

摩苏尔
6月3日

基尔库克

拉什特

拉希詹

戈尔甘

沙鲁德

巴博勒

达姆甘

加兹温

德黑兰

达马万德

塞姆南

伊拉克

萨南达季

1941年9月7日
盟军占领塞姆南

大盐漠

马迪

哈巴尼亚

伊拉克

伊拉克

巴格达

希拉

哈马丹

克尔曼沙阿

博鲁杰尔德

卡尚

库姆

波 斯
(伊 朗)

卡尔巴拉

纳杰夫

霍拉马巴德

迪兹富勒

舒什

伊斯法罕

亚兹德

扎
格
罗
斯
山
脉

纳西里耶

巴士拉

阿巴丹

阿瓦士

阿加贾里

沙阿布尔港

克尔曼

10

4月18日

科威特城

设拉子

锡尔詹

波

斯

布什尔

菲鲁扎巴德

阿巴斯港

伦格港

代
赫
纳
沙
漠

湾

从印度出发
的英军

布赖代

盖提夫

宰赫兰

卡
塔
尔

沙迦

胡富夫

利雅得

阿布扎比

哈布拉

坦克突袭

　　格拉齐亚尼率领意大利第10集团军进攻埃及失败后，英军发动反击。意军在西迪巴拉尼（Sidi Barrani）附近建立了一系列堡垒，彼此间隔太远，无法互相支援。

　　英军在奥康纳将军的指挥下，以优势坦克（如"玛蒂尔达"坦克）横扫虚弱的意大利反坦克火炮。英军的进攻俘获了大约4万人，在巴尔迪亚（Bardia）和托布鲁克又俘虏了7万人。奥康纳又派遣了一支机动部队穿越沙漠，抢在意大利败军之前推进至贝达弗姆（Beda Fomm），将意军全数俘虏。

① 1940年12月9日，奥康纳将军发起进攻。在3天之内，攻占了塞卢姆和西迪拜拉尼，俘虏了39000名轴心国军人。

② 1941年1月5日，被前来替代第4印度师的澳大利亚部队攻占。

③ 1月8日，澳大利亚军队攻占托布鲁克，俘获25000人。

④ 意大利军队沿着巴尔比亚撤退，澳大利亚军队在后面穷追不舍。

⑤ 2月7日，意大利军队在贝达弗姆遭到第7装甲师的伏击，退路被切断。在10周内，奥康纳抓获了13万名战俘。

24°

26°

德尔纳

加扎拉

扎布鲁克

坎布特机场

阿达姆

卡普佐堡

塞卢姆

拜尔迪

西迪拜拉尼

马特鲁港

巴古什

意大利军队营地

比　亚

埃　及

大　沙　海

锡瓦绿洲

盖塔拉洼地

"向日葵"行动
1941年4月

盟军运动方向

盟军撤退方向

北

克里特岛

干尼亚

雷西姆农

廷巴基翁

地　中　海

1500
1000
500
200
100
0米

0　　　　　50千米
0　　　　　50英里

贝达

德尔纳

③

巴尔赛

格林山脉

梅契里

④

加扎拉

⑤

托布鲁克

班加西

②

XX
波纳特

XX
布雷夏

XX
5

阿达姆

昔兰尼加

XX
2　英军防线

①

艾季达比亚

利　比　亚

马布尔

欧盖莱

XXXX
隆美尔

隆美尔进攻
1941年3月31日

① 隆美尔兵分两路出击英军：1个师加1个小型战斗队沿着海岸线向前推进，第5轻装甲师沿着沙漠路线向梅吉里堡推进。

② 1941年4月3日，英军撤退，隆美尔的部队直接进入班加西。

③ 4月7日，德军战斗大队在德尔纳附近俘虏了奥康纳将军和尼姆将军。

④ 4月8日，在梅契里，甘比尔·帕里少将和2000名英军试图突围时被俘，只有极少数人逃到了托布鲁克。

⑤ 4月11日—13日，德军开始合围托布鲁克。在这个复活节的周末，英军和澳大利亚军队击退了德军装甲师的三次进攻。

⑥ 4月20日—23日，德军伞兵攻占克里特岛，大批守军撤退到埃及。由于保卫希腊和克里特岛，防御昔兰尼加的英军兵力被大大削弱。

非洲军团

英军无力再往希腊派军后，隆美尔的非洲军团登陆北非为意大利军队解围。为了把握机会，隆美尔违反命令，擅自下令攻击。

意外战胜英军后，隆美尔证明了他是一位沙漠战大师。他派遣第5轻装师穿越沙漠，设法切断了英军的退路。尽管奥康纳被俘，非洲军团疲惫不堪、补给不足，未能继续拿下托布鲁克。由于补给线太长，侧翼虚弱，隆美尔在埃及边境停下休整，准备另一次进攻。

动，在第二次世界大战接下来的时间里，伊朗仍是苏联的重要补给线。

非洲军团参战

　　墨索里尼寄希望于在埃及击败英军，如果胜利，他将能切断苏伊士运河的重要航线，并让中东的油田失去屏障。墨索里尼认为此战大有希望，因为鲁道夫·格拉齐亚尼元帅指挥着25万士兵的意大利第10集团军，而守卫埃及的英军只有3.6万人。意军于9月13日展开攻击，防御的英军总指挥是维韦尔将军，现场指挥是理查德·奥康纳将军。格拉齐亚尼挥军抵达西迪拜拉尼镇后停军不前。意军指挥官的小心是有道理的，因为前方的开阔荒原是装甲部队、机动部队的天下。意大利坦克远不是英国坦克的对手，而且数量还不到对方的一半。

　　格拉齐亚尼希望在进军前再进行一次补给，因而下令在西迪拜拉尼镇附近扎营。1940年12月9日，奥康纳指挥部队突然攻击了意军两处阵地之间的薄弱地带，将意军分割包围。这个杰出的行动被称为"罗盘"行动（Operation Compass），完全打乱了意军的防御体系，俘虏了将近4万意军。意军受此重创，狼狈撤退，先退到巴尔迪亚，后又退到托布鲁克，被俘人数超过7万。在意军全面败退的时候，奥康纳决定冒一次大险——第6澳大利亚师追赶败退的意军到达海岸，而同时第7装甲师（绰号"沙漠之

▼ 英军的洛克希德"哈德森"轰炸机正在埃及境内的一个机场加油。控制埃及——尤其是埃及境内的苏伊士运河，此地是英国的重要战略利益所在。如果苏伊士运河落入德国人手中，因为运输船只能绕行位于非洲西南端的好望角，来自大英帝国及英联邦国家的增援部队和资源将要额外花费数星期的时间才能抵达英国本土各港口。正因如此，"德意志非洲军"成了英国人眼中的一个重大战略威胁。

鼠"）横穿沙漠，绕到意军后面堵住后路。1941年2月7日，"沙漠之鼠"抵达贝达弗姆截住不幸的意军第10集团军，奥康纳的杰作大功告成。这是一场伟大的胜利，英军共俘获13万士兵、845门大炮、380辆坦克，而己方仅有不到2000人的伤亡——而且战斗仅10周就结束了。

但形势很快就变了。丘吉尔将维韦尔的军队调往希腊进行防御，仅在昔兰尼加（Cyrenaica）留了一支掩护部队。与此同时，希特勒终于赶来援助他的轴心国伙伴，派遣第5轻装甲师和第15装甲师来到北非。尽管德意志非洲军团（Afrika Korpswould）长期兵员不足、装备低劣，但在埃尔温·隆美尔（Erwin Rommel）的领导下，这支军队声名远播。最初，隆美尔在有名无实的意军指挥官手下执行阿盖拉（El Agheila）地区的防御任务。3月31日，隆美尔察觉到英军战线的薄弱之处，选择主动出击，而此时非洲军团还没有全部抵达。短暂战斗后，英军第2装甲师从卜雷加港撤退，让隆美尔可以长驱直入。

英军撤退后，隆美尔分出部分军队沿海岸前往班加西，同时第5轻型装甲师横穿沙漠前往梅契里。尽管隆美尔的军队很分散，而且燃料不足，但英军没有集合兵力反击。最终，英军的撤退变成了灾难，4月7日，德军俘虏了奥康纳本人以及位于德尔纳（Darnah）的大多数军官。尽管备受折磨，但第9澳大利亚师和英军第2装甲师有条不紊地撤退到港口城市托布鲁克，并固守此地，以免这个重要的港口城市落入德军之手。隆美尔的军队于4月12日猛攻托布鲁克，但没能攻克。德意志非洲军团并不在意，转而开进埃及，打算抽空再解决托布鲁克的守军。

隆美尔指挥轻装部队进入埃及，但非洲军团仍补给短缺，因为他们的后勤支援依赖远在的黎波里（Tripoli）的运输线。隆美尔被迫采取守势，等待补给和增援，同时更多注意力集中于围攻托布鲁克。这时候，调往希腊的英军未能阻止轴心国入侵巴尔干半岛，已经大部分返回埃及。

英军反击

隆美尔的军队明显存在后勤问题，维韦尔希望对已经虚弱的非洲军团发动反击，以解托布鲁克之围。重新补充了装甲部队后，英军的实力是非洲军团的四倍，维韦尔计划攻击轴心国部队的核心防线，同时让"沙漠之鼠"迂回到南方两面夹击。1941年6月15日，英军实施了野心勃勃的"战斧"行动（Operation Battleaxe），却几乎立刻大祸临头。德军此时已经熟练使用88毫米（3.45英寸）口径高射炮进行反坦克作战。英军将"玛蒂尔达"坦克和"公羊"坦克组成小股部队向前推进，在哈法亚隘口（Halfaya Pass）和哈菲兹岭（Hafid Ridge）落入德军88毫米口径反坦克炮的陷阱，发现无论是射程还是威力都不是对手。一天之内，英军损失了一半的坦克。第二天，攻防兼备的隆

"十字军"行动

　　1941年11月18
日，英国第8集团军
在艾伦·坎宁安将军
的指挥下实施"十字
军"行动（Operation
Crusader），准备为
托布鲁克解围。当步兵
在北方适当地牵制了轴
心国守军后，英国装甲
部队朝南挺进。意外遭
遇非洲军团后，英军在
甘布特机场（Gambut
Airfield）占领了隆美
尔的指挥部，距离托布
鲁克仅有19千米（12英
里）。

　　之后，在比尔古比
和西迪·莱宰格发生了
一系列混战。隆美尔发
现补给线面临危险，于
12月4日撤退。在格兹拉
进行了短期战斗后，轴
心国部队从普兰尼加撤
退。

地 中 海

贝达

德尔纳

巴尔赛

格林山脉

班加西

昔 兰 尼 加

贝达弗姆

苏尔物湾

艾季达比亚

利　　比

⑥

欧盖莱

卜雷加港

北

0　　　　100千米

0　　　　100英里

20°

22°

"十字军战士"行动
1941年11—12月

⬅ 盟军运动方向

⬅ 意军撤退方向

✦ 主要战斗地点

500
200
100
0米

① 1941年11月18日，奥金莱克发起"十字军"行动。

② 11月19日，英军试图打破德军第90轻装甲师对于托布鲁克的围困，新西兰步兵师从后面对该装甲师发起进攻。与此同时，英军第7装甲师

③ 11月20日，意大利阿列特师击退盟军第22装甲旅的进攻。

④ 11月22日—12月7日，经历西迪·莱宰格附近的坦克激战之后，隆美尔从昔兰尼加撤出。

⑤ 12月7日，德军对托布鲁克长达242天的围困结束。

⑥ 12月30日，隆美尔撤退到卜雷加港。

隆美尔的指挥部

坎布特机场

托布鲁克

加扎拉

拜尔迪

塞卢姆

西迪拜拉尼

巴特鲁港

巴古什

比尔古比

戈博萨勒赫

亚

埃　　及

盖塔拉洼地

锡瓦绿洲

大　沙　海

西迪·莱宰格

"十字军"行动最危险的阶段是在西迪·莱宰格的混战，这场战斗由英军第7装甲旅在1941年11月20日发起。非洲军团集结了150辆坦克，并配备了步兵和88毫米口径火炮展开反攻，将英军赶走并将其一分为二。隆美尔用剩余的装甲部队——不到100辆坦克——开赴东方，希望阻隔利比亚的英军。奥金莱克不以为意，继续下令进攻，并成功与托布鲁克的守军会合。隆美尔朝西迪·莱宰格发起进攻，但未能阻止英军。到12月4日，隆美尔只剩60辆坦克，他认输并决定撤退。

① 11月18日，英军绕过轴心国军队的防御要塞沿着海岸线向前推进，装甲部队在戈博萨勒赫集结。

② 11月20日，盟军第22装甲旅向前推进，进攻意大利阿列特装甲师。

③ 11月20日，第7装甲师进击甘布特，占领了隆美尔的司令部，而后继续向西迪·莱宰格进发。

④ 11月20日，第22装甲旅的进攻被意大利阿列特装甲师击退。

⑤ 为防止托布鲁克要塞守军与推进中的英军部队会合，轴心国军队开始向前推进，第15装甲师对集结在西迪·莱宰格的英军坦克发起攻击。

⑥ 隆美尔命令第21装甲师投入在西迪·莱宰格的战斗。双方不断向战场增兵，战斗逐渐失去控制。

⑦ 11月24日，正当英军部队逐渐从西迪·莱宰格的战斗中恢复元气时，隆美尔率领两个装甲师直接向塞卢姆方向发起突击。

"十字军"行动——西迪·莱宰格
1941年11月18日—12月7日

━━ 盟军初期阵线

← 盟军运动方向 ☆ 主要战斗地点

← 轴心国运动方向 ■ 燃料储备站

加扎拉

博洛尼亚 70 托布鲁克

帕维亚

阿达姆
埃尔杜达

阿列特

比尔古比

22

④ 第1南非师

24°

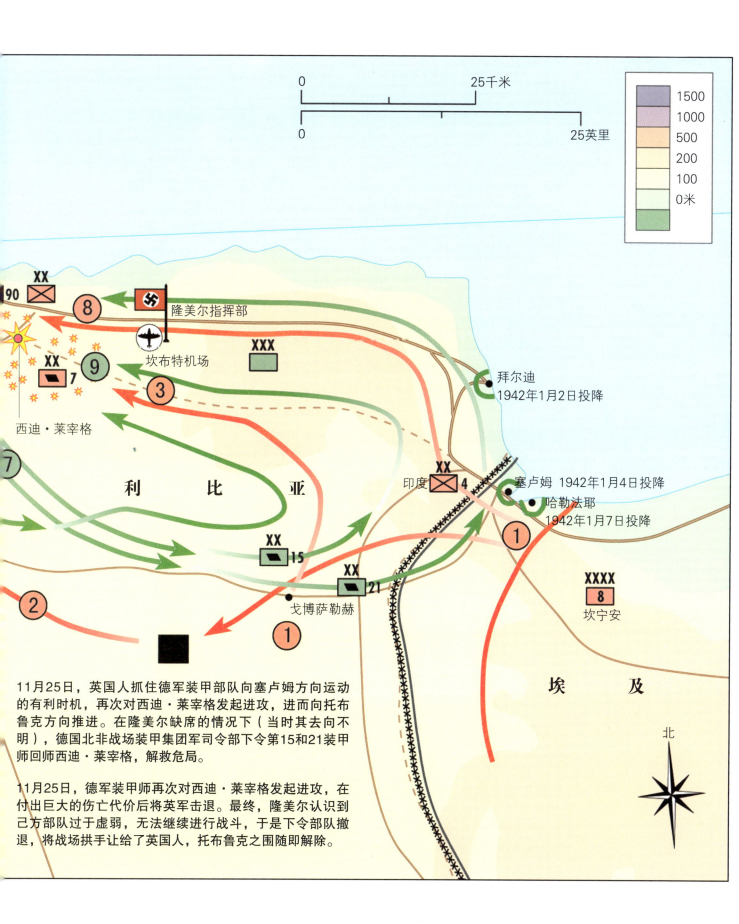

0   25千米

0   25英里

1500
1000
500
200
100
0米

90

8

隆美尔指挥部

坎布特机场

拜尔迪
1942年1月2日投降

9

7

3

西迪·莱宰格

利 比 亚

印度 4

塞卢姆 1942年1月4日投降
哈勒法耶
1942年1月7日投降

7

1

15

XXXX
8
坎宁安

21

2

戈博萨勒赫

1

埃 及

北

11月25日，英国人抓住德军装甲部队向塞卢姆方向运动的有利时机，再次对西迪·莱宰格发起进攻，进而向托布鲁克方向推进。在隆美尔缺席的情况下（当时其去向不明），德国北非战场装甲集团军司令部下令第15和21装甲师回师西迪·莱宰格，解救危局。

11月25日，德军装甲师再次对西迪·莱宰格发起进攻，在付出巨大的伤亡代价后将英军击退。最终，隆美尔认识到己方部队过于虚弱，无法继续进行战斗，于是下令部队撤退，将战场拱手让给了英国人，托布鲁克之围随即解除。

美尔将军用装甲部队反攻，将英军赶回了原点。在这次惊人的挫败中，英军共损失了91辆坦克，且只摧毁了12辆敌军坦克。面对不利战局，丘吉尔起用指挥中东战事的克劳德·奥金莱克（Claude Auchinleck）将军替换了维韦尔，并往该地区大举增派援军和补给。得到补充的英军被合编为第8集团军，由艾伦·坎宁安将军统一指挥。

　　很快坎宁安就可以调用700辆坦克，并可以指挥空军。而希特勒则被苏联那边的持续战斗搞得心烦意乱，只给了隆美尔很少的增援部队——非洲军团只有320辆坦克，其中一半还是次等的意式坦克。坎宁安觉得优势在握，准备派遣步兵插入轴心国位于哈法亚隘口的防御阵地，同时派遣装甲部队向南绕过轴心国防御开往托布鲁克。英军名为"十字军"行动的计划很周全，但装甲部队的战术很贫乏，他们将坦克分散开来，让隆美尔有了取胜的机会。

　　1941年11月18日，坎宁安实施"十字军"行动，最初取得了很大的成功，第7装甲旅占领了隆美尔的指挥部，并攻入西迪·莱宰格——此处距离托布鲁克只有19千米（12英里）了。南侧的第22装甲旅攻入比尔古比（Bir el Gubi），威胁到轴心国的侧翼。隆美尔面对极端的情况，但他再次展现了防御战大师的本领。在西迪·莱宰格，德军用88毫米口径反坦克炮阻挡住了第7装甲旅，意大利阿列特装甲师（Ariete Division）则在比尔古比挡住了第22装甲旅。战斗激烈而混乱，尤其是在西迪·莱宰格的英军只剩下14%的装甲部队可堪一战。当英军忙着重整部队、从后方调来新装甲部队时，隆美尔已经迫不及待，于11月24日派遣余下的坦克朝东挺进，直抵哈法亚隘口，意图将暴露的英国装甲部队分别歼灭。

　　坎宁安被这种大胆的举动震惊了，准备撤退，但奥金莱克认为隆美尔已经是强弩之末，亲自下令继续出击，并撤掉了坎宁安，让尼尔·里奇（Neil Ritchie）将军取而代之。当隆美尔朝东挺进时，英国装甲部队于11月27日和托布鲁克的部队会合。隆美尔的军队燃料不足，还要面对沙漠天气和补给几乎断绝的困境，但隆美尔仍决定反攻西迪·莱宰格和托布鲁克，希望能败中取胜。德军再一次展现了战斗力，隆美尔和英军在西迪·莱宰格附近展开拉锯战。奥金莱克仍坚定不移，他知道隆美尔没有时间、没有补给了，便命令一支部队西进去切断轴心国的后路。

　　12月4日，隆美尔只剩60辆坦克，决定退回格兹拉（Gazala），第8集团军紧追不舍。隆美尔希望退回到格兹拉防守，但无法应对英军的夹击，继续撤退到阿盖拉，而此处正是8个月前隆美尔展开无畏攻势的攻击出发地。

隆美尔卷土重来

　　看起来不利于非洲军团的战争形势已经变得无可挽回，但远东战争的爆发迫使英国分出一部分北非的兵力，因而天平再次倒向轴心国。隆美尔立刻发现了新优势，并

掌握了主动权。隆美尔被提升为新组建的非洲装甲集团军的指挥官，1942年1月21日，他下令攻击梅尔沙隘道附近的英军，重创英军后迫使其撤退。隆美尔追击撤退的英军来到姆色斯（Msus）后停下，忽然将先头部队折到北方的海岸，准备在班加西包抄英军。1月28日，德军到达海岸，形成包围之势。战场局势一度非常混乱，隆美尔甚至差点将自己的侦察机降落到英军营地。轴心国军队胜利在望，但兵力太过分散，因而在1月29日这个混乱的夜晚，一支英军突出重围。德军在班加西缴获了大量重要物资，但灾难般的后勤补给迫使隆美尔随时都要停下，英军趁机退守格兹拉。此时非洲装甲集团军内有很多军官都力劝隆美尔调集兵力摧毁英军在设置在地中海马耳他岛上的要塞，以解决后勤不足的问题。但隆美尔认为已经到了可以继续推进，并且击败英军在托布鲁克虚弱的防御了。

　　进攻的风险变得很大，因为英军在格兹拉建立了牢固的防御阵地，而轴心国军队的补给一直以来都很差。此时德军赢得了制空权，陆战也不相上下，他们拥有560辆坦克，而英军则有849辆坦克，其中有很多威力强大的美国造"格兰特"坦克。隆美尔的计划是命令轴心国的机动部队清除南部广阔的英军雷区，并攻克"自由法国"部队在比尔哈凯姆（Bir Hacheim）的防御，然后德军继续向北，越过比尔古比（Bir el Gubi）后切断英军补给线，迫使英军的装甲部队参战。

　　1942年5月26日，轴心国军队开赴战场，但被阻挡在比尔古比。陷入困境后，隆美尔发现自己的处境很不利——"自由法国"的军队在比尔哈凯姆阻隔了其漫长的补给线。隆美尔军队的燃料即将耗尽，他甚至考虑过向英军投降。但这位天才的军事家决定孤注一掷，猛烈攻击了英军第150旅的防御阵地。6月2日，轴心国在最后一刻突破了英军防线，为隆美尔的装甲集团军打开了一条新的直行补给线。即便是在轴心国军队的计划几近失败之时，英军也未在比尔古比（Bir el Gubi）附近组织起有效的协同作战。如果英军的防守更稳固或更有秩序一些，也许他们就胜利了。英军坦克孤军深入，暴露在德军的88毫米口径高炮面前。英军在一场战斗中损失了70辆坦克中的50辆，胜利的天平又一次倒向隆美尔。

　　比尔哈凯姆陷落后，6月10日，隆美尔（剩余184辆坦克）攻击英国装甲部队（剩余247辆坦克）后开往托布鲁克。隆美尔凭借军力和精确的指挥碾压了英军防线，共摧毁138辆坦克，英军乱作一团。出其不意遭遇一场大败后，第8集团军再也无力守御托布鲁克，1942年6月21日该城陷落。对于英军来说，托布鲁克的陷落意味着灾难，奥金莱克解除了尼尔·里奇对第8集团军的指挥权。对于德军来说，攻克托布鲁克则是天上掉馅饼，他们获得了数以吨计的珍贵物资和重要的港口。隆美尔被晋升为陆军元帅，他确信英军已被击溃，因而请命入侵埃及，将大军推进至开罗和苏伊士运河。尽管非洲军团已经精疲力竭，希特勒还是同意了。隆美尔继续追击英军，而英军准备

隆美尔的反击
1942年1月

德军运动方向
盟军撤退方向

北

0   50千米
0   50英里

地   中

贝达   德尔纳

XXXXX
隆美尔
④

巴尔赛   格林山脉

加扎拉   托布鲁克

梅契里   ⑤
          XX
          第1南非
班加西

昔兰尼加   XX
          50

③
          XX
XX   自由法国
② 1

艾季达比亚

马布尔

欧盖莱   利   比   亚

XXXXX
隆美尔
①

大   沙   海

① 1942年1月21日，隆美尔对艾季达比亚的一处英军装甲部队阵地发起突然袭击。

② 1月26日，经过连续5天的激战，英军第1装甲师的150辆坦克仅剩下50辆，1000多名官兵被俘。

③ 1月27日，最初佯攻梅契里的隆美尔，突然掉头直逼班加西。

④ 1月29日，班加西再次被隆美尔攻占，1000多名英联邦军人被俘，其中大部分是第4印度师的。此外，隆美尔还缴获了大量为进攻准备的物资。

⑤ 2月6日，英军撤退到加扎拉一线，隆美尔乘机巩固了自己的战果。

⑥ 1月31日，奥金莱克开始加固加扎拉防线，为此甚至动用了计划用于攻击的预备队。

海

坎布特机场

拜尔迪

西迪拜拉尼

普佐堡

塞卢姆

马特鲁港

XX 7

阿拉曼

埃 及

盖塔拉洼地

	1500
	1000
	500
	200
	100
	0米

26°

28°

新的进攻

隆美尔将军意识到英军的北非部队不堪一击，因而在1942年1月21日进攻艾季达比亚（Ajdabiya）附近的梅尔沙隘道。一番混战后，英军第1装甲师撤退，而隆美尔紧追不舍。

隆美尔在姆色斯附近挥军向北，试图穿越艰险但无人防守的地带到达班加西，以便切断英军退路。尽管德军在1月28日抵达海岸，但英军还是成功突出重围。在此时刻，隆美尔选择停下，英军利用此段时间在格兹拉准备防御工事。

托布鲁克陷落

1942年5月26日，隆美尔率先在格兹拉附近朝英军发动进攻。轴心国部队先在北方佯攻，然后机动部队向南绕过雷区和"自由法国"的比尔哈凯姆基地。但英军在比尔古比附近坚守，迫使隆美尔叫停了攻击英国第150旅的战斗，这个战斗是为了打开一条补给线。进攻英军差一点成功后，隆美尔在6月13日再次发起进攻。隆美尔取得巨大胜利，而英军仅剩70辆坦克，主动从托布鲁克撤离到了埃及的阿拉曼。

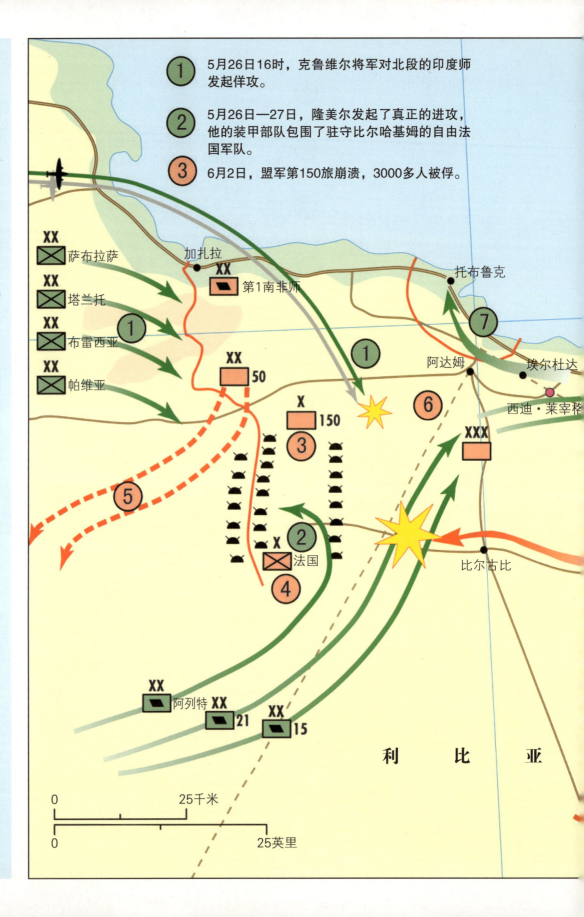

1　5月26日16时，克鲁维尔将军对北段的印度师发起佯攻。

2　5月26日—27日，隆美尔发起了真正的进攻，他的装甲部队包围了驻守比尔哈基姆的自由法国军队。

3　6月2日，盟军第150旅崩溃，3000多人被俘。

萨布拉萨
塔兰托
布雷西亚
帕维亚

加扎拉
第1南非师
托布鲁克
阿达姆
埃尔杜达
西迪·莱宰格
50
150
法国
比尔古比
阿列特
21
15

利　比　亚

0　　　　　　25千米

0　　　　　　　　　　25英里

④ 6月10日，在被围困两周之后，自由法国军队从比尔哈基姆撤出。

⑤ 6月14日，英军第50师先是向西方，随后向西南方向溃退。

⑥ 6月14日，苏格兰后卫部队和南非反坦克部队在阻击德军推进时，付出了惨重的代价。

⑦ 6月21日，隆美尔突破托布鲁克外围的环形防线，最终占领了该港口，俘虏35000人。

加扎拉和托布鲁克的沦陷
1942年5—6月

— 盟军阵线 ← 轴心国运动方向

← 盟军进攻 ✦ 主要战斗地点

↞ 盟军撤退 ⬛ 雷区

北

地　中　海

拜尔迪

西迪拜拉尼

塞卢姆

X 22

戈博萨勒赫

XXXX 8

坎宁安

埃　及

1500
1000
500
200
100
0米

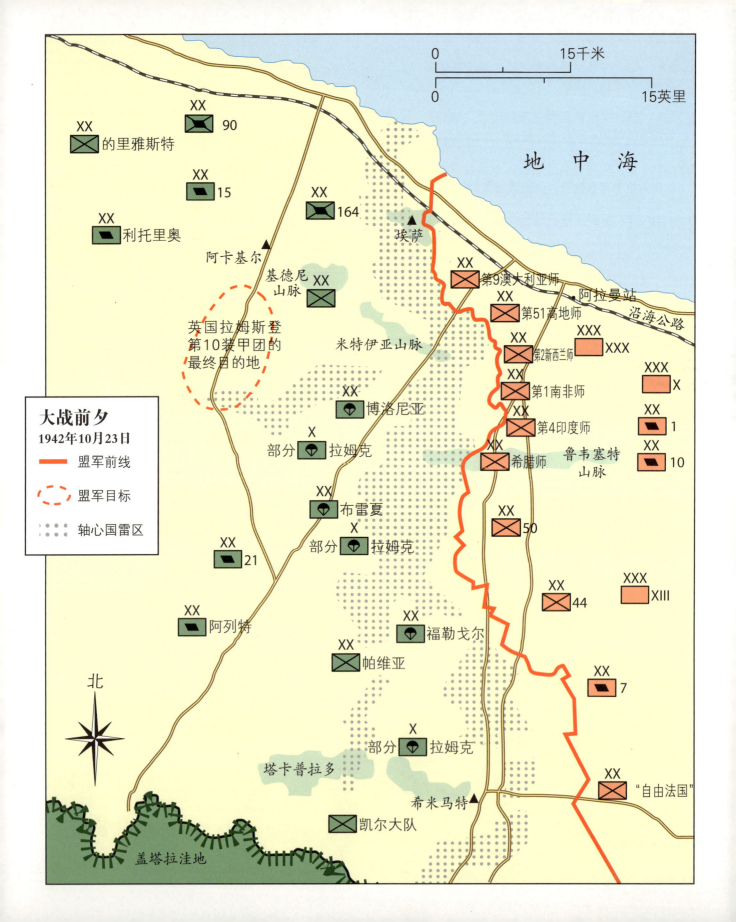

地 中 海

北

XX 的里雅斯特

XX 90

XX 15

XX 利托里奥

XX 164

阿卡基尔

基德尼
山脉

埃萨

XX

英国拉姆斯登
第10装甲团的
最终目的地

米特伊亚山脉

XX 第9澳大利亚师

阿拉曼站

沿海公路

XX 第51高地师

XXX 第2新西兰师 XXX

XXX X

XX 博洛尼亚

X 部分 拉姆克

XX 第1南非师

XX 第4印度师

XX 1

XX 希腊师

鲁韦塞特
山脉

XX 10

XX 布雷夏

X 部分 拉姆克

XX 50

大战前夕

1942年10月23日

盟军前线

盟军目标

轴心国雷区

XX 21

XX 阿列特

XX 帕维亚

XX 福勒戈尔

XXX XIII

XX 44

XX 7

X 部分 拉姆克

塔卡普拉多

希米马特

XX "自由法国"

XX 凯尔大队

盖塔拉洼地

0   15千米

0   15英里

在埃及的阿拉曼外围建立新防御堡垒。

决定性的战斗

　　隆美尔的军队紧追不舍，6月30日到达阿拉曼，并一鼓作气地在第二天就展开攻击。但英军已经选好了绝佳的防御阵地，站稳了脚跟。北方是大海，南方是无法通行的卡塔拉盆地，英军在阿拉曼的阵地无懈可击，隆美尔也无法凭借其最爱的"间接路线"（"间接路线"出自李德·哈特的《战略论："间接路线"》，该书认为看似最远、最弯曲的路线，往往是真正的捷径）获得胜利。轴心国军队和英军防线正面碰撞，未能攻破却损失惨重。后来隆美尔的军队只有26辆坦克可用，只好转为防守，同时等待补给和增援部队。尽管奥金莱克成功困住了隆美尔，丘吉尔还是让哈罗德·亚历山大（Harold Alexander）取代了他的位置，同时把第8集团军的指挥权交给了伯纳德·蒙哥马利（Bernard Montgomery）将军。

　　面对迫近的威胁，英军开始向埃及投入大量物资和兵力。隆美尔很快认识到，德军在北非战场的补给线漫长且脆弱，而且因为苏联战场激战正酣而得不到重视，虽然如此，但他还是决定继续主动进攻。8月30日，轴心国军队开进到阿拉姆纳伊尔岭（Alam Nayil Ridge）和卡塔拉盆地之间，但坦克数量只有对手的一半。英军装备了当

▼ 第二次阿拉曼战役中的英国"十字军"坦克。由于沙漠广袤平坦，装甲部队是沙漠战胜利的关键。德军入侵苏联后，盟军在坦克数量通常多于德军。到1942年时，英军和英联邦部队大规模配备了美制"格兰特"坦克，该坦克拥有75毫米（2.95英寸）口径火炮，有能力打击德军装甲部队。

蒙哥马利的胜利

英军在阿拉曼坚守，侧翼分别是北边的地中海和南部的卡塔拉盆地。躲在复杂的雷区后，英国第8集团军在6月和8月打退了德军两次进攻。得益于丘吉尔终于将北非战事视作当务之急，由亚历山大和蒙哥马利将军组成的指挥层很快开始调集人力和物资准备作战。

到1942年10月末，英军在此区域的优势已经很明显，拥有25万士兵、1200辆坦克、750架飞机，而轴心国军队只有8万人、489辆坦克和675架飞机。10月23日，蒙哥马利实施了第一阶段的谨慎进攻计划，即"捷足"行动。第8集团军在霍洛克斯将军的指挥下，在卡塔拉盆地展开牵制性进攻，北方的第5集团军则在拉姆斯登（Lumsden）将军的指挥下穿越德军雷区，直逼基德尼山。

英军出其不意的行动和不屈不挠的韧劲，让隆美尔感到棘手。隆美尔集结所有的机动部队发起反攻，用仅剩的坦克对付拥有压倒性优势的英军火力。北非战场的平衡扭转，现在盟军占据了不可逆转的优势。

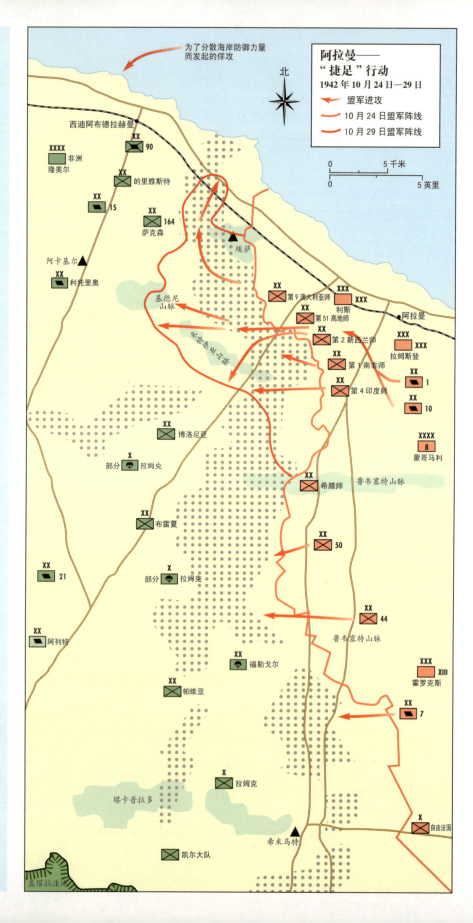

非洲军团的机枪手在岩石掩护下射击。沙漠战的特点是步兵利用铁丝网和雷区防御，而战斗通常是机动部队和坦克部队的激烈交战。夜间，坦克会把步兵围在中间，以防被敌人突袭。

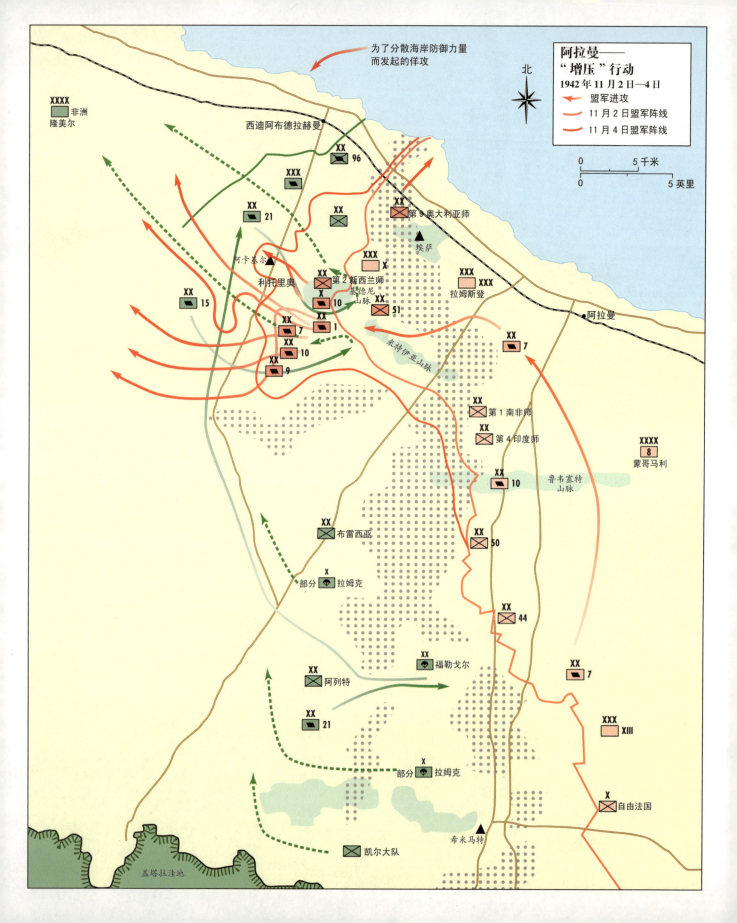

为了分散海岸防御力量
而发起的佯攻

阿拉曼——
"增压"行动
1942 年 11 月 2 日—4 日
盟军进攻
11 月 2 日盟军阵线
11 月 4 日盟军阵线

北

0   5千米

0   5英里

XXXX
非洲
隆美尔

西迪阿布德拉赫曼

XX 96

XXX

XX 21

XX

XX
第 9 奥大利亚师

埃萨

阿卡基尔

利托里奥

XXX X

XXX XXX
拉姆斯登

阿拉曼

XX 15

XX
第 2 新西兰师
基德尼
山脉

XX 10

XX 51

XX 7

XX 7

XX 1

XX 10

XX 9

米特伊亚山脉

XX
第 1 南非师

XX
第 4 印度师

XXXX
8
蒙哥马利

XX 10

鲁韦塞特
山脉

XX
布雷西亚

XX 50

部分 X 拉姆克

XX 44

XX 7

XX
阿列特

XX
福勒戈尔

XXX XIII

XX 21

部分 X 拉姆克

X 自由法国

凯尔大队

希米马特

盖塔拉洼地

时先进的美制"格兰特"和"谢尔曼"坦克,而隆美尔的半数装甲部队只能使用废物一般的意大利坦克。最初,隆美尔的攻击被地雷区阻挡,然后在阿拉姆纳伊尔岭和英国第22装甲旅遭遇。轴心国军队几乎被切断,还不时遭到空袭,为避免全军覆没只能快速撤退。

到10月份,第8集团军已有25万士兵、1200辆坦克、750架飞机,而轴心国军队只有8万士兵、489辆坦克(其中280辆是意式坦克)、675架飞机。蒙哥马利比他的前任更擅长装甲部队作战,计划利用实力上的优势展开"捷足作战"行动(Operation Lightfoot)。攻势在10月23日开始,第7装甲师在卡塔拉盆地附近牵制德军,第1和第10装甲师组成的英军主力在压倒性的炮火掩护下,从阿拉姆纳伊尔岭进攻轴心国军队防线。尽管英军付出了将近300辆坦克的惨重代价,但他们的猛攻威胁到了德军整体防线。隆美尔几乎让所有的机动部队都派去阻挡英军的进攻,这个举动正中蒙哥马利的下怀,他正想要德国装甲部队暴露在他的多兵种协同攻势下——这正是隆美尔过去常用的战术。

突围

8月27日,隆美尔破釜沉舟,发起了整场战斗中最猛烈的反击,派第21和第15装甲师冲向基德尼山(Kidney Ridge)英军主力装甲部队、步兵部队和炮兵阵地。攻方共有148辆坦克,很快就被集中的炮火挡住,并遭到空中打击。还剩77辆坦克时,隆美尔只能停止攻击,另想办法突破英军阵地。

尽管没有占领多少敌军阵地,蒙哥马利还是很高兴。这一战消耗了轴心国的力量,他现在准备开始突破防线的"压制"行动(Operation Supercharge)。隆美尔考虑撤回到弗卡(Fuka)外组织防御,而英军继续攻击。11月2日,英军的步兵和炮兵率先进攻,为英国装甲部队打开了一个缺口。隆美尔立刻将剩余的机动部队和装甲部队派遣到基德尼山的南部,用88毫米口径高炮对进攻方造成了巨大伤亡。英国第9装甲旅的94辆坦克损失了70辆,但英军继续推进。德军在这场战斗中也付出了高昂的代价,24门88毫米口径反坦克高炮全部被毁。

隆美尔意识到反击已经失败,准备撤退,但收到了希特勒"不许后退"的命令。隆美尔用一天时间劝希特勒收回成命,避免了他和非洲装甲集团军全军覆没。多数轴心国步兵和机械化部队都被派上战场,并被英军消灭,而同时非洲装甲集团军则趁机准备运输工具和补给,准备逃之夭夭。德军仅剩的36辆坦克和各部队的幸存士兵仅仅混编成了一个旅,随后撤出埃及,从蒙哥马利强大、自信、势不可挡的第8集团军手下狼狈逃命。

突出重围

在基德尼山附近突入德军防线后,蒙哥马利没有用计策包围德国守军,而是决定利用人力和火力的优势,迫使隆美尔出击,打一场消耗战。隆美尔担心英军突破,只能出击。

8月27日,德国第15和第21装甲师在基德尼山进攻英军防御阵地,但以失败告终,且损失了半数以上的装甲部队。尽管英军的装甲部队也损失惨重,但还可以支撑,而德军就不行了。

蒙哥马利利用装甲优势,发起了突破的"压制"行动。凭借强大的火力优势,英军和其自治领的步兵在德军防线上撕开了一个口子。尽管德国守军的88毫米口径反坦克火炮让英军损失惨重——第9装甲旅的94辆坦克损失了70辆——蒙哥马利还是冷酷地继续进攻。

隆美尔的军队接近崩溃——希特勒一开始并不相信,但最终还是批准撤退。隆美尔牺牲了大部分意大利军队,最终逃出来的轴心国部队仅有东拼西凑的一个旅兵力和36辆坦克。

比斯开湾

拉科鲁尼亚

波尔多 法 国

里昂 日内瓦

都灵 维罗纳

毕尔巴鄂

波图

葡萄牙

图卢兹

尼姆 尼斯 热那亚

博洛尼亚

佛罗伦萨

萨拉曼卡

安道尔

萨拉戈萨

马赛 土伦

利翁湾

科西嘉

马德里

巴塞罗那

轰炸机作战范围

西班牙

巴伦西亚

撒丁岛

里斯本

巴利阿里群岛

卡利亚里

塞维利亚

加的斯

卡塔赫纳

比塞大

丹吉尔 直布罗陀（英属）

阿尔及尔

安纳巴

西属摩洛哥

突尼斯

奥兰

苏塞

卡萨布兰卡

斯法克斯

摩洛哥
（法属）

阿尔及利亚
（法属）

突尼斯
（法属）

地中海
1942 年下半年

- 德国或轴心国占领区
- 与德国结盟国
- 意大利领土
- 意大利占领区
- 盟国及盟国占领区
- 维希政府控制的法属国家
- 被轴心国占领地区
- 中立国家
- 盟国机场
- 轴心国机场

拜勒希兰

利

北

补给战

北非的战争很大程度上是双方补给能力之间的较量，英国和轴心国的补给船都必须经过地中海的危险水域。最初意大利占据了地中海的优势，但英国地中海舰队以埃及的亚历山大港为根基，很快通过对塔兰托的空袭和马塔潘角的胜利而扭转了局势。

卢布尔雅那　德国占领　塞格德　阿拉德　　　加拉茨　　　　　辛菲罗波尔
　的里雅斯特　萨格勒布　　蒂米什瓦拉　布拉索夫　布勒伊拉　塞瓦斯托波尔
威尼斯　　克罗地亚　诺维萨德　　罗马尼亚　　普洛耶什蒂　　康斯坦察
　意大利　　　　贝尔格莱德　　克拉约瓦　布加勒斯特　　黑　　海
罗马　占领　萨拉热窝　塞尔维亚　　　　　　瓦尔纳
　　　　　莫斯塔尔　　　索非亚　保加利亚
　　　　　　　　　普罗夫迪夫　　　伊斯坦布尔
　　那波利　　　斯科普里　　　　　　马尔马拉海　　　安卡拉
那波利　巴里　地拉那　　　　　　　　土　耳　其
萨莱诺　塔兰托　　塞萨洛尼基
　　　　　　希腊　　爱琴海　　伊兹密尔　　阿达纳
第勒尼安海　　　　　　　雅典
巴勒莫　墨西拿　伊奥尼亚海　比雷埃夫斯　　　意占
卡塔尼亚　　　　　　　　多德卡
西西里岛　　　　　　　尼斯群岛　　　尼科西亚
　　　　　　　干尼亚　　　　塞浦路斯
马耳他　　　　　　　　　　　　利马索尔　至英国
（英属）
　　　地　中　海
的黎波里　昔勒尼　德尔纳　　　塞得港
米苏拉塔　班加西　　托布鲁克　亚历山大
苏尔特　　　　　马特鲁港
亚　　　　　　　　　阿莱曼　　开罗　埃　及

战斗机作战范围

　　但德军参战，轴心国在希腊和北非取得胜利后，重新取得了对英国的优势。和大西洋战争不同，地中海战争主要是空战。轴心国成功控制了地中海中部的主要空军基地，让英国的补给线岌岌可危。

　　英国当时在地中海中部的唯一据点——马耳他小岛，距离西西里仅有110千米（70英里），是该区域重要的海空枢纽。马耳他基地的潜艇和飞机几乎可以攻击轴心国的所有补给线，经常重创运输船只。因而，马耳他成为连续轰炸的目标，并面临着被入侵的危险。马耳他守军坚守该岛，为地中海战场的胜利做出了重要贡献，因而被授予"乔治十字勋章"，这是乔治六世国王颁发的最高荣誉。

希　腊

马 塔 潘 角

马塔潘角战斗

1941年3月28日—29日

英军由马利姆机场起飞的"布伦海姆"轰炸机和由"可畏"号航空母舰升空的鱼雷轰炸机进行空袭的地点

—— 英军舰船运行航迹

—— 意军舰船运行航迹

巡洋舰"加里波第"号和"阿布鲁齐"号逃往布林迪西

战列舰"维托里奥·维内托"号逃往塔兰托

轻型部队：(普汉–惠培尔)
巡洋舰"奥赖恩"号、"艾杰克斯"号、"格洛斯特"号、"珀斯"号及4艘驱逐舰

23:59

23:00

17:00

23:59

15:15

21:00

12:00

21:00
巡洋舰"扎拉"号、"阜姆"号及4艘驱逐舰返回，援助"波拉"号巡洋舰

22:30
战列舰大队击沉巡洋舰"扎拉"号、"阜姆"号、"波拉"号及4艘驱逐舰

18:30

17:00

19:30
从"可畏"号航空母舰上起飞的鱼雷轰炸机击中"波拉"号巡洋舰

15:10　14:50　14:20

15:20

地 中 海

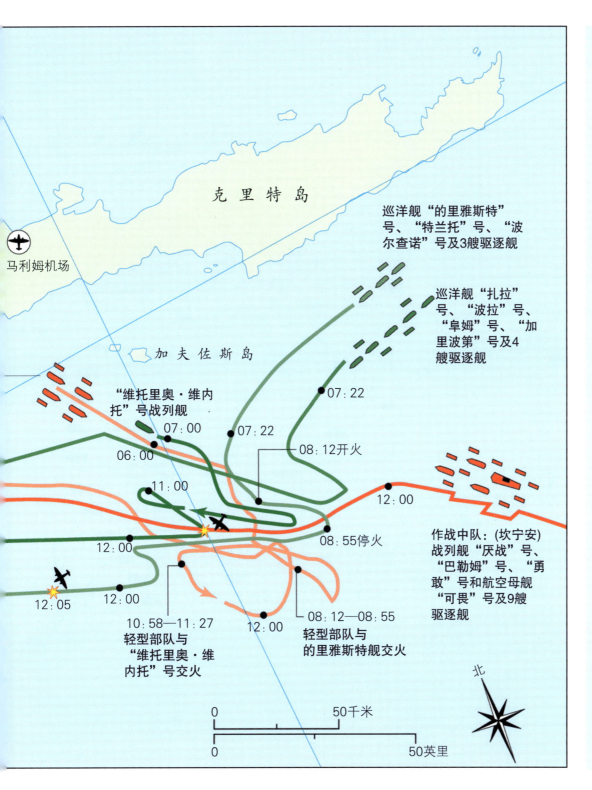

马塔潘角

1941年3月27日，坎宁安上将指挥的英国地中海舰队击沉了3艘意大利巡洋舰和2艘驱逐舰，并重创"维托里奥·维内托"号战列舰，仅仅损失了1架飞机。

克 里 特 岛

马利姆机场

加夫佐斯岛

巡洋舰"的里雅斯特"号、"特兰托"号、"波尔查诺"号及3艘驱逐舰

巡洋舰"扎拉"号、"波拉"号、"阜姆"号、"加里波第"号及4艘驱逐舰

07：22

"维托里奥·维内托"号战列舰
07：00
07：22
06：00
08：12开火
11：00
12：00
08：55停火
12：00
12：00
12：05
12：00
12：00

作战中队：（坎宁安）战列舰"厌战"号、"巴勒姆"号、"勇敢"号和航空母舰"可畏"号及9艘驱逐舰

10：58—11：27 轻型部队与"维托里奥·维内托"号交火

08：12—08：55 轻型部队与的里雅斯特舰交火

北

0　　　　50千米

0　　　　50英里

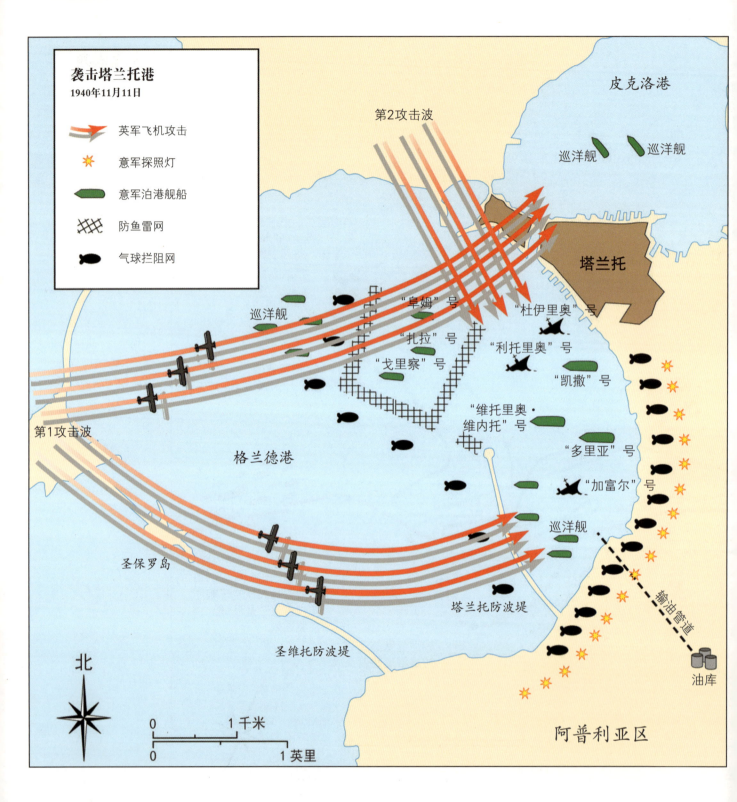

袭击塔兰托港
1940年11月11日

英军飞机攻击

意军探照灯

意军泊港舰船

防鱼雷网

气球拦阻网

皮克洛港

第2攻击波

巡洋舰　巡洋舰

塔兰托

"阜姆"号
"杜伊里奥"号
"扎拉"号
"利托里奥"号
"戈里察"号
巡洋舰
"凯撒"号

"维托里奥·
维内托"号

"多里亚"号

"加富尔"号
巡洋舰

第1攻击波

格兰德港

圣保罗岛

塔兰托防波堤

输油管道

圣维托防波堤

油库

阿普利亚区

北

0　　　1千米

0　　　1英里

地中海海军行动

北非战场的局势常因双方在地中海地区的商船运送物资的数量波动而发生逆转，这些商船所航行的航线也风险极大。英军在本地区的补给线本就漫长而危险，需要穿越南大西洋和直布罗陀海峡。当时的意大利海军拥有6艘战列舰、18艘巡洋舰、60艘驱逐舰和超过100艘潜艇，对于英国的地中海航线构成了极大威胁。安德鲁·坎宁安（Andrew Cunningham）指挥的英国地中海舰队实力不足，但必须保卫生死攸关的非洲补给线，还要保卫孤立的马耳他基地。马耳他岛很小，但地理位置至关重要，岛屿的两侧一边是轴心国前往北非的补给线，一边是地中海中部唯一的英军前线海军基地。位于马耳他的英军卫戍部队经常用小股海军和空军小分队侵扰轴心国物资船，同时也经常遭遇空袭和入侵的威胁。马耳他在北非战场的双方争夺焦点。

尽管英军的数量处于劣势，但与意军相比拥有重要的技术优势。地中海舰队拥有"极"行动破解的情报，雷达的使用也让英军有了意军缺乏的夜间作战能力，还能请求强大的"光辉"号航母的支援。作为一名富有进攻精神的指挥官，坎宁安透过纸面实力的不足寻求主动。为了避免残余的法国舰队落入德国之手，坎宁安于1940年7月摧毁了米尔兹比克港和奥兰（Mers el Kebir and Oran）的残余武装力量。然后，1940年11月，地中海舰队对意大利的塔兰托（Taranto）基地发动了先发制人的大胆攻击。英军"光辉"号航母隐蔽抵达阵位，将意军塔兰托基地纳入攻击半径，并发动21架旧式的"剑鱼"式双翼飞机进行空袭。勇敢的飞行员在夜间将挂载的11枚鱼雷投向停泊的意大利舰队，击沉1艘战列舰，并重创两艘战列舰，其中包括威力强大的"利托里奥"号战列舰另有两艘巡洋舰被击伤。成功的袭击让地中海的军力趋于平衡，并迫使残余的意大利海军转移到了意大利西海岸的遥远基地，也让意大利人对英军心生惧意。

意大利在北非折戟沉沙，而英国介入希腊，又让意大利海军损失惨重。最初意军只是被迫攻击希腊周围的英国船只，德国加入战斗促使意军投入战争。3月27日，一支意大利海军舰队离开西西里海岸——包括"维托里奥·维内托"号（Vittorio Veneto）战列舰、8艘巡洋舰和9艘驱逐舰——前往进攻克里特岛（Crete）北方的英国船只。但由于情报被破解，英军知晓了意军的企图，因而于同一天从亚历山大港派遣3艘战列舰和1艘航母迎敌，还有1支巡洋舰和驱逐舰组成的舰队配合。第二天，马塔潘角海战（the Battle of Cape Matapan）爆发，一群鱼雷轰炸机神不知鬼不觉地突袭，摧毁了"维托里奥·维内托"号，并让"普拉"号（Pola）重型巡洋舰丧失战斗力。当部分亚基诺（Iachino）的舰队和"维托里奥·维内托"号一起缓慢撤退时，"普拉"号等一批战舰还只能奋战到深夜。英军的水面舰艇攻击残存的意军，击沉了3艘重型巡洋舰和2艘

"基座"行动

1942年8月11日—13日

—— "基座"行动护航路线及日期和时间

✈ 轴心国空军基地

✈✈ 轴心国轰炸机和战斗机

⚓ 轴心国潜艇进攻

🚢 重要的沉没舰船

巴利阿里群岛

西班牙

卡塔赫纳

加塔角

13:15
"鹰"号沉没

8月11日

直布罗陀海峡（英国）

"基座"行动护航队
由13艘普通货船和1
艘油轮组成

阿尔及尔

奥兰

法属北非
（轴心国控制）

阿尔及利亚

北

0		100千米

0		100英里

"基座"行动

　　1942年8月10日，一支大型护航队（14艘商船、3艘航母、2艘战列舰、4艘巡洋舰、14艘驱逐舰）离开直布罗陀海峡，前往马耳他进行补给，这次护航被称为"基座"行动（Operation Pedestal）。而轴心国飞机和潜艇对该护航运输队发动了持续的猛烈攻击。

　　第二天下午"鹰"号（Eagle）航母沉没。战斗太激烈，几艘英国重型船只被迫逃离，3艘巡洋舰和1艘驱逐舰被击沉。最终，到了8月13日，剩余的护航队抵达马耳他。仅有5艘船只安全抵达，但其中1艘是珍贵的油轮。

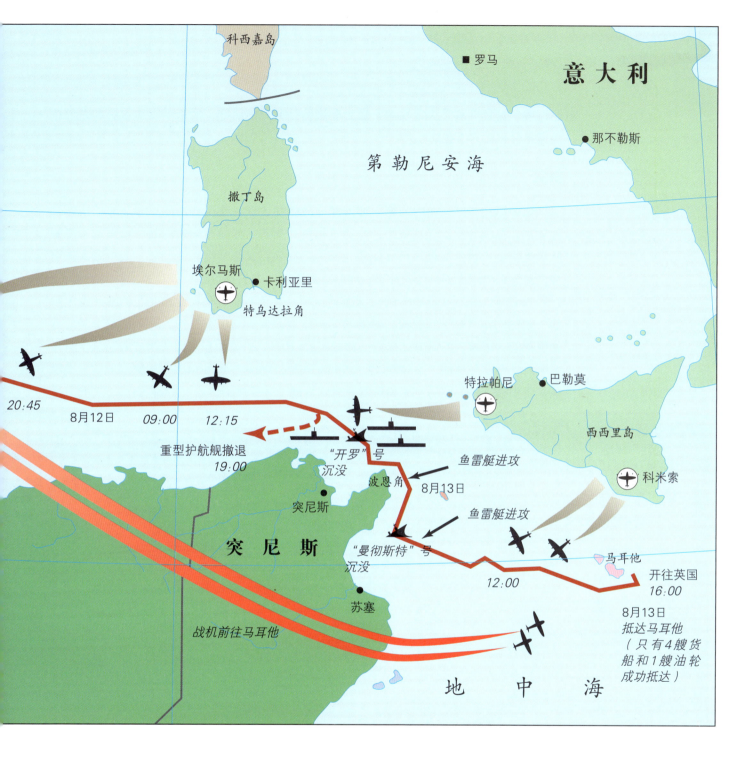

科西嘉岛

■罗马

意大利

第 勒 尼 安 海

●那不勒斯

撒丁岛

埃尔马斯
✛
●卡利亚里

特乌达拉角

特拉帕尼
✛
●巴勒莫

20:45

8月12日   09:00   12:15

重型护航舰撤退
19:00

"开罗"号
沉没

波恩角

鱼雷艇进攻

8月13日

西西里岛

科米索
✛

突尼斯
●突尼斯

鱼雷艇进攻

突 尼 斯

"曼彻斯特"号
沉没

马耳他

开往英国
16:00

●苏塞

12:00

8月13日
抵达马耳他
(只有4艘货
船和1艘油轮
成功抵达)

战机前往马耳他

地 中 海

驱逐舰。这场胜利是决定性的，意大利舰队从此只能防守，后来英军从希腊和克里特岛撤离时也无力干扰。

决定

地中海的微妙平衡因为德军加入北非战场而改变。德国在西西里和北非的空军基地立刻让英国补给线受到威胁，并通过重创"光辉"号航母耀武扬威。英军地中海舰队缺乏空中力量，为保护马耳他和北非的运输线路又必须把兵力分散。战争陷入护航战，双方都力图保卫自己的补给，同时尽力阻断对方的补给。

1942年，德军在地中海的行动达到顶峰，甚至不惜将马耳他和北非的战斗置于险地。德国空军掌握了制空权，对英国的护航舰只造成了沉重打击，马耳他英军的所有物资都陷入紧缺。为免坐以待毙，1942年8月10日，一支由14艘商船组成的船队从直布罗陀海峡开往马耳他，由3艘航母、2艘战列舰、4艘巡洋舰和14艘驱逐舰组成的强大舰队负责护航。轴心国的空军和潜艇对船队发动了持续攻击，击沉了9艘商船、"鹰"号

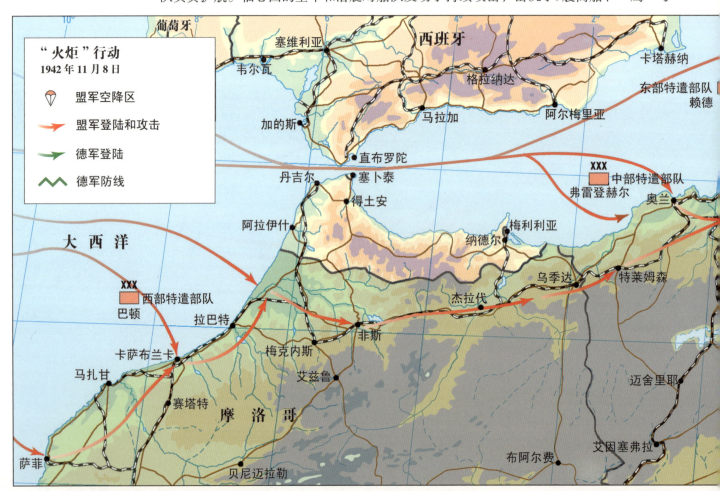

航母、3艘巡洋舰和1艘驱逐舰。尽管损失惨重，但还是有足够的商船成功抵达，包括仅剩的一艘油轮，避免了马耳他的危机。

归根结底，地中海的战局取决于北非战场的沉浮。由于德军被苏联牵制，1942年后期，英军在地中海之外的补给线支持下，在阿拉曼摧毁了隆美尔的军队。德军退到东边的突尼斯（Tunisia），而盟军在西非登陆，掌握了重要的前线空军基地，导致德国空军在地中海的制空权争夺中处于下风。盟军利用空中优势切断了轴心国军队通往突尼斯的补给线，迫使对方最终屈服。由于德国空军被击败，意大利残存的水面舰艇和潜艇已经无力阻挡盟军在西西里登陆，地中海之战至此告终。

轴心国撤退，盟军推进

隆美尔的非洲军团衣衫褴褛、士气低落、缺乏物资，转向西部，而蒙哥马利的第8集团军紧追不舍。隆美尔只剩4000名士兵、24门88毫米口

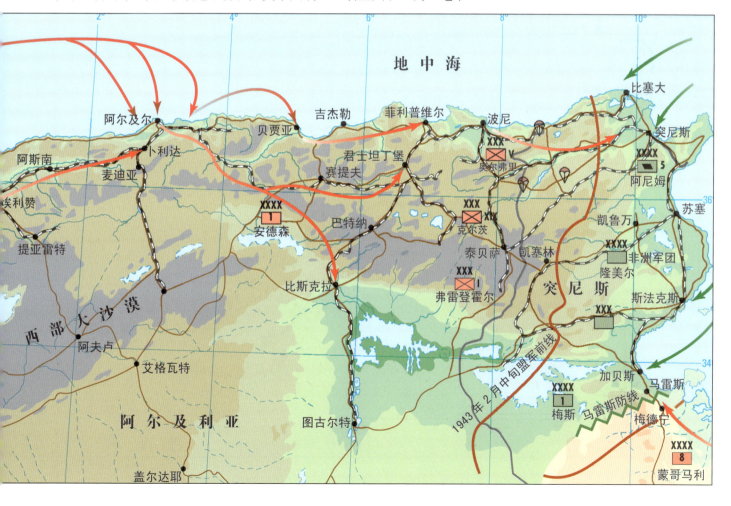

突尼斯

阿拉曼战役之后，德军非洲装甲集团军实力大减，无法再对英国的第8军团进行实际抵抗，只能利用天然屏障延缓英军攻势。形势实在太糟，隆美尔军队在逃离托布鲁克时，不得不在11月13日抛弃了1万吨珍贵物资，退到布拉塔（Burerat）附近的防线后，又退到的黎波里的重要港口。在每次攻势之间，蒙哥马利都试图迂回到南方截断轴心国的退路。最终，在2月1日，隆美尔的疲惫之师抵达突尼斯稳固的"马雷斯防线"（Mareth Line）。

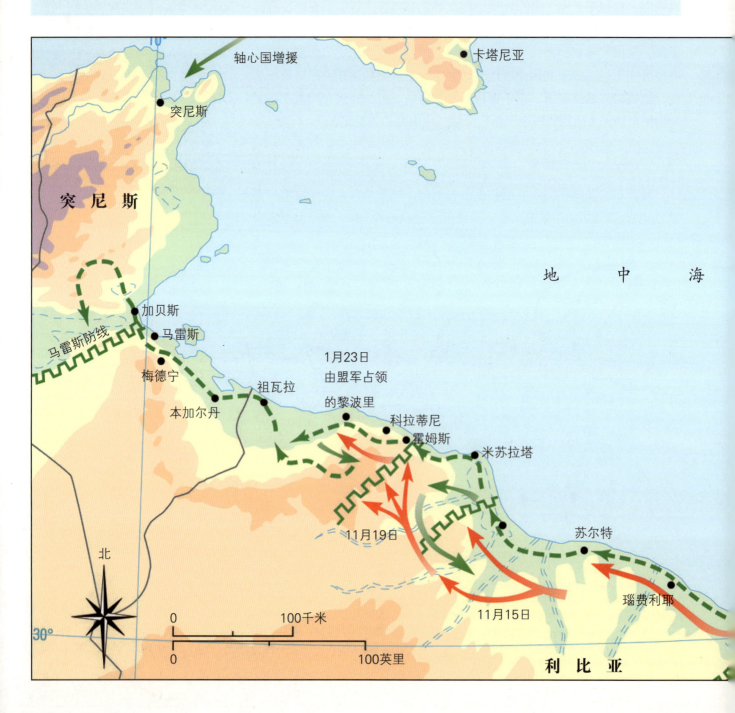

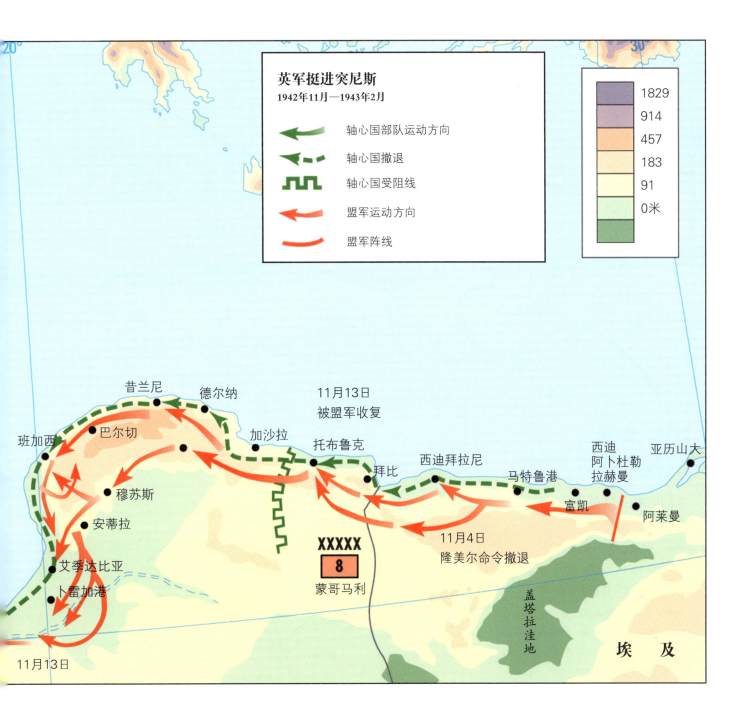

英军挺进突尼斯
1942年11月—1943年2月

- 轴心国部队运动方向
- 轴心国撤退
- 轴心国受阻线
- 盟军运动方向
- 盟军阵线

	1829
	914
	457
	183
	91
	0米

昔兰尼　德尔纳

11月13日
被盟军收复

班加西　巴尔切

托布鲁克

加沙拉　拜比

西迪拜拉尼

亚历山大

西迪
阿卜杜勒
拉赫曼

马特鲁港

穆苏斯

安蒂拉

富凯

阿莱曼

XXXXX
8
蒙哥马利

11月4日
隆美尔命令撤退

艾季达比亚

卜雷加港

盖塔
拉洼地

11月13日

埃　及

凯塞林山口战役
1943 年 2 月 14 日—22 日

- ← 轴心国军队运动方向
- ⌒ 2 月 14 日轴心国阵线
- ⌒ 2 月 22 日轴心国阵线
- → 盟军运动方向
- ⇢ 盟军辙退方向
- ⌒ 盟军阵线
- ─xxx─ 军团分界线

勒库夫

迈克塞尔

沃斯拉提耶

皮雄

丰杜克

塔莱

斯比巴

埃尔欧云

2 月 22 日—23 日

通往君士坦丁堡

泰贝萨

2 月 17 日—18 日
第 1 装甲师在此集结。

2 月 21 日

谢特拉

2 月 18 日

2 月 14 日

艾卜耶德

布阿舍布卡

凯塞林

2 月 18 日，轴心国部队进攻后通过凯塞林山口撤回，与行进中的第 8 集团军接战。

西迪布泽德

法伊德

塞莱普特

菲里阿纳

2 月 17 日

比尔艾哈菲

2 月 14 日

168 RCT

阿尔及利亚

突尼斯

马科纳西

塞奈德

加夫萨

2 月 15 日

盖塔尔

非洲军
隆美尔

径高炮、40门火炮和11艘能用的坦克，随时可能全军覆没。隆美尔不时下令就地驻守，以便让疲惫的士兵休整一下，但只要发现英军的攻击迹象，非洲军团留下一支军队掩护后立刻逃跑。蒙哥马利的推进很慎重，在梅尔沙隘道失去了一次攻击隆美尔的机会。在持续紧逼下，隆美尔撤出了利比亚的所有守军，于1月23日撤出重要的的黎波里港。2月1日，他抵达突尼斯内安全的"马雷斯防线"。蒙哥马利的补给线太长，所以下令在的黎波里港外驻军、补充物资。德军决定撤到突尼斯很大程度上是因为西非的战局发展。苏联逼迫盟军开辟第二战场，但盟军还没准备好进入欧洲，所以实施"火炬计划"（Operation Torch）进入北非。盟军考虑了数位资深的将军，最终选择德怀特·艾森豪威尔（Dwight Eisenhower）将军担任总指挥。为了一鼓作气俘获隆美尔，几位盟军的军事家建议在最东部靠近突尼斯的博恩（Bone）登陆。最终这个计划由于风险太大而被放弃，盟军的主力登陆地点选在了北非的卡萨布兰卡、奥兰和阿尔及利亚，这些都是维希法国的殖民地。

维希法国在此区域内拥有超过10万的兵力，如果他们选择据守，可以大大延迟盟军的计划。11月8日，在和维希法国进行秘密会谈后，600艘战舰组成的盟军舰队到达多处登陆地点外海。维希法军的抵抗有强有弱，最激烈的战斗发生在奥兰附近。11月11日，维希政权的指挥官达尔朗上将和艾森豪威尔达成协议，他的军队加入了盟军。对于达尔朗所获得的特殊待遇，"自由法国"的领导人戴高乐十分愤怒，但盟军得以兵不血刃地进入突尼斯。

隆美尔抵达"马雷斯防线"后，轴心国的指挥系统一团乱麻。隆美尔是名义上指挥着北非所有意军部队，指挥着非洲装甲集团军，但多数到突尼斯增援的部队都被编入第5装甲集团军，由尤尔根·冯·阿尼姆（Jurgen von Arnim）将军指挥。当蒙哥马利还在的黎波里外犹豫不决时，隆美尔和阿尼姆认为可以趁机袭击突尼斯西部毫无经验的美军。隆美尔提议攻击美军在阿尔及利亚特贝萨（Tebessa）的供应基地，但阿尼姆希望攻击更北部的贝沙（Beja）地区。最终，他们决定兵分两路，导致每一处的兵力远远少于盟国的守军。

1943年2月14日，阿尼姆的第21装甲师开战，攻击驻扎在西吉·布·吉特（Sidi bou Zid）的毫无经验的美国第2军，仅用3天就

凯塞林山口之战

隆美尔看到在突尼斯反击美军的机会，提议他的军队和阿尼姆的第5军团一起攻击美军在阿尔及利亚特贝萨的补给站。但阿尼姆只是敷衍地提供支持，在2月14日攻下了西吉·布·吉特村（Sidi Bou Zid）。隆美尔要求部队插入凯塞林山口，但阿尼姆把相当大部分的军队调往北方的斯比巴（Sbiba）。

尽管很失望，隆美尔还是朝凯塞林进军，并在2月19日对美军的战斗中取得令人震惊的胜利。但隆美尔进攻势头太弱，且偏离了目标，因为蒙哥马利已经朝马雷斯防线进攻，他必须回军救援。

凯塞林战役之后，隆美尔终于掌握了北非轴心国军队的指挥大权，但为时已晚，因为盟军的军力、物资优势太大了。德军发起了两次骚扰性进攻，一次在北方，由阿尼姆指挥，另一次是在"马雷斯防线"附近的缅地因直接进攻蒙哥马利的阵线。

为了围歼"马雷斯防线"的轴心国军队，盟军发起了钳形攻势，美国第2军从菲里阿纳向海岸进攻，同时蒙哥马利从侧面攻击德军防线。结果，德军撤退到瓦迪阿卡利特（Wadi Akarit）村，但在这里被击败，最终退回到昂菲达维尔。

地中海

2月26日，阿尼姆发起的一次不成攻的袭击出乎预料地变成了一场大规模战斗。

德军空中补给线和撤离线

比塞大

马特尔

邦角半岛
（舍里克半岛）

突尼斯湾

波尼

塔巴卡

609高地

巴杰

突尼斯

古莱比耶

XXX V

非洲军团
隆美尔
后由阿尼姆接任

坚杜拜

哈马特

昂菲达维尔

XXXX 1
安德森

XXXXX

苏塞

哈马特湾

贝达

XXX XIX 自由法国军团

迈克塞尔

凯鲁万

马赫迪耶

杰姆

XXXX

斯贝特拉

泰贝萨

凯塞林

XXX II
巴顿

费里纳

XXXX 1
梅斯

米克纳西

盖尔甘奈群岛

加夫萨

斯法克斯

隆美尔将部队从凯塞林地区撤至马雷斯防线进行防守。

加贝斯湾

托泽尔

盐沼

哈迈

加贝斯

豪迈特苏格

杰尔巴岛

迈特马泰

马雷斯

萨尔塞斯

梅德宁

XXX XXX

本加尔丹

2月15日第8集团军抵达。

突尼斯

XXX X

XX 新西兰

XXXX 8
蒙哥马利

阿尔及利亚

轴心国在突尼斯的失败
1943年3月20日—29日

- ——— 3月20日阵线
- ——— 3月29日阵线
- ←—— 轴心国攻击路线
- ←--- 轴心国撤退
- ←—— 英军运动方向
- ←—— 法军运动方向
- ←—— 新西兰军运动方向

攻到了斯贝特拉（Sbeitla）。南部的隆美尔从"马雷斯防线"出发，向北进军，穿过菲里阿纳（Feriana）到达凯塞林（Kasserine）隘口。隆美尔尝到了胜利的甜头，因此当阿尼姆要求第21装甲师绕过脆弱的特贝萨而继续向北时，隆美尔勃然大怒。隆美尔指挥非洲兵团和第10装甲师进攻美军的凯塞林山口防线，虽然进行了两天的猛烈进攻但未能夺取该山口。后知后觉的轴心国高层终于意识到阿尼姆如果不去支援隆美尔，后果将极为严重，因而让隆美尔全权指挥突尼斯的所有轴心国军队。隆美尔和非洲军团一起朝特贝萨推进时，下令第10装甲师开向塔莱（Thala）。

英军和美军虽然震惊，但并未慌乱，他们一边派遣增援部队，一边让空军对推进的德军进行狂风暴雨般的攻击。盟军实力太强，隆美尔无法推进，而此时蒙哥马利已经到达"马雷斯防线"，此处的德国守军很薄弱。因此凯塞林隘口的战术杰作没能扭

▼　当地人围观英军的"瓦伦丁"坦克进入突尼斯。北非轴心国军队的全面投降（此时希特勒刚刚派来增援）大大提升了盟军的士气。全世界都在等着看盟军选择在欧洲的哪个地方登陆。罗斯福总统和幕僚认为应该在法国登陆，而丘吉尔想要首先解放希腊和巴尔干半岛。

非洲战争结束

轴心国守军数量众多，但盟军成功地封锁了所有重要的补给线，导致轴心国军队缺乏补给。没有空中支援，地面兵力只有盟军的1/6，装甲部队只有盟军的1/15，德国和意大利在北非已是穷途末路。

蒙哥马利在昂菲达维尔附近针对德军的强大防御发动了牵制性进攻，其后英国第1集团军和"自由法国"的军队对德国防守体系的中心发起进攻。在更北方，美国第2军进攻比塞大。

到1943年5月，德国前线收缩，轴心国军队缺乏物资。5月6日，英军实施"火神"行动，利用强大的空中火力和炮火，清扫了此区域的德军装甲部队。

最终，在绝望的情况下，曾经不可一世的非洲军团土崩瓦解，突尼斯和比塞大门户大开，两座城市都随后被轻松占领。盟军穿越突尼斯北部半岛，结束了德国的抵抗。

这场战争类似于苏联的斯大林格勒战役（几个月前刚结束），最终大约15万轴心国军队落入盟军之手。

转战局。对于美国人来说，他们猛然发现了德军的战术素养如此之高、装甲部队如此强大。为了重整指挥架构，艾森豪威尔给美国第2军派遣了一位新指挥官：乔治·巴顿（George Patton）将军。

这时候，隆美尔确信轴心国在突尼斯的防守已经注定失败。但盟军的封锁让轴心国军队无法撤离非洲，他们只能继续战斗。为避免被盟军赶出突尼斯的坚固防御阵线，隆美尔决定展开骚扰性进攻。2月26日，阿尼姆猛攻盟军的贝沙北部防线，非但一无所获，反而遭遇沉重损失，只能撤退。3月6日，隆美尔也对蒙哥马利的缅地因（Medenine）前线发动进攻，同样无功而返。

突尼斯的失败

1943年3月9日，身心俱疲的隆美尔离开北非回德国休养，留下残兵败将交给阿尼姆指挥。1943年3月17日，巴顿指挥美军第2军从菲里阿纳向东推进，威胁到德军的"马雷斯防线"。3天后，蒙哥马利增兵攻击德军防线，试图将德军钉在防线内。在南侧，第8集团军的一小部分迂回到"马雷斯防线"的侧翼，于2月27日抵达哈迈（El Hamma），但他们的速度太慢，德国守军的主力已经逃到北方，在瓦迪阿卡利特（Wadi Akarit）建立了新的防线。美军从西侧攻击，英军从南侧攻击，在此情况下，德军防线于4月6日被击垮，被迫朝北撤退240千米（150英里），在昂菲达维尔（Enfidaville）外重筑防线。

盟军慢慢将突尼斯的轴心国军队包围起来。总体而言，盟军与对手的兵力对比是6∶1，装甲部队对比是15∶1，空中力量更是处于绝对优势。第8集团军在昂菲达维尔附近进行了牵制性的攻击，主要的进攻在更远的北部。英国第1集团军（British First Army）攻击了德军的核心防御区，同时美国第2军在新指挥官奥马尔·布莱德利（Omar Bradley）将军的指挥下在北部发动攻击。美国第2军拥有丰富的补给，连续发动进攻，挺进到重要的比塞大（Bizerta）附近，距离突尼斯市只有120千米（75英里）了，而此时阿尼姆将军所有残存的兵力都在阻挡英军。英国第1集团军指挥官亚历山大将军命令昂菲达维尔的进攻暂停，并向负责攻击敌军核心阵地的第1集团军增派了两支装甲部队。

1943年5月6日，第1集团军在迈杰达干河床（Medjerda Valley）发动了最后的总攻，名为"火神"行动（Operation Vulcan）。大量的空袭和火炮为英军开路，摧毁了残存的德国装甲部队，德军防御因此崩溃。英军装甲车列队进入突尼斯市，如入无人之境，另一边的美军也兵不血刃地攻下了比塞大。15万轴心国士兵在突尼斯格勒（Tunisgrad）投降，北非战争宣告结束。这次战败对轴心国军队的士气造成了重大打击，德国现在只能防御了。隆美尔在率领一支残

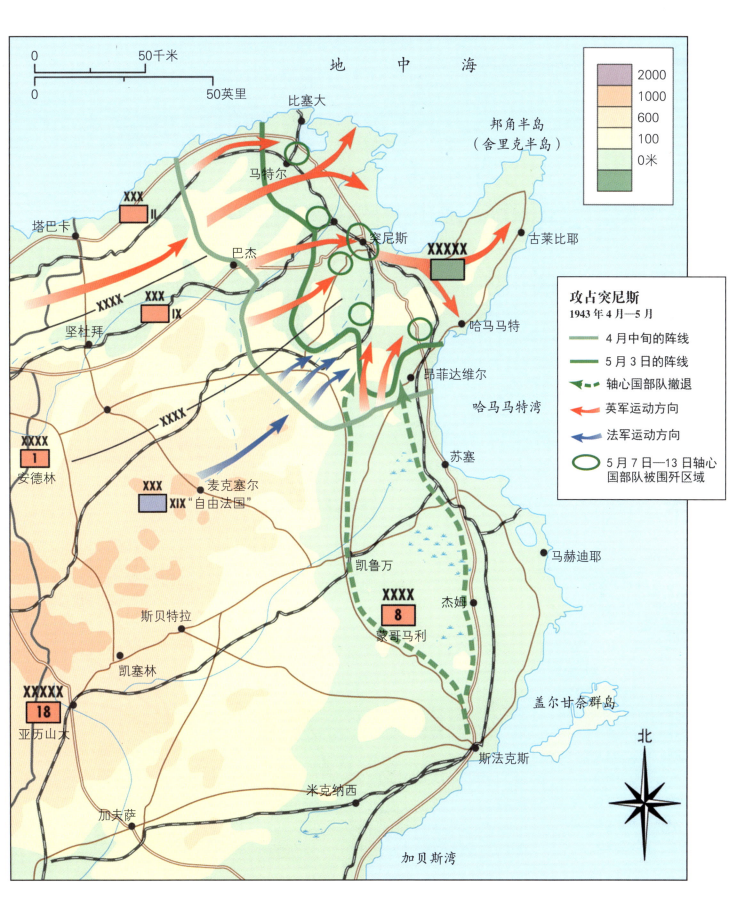

地 中 海

比塞大

邦角半岛
（舍里克半岛）

马特尔

突尼斯

古莱比耶

塔巴卡

XXX
II

巴杰

XXXXX

XXXX
XXX
IX

坚杜拜

哈马马特

昂菲达维尔

哈马马特湾

苏塞

XXXX
1
安德林

XXX
XIX "自由法国"
麦克塞尔

马赫迪耶

盖尔甘奈群岛

凯鲁万

杰姆

斯贝特拉

XXXX
8
蒙哥马利

凯塞林

XXXXX
18
亚历山大

斯法克斯

米克纳西

加夫萨

北

加贝斯湾

	2000
	1000
	600
	100
	0米

攻占突尼斯
1943年4月—5月

━━━ 4月中旬的阵线
━━━ 5月3日的阵线
╌╌► 轴心国部队撤退
◄━ 英军运动方向
◄━ 法军运动方向
◯ 5月7日—13日轴心
国部队被围歼区域

0   50千米
0   50英里

第勒尼安海

圣维托角

卡斯特拉马雷湾

加洛角

巴勒莫
7月22日

8月8日—15日，
盟军发起两栖登陆，
从侧翼包抄
轴心国部队的阵地。

8月11日

8月8日

特拉帕尼

帕尔蒂尼科

切法卢

圣斯蒂芬奥

马尔萨拉

XX 208

阿尔卡莫

XX

卡拉塔菲米

XX Pz

泰尔米尼

米斯特雷塔

III 136

科莱奥内

尼科西亚

XX

卡斯特尔韦特拉诺

阿吉拉

马扎拉—
德尔瓦洛

恩纳

XXXX 6

古佐尼

布尔焦

北

XX 15

卡尔塔尼塞塔

皮亚扎—
阿尔梅里纳

XX

地中海

卡尼卡蒂

阿格里真托

XX 207海岸师

K 18

帕尔马

杰拉

维多利亚

西西里岛登陆

1943 年 7 月 10 日—8 月 17 日

XX 82

利卡塔

杰拉湾

7月11日

→ 盟军登陆

→ 轴心国部队反击

— 7 月 11 日盟军阵线

— 7 月 15 日盟军阵线

— 7 月 23 日盟军阵线

┅ 轴心国撤退线

┅ 轴心国撤退线

┅ 轴心国撤退线

← 轴心国撤退路线

⊕ 盟军修建的机场

⊽ 盟军空降区

XX 3

X 2

II

XXXX 7
巴顿

7月10日

XX 82(预备)

III 1

X 2(部分)

7月10日

III ⌒ 505

III 1

X 504

XX 1

XX 45

XX 9
(非洲军团)

II

XXX II
布莱德利

亚历山

II 4

XX 82

军作战期间赢得了瞩目的战绩，但同时他也在不断向德军高层请求更多的兵力，但希特勒在胜利在望的时候驳回了他的请求，讽刺的是，他在败局已定的时候又向该地区增派了大量援军。

进入西西里

盟军决定接下来实施"爱斯基摩人"（又称哈士奇）行动（Operation Husky）：进入西西里。艾森豪威尔担任总指挥，英军的亚历山大将军担任战地指挥。该计划要求蒙哥马利的第8集团军在锡拉库萨（Siracusa）附近登陆，然后北进到墨西拿（Messina）。巴顿的第7集团军在西西里南部海岸登陆，从侧翼掩护蒙哥马利的进攻。墨索里尼本来准备仅用意军防守西西里，但等盟军到来时，两个德国装甲师前来助战，指挥官是陆军元帅阿尔贝特·凯塞林（Albert Kesselring）。

1943年7月10日，盟

"爱斯基摩人"行动

1943年7月10日，盟军实施"爱斯基摩人"行动入侵西西里，巴顿的第7集团军在西西里南部的里卡塔登陆，蒙哥马利的第8集团军在锡拉库萨附近登陆。

随着意大利军队崩溃，此区域的轴心国指挥官凯塞林意识到西西里的防守是无望的。蒙哥马利北上墨西拿，迫使凯塞林在埃特纳火山的崎岖地带集结最好的德国师，以保护自己的退路。巴顿在南方为蒙哥马利的军队提供侧面防护，仅遇到少量意军抵抗。

结果，巴顿挥师北上，7月22日占领了巴勒莫。由于对蒙哥马利的缓慢速度不满，巴顿转而向西攻向墨西拿。但巴顿迅速连续遭遇德军防线，让他的进军速度也迟缓下来。

盟军越围越紧，凯塞林终于收到命令，轴心国军队可以从西西里撤退了，击退了盟军几次试图突破侧翼的战斗后，他于8月16日突围——一天后巴顿将军就赢了和蒙哥马利的个人比赛，占领了墨西拿。

进入意大利本土

1943年9月3日，蒙哥马利的第8集团军越过墨西拿海峡，仅遇到轴心国军队的少量抵抗。6天后，第8集团军的增援部队在塔兰托登陆，同样几乎没有遇到抵抗。

9月9日，马克·克拉克将军的第5集团军实施"雪崩"行动（Operation Avalanche），在意大利的萨勒诺登陆。很多美军指挥官提议在北部重要城市那不勒斯登陆，但被驳回，因为萨勒诺在盟军的西西里空军基地的航程内。

萨勒诺群山环绕，为德国第29装甲掷弹师提供了天然屏障，让第5集团军难以进攻，整个行动几乎因此而失败。经过6天的激战后，美国第82空降师赶来增援，盟军逆转了局面。

防御工事被完全压制后，德国第10集团军向北撤退，在亚平宁山脉中的崎岖河谷建造了一系列防御工事。

这里的战斗让人想起第一次世界大战，盟军持续向北进攻，突破德军抵抗后抵达"古斯塔夫防线"——这里的防御极为坚固，德军甚至打算在这里无限期地拖住盟军。

军出其不意地展开攻势，很多意大利师一触即溃。凯塞林发现问题后，将大多数部队撤回到埃特纳火山附近，试图守住回撤墨西拿和意大利本土的退路。因而，盟军的推进没有遇到任何抵抗。在遭遇埃特纳火山附近的凯塞林精锐部队之前，蒙哥马利所部一度停下脚步进行重新部署。在更远的西部，巴顿的第7集团军碾压了意军的防守，于7月22日攻克了西西里北岸的巴勒莫。

两支盟军队伍都开向墨西拿，都想先一步攻克这个港口城市。但巴顿的队伍很快慢了下来，因为他们遇到了德军。8月11日，德军留下一支断后的队伍，其余队伍通过狭窄的墨西拿海峡（Straits of Messina）撤回大陆。盟军希望通过两栖作战切断德军退路，但凯塞林还是逃走了。8月17日，巴顿击溃了零散的守军，率先来到墨西拿。

进入意大利

西西里的陷落产生了广泛的影响。7月24日，维克托·伊曼纽尔三世（Victor Emmanuel Ⅲ）国王将墨索里尼撤职并逮捕，并让彼得罗·巴多格里奥元帅（Marshal Pietro Badoglio）担任政府首脑。巴多格里奥立刻寻求和盟军单独媾和的机会。德国意料到意大利会背叛，为应对即将入侵的盟军，德国向意大利增派了援军。此外，德国特种部队从山顶监狱中救出了墨索里尼。希特勒指使墨索里尼在意大利北部成立了法西斯傀儡政权。与此同时，巴多格里奥则如履薄冰，一边希望和盟军达成倒戈的秘密协议，一边又不愿激怒希特勒。在盟军放弃了只接受无条件投降的要求后，意大利退出轴心国并于1943年9月3日加入了同盟国。

同一天，蒙哥马利的第8集团军穿过墨西拿海峡，在意大利靴子的靴尖处〔意大利的版图看起来像个靴子，靴子的靴尖部位指的是卡拉布里亚（Calabria）。——译者注〕登陆，未遇到任何抵抗。6天后，增援的蒙哥马利军队在塔兰托登陆，同样如入无人之境。盟军主力则在那不勒斯南部的萨勒诺登陆，遇到顽强抵抗。英美第5集团军（Anglo-American Fifth Army）在马克·克拉克将军的指挥下登陆，登陆地海滩群山环绕，因而德军很容易布防。德军第29装甲掷弹兵师发动猛烈反攻，克拉克的军队几乎被赶回海里，但最终守住了后方指挥所的防线。经过6天的激战，克拉克的第5集团军和从南方赶来的蒙哥马利会和。

德军且战且退，在亚平宁山脉的多石峡谷中展开了殊死抵抗。海因里希·维廷霍夫指挥的德国第10集团军利用地形优势和高超的战术，让

登陆意大利南部
1943 年 9 月 3 日—12 月 15 日

北

亚得里亚海

第勒尼安海

伊奥尼亚海

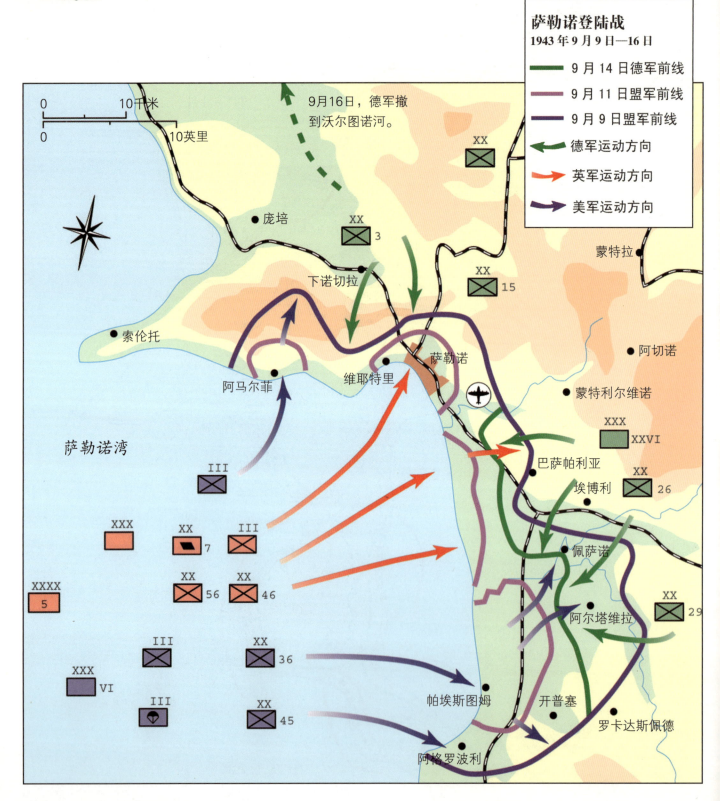

萨勒诺登陆战
1943 年 9 月 9 日—16 日

9 月 14 日德军前线
9 月 11 日盟军前线
9 月 9 日盟军前线
德军运动方向
英军运动方向
美军运动方向

9月16日，德军撤
到沃尔图诺河。

0　　　　　10千米
0　　　　　10英里

庞培

下诺切拉

索伦托

阿马尔菲

维耶特里

萨勒诺

蒙特拉

阿切诺

蒙特利尔维诺

萨勒诺湾

巴萨帕利亚

埃博利

佩萨诺

阿尔塔维拉

帕埃斯图姆

开普塞

罗卡达斯佩德

阿格罗波利

XX 3
XX 15
XXX XXVI
XX 26
XX 29
III
XXX
XX 7
III
XXXX 5
XX 56
XX 46
III
XX 36
XXX VI
III
XX 45

盟军寸步难行。与此同时，德国正忙着在卡西诺山要塞构筑"古斯塔夫防线"（Gustav Line）。盟军遭遇了顽强抵抗，进展缓慢，几乎停滞不前，仅第5军团就在激战和坏天气中伤亡了9万人。

"古斯塔夫防线"

1943年年末，意大利的盟军指挥系统进行了大调整。为准备诺曼底登陆，艾森豪威尔和蒙哥马利离开，留下亚历山大指挥意大利的盟军，而第8集团军则由奥利弗·利斯（Oliver Leese）将军指挥。德军的"古斯塔夫防线"令人生畏，拥有火炮掩体、混凝土仓储工事、铁丝网、地雷阵，还有德国第10集团军的15个师在此驻防。面对固若金汤的防线，亚历山大采用了两翼夹攻的方法，其中一翼是马克·克拉克的第5集团军，他们穿过利里河谷（Liri Valley）进攻卡西诺山，这里是德军防御体系的关键。

尽管克拉克没有突破防线，但他成功地压制住了守军。1944年1月22日，盟军在

▼ 美国第38步兵师第3步兵团士兵从登陆舰上走下，在萨勒诺附近登陆。他们是增援部队，第一波盟军登陆部队在萨勒诺遭遇德国第29装甲掷弹师的顽强抵抗。

马赛

热那亚

意大利

亚得里亚海

科西嘉岛

罗马

④

撒丁岛

第 勒 尼 安 海

①

西西里岛

②

波尼

突尼斯

地 中 海

③

马耳他岛

塔兰托

"古斯塔夫防线"后方的安齐奥（Anzio）登陆，出其不意地发动了第二波攻势。在这次名为"鹅卵石"行动（Operation Shingle）的战斗中，美国第5集团军的第6军在约翰·卢卡斯（John Lucas）将军的指挥下，登陆了防守薄弱的安齐奥。这项计划要求第6军移动到内陆30千米（20英里）远的阿尔巴诺丘陵，攻击"古斯塔夫防线"的侧翼，逼迫敌军撤退。盟军自认为胜券在握，但凯塞林应对神速。克拉克允许卢卡斯在进入内陆前先构筑建筑防线，这给了德军反应的时间。德军集结9个师阻挡安齐奥盟军的3个师，成功地阻挡了过分谨慎的盟军，并将盟军战士困在了滩头阵地上。迅速瓦解"古斯塔夫防线"的机会就此消失。

　　安齐奥的计划失败后，亚历山大决定发动更猛烈的直接进攻，但试图跨过利里河和拉皮多河（Liri and Rapido rivers）直抵卡西诺山的计划同样惨败。2月，亚历山大认为德军占据了卡西诺山上一座历史悠久的修道院作为据点，因而用200架次的轰炸机摧毁了这座建筑。但德军此前并没有占据这座修道院，现在反而在废墟内筑造防御工事，使得防御阵地更加稳固，并挫败了印度部队的进攻。2月20日，这次进攻宣告失败。3月，亚历山大决定使用空中优势，派遣了大约500架次轰炸机对卡西诺山进行了狂轰滥炸。盟军希望在轰炸之后迅速推进到废墟城镇中，不给德军反应的时间，却被德军击退，损失惨重。

　　由于在"古斯塔夫防线"多次战败，再加上诺曼底登陆即将开始，所以盟军最高指挥部认为在意大利血拼不够明智。但

安齐奥

　　1944年7月，盟军穿越利里河谷抵达卡西诺山——德军"古斯塔夫防线"网络的核心——以便为安齐奥登陆部队转移注意力。

　　登陆在1月22日开始，让德国守军大吃一惊。在马克·克拉克将军的同意下，盟军登陆部队并未前进，而是在海滩建筑防御工事。盟军错过了重要的胜利机会，必须对"古斯塔夫防线"发动正面进攻。

行动计划
1942—1943年

① "雪崩"行动（美国第5集团军）

② "贝敦"行动（英国第8集团军）

③ "闹剧"行动（英国第8集团军）

④ 其他行动

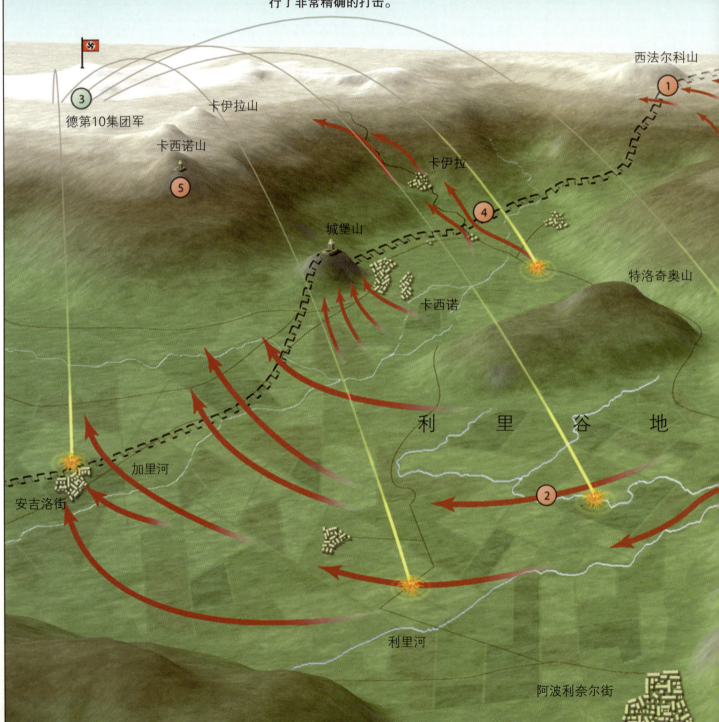

1 1月17日，克拉克将军下令发起正面进攻，夺取河流渡口，突破古斯塔夫防线。截至2月11日，进攻行动被迫取消。

2 盟军部队推进到利里谷地，周围山头是埋伏的敌军。

3 在山顶上的德军军官的引导下，德军炮火对盟军部队进行了非常精确的打击。

4 2月15日，盟军奉命发起第二轮进攻，决意摧毁卡西诺山上的修道院。

西法尔科山

3

卡伊拉山

德第10集团军

卡西诺山

5

卡伊拉

4

城堡山

特洛奇奥山

卡西诺

利　里　谷　地

加里河

安吉洛街

2

利里河

阿波利奈尔街

⑤ 2月15日，盟军摧毁了卡西诺山上的修道院。

2月16日，德军夺回修道院废墟，将其变成一个令人难以置信的坚固支撑点。

南十字山

英第8集团军

美第5集团军
克拉克中将

卡西诺战役

亚历山大坚持己见，说服指挥部给他最后一次进攻机会，这就是"王冠"行动（Operation Diadem）。接下来，盟军的20个师在强大的火力掩护下，强攻实力悬殊但意志坚定的7个德军师。这次攻势的成功是盟军协同作战的典范。"自由法国"的军队在阿尔方斯·朱安（Alphonse Juin）的指挥下，击溃了利里河以西崎岖地带的所有德军防线。德军认为这里的地形崎岖，所以并未布重兵防守，但法军不屈不挠地成功渗透了"古斯塔夫防线"。德军的阵地缺乏抵抗能力，开始撤退，但保卫战仍非常激烈。一支英军攻克了卡西诺镇，而波兰军队在5月18日终于抵达了顶峰，占领了修道院——或者说占领了轰炸后的废墟。

撤退和解放罗马

经过激烈战斗，盟军取得了又一场胜利，但损失惨重。稳固了安齐奥滩头阵地后，亚历山大派遣克拉克深入内陆，前往瓦尔蒙托内（Valmontone）。只要占据了重要的三岔路口，就能切断"古斯塔夫防线"撤退德军的路线，消灭逃往北方的德国第10集团军。但克拉克另有想法，他想让自己的部队享受接访罗马的荣耀，而罗马就在北部53千米（33

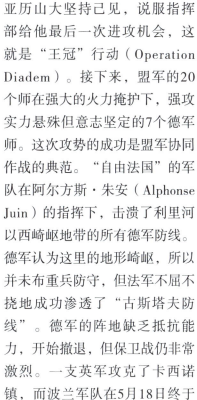

卡西诺战役

德军在"古斯塔夫防线"的位置，使得他们忽视了盟军会穿越低洼的利里河谷。卡西诺山最高处是一座中世纪的修道院，是防御网络的关键。1月，为了替安齐奥登陆转移注意力，克拉克的军队进攻利里河谷，但遭遇德军的猛烈抵抗。他认为德军利用修道院作为观测点，因而在2月派遣了200架次轰炸机摧毁了这个历史建筑，但随后的地面进攻还是失败了。

最终，在1944年5月中旬，盟军集结20个师发动主攻，试图将德国守军赶出防御的堡垒。

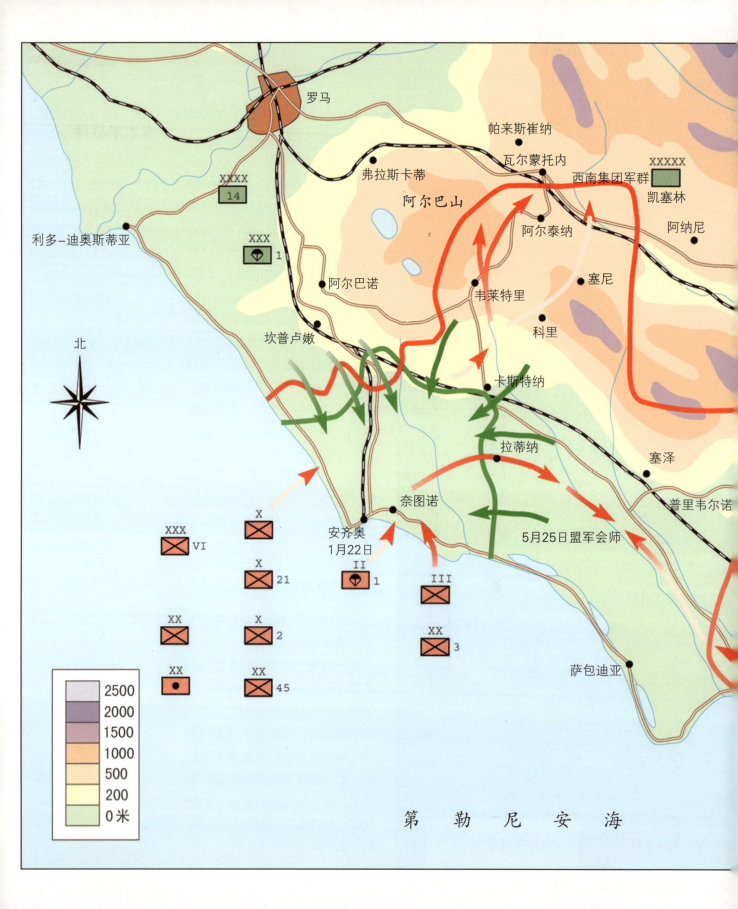

罗马

帕来斯崔纳

瓦尔蒙托内

弗拉斯卡蒂

西南集团军群

XXXXX

凯塞林

阿尔巴山

阿尔泰纳

阿纳尼

XXXX
14

利多–迪奥斯蒂亚

XXX
1

塞尼

阿尔巴诺

韦莱特里

科里

坎普卢嫩

卡斯特纳

北

拉蒂纳

塞泽

普里韦尔诺

奈图诺

5月25日盟军会师

安齐奥
1月22日

XXX
VI

X

X
21

II
1

III

XX

X
2

XX
3

XX

XX
45

萨包迪亚

2500
2000
1500
1000
500
200
0米

第 勒 尼 安 海

登陆安齐奥

1944年 1月17日—5月26日

德国攻击
盟军攻击
法国攻击

2月16日德军前线
5月22日盟军前线
5月底盟军前线

索拉

福斯诺尼

XXXX
10

XXX
LXXVI

XXX
XIV

卡伊拉山

阿奎诺

卡西诺山

卡西诺

古斯塔夫防线

XXX

XXXX
8

XXX

XXXX
XIV

XXX

XXX
XIV

皮科

蓬泰科尔沃

奥索尼山

丰迪

XXX

伊特里

泰拉奇纳

斯伯隆加

福尔米亚

XX

XXXX
5

加埃塔

0   50千米

0   50英里

1330'

向北挺进

突破"古斯塔夫防线"后,克拉克可以从安齐奥往东切断德军,但他选择了北上罗马。凯塞林宣布罗马不设防,6月4日,意大利首都未开一枪就被占领。这个胜利很利于宣传,但维廷霍夫(Vietinghoff)的德军第10集团军成功逃脱了。

德军利用"维特博防线"和"阿尔艾伯特防线"延缓盟军速度。在史诗般的240千米(150英里)大撤退中,德军增援部队从东线赶来,并在佛罗伦萨(Florence)北部组织了又一个重要防线——"哥特防线"。

米兰
布雷西亚
维罗纳
的里雅斯特
帕多瓦
威尼斯
威尼斯湾
伊斯特里亚
曼托瓦
克雷莫纳
罗维戈
皮亚琴察
费拉拉
科迪戈罗
普拉
帕尔马
雷焦
XXXXX 西南集团军群
凯塞林
摩德纳
XXXX 10
菲廷霍夫
博洛尼亚
伊莫拉
卢戈
拉韦纳
亚得里亚海
拉斯佩齐亚
卡拉拉
12 月 31 日前线
XXXX 14
冯·麦肯森
皮斯托亚
弗利
里米尼
佩萨罗
法诺
8 个德军师,
其中有 4 个从
东线调来, 以
加固哥特防线
维亚雷焦
卢卡
普拉托
佛罗伦萨
利古里亚海
比萨
里窝那
乌尔比诺
安科纳
XXX X
沃尔泰拉
阿雷佐
卡斯泰洛城
莱西
卡普雷拉岛
XXX
锡耶纳
XXX
科罗纳
古比奥
法弗里亚诺
XXXX 5
特拉斯科特
XXX VIII
XXX I
XXX II
马切拉塔
费尔莫
厄尔巴岛
费拉约港
XXXXX 15 15
克拉克
佩鲁贾
奥尔维耶托
阿斯科利
6 月 17 日前线
皮亚诺萨岛
科西嘉
蒙特克里斯托岛
吉廖岛
格罗塞托
阿尔伯特防线
特尔尼
泰拉莫
拉奎拉
佩斯卡拉
维特博
维特博防线
列蒂
苏尔莫纳
詹努特里岛
第勒尼安海
奇维塔韦基亚
XXX II
罗马
蒂沃利
XXX V
6 月 4 日前线
XXX XIII
XXX X
XXXX VIII
利斯 (后由麦克里迪接任)
瓦尔蒙托内
索拉
6 月 1 日盟军前线
XXX US VI
6 月 4 日美进入罗马,
第一座轴心国的首都被攻克
韦莱特里
XXXXX 15 15
亚历山大 (后由克拉克接任)
克拉克 (后由特拉斯科特接任)
XXXX 5 US
安齐奥
拉蒂纳
卡西诺
泰拉奇纳
加埃塔

解放罗马并向北挺进
1944 年 6—12 月
→ 盟军攻击
— 盟军前线
⊓⊔⊓ 德军防线
→ 德军进攻
⇢ 德军撤退

2000
1500
1000
500
200
100
0 米

北

0   50 千米
0   50 英里

英里）外，因而克拉克派遣主力北上，只留下一小股部队前往瓦尔蒙托内。克拉克的薄弱兵力无力阻挡德军逃跑。为避免罗马城被摧毁，凯塞林命令罗马门户大开。6月4日，克拉克的军队到达意大利首都，但错过了全歼德军的机会。

维廷霍夫的第10集团军继续向北撤退，在崎岖地带熟练地实施阻滞战术。德军的殿后部队和盟军保持距离，而盟军则因为攻占意大利重要城市里窝那（Leghorn）和佛罗伦萨而延误了战机，未能追上并摧毁疲惫的德国守军。盟军先被阻挡在罗马北部的"维特博防线"（Viterbo Line），后又被阻滞在佩鲁贾（Perugia）附近的"阿尔伯特防线"（Albert Line），德军成功地利用有利地形将盟军拖入激战。与此同时，德军从苏德前线调回的增援部队逐渐抵达，重新构筑了又一个德军防线——"哥特防线"（Gothic Line）。德军成功地向北撤退240千米（150英里），抵达亚平宁山脉。

亚历山大将军的小事

诺曼底登陆之后，意大利的混战变成了无关紧要的小事。亚历山大在西部的持续战斗中损失了越来越多的兵力，战事让他备感沮丧，但仍希望能在1944年攻克"哥特防线"、战胜意大利的残余德军。亚历山大甚至希望跨越阿尔卑斯山（Alps）到达维也纳。尽管他的期望不切实际，甚至手头的部队也被精简到了仅有25个师，但亚历山大能够策划一次突破"哥特防线"的行动了。尽管被盟军的推进速度震惊了，但德国第10集团军还是顽强抵抗，限制了盟军的突破。最终，德军的顽强、盟军的疲惫和冬季的恶劣天气联合阻挡住了盟军的进攻。

胜利

1945年，意大利的盟军无论是兵力还是物资都拥有压倒性的优势。1945年4月9日，平静了3个月后，英国第8集团军在理查德·麦克里里（Richard McReery）将军的指挥下，进攻德军在博洛尼亚（Bologna）城外的里诺河和塞尼奥河（Reno and Senio Rivers）的防线。另外，英军出其不意地在科马基奥湖（Lake Comacchio）实施了一次两栖作战，迫近了德军防线的侧翼。仅仅10天后，英国第8集团军突破了德军最后一道重要防线，前方是一马平川。克拉克的第5军团则在西部朝北方的帕尔马推进。

形势令人绝望，维廷霍夫请求将被困部队撤退至波河（Po River），依靠天然屏障防御，但被希特勒拒绝。维廷霍夫意识到情况危急，因而违背了希特勒的命令，但为时已晚。盟军意识到德军的企图，快马加鞭赶在德军之前抵达波河，成功阻隔了德军。盟军大获全胜，意大利境内的德军土崩瓦解。维廷霍夫意识到大势已去，主动联系盟军，并于1945年5月2日无条件投降。

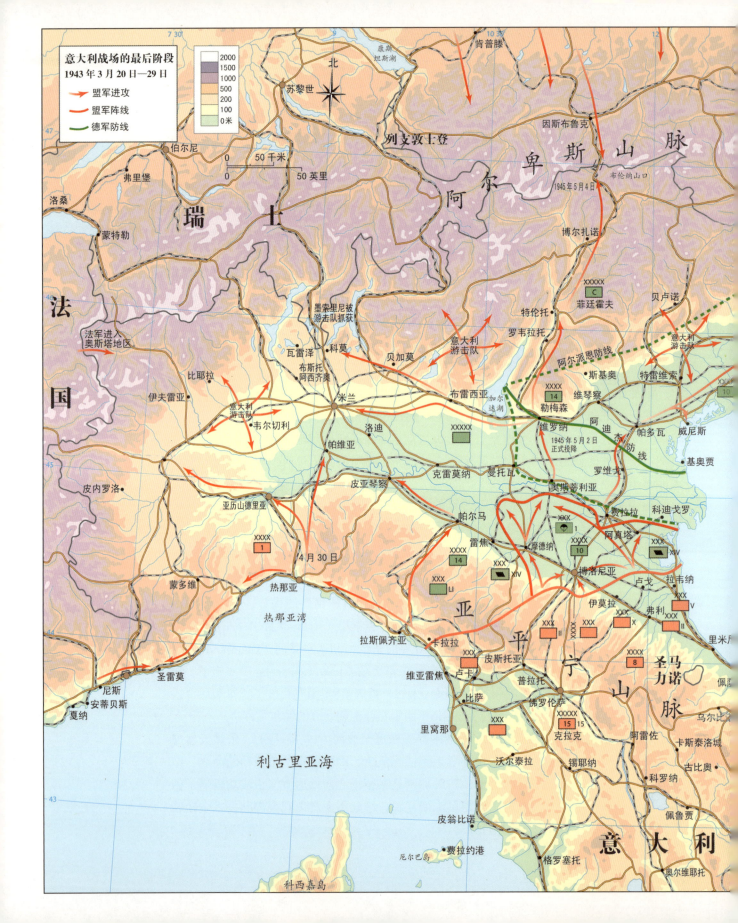

意大利战场的最后阶段
1943年3月20日—29日
→ 盟军进攻
— 盟军阵线
— 德军防线

北

康斯坦斯湖
肯普滕
苏黎世
列支敦士登
因斯布鲁克
阿
尔
卑
斯
山
脉
伯尔尼
1945年5月4日
布伦纳山口
弗里堡
博尔扎诺
洛桑
蒙特勒
瑞
士
贝卢诺
XXXXX
C
菲廷霍夫
法
国
特伦托
意大利
游击队
罗韦拉托
法军进入
奥斯塔地区
墨索里尼被
游击队抓获
科莫
贝加莫
意大利
游击队
斯基奥
特雷维索
瓦雷泽
布斯托
阿西齐奥
米兰
布雷西亚
阿尔派恩防线
XXXX
14
维琴察
比耶拉
伊夫雷亚
意大利
游击队
勒梅森
10
加尔达湖
阿
迪
杰
防
线
帕多瓦
威尼斯
韦尔切利
洛迪
维罗纳
1945年5月2日
正式投降
基奥贾
皮内罗洛
帕维亚
克雷莫纳
曼托瓦
罗维戈
亚历山德里亚
皮亚琴察
奥斯蒂利亚
XXXX
1
4月30日
帕尔马
费拉拉
科迪戈罗
雷焦
XXX
1
阿真塔
XXX
蒙多维
摩德纳
XXXX
10
XIV
热那亚
XXXX
14
XIV
博洛尼亚
卢戈
拉韦纳
XXX
LI
伊莫拉
XXX
弗利
XXX
V
热那亚湾
拉斯佩齐亚
卡拉拉
XXX
XXX
II
X
XXX
II
里米尼
皮斯托亚
维亚雷焦
卢卡
亚
平
宁
山
脉
XXXX
8
圣马
力诺
佩萨
普拉托
比萨
佛罗伦萨
马尔比
里窝那
XXX
XXXXX
15 15
克拉克
锡耶纳
阿雷佐
卡斯泰洛城
古比奥
沃尔泰拉
科罗纳
利古里亚海
圣雷莫
尼斯
安蒂贝斯
夏纳
佩鲁贾
皮翁比诺
费拉约港
厄尔巴岛
格罗塞托
奥尔维耶托
意
大
利
科西嘉岛

50千米
50英里
0 2000 1500 1000 500 200 100 0米

墨索里尼这个曾经强势的独裁者，如今只是希特勒虚拟法西斯帝国的傀儡，眼见局势已经崩溃，他逃亡瑞士（Switzerland）。意大利人厌倦了战争和德国的操控，意大利游击队则在阿尔卑斯山脉的崎岖山地中搜寻，4月28日，一队游击队员俘虏了墨索里尼和他的情妇克拉拉·贝塔奇（Clara Petacci），并枪毙了他们。

战争结束了，但有个问题值得思考：意大利之战是否值得如此奋战和牺牲呢？显然，丘吉尔认为意大利是轴心国的"柔软下腹部"的判断是错误的。意大利的战斗旷日持久，但它只是德国战略中的边际效应。有些历史学家批评，盟军在意大利作战实际上为西线德军的战斗减轻了巨大的压力。但代价究竟如何？西西里登陆——或者说是进入南部意大利的行动——德军以较小的消耗牵制了大量盟军。而盟军北进的时候，则被少量德军利用地形优势牵制住。总而言之，投入意大利的盟军本可以在别处发挥更大的用处。

盟军得胜

尽管德军试图在"哥特防线"坚守到冬天，但盟军迅速在9月将这个强力防线打开了一个缺口。德军大吃一惊，但战斗力不减，后退到博洛尼亚南部的崎岖地带，准备冬天的战争。

1945年4月9日，盟军再次进攻。曾经在阿拉曼战役中大显身手的第8集团军在东部进攻，于博洛尼亚附近突破防线，而美军则在西部打破了德军防线。眼见寡不敌众、缺少补给，维廷霍夫请求撤退到波河的天然防线后。但希特勒不顾现实情况，断然拒绝，迫使维廷霍夫只能自谋生路。

德军已经无法再进行军事行动了。德国第10集团军已被消灭，维廷霍夫只能商讨一下投降的条件。1945年5月2日，德军在维罗纳（Verona）城外无条件投降，意大利的战争至此结束。

部分美军北上，和南下奥地利的军队会合，参加几天后在布伦纳山口（Brenner Pass）进行的战斗。

1941年冰天雪地里的德国国防军士兵。希特勒和他的参谋希望苏德战争能在冬天之前结束，但由于1941年4月巴尔干半岛局势的牵制，德军无法按时抵达莫斯科，因此，很多德国士兵由于缺乏必要装备，在俄国极端寒冷的冬天里被冻伤。德国只能紧急收集冬季衣物，配发给那些暴露在严寒中的士兵。

第6部分

东线

征服苏联一直是希特勒的理想。尽管受到巴尔干半岛战事的牵制，希特勒还是在1941年6月22日集结强大军队，要为德国开疆辟土。但苏联并未被立即征服，而仅仅四年之后，苏军攻占了德国首都。

1941年6月11日，希特勒入侵苏联后，东欧战场就充斥着苏德之间激烈的战斗、骇人的伤亡。第一场上演的战斗发生在"巴巴罗萨"行动的6个月前，即意大利入侵希腊，这标志着巴尔干半岛战争的开端。

第一次世界大战后的和平协议把特兰西瓦尼亚划给了罗马尼亚，但当地大约有200万马扎尔族（Magyar Race）塞克勒人（the Sicules）。布达佩斯（Budapest）政府也知道塞克勒人希望回归匈牙利，因而在1940年夏劝说罗马尼亚将这个省归还。由于外交手段未能奏效，两国一度濒临刀兵相见的地步。希特勒不愿看到这样的局面，因为他不希望罗马尼亚的珍贵石油供给受到战争威胁。轴心国从中调停，并似乎达成了妥协：罗马尼亚将塞克勒人占据的西部特兰西瓦尼亚还给匈牙利。但对该地区的300万名罗马尼亚人而言，他们如今被匈牙利统治了。罗马尼亚首相扬·安东内斯库（Ion Antonescu）将军利用人民的不满，逼迫卡罗尔二世国王（King Carol II）退位，由其儿子迈克尔王子（Prince Michael）继位。安东内斯库随后要求德国的军事援助，希特勒大喜过望，于1940年10月派遣德军入驻该国。

但罗马尼亚的国内问题还不足以发动战争。巴尔干半岛冲突的第一阶段其实是墨索里尼的狂妄造成的——由于希特勒占领罗马尼亚并未知会自己，墨索里尼决定入侵希腊来彰显自己的重要性。和以往一样，意大利的将军们被震惊了。当墨索里尼制订计划的时候，希特勒知道了。希特勒来到意大利，劝说墨索里尼撤销入侵计划，但当他10月28日和墨索里尼会面时，喜气洋洋的领袖告诉他意军已经于当天早晨进入了希腊国境。但让墨索里尼伤心的是，他的军队进展不利——希腊军队甚至一路反攻到阿尔巴尼亚境内，到这一年末时，意大利并未看到胜利的迹象，更糟糕的是，英国军队在克里特岛和利姆诺斯岛（Lemnos）登陆，皇家空军也被派到伯罗奔尼撒提供空中支援。

希特勒因为不得不分散兵力而愤怒，他正准备征服苏联，并不希望此时在巴尔干半岛开战。尽管苏德签订了互不侵犯条约，但就像丘吉尔说的，那只是两种截然相反的意识形态之间的"反常行为"。即便在英国处于崩溃边缘的时候，希特勒的注意力

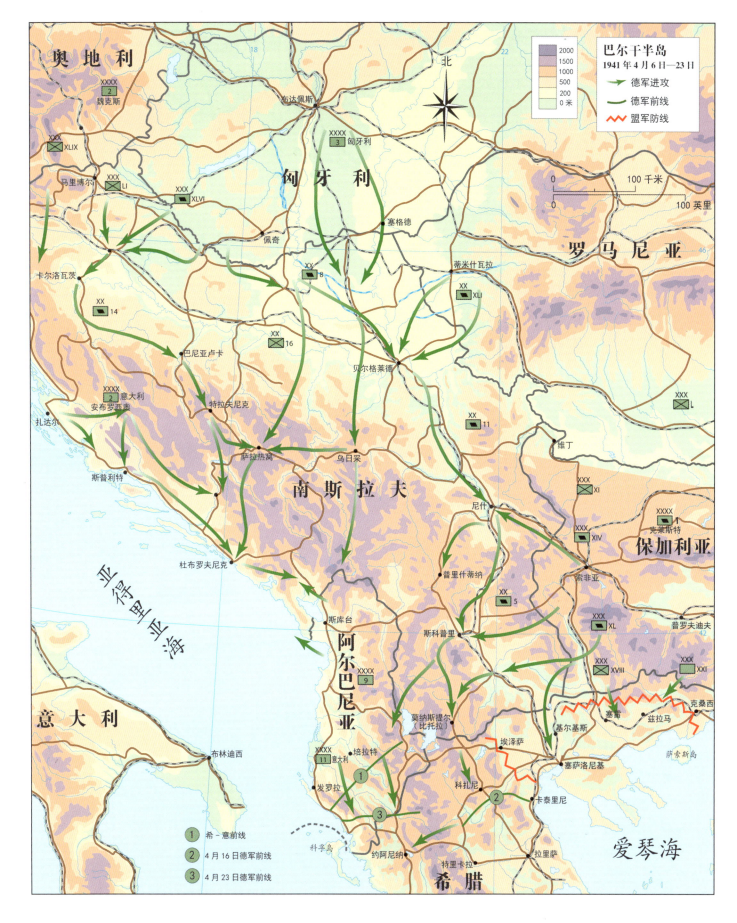

奥 地 利

匈 牙 利

罗 马 尼 亚

南 斯 拉 夫

阿 尔 巴 尼 亚

保 加 利 亚

意 大 利

希 腊

亚 得 里 亚 海

爱 琴 海

2000
1500
1000
500
200
0 米

德军进攻
德军前线
盟军防线

0　　　100 千米
0　　　100 英里

北

魏克斯

马里博尔

卡尔洛瓦茨

巴尼亚卢卡

扎达尔

安布罗西奥
意大利

斯普利特

特拉夫尼克

萨拉热窝

乌日采

杜布罗夫尼克

斯库台

布达佩斯

佩奇

塞格德

蒂米什瓦拉

贝尔格莱德

尼什

普里什蒂纳

索非亚

普罗夫迪夫

斯科普里

莫纳斯提尔
（比托拉）

培拉特
意大利

发罗拉

约阿尼纳

特里卡拉

科孚岛

埃泽萨

基尔基斯

科扎尼

卡泰里尼

拉里萨

塞雷

兹拉马

克桑西

塞萨洛尼基

萨索斯岛

维丁

克莱斯特

布林迪西

希–意前线
4 月 16 日德军前线
4 月 23 日德军前线

阿尔巴尼亚
南斯拉夫
保加利亚
埃迪尔内
土耳其

莫纳斯提尔
（比托拉）
培拉特
埃泽萨
XXX XVIII
XXX XXX
塞雷
基尔基斯
兹拉马
克桑西
科莫蒂尼
亚历山德鲁波利斯
萨索斯岛
萨莫色雷斯岛
利姆诺斯岛

库扎尼
塞萨洛尼基
XXXX 2 希腊
卡泰里尼

约阿尼纳
特里卡拉
XXXX W 威尔逊
拉里萨
爱琴海

科孚岛
XXXX 1 希腊
阿尔塔
XX 5
XX 2
莱斯沃斯岛

希
腊
拉米亚
斯基罗斯岛
希俄斯岛

迈索隆吉翁
哈尔基斯
马拉松
安德罗斯岛
萨摩斯岛

北
帕特雷
雅典
蒂诺斯岛
伊卡里亚岛

皮尔戈斯
XX 5
科林斯
纳克索斯岛

的黎波里
米洛斯岛

卡拉迈
莫奈姆瓦夏
3
克里特海

征服希腊和克里特岛
1941年4月6日—28日

① 4月16日德军前线
② 4月20日德军前线
③ 4月22日—28日英军撤退路线

德军进攻
盟军撤退
德军前线
盟军防线

2000
1500
1000
500
200
0米

0   100 千米

0   100 英里

克里特岛

也不在英国这边。1940年7月31日，他就告诉将领们说要消灭苏联。同样，斯大林毫无疑问知道他的企图，也知道必将和纳粹德国开战。双方心照不宣地维持到1941年6月，希特勒的宏大计划终于要实施了。此时的希特勒正处于巅峰，他说秋天就能荡平苏联，而他此前的节节胜利也让人无法怀疑他的自信。

东线的战争，或许可以说是独裁者的狂妄造成的：自负、错觉、虚荣的共同作用，让其政权走上了毁灭的不归路。

巴尔干半岛

意大利难以在巴尔干取胜，让希特勒认识到，必须援助他的盟友，否则轴心国就会因墨索里尼的失败而蒙羞。希特勒命令将军们做好在1941年3月入侵希腊的计划。由于南斯拉夫是入侵希腊的必经之路，所以计划变得更加复杂。但贝尔格莱德政府早就痛苦地认识到，三个邻国都对它的领土虎视眈眈，而且与德国为敌可能加速国家的分裂。执政的保罗王子（Prince Paul）加入了《三国同盟条约》（*Tripartite Pact*）与德国结盟，但这个举动仅在两天后就激起了反德的政变。

新的反德政府同样明白面对的威胁，下定决心寻求莫斯科的支持，以应对纳粹的侵略。苏联和南斯拉夫通过谈判，在4月5日达成了友好协议，但这份协议毫无价值。协议并没有确保南斯拉夫被入侵时提供军事援助，而且，协议上的墨迹未干，德军就已经发动了进攻。

1941年4月6日，德国以轰炸贝尔格莱德拉开了战幕，同时德国陆军也越过了边境。守军无力抵御德国铁蹄，很快就被击退。4月17日，情况已然无望，南斯拉夫军队宣布投降。

当南斯拉夫遭到攻击时，第一支德军进入了希腊。希腊和英国军队奋勇反抗，但无法打退敌军。4月19日，英国远征军决定撤退，两天后希腊军队投降。德军继而开始准备攻击克里特岛，以防英国皇家空军利用此基地袭击罗马尼亚的机场。4月25日，德军空袭此岛，激战两天后，英军开始撤退。巴尔干半岛的威胁清除后，德军已经做好了进攻苏联的一切前期准备。

"巴巴罗萨"行动

希特勒进攻苏联的渴望终于在1941年6月22日实现了。这次入侵石破天惊，数百万的双方军队将在广阔的作战区域内兵戎相见。但德军有一些优势，首先就是出其不意：战争爆发前不久斯大林还认为互不侵犯条约仍然有

南斯拉夫和希腊

入侵南斯拉夫的德国军队在罗马尼亚、保加利亚和德国集结。1941年4月6日清晨，大批部队越过边境。同时，德国空军对贝尔格莱德进行了猛烈的空袭，大约有1.7万平民被炸死。

不到1周，德军就推进了超过480千米（300英里）的地方，于4月13日抵达贝尔格莱德。两天后萨拉热窝（Sarajevo）陷落，南斯拉夫于4月17日投降，但很多南斯拉夫军队继续以游击战的形式对抗占领军。

入侵希腊的战斗和南斯拉夫很相似。1941年4月6日早上5点15分，德军进入希腊。希腊军队奋勇抵抗，尽管拖延了德军的速度，却无法阻挡住其推进。到4月11日，德军和陆军元帅亨利·梅特兰·威尔逊爵士（Sir Henry Maitland Wilson）指挥的英国-希腊联军遭遇。

英军仅有100辆坦克，而德军有500辆以上的坦克，因而英军被迫撤退。英军被抽调到克里特岛后，希腊在4月21日投降。4月25日，德军空降克里特岛发起进攻。

德国空降部队遭遇了惊人的伤亡，但很快就站稳了脚跟。4月27日，英军开始撤离该岛。

效，因而苏军很难及时应对；其次，斯大林在"巴巴罗萨"行动之前的数年里对红军进行了大清洗，失去了大多数最优秀的将领，因此，很多高级将领的能力有限，而苏联军队的表现则印证了这种担心。总之，德军比对手的经验更丰富。

　　但这些优势不足以保证胜利。德国指挥部（国防军最高统帅部，简称OKW）同样明白，只要有机会，苏联人就会消失在广袤的苏联领土上，利用地利和严寒来抵抗。因而，德军必须快速赢得胜利。对于究竟如何赢得胜利，希特勒和德国指挥部有很大的分歧。OKW认为应该迅速攻克莫斯科，而希特勒更希望在波罗的海（Baltic）消灭苏军，只要攻克布尔什维克革命的诞生地列宁格勒就意味着胜利。面对异议，希特勒绝不动摇，入侵的主力部队直奔列宁格勒而去。元首认为，只有先取得这场胜利，才能集中注意力攻打莫斯科。

　　"巴巴罗萨"行动展开时，看起来希特勒的自信是有理由的。苏军损失惨重，而德军迅速推进。尽管德军早期的进展很迅速，但到了7月中旬，前进的

▲ 从德国施托希观察机上看到的无边无际的苏联俘虏。"巴巴罗萨"行动期间有无数苏军被俘需要处理，德军放任一些俘虏逃跑，他们后来加入了游击队，给德军造成了严重威胁。很多俘虏成为奴隶劳工，为德国企业劳动。

◀◀ 一辆德国Ⅲ型突击炮进入雅典卫城。尽管墨索里尼入侵巴尔干的行动扰乱了希特勒入侵苏联的计划，但它再一次证明了德国战争机器和闪电战的无往而不利。占领克里特岛代价高昂，且让希特勒认为在现代战争中，伞兵部队无用武之地，因而拒绝在未来运用伞兵。

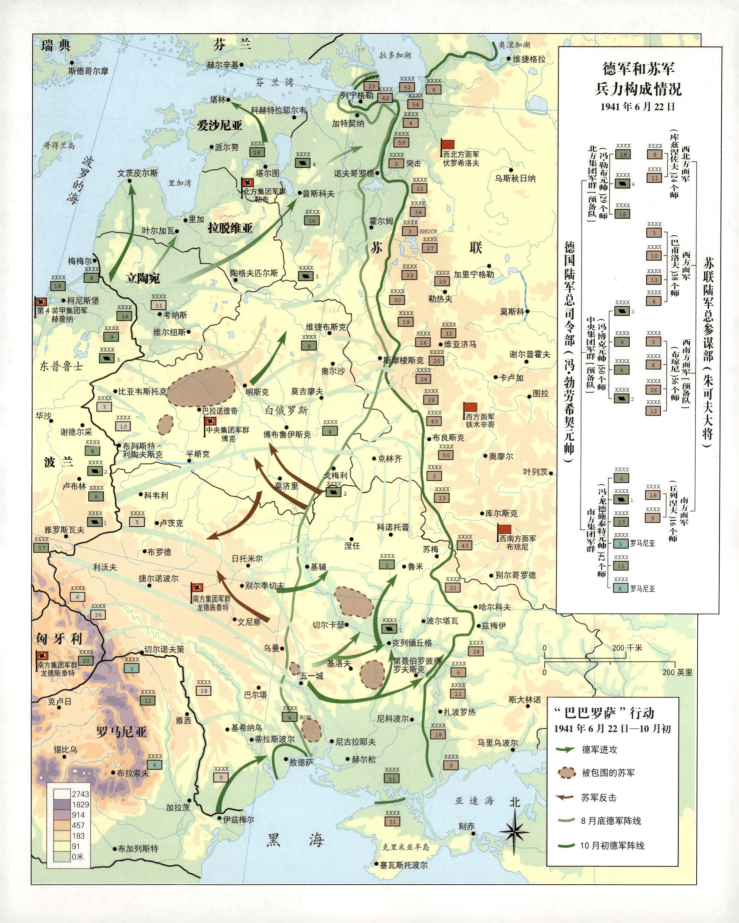

德军遇到了补给的难题，而挡在他们面前的苏军还有一波又一波。除了补给的问题，德军还面临高伤亡率——到1941年8月末，10%的野战军阵亡、受伤或失踪，而补充兵员的速度非常缓慢，导致军队缺少20万的编制。到了9月，苏联显然已经从六七月的灭顶之灾中吸取教训，希特勒轻松击败对手的梦想变得越来越困难了。

"台风"行动

1941年9月6日，希特勒发布第35号命令，指定莫斯科是下一个目标。多数装甲部队都要集中在中央集团军群编制下，而重组要到月底才能完成。"台风"行动（Operation Typhoon）的理念和以往的行动类似，装甲部队深入敌军防线、包围苏军，然后派步兵消灭敌军。尽管听上去很简单，但苏联的地理环境是个不确定因素。秋雨让苏联的公路系统变得无法通行，因而装甲部队的快速推进也无法进行，甚至德军仰仗的马车类运输工具也难以移动。尽管德军可以在秋雨停息、冬季来临前的短暂时机内前进，但于事无补，因为计划的基础是认定此时苏联只有60个师，但实际上有212个师（尽管只有不到100个师全面具备作战能力）。

天气对苏联有利的同时，斯大林还确信日本更可能去攻打美国而不是苏联，这让他可以放心地调动部署在远东的精兵。而且，指挥莫斯科保卫战的是格奥尔吉·朱可夫元帅，此前他被斯大林调离并被立刻放逐到了东部。

"台风"行动的最初几天里，德军享受着重大胜利的喜悦。但苏联人的抵抗很坚决，反击也很出色。11月初，德国指挥部被迫承认无法在1942年前攻克莫斯科或击败苏联。更加糟糕的是，苏军在12月初精心挑选9个储备师发动了反攻。此时德军的明智做法是撤退，但希特勒绝不同意，反而撤销了3个集团军的指挥官，并更换了另外数人。

眼看攻势已衰，德军在1941年12月4日为重振"台风"行动做了一次新的努力，并不知道苏军已经做好了反攻准备。

第二天，苏军加里宁方面军率先发起反击，12月6日，西方面军和南方面军都已做好了最后的准备。加里宁攻势几乎大获全胜。尽管德国情报机关发觉了苏军部队的大规模调动和大规模攻势的准备动作，却并没有明白这些警示信号。德军手忙脚乱，完全摸不着头脑。朱可夫将军利用第1突击集团军（First Shock Army）和第10军、第20军在莫斯科附近发动攻击，德军在莫斯科北部和南部的突出部被击溃，但德军没有一个将领下令撤退。

西方面军和西南方面军发起的攻击则没有取得和加里宁方面军同样的神奇

"巴巴罗萨"行动

参加"巴巴罗萨"行动的德军共有3个集团军群（北方集团军群、南方集团军群和中央集团军群），其中以北方集团军群和中央集团军群为主力。

德国一半的装甲部队都在中央集团军群中，因而中央集团军群在协助北方集团军群攻打列宁格勒之前，先消灭了白俄罗斯的军队。同时，南方集团军群从罗马尼亚推进到第聂伯河，在乌克兰和苏军开战。摧毁苏军的战斗完成了，第二阶段的行动是要攻打莫斯科。

入侵开始时，先对苏军的重要目标进行了空袭，比如补给站和飞机场，最初效果明显，但苏军顽强抵抗。随着德军推进，德军将领向希特勒施压，要求利用装甲部队的优势，集中精力夺取莫斯科。但希特勒未听劝告，执意让装甲部队驰援北方集团军群和南方集团军群，尽管北方的地形不适于装甲部队作战。

到1941年9月初，德军北方集团军群抵达拉多加湖，封锁了列宁格勒；同时南方集团军群夺下基辅。此时希特勒下定了决心，决定夺取莫斯科。

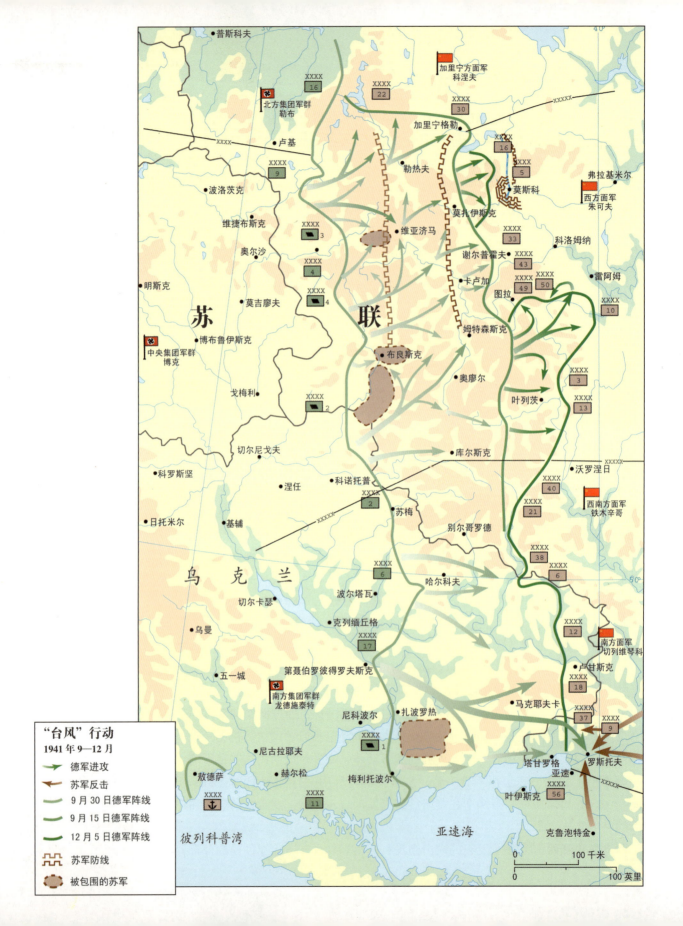

普斯科夫

加里宁方面军
科涅夫

北方集团军群
勒布

卢基

波洛茨克

维捷布斯克

奥尔沙

明斯克

莫吉廖夫

博布鲁伊斯克

中央集团军群
博克

戈梅利

切尔尼戈夫

科罗斯坚

涅任

日托米尔

基辅

切尔卡瑟

乌曼

五一城

敖德萨

苏 联

加里宁格勒

勒热夫

莫扎伊斯克

维亚济马

谢尔普霍夫

卡卢加

姆特森斯克

布良斯克

奥廖尔

库尔斯克

科诺托普

苏梅

别尔哥罗德

哈尔科夫

波尔塔瓦

克列缅丘格

第聂伯罗彼得罗夫斯克

尼科波尔

尼古拉耶夫

赫尔松

梅利托波尔

莫斯科

弗拉基米尔

西方面军
朱可夫

科洛姆纳

雷阿姆

图拉

叶列茨

沃罗涅日

西南方面军
铁木辛哥

塔甘罗格
亚速

罗斯托夫

南方面军
切列维琴科

卢甘斯克

马克耶夫卡

克鲁泡特金

叶伊斯克

彼列科普湾

亚速海

南方集团军群
龙德施泰特

扎波罗热

"台风"行动
1941 年 9—12 月

→ 德军进攻
→ 苏军反击
9 月 30 日德军阵线
9 月 15 日德军阵线
12 月 5 日德军阵线
苏军防线
被包围的苏军

0   100 千米
0   100 英里

效果，但也相差无几。德国军队猝不及防，苏联第一次获得了东线的主动权。斯大林希望这次反攻能够取得决定性的成果，但在战争的这个阶段，斯大林的想法肯定太乐观了。因此，苏联红军的反击在继续，但无法一鼓作气战胜敌人。德军构筑了坚固的"刺猬防线"（Hedgehogs Line），苏军的速度慢了下来。

到1942年春，双方陷入僵持。尽管斯大林没能一举击溃德军，但此役的影响很大。希特勒不顾下属的反对下令说，敌军攻势正猛，因而所有人不许撤退。希特勒不听军事专家的建议，让他在战争后期付出高昂代价，但这件事不同。此时德军要么必须撤退，要么有全军覆灭的危险，所以不撤退是有利的。如果撤退，很可能重蹈拿破仑军队在1812年的覆辙。此事让希特勒认为所有将领的建议都不足取，使他走上了一条不归路：为了实现宏大目标，他可以不顾军事事实，随意指挥军队。

莫斯科之战的失败，并没有让希特勒灰心丧气。相反，他将注意力转向了高加索和南俄罗斯地区，因为在这里赢得胜利可能有巨大收获。希特勒的这个决定有一系列的考量：苏联大部分的石油补给出自这片区域，占领此地，德军就能在当地获得补给，而不必担心燃料不足的问题。这些考量或许忽略了苏联人可能会在必要时刻摧毁石油设施，也不会留给纳粹，但希特勒有足够的理由实施1942年的行动。

该行动计划的第一阶段要切断斯大林格勒上游的伏尔加河，阻断苏联的石油供给，然后要攻击高加索油田，最后占领高加索山脉一带。

当计划正在制订的时候，围攻塞瓦斯托波尔的战斗的血腥结局即将到来。在"台风"行动结束前，德军就已成功占领克里米亚半岛，只剩这座被包围的城市还未拿下。最初的进攻被击退，12月中旬前对塞瓦斯托波尔的进攻都无功而返。战事拖延不决，直到6月初，德军才准备发动最后的攻击。战斗从1942年6月6日、7日开始，持续了27天。10.6万名苏联守军、水兵、海军步兵奋勇抵抗，直到再也无法阻挡德军。斯大林下令在6月30日撤退，留守的掩护部队中大多数人都牺牲了。最终，德军于7月4日宣布胜利，占领了这座港口。苏联发动了一次攻势，让德军的攻势暂时受阻，但德军的进展依然很快，于1942年7月到达顿河。A集团军群迅速推进，但结局很讽刺——刚刚占领迈科普油田，德军的燃料就消耗完了，因而无法实现主要目标。而此时他们的注意力集中到了斯大林格勒。

列宁格勒

作为俄国革命的发祥地，列宁格勒对于德国和苏联都很特殊，因为它具

"台风"行动

未能守住斯摩棱斯克对苏联人是一个打击，但这座城市的坚守拖延了德国进军莫斯科的速度。这给了苏联疏散工业和关键工人的时间，他们被送到东方，远离战争区域。

希特勒此前未将莫斯科当作首要目标，但现在他下令在1941年10月2日前攻克苏联首都。随着德军接近首都，战斗越发激烈，因为双方都知道此时此刻已是分秒必争的关头。

对于德国人来说，他们必须在冬天到来前拿下莫斯科，而苏联则需要在德军占领首都之前把政府人员撤离，同时等待西伯利亚援军的到来。

德军两次进攻莫斯科均宣告失败，冬天提前到来则意味着无法继续进攻。希特勒在12月8日下令暂停行动，"巴巴罗萨"行动到此结束。

尽管德军让苏联损失惨重，但他们未能实现首要目标；苏联也没有被击溃。显然，德国已经不可能实现迅速胜利的目标了。

北

奥廖尔

戈利科夫 XXXXX 沃罗涅日方面军

叶列茨

XXXX 60

坦波夫

XXXXX 西南方面军 瓦图丁

库尔斯克

XXXXX

XXXX 4

XXXX 2

XXXX 40

沃罗涅日

斯沃博达

XXXX 6

薩拉托夫

XXXXX 顿河方面军 罗科索夫斯基

别尔哥罗德

① XXXX 6

巴甫洛夫斯克

B 魏克斯

哈尔科夫

XXXX 2 匈牙利

② 卡米沙欣

XXXX 1 近卫军

XXXXX 斯大林格勒方面军 叶廖缅科

乌克兰

B

意大利 XXXX 8

XXXX 5

XXXX 21

XXXX 65

XXXX 24

哈薩克斯坦

伊久姆

XXXX 1

XXXX 3 罗马尼亚

XXXX 66

斯大林格勒

卢甘斯克

XXXX 6 保卢斯

XXXX 62

XXXX 17

② 霍特 XXXX 4

新沙赫京斯克

罗斯托夫

XXXX 64

XXXX 57

XXXX 51

XXXX 4 罗马尼亚

③

XXXX 28

南方 集团军群 博克

巴斯昆恰克

阿斯特拉罕

马里乌波尔

叶伊斯克

亚速海

XXXX 17 劳夫

埃利斯塔

乌兰埃尔格

北高加索 方面军

刻赤

塔曼

XXXXX A 利斯特

布琼尼

新罗西斯克

XXXX 11 (-)

克鲁泡特金

XXXX 47

克拉斯诺达尔

阿尔马维尔

迈科普

斯塔夫罗波尔

XXXX 56

图阿普谢

索契

XXXX 12

③

格奥尔吉 耶夫斯克

皮亚季 戈尔斯克

莫兹多克

吉斯利亚

里 海

XXXX 44

克莱斯特 XXXX 1

XXXX 18

格罗兹尼

马哈奇 卡拉

苏呼米

奥尔忠尼启则

高 加 索 山 脉

XXXX 37

库塔伊西

秋列涅夫

XXXXX 外高加索 方面军

北

黑 海

德军前线：
① 1942 年 6 月
② 1942 年 7 月 23 日
③ 1942 年 11 月

高加索战役
1942 年 6—11 月

德军进攻
德军后退
德军前线
苏军后退
油田

1829
914
457
183
91
0 米

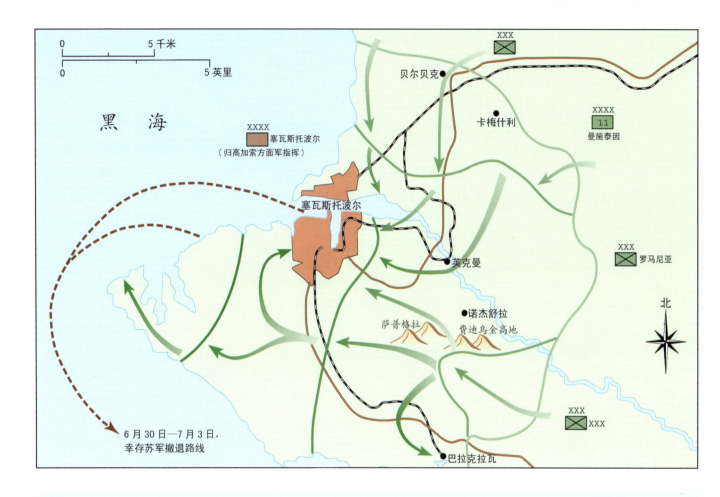

南方战场

　　1941年10月30日，德军第一次进攻塞瓦斯托波尔失败，第二次进攻到12月17日才开始。由于苏军在克里米亚东部实施两栖登陆，直到1942年2月才被击退，所以德军面临的局势更加复杂。不过德军随后开始系统地在港口换防，这种草率的行动使得幸存苏军得以逃脱。

　　围攻塞瓦斯托波尔的战斗行将结束时，德军开始计划在1942年5月18日进攻高加索。但该计划未能按时进行，因为在6天前，苏军发动了夺回哈尔科夫的战斗。尽管猝不及防，德军开始立即做出反应，在攻势之前展开有效回击。

　　尽管3个苏联军团被消灭，但德军占领沃罗涅什的计划失败了，因而希特勒撤了博克的职位，并将其军队分为A集团军群和B集团军群。然后希特勒下令攻占黑海港口和高加索油田，却没有意识到苏军已经回撤，构筑了稳固防线。

　　尽管希特勒的部队控制了大量领土，并威胁到了黑海的沿岸城市，但他的目标并不现实。从某种意义上说，这时候是德国命运的关键时刻，因为形势很快就会戏剧性地恶化。

反击

　　苏军在1942年年初发起反攻，采用的是渗透战术，而没有对德军优势兵力进行大规模进攻。哥萨克骑兵和滑雪部队绕过几乎无法逾越的道路网，迂回到德军的侧翼，迫使德军冒着腹背受敌的危险回撤。

　　骇人听闻的寒冷天气也没有帮德军，德国的飞机已经无法起飞，德国士兵也无法呼叫常规的空中支援。让德军吃惊的是，苏联航空兵集结了大约350架飞机，并妥善保管在飞机库中，这些飞机对德军的机场发动了一系列的袭击，估计大约摧毁了1400架德军飞机。苏联可能第一次在战争中享受到空中支援的好处，而且这种支援将越来越多。

　　德军的灾难不止于此，他们的装甲部队首次遇到数量众多的T-34型坦克。T-34坦克是一种德军从未遇到过的凶猛野兽，可以和德军最好的坦克相媲美。尽管T-34还没有大量参战，但已经是个警告：1939年闪电战以来德军装甲部队的优势现在岌岌可危了。

有象征性的意义。这个事实肯定影响了希特勒的决策，因为他将攻克此城当作"巴巴罗萨"行动的主要目标之一，但他的将领们认为这样会导致德军无法集中兵力夺取莫斯科。等希特勒缓过神来，转而攻向苏联首都的时候，一切都太迟了——而且列宁格勒也未攻下。

　　最初，德军挺进列宁格勒的进展顺利，但比预期的要慢。苏军挡住德军北方集团军群（Army Group North）的前进路线，抵抗的激烈程度超出了德军的预期。这次战斗虽然在很多方面都准备不足，但它既削弱了德国的兵力，也给城市的防御赢得了时间。1941年9月1日，第一颗德军炮弹落在城市中，一周后，列宁格勒和其他苏联地区的联络被切断。德军完成了合围，围城之战开始了。

　　城市遭到大炮和空军的袭击，但"巴巴罗萨"行动的总体要求，以及重心转移到莫斯科之战，都意味着德军面对列宁格勒时不够果敢，没能立即发动进攻。而苏联人已经做好了持久战的准备，他们利用通往拉多加湖的道路，通过驳船运送食品。对于列宁格勒的居民来说，这种补给杯水车薪，战争开始不到一周，未能在德军到达前囤积粮食的害处就显现出来：给养不足，粮食耗尽，市民们经受了一天的鏖战后，又要经受半个世纪以来最寒冷的天气折磨。随着情况恶化，列宁格勒科学协会利用炮弹包装物制作了人造面粉，木屑之类的东西都被掺进了"面包"里。当时市民的食物配给仅能提供每天所需热量的10%，数以千计的居民饿死。11月9日，情况更加糟糕，因为德军攻下了季赫温镇——拉多加湖补给线的起点。一个月后苏军夺回了这座小镇，此时湖面已经冻住，运输卡车可以直接通行，但即便如此，运到城内的补给仍严重不足。

　　1941年和1942年解除封锁的努力都失败了，但在1943年1月，情况有了转机。在拉多加湖和德军之间，出现了一个狭窄的走廊，尽管面临德军炮火的威胁，但补给运输可以从此通过。1943年，德军继续围困列宁格勒，直到1944年苏军解除了包围。

苏联工业的疏散

　　斯大林作为苏联领导人的一大成就是大规模工业化，当然，苏联的工业化成就中也存在着耗费大量人力物力的缺点。这位共产主义领导人明白，俄国之所以在第一次世界大战中失败，就是因为缺乏制造大量现代战争军事物资的工业。19世纪时，其他欧洲国家一直惧怕规模庞大的俄军，但第一次世界大战开战后，各国都立刻发现了俄军的装备极为简陋。第

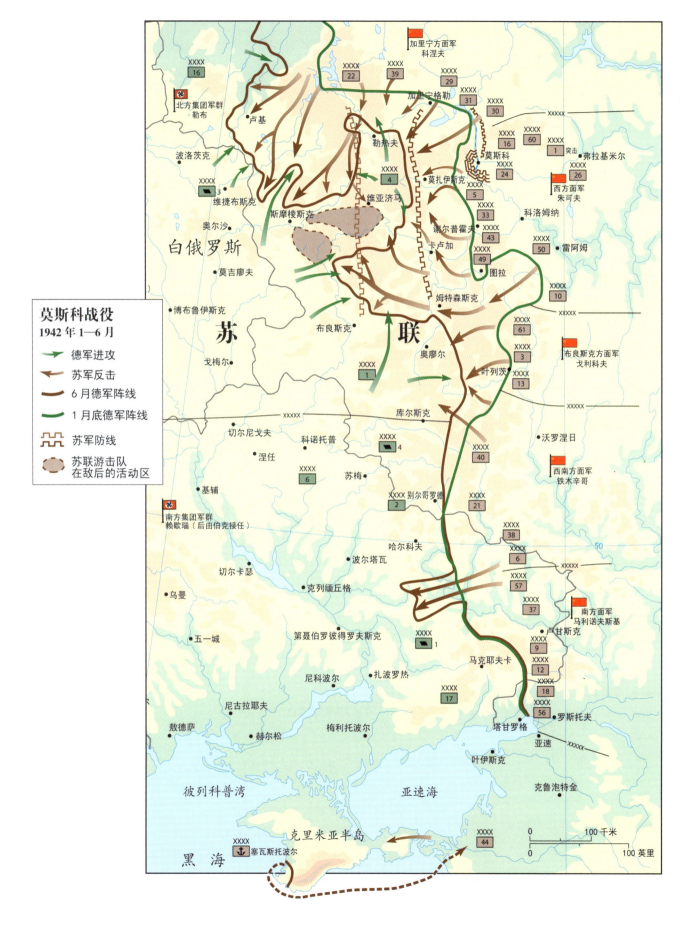

莫斯科战役
1942年1—6月

德军进攻
苏军反击
6月德军阵线
1月底德军阵线
苏军防线
苏联游击队
在敌后的活动区

加里宁方面军
科涅夫

北方集团军群
勒布

西方面军
朱可夫

布良斯克方面军
戈利科夫

西南方面军
铁木辛哥

南方集团军群
赖歇瑙（后由伯克接任）

南方面军
马利诺夫斯基

卢基
波洛茨克
维捷布斯克
奥尔沙
斯摩棱斯克
白俄罗斯
莫吉廖夫
博布鲁伊斯克
苏
戈梅尔
布良斯克
奥廖尔
姆特森斯克
叶列茨
库尔斯克
切尔尼戈夫
科诺托普
苏梅
涅任
基辅
别尔哥罗德
哈尔科夫
波尔塔瓦
克列缅丘格
切尔卡瑟
乌曼
第聂伯罗彼得罗夫斯克
五一城
尼科波尔
扎波罗热
尼古拉耶夫
梅利托波尔
敖德萨
赫尔松
叶伊斯克
克鲁泡特金

加里宁格勒
勒热夫
维亚济马
莫扎伊斯克
莫斯科
谢尔普霍夫
卡卢加
图拉
联
弗拉基米尔
科洛姆纳
雷阿姆
沃罗涅日
卢甘斯克
马克耶夫卡
塔甘罗格
罗斯托夫
亚速

彼列科普湾
亚速海
克里米亚半岛
塞瓦斯托波尔
黑海

0   100 千米
0   100 英里

卡累利阿地峡

芬兰湾

博尔柯尔克拉嘉科

XXXX 芬兰东南集团军

瓦斯科洛沃

莱姆博洛沃

杰利萨威廷卡

特约科

XXX IV

阿喀拉托沃

罗切玛

XXX I

柯拉斯科沃

XXXX 列宁格勒方面军
储存罗希洛夫
（后由戈沃罗夫接任）

莫尔耶

贝鲁斯特沃夫

XXXX 23

谢斯特罗列茨克

乌格洛沃

里切德

伊林乌卡

孔科罗沃

输油管

奥尔金诺

乌德伊纳嘉

威索沃罗什科

德国海军部队

芬兰舰队

波罗的海舰队

补给线

列宁格勒

帕乌罗沃

施吕瑟尔堡

谢普勒沃

莱博加谢

巴尔萨特加伊绍拉

小伊斯赫拉

XXXX 67

"死亡走廊"

利波瓦

XXXX 海岸集团军

奥拉宁鲍姆

彼得霍夫

斯特里那

XXXX 42

锡那嘉文

德哥瓦

乌斯季鲁蒂兹

XXX L

乌里兹科

里格瓦

XXXX 55

XXX XXVI

姆加

特伦特杰沃

格斯特里兹

罗普斯察

科拉斯诺耶塞罗

普什金

XXX

斯鲁兹科

XXX XXVIII

罗普金卡

XXX III GAF

德加特兹

基彭

XXX LIV

乌尔加诺卡

谢哈普科

威特诺

尼斯科威兹

诺沃里欣诺

托斯诺

卡斯罗沃

克拉斯诺瓦德斯克

沃斯科尼森斯克杰

米查罗沃卡

那尼科休

XXXXX 北方集团军群
勒布

维里察

XXXX 18
屈希勒

柳班

锡韦尔斯基

斯鲁德扎

科姆卡

北

列宁格勒围城战役
1941年9月—1944年2月

苏军进攻

苏军撤退

苏军防御工事

1943年1月底时的苏军前线

德军进攻

1941年11月中时的德军前线

1941年12月底时的德军前线

德军重型火炮的平均射程

德军火炮集结地

0   10 千米

0   10 英里

拉多加湖

拉多加湖区舰队

水下信号电缆
1941 年 10 月
底竣工

由"生命线"出发的
夏季补给线

新拉多加

"生命线"
1941 年 12 月 6 日
竣工

缆 1942 年
一11月铺设

基斯拉加

沃尔霍夫

普里罗沃

沃尹班卡罗

纳济亚

XXXX
2

XXXX
54

特谢尔伦佐沃

XXXX
沃尔霍夫方面军
梅列茨科夫

普切瓦

基里希

XXX
1

奥斯库

巴宾诺

XXXX
4

一次世界大战的同盟国在1918—1919年入侵俄国，为苏维埃革命扫清了道路，这让苏联领导人明白，他们需要建造大规模的工业生产能力，以确保未来的军队能够获得应有的装备。

宏大的工业化进程经过仔细考虑，苏联内部已经确定要建立大型工业中心。大规模工业化开始后，马格尼托格尔斯克（Magnitogorsk）成了壮观的模范城。1928年，这座小镇仅有25个居民，被选作工业城的地点后，就有不少于25万人定居此处了。

苏联多数的基础重工业都远在东部的乌拉尔（Urals）、西伯利亚（Siberia）或中亚（Central Asia），战争开始后，这些地区拥有优势，因为它们都在德军空袭的范围之外。

轻工业则是另一码事，大量的轻工业工厂都距离入侵的德军不远。1941年战争刚开始，苏联国防委员会（Soviet State Defence Committee）就将大批工厂和工人，从西部边境整体搬迁到了苏联的中心地带。尽管搬迁过程中不可避免

列宁格勒

德军在9月中旬切断了列宁格勒，但由于拉多加湖可以运送一些补给进城，尤其是湖面冻住后的冰层厚度足以支撑运输车辆，所以这座城市还有一线生机。德军轰炸了这个湖，试图炸开冰面。

11月9日，季赫温陷落，苏军继续不惜一切给向列宁格勒运送补给。苏军从丛林中开辟出一条道路，以便抵达湖边。为了开辟这条道路，数千劳工死亡。讽刺的是，苏军在道路开通三天后就重新夺下了季赫温。尽管苏军这次的行动很成功，但1941年8—10月的"锡尼亚维诺"行动（Operation Sinyavino）未能给列宁格勒解围，1942年1—4月的柳班战役也未成功。

1942年8月，苏军再次试图解除封锁（也属于"锡尼亚维诺"行动），但还是失败了。最终在1943年1月18日，苏联第67军和第2突击军成功打开了一条通往城市的狭窄走廊。不到一周，通往该城的一条新道路和铁路线成功贯通，必要的补给得以入城。尽管德军继续围城，但无法切断这条走廊。到1943年年末，显然列宁格勒居民的巨大牺牲不会徒劳无功。

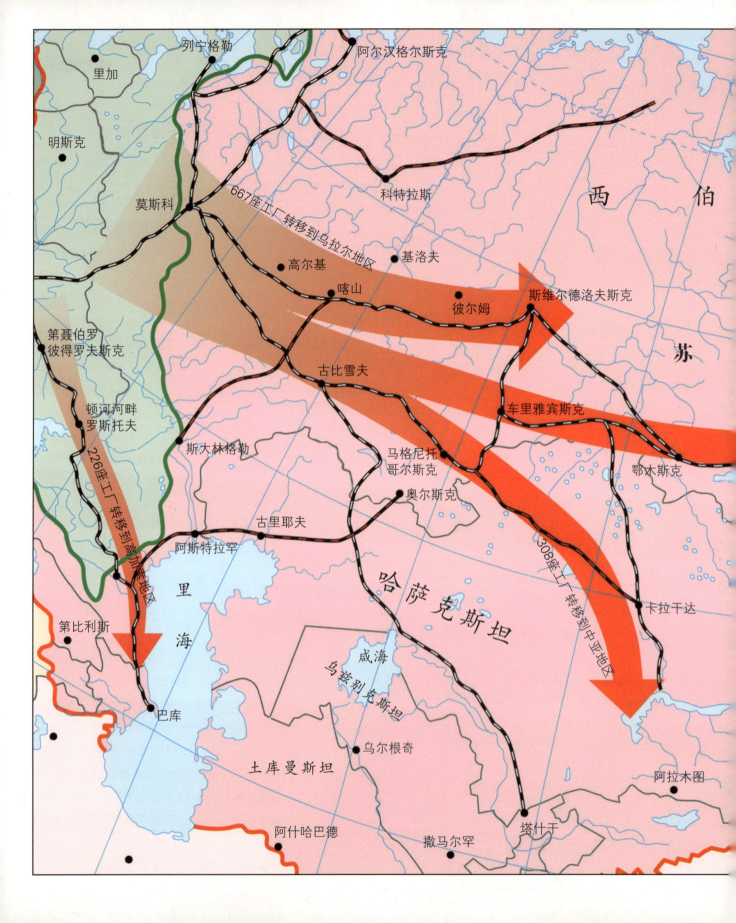

里加

列宁格勒

阿尔汉格尔斯克

明斯克

莫斯科

667座工厂转移到乌拉尔地区

科特拉斯

西 伯

高尔基

基洛夫

喀山

彼尔姆

斯维尔德洛夫斯克

苏

第聂伯罗
彼得罗夫斯克

古比雪夫

车里雅宾斯克

顿河河畔
罗斯托夫

226座工厂转移到高加索地区

斯大林格勒

马格尼托
哥尔斯克

鄂木斯克

奥尔斯克

古里耶夫

哈萨克斯坦

308座工厂转移到中亚地区

卡拉干达

阿斯特拉罕

第比利斯

里

海

咸海

乌兹别克斯坦

巴库

乌尔根奇

阿拉木图

土库曼斯坦

阿什哈巴德

撒马尔罕

塔什干

会有损失，但一旦重建完成，他们立刻开始生产大量的军事物资。工人主要由被征召的女人、孩子、老人充任，因为适合参军的年轻人都去了前线。1941年秋初，距离德军入侵仅仅几个月，莫斯科地区70%的工厂工人都是女性了。

工厂成功迁移后，生产力立刻大幅提升。尽管当时苏联的钢铁和煤炭产量只有德国的1/3，他们的军事物资产量却是德国的2倍。苏联工厂的产量之所以能够是工业的2倍，很关键的一点是：在平时，大部分的资源都用于农业和其他工业，剩下的才被用来制造坦克、步枪之类的军事物资；但战争开始后，资源配给反了过来。比如，一家拖拉机厂在和平时期既制造拖拉机，也制造坦克，比例是80：20，拖拉机占多数；但战争爆发后，80%的产品都是装甲车了。

斯大林格勒和哈尔科夫

斯大林认为列宁格勒在东线的战斗中具有特殊的象征意义。希特勒则认为攻下列宁格勒可以动摇苏联的政权，对纳粹的宣传也有巨大好处。考虑到要在顿河摧毁苏军，以及占领高加索油田，斯大林格勒并不是希特勒1942年作战计划的首要目标。在计划中，斯大林格勒无论是被封锁还是被攻克，只要该城不为红军提供工业产品和交通枢纽就已经足够。当苏联红军于7月中旬在沃罗涅什（Voronezh）发动反攻时，希特勒似乎想改变作战重点：将攻克斯大林格勒的优先程度提高到和夺取油田一样。这一目标转换却潜藏着风险。尽管元首收到一些不同意见，但他力排众议，并派遣弗雷德里希·冯·保卢斯（Friederich von Paulus）上将指挥的第6集团军执行攻城任务。虽然保卢斯的军队不足以围城，但他受命正面攻入城内。

利 亚

联

332座工厂转移到西伯利亚地区

新西伯利亚

苏联工业大转移

—— 苏联1941年的边界

—— 德军1941—1942年前线

━━ 战略铁路

━━ 1941—1945 年修建的铁路

▨ 未被占领的苏联领土

☐ 轴心国控制或受其影响的地区

☐ 中立地区

苏联工业

苏联军事工业的实际规模难以估计。1941年6月战争刚刚开始，苏联国防委员会就立即下令疏散在苏联西部的工业设施，转移到乌拉尔、西伯利亚和中亚地区。不到半年，1532家工厂就被拆解并运送到东部的新址。到1942年年中，仅剩300家还未恢复生产。

转移后，苏联在1942年共生产了2.38亿吨的军需物资，而在1940年仅生产了6300万吨——这还未算在工厂转移过程中的损失。1943—1945年，苏联共生产了超过8万架飞机、7.3万辆装甲车、32.4万门火炮。车里雅宾斯克等地的工厂非常大，车间内的装配线超过64条。

巨大的成就之中也有不足，即苏联用于运输的汽车中超过2/3都是西方盟国提供的。英美也提供了可观的飞机和其他物资。但这些贡献和苏联本土的产出相比就很小了：美国在战时向苏联移交14795架飞机，这个数字仅相当于苏联4个月的飞机产量。

100
0米

49   43 30'   44

XXXX
24

XXXX
24   克特吕班 • 萨莫法洛夫卡   XX
                                                    6
XXXX
65

XXXX
66

XXXXX
顿河方面军   苏维科霍夫诺尔   库伊米奇
罗科索夫斯基

XXXX   博多德金   3
65
                 小罗索希卡   诺夫拉亚
                                    纳杰日达

XXXX
21   4

                                              戈罗季谢
                 巴布尔金

XXXX   新阿列克谢耶夫斯基   3   古姆拉克
21   2

马里诺夫卡   皮托姆尼克
普托托   5
诺夫斯基   伏罗希洛夫   卡尔波夫卡   XXXX
        - 拉吉尔   6
                                             保卢斯
                                                   斯大林格勒
XXXX
57   1
                                                   叶尔尚卡
                2
                                          屈佩罗斯诺耶
北   齐班科 •   叶尔科希

XXXX   斯特拉亚奥特拉达
57
                XXXX
                64
        瓦尔瓦罗夫卡

0   10 千米
                格夫里罗夫卡 XXXX
0   10 英里   64

48 30'   红军坝

1 1月9日　4 1月23日

2 1月12日　5 1月28日

3 1月20日　6 1月29日

埃佐夫卡

奥尔洛夫卡

温诺夫卡

雷诺克

斯巴达克夫卡

5

施塔文基

XXXX

62

布尔考斯基

红斯洛博达

斯大林格勒方面军
叶廖缅科

斯大林格勒的守军是瓦西里·崔可夫（Vasily Chuikov）中将的62集团军。崔可夫在战斗开始三天前临危受命，他决定展开巷战，以增加德国空军、步兵、装甲部队的配合难度。战斗于1942年9月14日打响，最初几周的战斗极其惨烈。德国取得了一些进展，但无法将顽强的守军赶出去。

战斗肆虐的时候，苏联指挥部准备反攻了。"天王星"行动（Operation Uranus）共部署了超过105万苏军，要从北到南包围斯大林格勒。11月9日，北侧的苏军展开了攻击，第二天南侧的军队开战。11月23日，两支苏军汇合，将德军分割开来。尽管局面无望，但希特勒拒绝投降，就像上次他拒绝撤退一样。1943年1月31日，保卢斯投降，两天后，被包围在北部的德军也投降了。

伴随着斯大林格勒的德军投降，苏军迫不及待地展开一系列行动来扩大战果。1943年1月29日，沃罗涅什方面军发动攻击，将德军阵线撕开了一个缺口。希特勒不能容忍，下令不惜一切代价守住哈尔科夫。2月15日，苏军进入此城，开始了持续24小时的痛苦巷战。德军成功突围，16日结束的时候，苏军再一次控制了哈尔科夫。苏军的攻势此时又继续推进，显然，如果陆军元帅埃里希·冯·曼施坦因指挥的集团军群

斯大林格勒

1942年9月—1943年2月在斯大林格勒城中和周围的战斗，是第二次世界大战中最为血腥残酷的战斗。德军的进攻到10月中旬逐渐减弱。11月，苏军包围了该城并逐渐收紧。解围的努力和空中补给都没能阻止德军的失败。

斯大林格勒战役

1942年9月—1943年2月

 苏军进攻

 德军反击

 德军撤退

 德军前线

 苏军火炮极限

 苏军空中支援

不能在顿河战场立刻做出反应，很可能面临灭顶之灾。

1943年3月的东线

▼ 穿着厚军装的德军步兵在坦克掩护下谨慎地前进。路况恶劣是德军在苏联遇到的巨大难题，车辆经常出故障，需要经常维修。补给很难运到前线，特别是国防军深入苏联内部后。夏季的大雨和高温又会分别造成道路泥泞不堪或是尘土飞扬。

苏军在斯大林格勒的胜利标志着东线的转折，但胜利的影响要过一段时间才能被充分利用。苏军扑向哈尔科夫的时候，留守的德军见识了对手的厉害。尽管苏军已经损失了数百万兵力和大片领土，但他们不仅能展开攻势，还能重创德军。斯大林格勒已经是灾难，哈尔科夫撤退的顿河集团军群也危在旦夕。A集团军群勉强逃脱，被赶出了高加索，远离了正对苏军南方面军的塔曼半岛和新罗西斯克沿海地区。

当德军艰难度日的时候，苏军正在将过去18个月的惨痛教训如数奉还。最大的变化发生在最高指挥层。斯大林认识到他的军事判断不如将领们，因而开始同意他们自行其是。虽然大规模作战仍需他最后批准，但苏军最高统帅部大本营不再仅仅是执行斯大林计划的木偶了。朱可夫被提拔为斯大林的副手，亚历山大·华西列夫斯基

（Aleksander Vasilevsky）被任命为总参谋长，红军的指挥结构也发生了变化。战术和作战层面的政治影响被清除，所有的指挥权都属于军事指挥官而不是政委了。因此，1943年年初的红军还不是"成品"，但正在逐渐成为东线中高效、勇猛的军队。

重取哈尔科夫

　　苏军仍面临着一些障碍，其中很重要的就是杰出的德军指挥官，最具代表性的例子或许就是曼施坦因营救顿河集团军群。曼施坦因意识到苏军在1943年1月、2月行动中的补给线过长，战线变得松散。为了巩固军团的阵线，他决定发动一次反攻。这次行动风险很大，但曼施坦因认为红军最近的攻势太顺，一定觉得大功告成了。2月20日，他向苏联的第6集团军发动了第一波反攻。德军在接下来的几天里持续发动进攻，苏军显然一时间无法应对这种威胁。3月14日，德军重占哈尔科夫，但苏军的增援部队赶到，稳住了阵线，避免了一场重大失利。战斗让双方都精疲力尽，因而当春天到

▼ 苏军反坦克火炮为苏联红军开路。到1943年，苏军比以前更难对付，而德军又丧失了空中优势，曾经他们可以凭借空中优势击破任何防御阵线。尽管苏联红军还无法掌握主动权，但苏联的物资和盟军的支持可以确保他们变得很有战斗力。

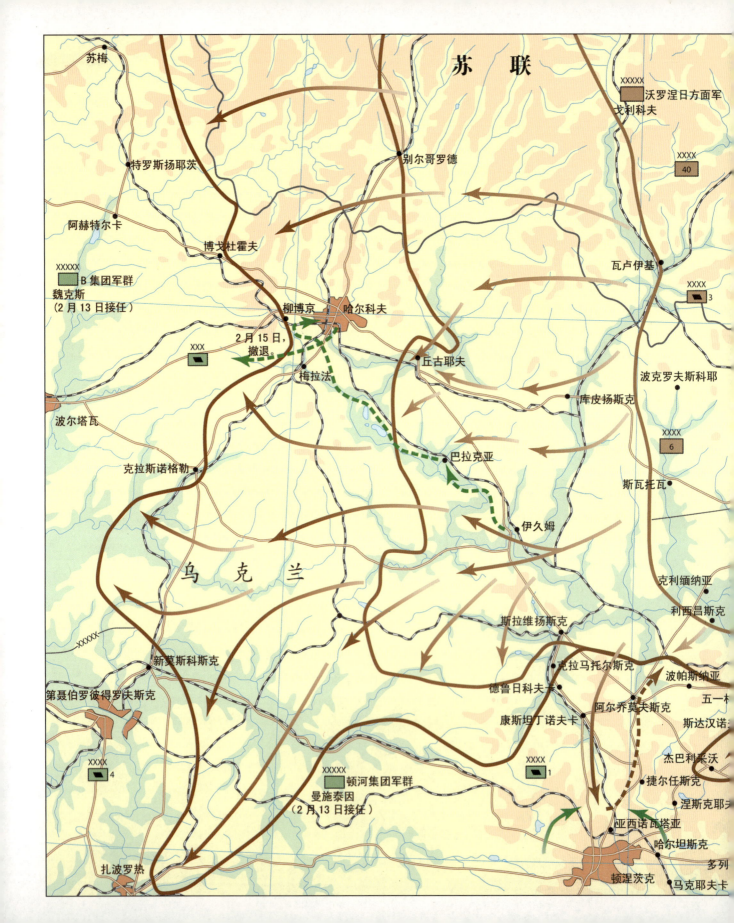

苏 联

苏梅

特罗斯扬耶茨

别尔哥罗德

沃罗涅日方面军
戈利科夫

40

阿赫特尔卡

博戈杜霍夫

瓦卢伊基

B 集团军群
魏克斯
（2月13日接任）

柳博京　哈尔科夫

3

2月15日，
撤退。

丘古耶夫

波克罗夫斯科耶

梅拉法

库皮扬斯克

波尔塔瓦

6

克拉斯诺格勒

巴拉克亚

斯瓦托瓦

乌 克 兰

伊久姆

克利缅纳亚

利西昌斯克

斯拉维扬斯克

新莫斯科斯克

克拉马托尔斯克

波帕斯纳亚

第聂伯罗彼得罗夫斯克

德鲁日科夫卡

五一村

阿尔乔莫夫斯克

斯达汉诺

康斯坦丁诺夫卡

杰巴利采沃

4

1

涅斯克耶夫

顿河集团军群
曼施泰因
（2月13日接任）

亚西诺瓦塔亚

哈尔斯克

多列

扎波罗热

顿涅茨克

马克耶夫卡

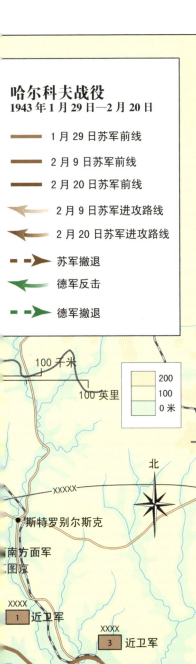

哈尔科夫战役
1943 年 1 月 29 日—2 月 20 日

━━━ 1 月 29 日苏军前线

━━━ 2 月 9 日苏军前线

━━━ 2 月 20 日苏军前线

◄━━ 2 月 9 日苏军进攻路线

◄━━ 2 月 20 日苏军进攻路线

◀- - - 苏军撤退

◀━━ 德军反击

▶- - - 德军撤退

100 千米

100 英里

200
100
0 米

北

斯特罗别尔斯克

南方面军
图赫

XXXXX

XXXX
1 近卫军

XXXX
3 近卫军

穆纳尔卡

伏罗希洛夫格勒

克拉斯诺顿

库路奇

巴斯

XXXX
1 麦肯森

来、大地解冻的时候，双方不约而同地停止了战斗，着手整顿部队。

坦克大战

曼施坦因的反攻就像一颗钉子插入了苏军在库尔斯克市（Kursk）的阵线。希特勒认为这是一个机会，可以一举歼灭防守该地区的苏军两个方面军（中央方面军和沃罗涅日方面军）。希特勒相信，只要他的部队配备了新型的"虎"式和"豹"式坦克，并装备更多自行火炮，胜利就指日可待。德国军工界对这个想法的正确性半信半疑，不过一个更重要的问题摆在眼前：他们无法按时制造前线所需的武器。因此希特勒只能推迟进攻计划——这让苏军有时间从冬天的激战中恢复并增强军力。此外，苏联的情报机关的信息收集能力显著提高，就在推迟的这段时间内，给了他们机会掌握计划的细节。

德国方面，1943 年 5 月这份计划交给将军们的时候，他们嗤之以鼻。他们担心是否能提供这次危险行动的军需物资，同时也不同意希特勒为了等新装备而延缓计划，因为那让苏军有更多时间增强军力，可能会对行动造成灾难性的后果。希特勒再一次摒弃了军官们的建议，一意孤行地实施计划。装甲兵总监海因茨·古德里安将军坚决反对在苏联战场上的任何大规模攻势。他指出，德军在北非已经站不稳脚跟，很快就会崩溃，英美联军登陆欧洲的可能性也与日俱增，与其在东线浪费装甲部队，不如留着新武器准备对付登陆的盟军。他强烈认为德军在苏联应该采取防御姿态，不要再冒险进行任何进攻。

希特勒无视他的建议。最终，他将进攻时间定在 1943 年 7 月 5 日，这一天将爆发历史上最大规模的坦克大战。

库尔斯克

希特勒准备在库尔斯克突出部进行毕其功于一役的

哈尔科夫

为了获取更大的胜利，苏军发起了更进一步的进攻，直指卡尔科夫。他们最初取得了胜利，重夺该城，但德军援兵一到，苏军的势头就消退了。另一方面，恶劣天气和缺乏补给迫使西南方面军在库尔斯克北部坚守。

德军的胜利

到1943年3月初，东线进入了一个新阶段。尽管德军仍占据了大片苏联领土，但他们接连遭受重创，尤其是在冬天损失惨重，最终在斯大林格勒战役中达到顶点。与之相反，尽管苏军也损失惨重，但他们有新的、装备精良的部队投入战场，而且苏联红军在调整指挥系统、吸取经验教训后，其战斗力也得到了提升。

苏军增长的实力在斯大林格勒战役和重夺哈尔科夫的攻势中显露无遗。顿河集团军群备受威胁，陆军元帅曼施坦因决定发起一次大胆的反攻。他重组了24个师的军队，在1943年2月20日发起进攻，迫使苏军退回到顿涅茨河对岸。

哈尔科夫重新落入德军之手，进而导致了1942—1943年的冬季战役，最终双方都筋疲力尽。尽管曼施坦因的反攻让德军在苏联南部站稳了脚跟，但无法改变3个集团军在此战役中被消灭的事实，一起被消灭的还有另外3个轴心国集团军。

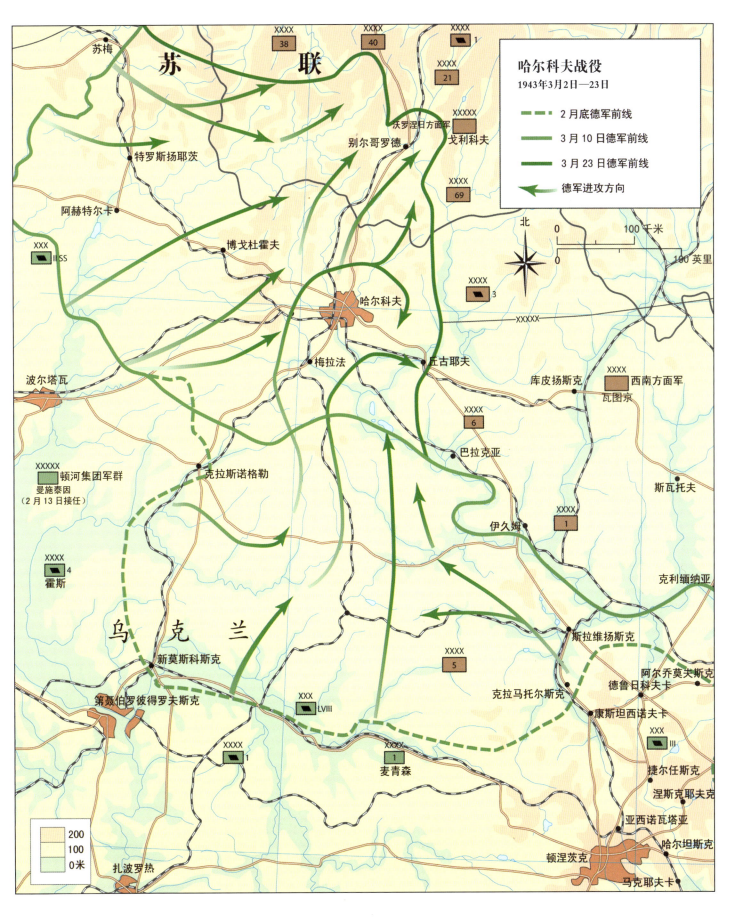

哈尔科夫战役
1943年3月2日—23日

- — — — 2月底德军前线
- ——— 3月10日德军前线
- ——— 3月23日德军前线
- ◀—— 德军进攻方向

苏　联

乌　克　兰

苏梅
特罗斯扬耶茨
阿赫特尔卡
波尔塔瓦
博戈杜霍夫
别尔哥罗德
沃罗涅日方面军
戈利科夫
哈尔科夫
梅拉法
丘古耶夫
库皮扬斯克
西南方面军
瓦图京
巴拉克亚
斯瓦托夫
克拉斯诺格勒
伊久姆
克利缅纳亚
斯拉维扬斯克
新莫斯科斯克
阿尔乔莫夫斯克
德鲁日科夫卡
第聂伯罗彼得罗夫斯克
康斯坦西诺夫卡
克拉马托尔斯克
捷尔任斯克
麦青森
涅斯克耶夫卡
亚西诺瓦塔亚
哈尔坦斯克
扎波罗热
顿涅茨克
马克耶夫卡

顿河集团军群
曼施泰因
（2月13日接任）

霍斯

北

0　　　100 千米
0　　　100 英里

XXXX 38
XXXX 40
XXXX 1
XXXX 21
XXXXX 戈利科夫
XXXX 69
XXXX 3
XXX II SS
XXXX 西南方面军
XXXX 6
XXXX 1
XXXX 5
XXX LVIII
XXXX 1
XXXX 1
XXX III
XXXXX 顿河集团军群
XXXX 4

200
100
0 米

德军的新攻势

　　苏军在库尔斯克打出了一片突出部,可以展开攻势,但就像"巴巴罗萨"行动一样,这也方便了敌军发起钳形攻势。

　　凭借杰出的情报工作,朱可夫在1943年4月初确信德军的下一次攻势会在库尔斯克区域展开,并做好了迎战准备。他一面从其他方面军调来军队防守此突出部,一面部署了整个南线战场的大规模反击计划。

　　到7月初,德军在此突出部区域集结了将近3000辆坦克和突击炮。当德军纠集部队时,苏军在4—7月间建立了7条非常坚固的防线,为了应对德军大规模攻势,还在德军最关注的地方囤积了大量预备队。苏军还在突出部的后方设置了另一道防线。

　　苏军前线共有接近100万士兵和3300辆坦克对抗德军,另有38万士兵和600辆坦克作为预备队——这还只是战术防御部分的兵力。在突出部阵线的后方,还有另外50万士兵和1500辆坦克。希特勒的攻势一开始就面对数量远超己方的军队和防御稳固的阵地,以及大量后备部队。

东线战场形势图
1943 年 7 月

大胆计划，因为等待足够的"虎"式坦克和"豹"式坦克而推迟了。最终，"堡垒"行动（Operation Citadel，库尔斯克攻势的代号）在7月5日终于开始了。

德军南线进攻部队在7月4日进行了数次准备行动，以确保"堡垒"行动顺利开始，真正的行动在第二天早晨五点半正式打响。德军北线进攻部队的3个装甲师和5个步兵师率先开战，大约推进了10千米（6英里），但这仅仅是因为苏军主动撤回到第二道防线。德军第二天又略微向前推进，然后就因损失惨重而停滞不前了。南方集团军群最初遭遇的困难是恶劣天气，导致他们难以跨越溪流和河流。尽管如此，他们还是突破了苏军的第一道防线，到7月5日黄昏，德军推进了大约11千米（7英里）。到7月11日，第2党卫军装甲军抵达普罗霍洛夫卡（Prokhorovka），这座小镇只是因为铁路枢纽的地位才显得重要。但这一切很快就改变了，它马上就会成为史上最大规模坦克战的战场。

7月10日，沃罗涅什前线指挥官瓦图京（Vatutin）将军评估了德军的目的，认为他们会通过攻击普罗霍洛夫卡来突破苏军防线。瓦图京立刻将帕维尔·罗特米斯特罗夫（Pavel Rotmistrov）中将的第5近卫坦克集团军开赴该地区，加强那里的防御。第5近卫坦克集团军刚到达位置，就接到瓦图京的命令开始反攻。最终的结果是，在7月12日这天有超过1000辆坦克参战。36个小时的激战后，德军被迫停住脚步。尽管德军摧毁的坦克多于损失的，却失去了主动权，而其重振攻势的行为也因别处的事件终结了。

7月10日，英美联军在西西里登陆。希特勒正确地判断出盟军接下来就要登陆意大利，一旦盟军得手，情况将不可收拾。在过去的几个月中，意大利高层的士气已经非常低下，希特勒担心盟军入侵大陆会导致意大利投降。因此，元首决定他必须加强西线的军力，为此必须放弃"堡垒"行动。希特勒下令停止进攻，并把一部分军队调到了西线。其中，第2党卫军装甲军的转移受阻，因为他们已经和苏军短兵相接，要想执行命令，必须先杀出一条血路。

希特勒指挥的结果是，德军在库尔斯克附近唯一可以采取的行动就是撤退到7月5日开始的地方——这也是该地区将领们最怕的结果。

进军第聂伯河

一小部分德军攻打库尔斯克，遇到苏军勇猛防守后逐渐停滞不前。苏军方面军在索科洛夫斯基（Sokolovsky）将军的指挥下发动了"库图佐夫"行动（Operation Kutuzov），对党卫军第2装甲军发起主动进攻。可以理解，德军正因为自己的攻势而心烦意乱，而"库图佐夫"行动更出乎他们的意料。德军听说苏军要切断第9集团军的通信线路，尚未查证就被打垮了。波波夫（Popov）将军的布良斯克方面军（Bryansk Front）对奥廖尔（Orël）发动攻击。奥廖尔是当地的公路和铁路枢纽，因此德军非常关

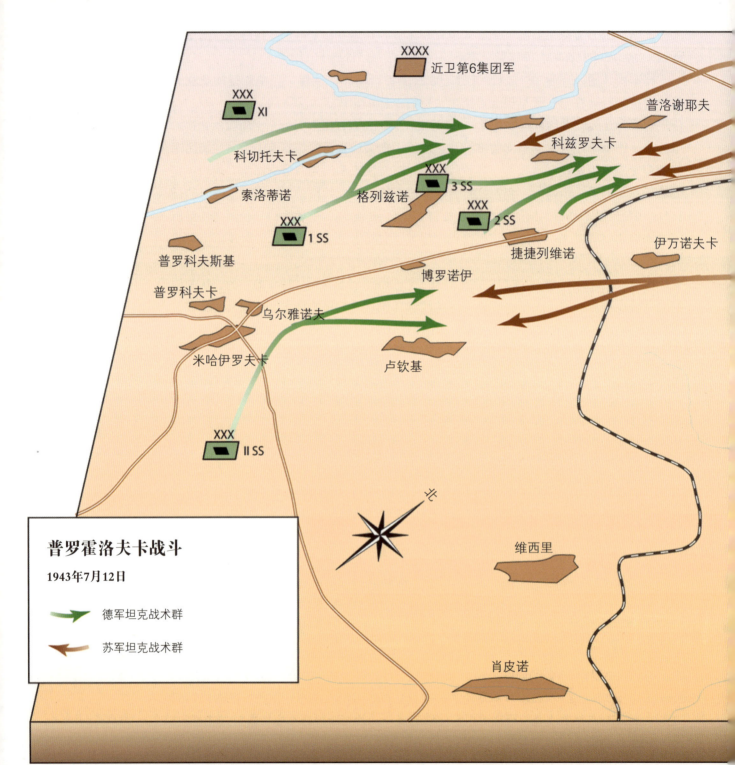

XXXX
近卫第6集团军

XXX
XI

普洛谢耶夫

科切托夫卡

科兹罗夫卡

索洛蒂诺

XXX
3 SS

格列兹诺

XXX
2 SS

XXX
1 SS

捷捷列维诺

伊万诺夫卡

普罗科夫斯基

普罗科夫卡

博罗诺伊

乌尔雅诺夫

米哈伊罗夫卡

卢钦基

XXX
II SS

北

维西里

普罗霍洛夫卡战斗

1943年7月12日

德军坦克战术群

苏军坦克战术群

肖皮诺

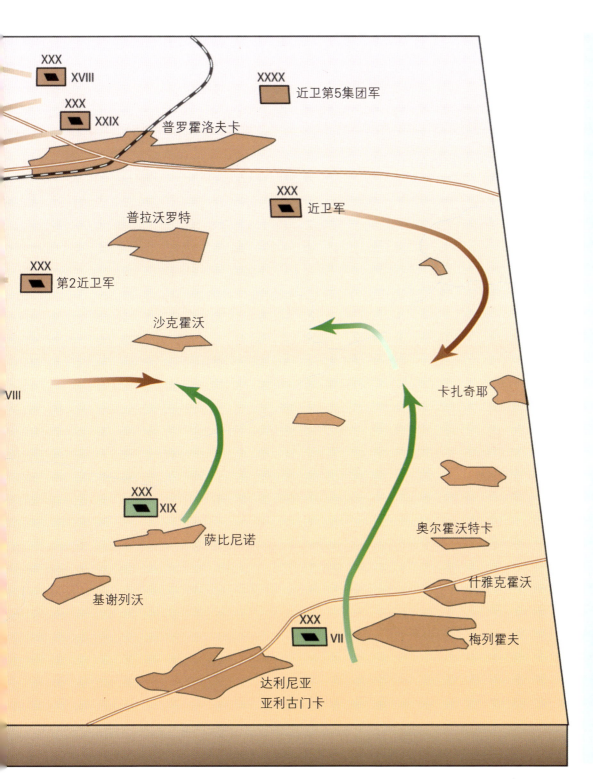

XXX
XVIII

XXXX
近卫第5集团军

XXX
XXIX

普罗霍洛夫卡

XXX
近卫军

普拉沃罗特

XXX
第2近卫军

沙克霍沃

VIII

卡扎奇耶

XXX
XIX

萨比尼诺

奥尔霍沃特卡

基谢列沃

什雅克霍沃

XXX
VII

梅列霍夫

达利尼亚
亚利古门卡

库尔斯克

　　为了打垮库尔斯克突出部，德军在南北两侧几乎同时发起进攻。在北侧，沃尔特·莫德尔的第9集团军遭遇顽强抵抗，第一天只前进了10千米（6英里）；南侧的部队稍好一些，推进了19千米（12英里）。南侧部队努力维持攻势，直到抵达普罗霍洛夫卡（Prokhorovka）。7月11日双方爆发了决定此次战役成败的坦克大战。

　　尽管德军摧毁了超过400辆苏联坦克，但苏军的后备部队可以补充，德军损失了超过100辆坦克和装甲车辆的后果则更加严重。德军部队未能突破，意味着德军的攻势已经失败，他们未能丝毫突破苏军防线。

"堡垒"行动

1944年7月5日—13日

→ 德国攻击

→ 苏军反项

〰 苏军防御阵线

南方集团军群
曼施泰因

斯特拉比

海伊茨　苏梅

上瑟罗瓦特卡

博罗姆亚

莫斯卡连科
38

戈亚站

莫斯卡连科
40

诺贝尔斯多夫
XLVIII

霍斯
4

3

GD

卡图科夫
1

托莫罗夫卡

11

别列佐夫卡
1 SS

奥博扬

布里斯
III

豪泽尔
II SS

亚科夫列夫
2 SS

索洛蒂诺
科特切托夫卡
6

肯普夫
8

6

19

3 SS

168

卢钦基

106

别尔哥罗德
7

普罗霍罗夫卡

320

萨比尼诺

勒扎维茨

扎多夫
5

舒夫洛夫
7

克留琼金
69

近卫第5集团军
罗特米斯特洛夫

科罗卡

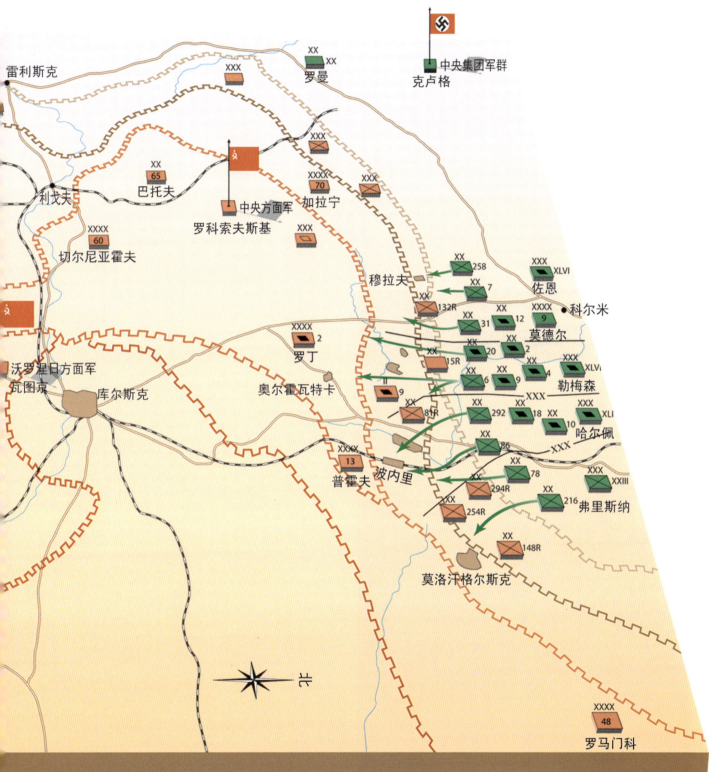

雷利斯克

罗曼

XX

XXX

XX 中央集团军群
克卢格

中央方面军
罗科索夫斯基

巴托夫

XX
65

XXX

加拉宁

XXXX
70

XXXX

利戈夫

XXXX
60
切尔尼亚霍夫

XXX

穆拉夫

XX 258

XX 7

XXX XLVI
佐恩

科尔米

XXXX
2
罗丁

XX 132R

XX 31

XX 12

XXXX 9
莫德尔

沃罗涅日方面军
瓦图京

库尔斯克

奥尔霍瓦特卡

XX 15R

II 9

XX 20

XX 2

XXX XLVI
勒梅森

XX 6

XX 9

XXXX
13
普霍夫

波内里

XX 81R

XX 292

XX 18

XXX XLI
哈尔佩

XX 10

XX 86

XXX

XX 78

XXX XXIII

XX 294R

XX 216 弗里斯纳

XX 254R

XX 148R

莫洛汗格尔斯克

北

XXXX
48
罗马门科

切此地的情形。奥廖尔在一周后被攻克，苏军的前进并没有停止。到8月中旬，德军已经守不住北翼突出部，只能撤走。德军向西后退120千米（75英里）重筑防线。

当北翼突出部的行动展开时，苏军并未忽视南部的敌军。科涅夫将军的草原方面军和瓦图京的沃罗涅日方面军独立发动了"鲁缅采夫"战役（Operation Polkovodets Rumyantsev），以消灭南翼突出部的德军，随后进攻别尔哥罗德和哈尔科夫。

"鲁缅采夫"行动在8月3日开始时，打了德军一个出其不意。德军此前已经做出正确评估，认为草原方面军和沃罗涅日方面军已经在库尔斯克的战斗中损失惨重，但他们不知道苏军的补给能力有多强，因而并没准备好面对苏军攻势。

"鲁缅采夫"行动的初期非常成功：第二天结束时就攻下了别尔哥罗德，马上就能开往波哥杜可夫和哈尔科夫。德军进行了一次不成功的反攻后，1943年8月21日，哈尔科夫第四次——也是最后一次易手。当"鲁缅采夫"行动向前推进时，罗科索夫斯基的中央方面军从库尔斯克发动了攻势，并将南北两侧的攻势连接起来。与此同时，西南方面军和南部方面军对德国南方集团军群发动了攻势。

到1943年9月中旬，苏军的攻势把德国南方集团军群赶过了第聂伯河。9月23日，苏军突破了河上的桥头堡，主力部队从高美尔到扎波罗热沿河展开。到10月25日，苏军推进到克里米亚半岛，封锁了德军。德军在克里沃罗格补给中心周围对苏军发动了数次反攻，但不足以阻挡苏军推进到基辅。这次攻势在11月3日开始，不到48小时，这座城市就被苏军收复。

随着圣诞节临近，德军只留下一小部分军队守在第聂伯河的西岸，希望能抵挡到苏军的攻势衰退。但让苏军失去动力的想法是一厢情愿，他们斗志如初，无意在1943年剩下的时间里松懈。

解放乌克兰和克里米亚

德军希望苏军在12月会疲惫，1943年的攻势会减缓，但事与愿违，苏军已经准备在这一年结束前夺回西乌克兰。1943年12月24日清晨，乌克兰第1方面军对基辅西部的德国南方集团军群进行了火力准备。炮击完成后，攻击部队立刻

▼ 苏军突击部队等待进攻的命令。芬兰和苏联的冲突起始于1939—1940年的冬季战争。德军入侵苏联后，芬兰认为这是收复丢失领土的好机会，但德军命运的逆转让芬兰只能在1944年求和。

苏军挺进第聂伯河
1943年7月5日—12月1日

- 7月5日苏军前线
- 9月1日苏军运动方向
- 9月1日苏军前线
- 10月10日苏军运动方面
- 10月10日苏军前线
- 12月1日苏军运动方面
- 12月1日苏军前线
- 德军反击
- 沃坦防线

苏军推进

库尔斯克战役对东线的德军来说是一次巨大的打击。他们此时还可以挺住，但苏军的攻势丝毫不减，显然他们情势危急，更不用提建立阵线对苏联发起反击了。

"鲁缅采夫"战役最能说明这种局势。在德军看来，两个苏联方面军都在库尔斯克战役中损失惨重，似乎他们只能重组，不可能再发起任何军事行动了。德军指挥官认为这两支军队至少要到1943年8月底才能恢复。事实上，这两支军队很快获得增援，所以他们在8月初恢复了攻势，德军猛然发现他们的兵力只有苏军的1/3，而苏军有将近70万名士兵。

善于和坦克部队进行联合作战，让苏军能够相当轻松地突破德军阵线。德军将领也是经验丰富的统帅，但他们面临的现实条件却无法改变。几次反攻拖延了苏军朝第聂伯河进军的速度，但根本不能阻止苏军。苏军在河岸连成一线，准备再次发起进攻。

▼ 如画的雪景中，一枚炮弹落在一辆德国坦克附近。1943年，德军装备了两种新型坦克："虎"式坦克和"豹"式坦克，以对抗苏军卓越的T-34坦克。尽管"虎"式坦克和"豹"式坦克比T-34更强大，但苏联红军的坦克数量非常之多，而德国的生产能力无法匹敌。

投入战斗，很快就击败了敌军。但圣诞日这天的一场大雨，帮助德军守住了位置。暴雨让农村地区一片泥泞，让苏联装甲部队很难保持位置，但他们继续攻势。德军被迫后退，1944年1月5日，连接中央集团军群和南方集团军群的铁路被切断。攻势的结果是，在苏军延缓进攻之前，把德军防线撕开了一个宽240千米（150英里）、纵深80千米（50英里）的口子。

苏军势头延缓是暂时的，而且乌克兰第2方面军发动了一次攻势，一路打到了基洛夫格勒（Kirovgrad）的郊区。两周准备之后，乌克兰第1、2方面军发起进攻，合围了科尔松–切尔卡瑟突出部的5万德军。希特勒最初拒绝突围，下令反攻。反攻最开始很成功，但异常的温暖天气导致地面都成了沼泽，让德军装甲部队无法动弹。最终科尔松–切尔卡瑟突出部的德军获准撤退，虽然德军在撤退之初依旧秩序井然，但随着

指挥控制系统的瘫痪，局面变得混乱起来。数千德军在尝试突破戈尼洛伊-蒂基特斯（Gniloi Tikitsch）河时阵亡，因为温暖的天气导致河水解冻、水流奔涌。尽管如此，5万被困的德军中有3万成功逃脱，但短期内再也无法重返前线了。斯大林因为逃走的德军太多而勃然大怒，但由于宣传部门将此战形容为与亚历山大·涅夫斯基击败来犯的条顿骑士团一样的伟大胜利，斯大林的情绪终于缓和了下来，出于宣传上的考虑，科涅夫也随即被擢升为苏联元帅。

苏联的攻势毫不松懈，3月4日，科涅夫和瓦图京发动了一次新攻势，将德军赶过了德涅斯特，攻下了切尔诺夫策，这是连接波兰的德军和南部苏联的最后一个铁路枢纽。随后马林诺夫斯基（Malinkovsky）的乌克兰第3方面军和托尔布欣的乌克兰第4方面军发动攻势。马林诺夫斯基攻克了敖德萨（Odessa），托尔布欣则于4月8日开始攻击克里米亚。经过一个月的激战，残余的德国第17集团军从海路撤退，克里米亚解放。

列宁格勒和卡累利阿前线

1944年1月，德军因为在苏联南部遭遇的灾难而心烦意乱，而北方集团军群的注意力都集中在苏联进攻白俄罗斯（Belorussia）的日益增大的可能性上。这意味着，他们没有注意到苏军准备从列宁格勒出发，发动对德军的攻势了。1月14日，戈沃罗夫（Govorov）将军的列宁格勒方面军和梅列茨科夫（Meretsov）的沃尔霍夫方面军联合对诺夫哥罗德-卢加地区发动攻击。战斗进展很迅速，几天后，德国第18集团军的侧翼就被消灭了。

苏军的攻势尽管取得了成功，但也暴露了一些问题。很多参与进攻的指挥官在列宁格勒区域损耗太多（如果不是全部的话）力量，因而丧失了参与（和学习）苏军在其他方面攻势的机会。结果是，在行动的开始阶段暴露出很多战术缺陷，尤其是一些步兵团孤军深入、缺乏支援和协同。由于无法以预计的速度追赶撤退的德军，戈沃罗夫对自己的部队表现感到非常不满。

尽管此区域的苏军不如其他地区的高效，德军还是在苏军的攻击下损失惨重。德军仍然秩序井然，但节节败退，一个接一个的城镇都落入了苏军之手。苏军的缓慢速度再次让德军避免了灭顶之灾。苏军尽管有所不满，还是达到了既定目标。到1月30日，德军已被击退了80～100千米（50～60英里）。同时，德军也被赶出了连接莫斯科和列宁格勒的铁路线以西地域。虽然德军要到8月才会被完全赶出列宁格勒区域，但1月底他们就已经输了，围攻结束了。

剩下的战斗，就是要清除1941年起就占据此地的芬兰军队了。1944年2月，由于列宁格勒区域的战斗已经稳定，梅列茨科夫将军的沃尔霍夫方面军被解散，他转而担任

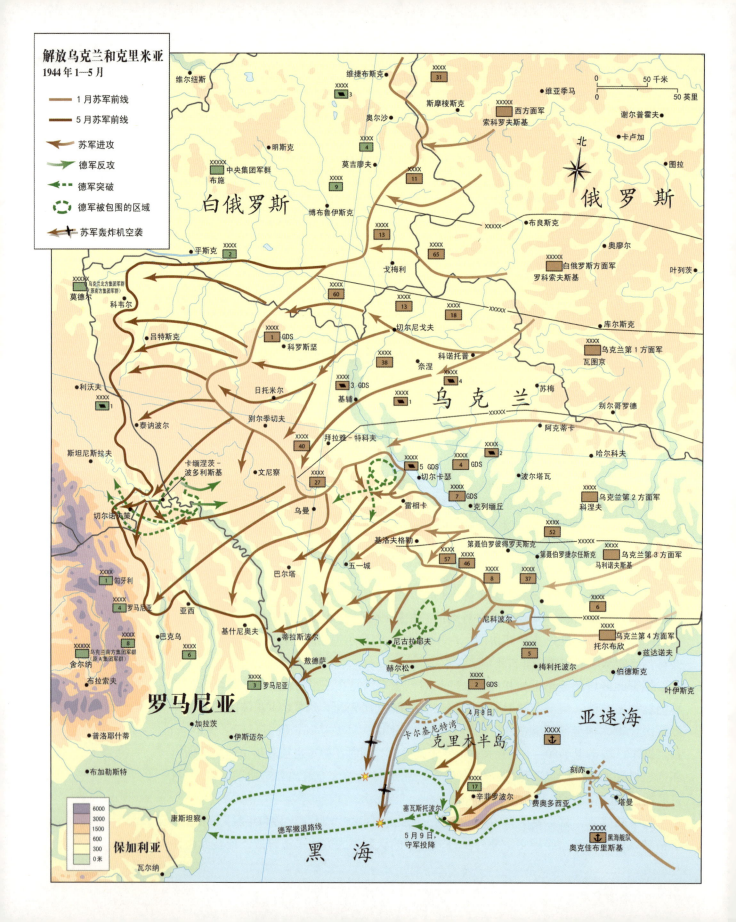

解放乌克兰和克里米亚
1944年1—5月

1月苏军前线
5月苏军前线
苏军进攻
德军反攻
德军突破
德军被包围的区域
苏军轰炸机空袭

北

俄罗斯

白俄罗斯

乌克兰

罗马尼亚

保加利亚

克里木半岛

亚速海

黑海

维尔纽斯
维捷布斯克
斯摩棱斯克
维亚季马
谢尔普霍夫
卡卢加
图拉
奥尔沙
明斯克
莫吉廖夫
中央集团军群
布施
博布鲁伊斯克
戈梅利
布良斯克
奥廖尔
叶列茨
库尔斯克
平斯克
切尔尼戈夫
科诺托普
苏梅
别尔哥罗德
乌克兰第1方面军
瓦图京
莫德尔
科韦尔
吕特斯克
乌克兰北方集团军群
（原南方集团军群）
利沃夫
泰讷波尔
科罗斯坚
日托米尔
基辅
奈涅
阿克蒂卡
哈尔科夫
斯坦尼斯拉夫
卡缅涅茨-波多利斯基
文尼察
别尔季切夫
拜拉雅-特科夫
切尔卡瑟
波尔塔瓦
乌克兰第2方面军
科涅夫
切尔诺夫策
乌曼
雷相卡
克列缅丘
匈牙利
基洛夫格勒
第聂伯罗彼得罗夫斯克
第聂伯罗捷尔任斯克
乌克兰第3方面军
马利诺夫斯基
罗马尼亚
亚西
巴尔塔
五一城
巴克乌
基什尼奥夫
蒂拉斯波尔
尼古拉耶夫
尼科波尔
托尔布欣
乌克兰第4方面军
兹达诺夫
梅利托波尔
伯德斯克
叶伊斯克
舍尔纳
乌克兰南方集团军群
（原A集团军群）
布拉索夫
敖德萨
赫尔松
罗马尼亚
加拉茨
伊斯迈尔
普洛耶什蒂
4月8日
卡尔基尼特湾
辛菲罗波尔
费奥多西亚
刻赤
塔曼
布加勒斯特
康斯坦察
塞瓦斯托波尔
5月9日，守军投降
德军撤退路线
奥克佳布里斯基
黑海舰队
瓦尔纳
西方面军
索科罗夫斯基
白俄罗斯方面军
罗科索夫斯基

6000
3000
1500
600
300
0米

卡累利阿方面军的指挥。6月10日，梅列茨科夫发动了斯维里-彼得罗扎沃茨克（Svir-Petrozavodsk）战役，调遣列宁格勒方面军攻打维堡（Vyborg）附近的卡累利阿地峡。战役一直持续到8月9日，芬兰军队被赶回到1939年的芬兰-苏联边境线后。芬兰意识到大势已去，便主动求和，双方于1944年9月4日签订了停战协议。

南斯拉夫

当德国在1941年4月17日接受南斯拉夫投降后，认为这个国家会安于现状、接受占领的想法很快被现实击碎了。南斯拉夫共产主义活动家约瑟普·布罗兹（Josip Broz）——其同事称其为铁托同志（Comrade Tito）——开始组织反抗。1941年7月4日，铁托发表了一份广为流传的宣言，号召南斯拉夫人民奋起反抗侵略者。不到3天，这个号召就传到了塞尔维亚，不到3周，南斯拉夫全境都开始反抗。

到1941年9月，游击队已经控制了塞尔维亚三分之二的地区。这种局面促使德军对南斯拉夫全境展开了全方位的攻击行动。德军第一波攻势开始于1941年年中，游击队被迫撤退，但1942年年初攻势停止时，他们并没有被消灭。德军对此的反应是立刻再进行一波进攻，这一次游击队被击退了。第二波攻势随后并入了第三波攻势（1942年4月到6月），这一次德军试图将铁托的部队赶到明处，以便一举歼灭，但没有成功。希特勒决意要扫除游击队，于1943年年初发动了第四波攻势。这次游击队虽然损失惨重，却重创了意军。德军随即发起了第五波攻势，结果依然差不多——游击队被迫撤退，但并未被消灭。攻势刚结束，游击队就利用意大利的投降接管了达尔马提亚、克罗地亚和斯洛文尼亚，并在此过程中收编了一些意大利军队。

到1943年年末，游击队壮大到了大约30万人，控制了南斯拉夫超过60%的领土。1944年，德军又发动了两次攻势，希望彻底歼灭游击队，以便抽调部队前往东线。第七波攻势中，德军空袭了铁托的指挥部，但铁托本人逃脱了。这是德军对南斯拉夫的最后一次攻势。此时战争的局势已经发生转折，用不了多久，游击队就能解放他们的祖国了。

"巴格拉季昂"行动

在苏军1944年攻势还未结束的时候，苏联指挥部已经广泛分析了未来对第三帝国的攻击行动。苏联否定了进攻巴尔干半岛的方案，因为那样将

乌克兰

由于库尔斯克攻势的进展比瓦图京的乌克兰第1方面军的速度慢，科涅夫的乌克兰第2方面军发起了一次新攻势。到1944年1月7日，科涅夫的军队突破A集团军群，抵达基洛夫格勒市郊。乌克兰第1方面军和第2方面军停下来整顿，在1944年1月24日拂晓，掩护炮火齐发，开始了这次进攻。

瓦图京的军队从东南方向进攻，打垮了敌军的第一道防线。第6近卫坦克集团军从这个缺口全速推进到泽文尼德罗德卡（Zvenigorodka）。这座镇子在当晚被攻破，德军被包围在科尔松-舍甫琴科夫斯基（Korsun-Shevchenkovsky）的口袋里。

希特勒要求德军坚守，但实际上无法实现，最终他同意突围。尽管突围成功，但戈尼洛伊·蒂基特斯河的洪流让德军损失了大量士兵，乌克兰战役的失败有多惨从此可见一斑。

克里米亚半岛的局势略有不同，托尔布欣的攻势持续了一个多月。到1944年4月16日，德军便不得不回撤到塞瓦斯托波尔（Sevastopol）。5月6日，该城遭到攻击，德军开始撤退。5月10日，苏军占领塞瓦斯托波尔。在此次战斗前，德国第17集团军有大约15万人，最后逃出克里米亚半岛的只有4万多人。

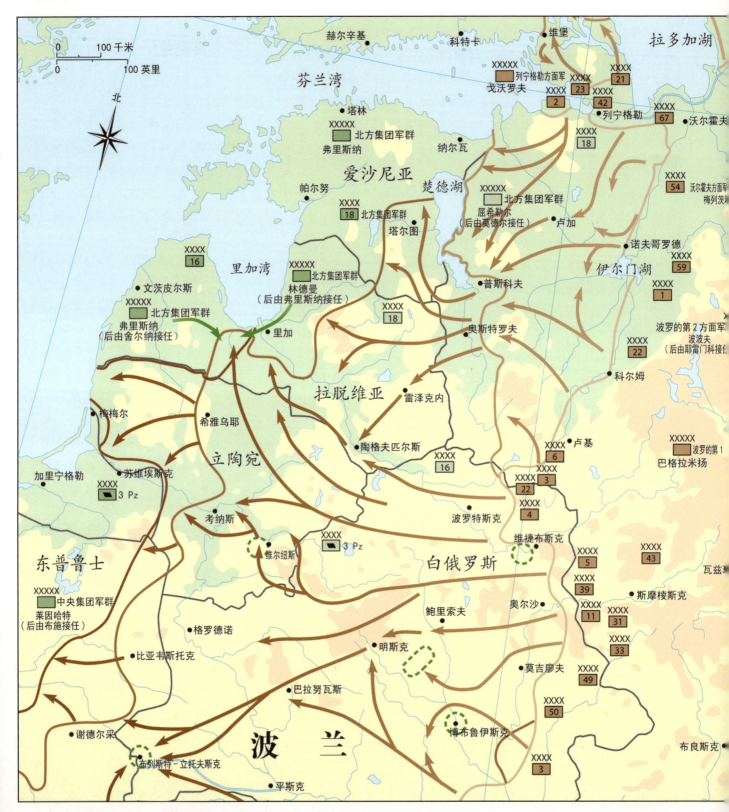

赫尔辛基　　科特卡　　维堡　　拉多加湖

芬兰湾

XXXXX
列宁格勒方面军
戈沃罗夫

XXXX
21

XXXX
23

XXXX
42

XXXX
2

XXXX
67　沃尔霍夫

塔林

XXXXX
北方集团军群
弗里斯纳

纳尔瓦

XXXX
18

爱沙尼亚

楚德湖

XXXXX
北方集团军群
屈希勒尔
（后由莫德尔接任）

XXXX
54　沃尔霍夫方面军
　　梅列茨科夫

帕尔努

卢加

XXXX
18　北方集团军群

塔尔图

普斯科夫

诺夫哥罗德

XXXX
59

里加湾

XXXX
16

伊尔门湖

XXXX
1

文茨皮尔斯

XXXXX
北方集团军群
林德曼
（后由弗里斯纳接任）

里加

XXXX
18

奥斯特罗夫

波罗的第2方面军
波波夫
（后由耶雷门科接任）

XXXXX
北方集团军群
弗里斯纳
（后由舍尔纳接任）

拉脱维亚

雷泽克内

科尔姆

XXXX
22

梅梅尔

希雅乌耶

陶格夫匹尔斯

XXXX
6　卢基

XXXXX
波罗的第1
巴格拉米扬

加里宁格勒

苏维埃斯克

XXXX
3 Pz

XXXX
16

XXXX
3

XXXX
22

XXXX
4

波罗特斯克

考纳斯

XXXX
3 Pz

维捷布斯克

XXXX
5

XXXX
43

瓦兹

东普鲁士

维尔纽斯

白俄罗斯

XXXX
39

斯摩棱斯克

XXXXX
中央集团军群
莱因哈特
（后由布施接任）

格罗德诺

鲍里索夫

奥尔沙

XXXX
11

XXXX
31

比亚韦斯托克

明斯克

莫吉廖夫

XXXX
33

巴拉努瓦斯

XXXX
49

谢德尔采

博布鲁伊斯克

XXXX
50

布良斯克

波　　兰

布列斯特 - 立托夫斯克

XXXX
3

平斯克

XXXX
7
6月7日，
第7集团军
开始进攻

XXXX
32
6月20日，
进攻开始。

芬兰军队将
苏军挡回
U 防线。

彼得罗扎沃德斯克

拉多加湖

XXXX
7
6月7日，
第7集团军

列宁格勒和卡累利阿前线
1944 年 1—10 月

—— 1 月中旬苏军前线
—— 3 月 1 日苏军前线
—— 8 月苏军前线
—— 10 月末苏军前线
← 苏军进攻
→ 德军反攻
◌ 德军被包围的区域

维什尼 - 沃罗切克

加里宁

勒热夫

XXX
西方面军
科涅夫斯基

奥廖尔

使得补给线过长，并且那里地形崎岖。其他几个方案经过一番争论，最后决定在6月对白俄罗斯的德军发动进攻，首要的目标是夺回明斯克。这次攻势的代号是"巴格拉季昂"行动，以19世纪抗击拿破仑的著名俄国将领命名的。这次行动要先派主力部队冲击明斯克附近的德国中央集团军群，击垮德军防御后，再随之进入波兰和罗马尼亚。

6月23日，苏军对德军阵地全线进行了长达2小时的轰炸，标志着进攻的开始。不到24小时，维特博斯克（Vitebsk）的德军就被波罗的海第1方面军和白俄罗斯第3方面军分割并消灭。6月27日，白俄罗斯第1方面军包围了博勃鲁伊斯科（Bobruisk），保卫了德国第9集团军的大部分士兵。此时莫吉廖夫（Mogliev）也快被白俄罗斯第2方面军包围了，德军第4集团军被困在此地。在如果不撤退中央集团军群将被彻底歼灭的情况下，希特勒终于勉为其难地同意撤退。当苏军势不可挡地推进时，希特勒撤掉了集团军群的指挥官——陆军元帅布施。

德国北方集团军群在忍耐炎热气温的同时也承受着苏军高涨斗志形成的重压，到7月3日，明斯克周围的德军被包围，第二天城市被苏军攻占。在此后7天的激烈战斗中，约有4.3万名德军战死。

攻下明斯克后，苏军推进到立陶宛，直逼维尔纽斯。苏军于7月8日抵达并包围了城市，5天后攻下，约有半数的德军逃脱。白俄罗斯第2方面军推进到东普鲁士境内80千米（50英里）处，同时白俄罗斯第1方面军越过维斯瓦河进入波兰。经过68天的战斗，"巴格拉季昂"行动于8月29日结束。苏军把1120千米（700英里）宽的战线整体推进了545～600千米（340～375英

北方

　　到1944年年初，列宁格勒已经被围困了15个月，苏联领导层一直都想为这座城市解围。尽管在1943年开辟了一条通往城内的走廊，但这条走廊依然在德军炮火的攻击范围内。因此，在解放乌克兰和克里米亚半岛的攻势协助下，苏军努力将德军在列宁格勒方向逼退。

　　苏军在北线的攻势于1944年1月14日展开，不过与南方攻势的速度和成就无法相提并论，因为指挥官们不熟悉现在的苏联将军们的战术思想，这也导致追击德军的进展缓慢、配合不佳，让德军逃出了预定的包围圈。

　　尽管如此，到1月30日，列宁格勒还是解围了，但最后的残存德军直到夏天才被完全赶出列宁格勒区域。

　　卡累利阿地峡行动的意图是结束和芬兰的冲突；苏军的数量和经验都远超仅仅参加过冬季战争的芬兰军队，所以芬兰只能节节败退，而苏军重夺了1941年之后被占领的土地。随后双方签订停战协议，苏军可以专心把德军全部赶出苏联了。

游击队

　　南斯拉夫的游击队给德军造成了很多麻烦。在铁托的领导下，游击队活动卓有成效，许多游击队成员都曾有过从军经历。不过数月，游击队成员就超过了7万。由于德军无法控制南斯拉夫全境，游击队实际上掌控了大部分疆域，有些德军据点都处于游击队势力的包围圈中。

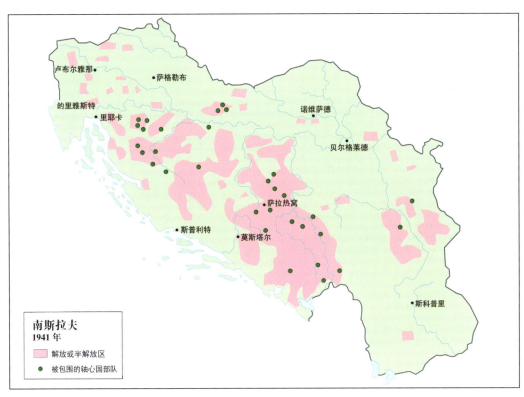

南斯拉夫
1941 年
- 解放或半解放区
- 被包围的轴心国部队

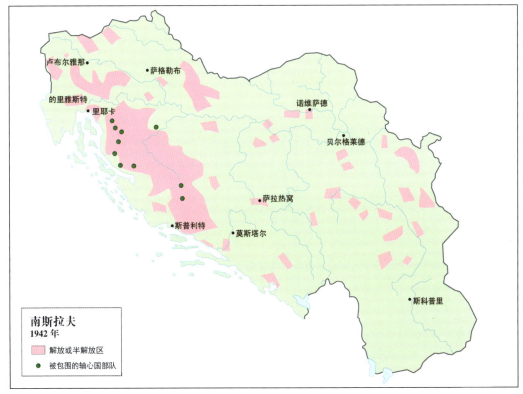

南斯拉夫
1942 年
- 解放或半解放区
- 被包围的轴心国部队

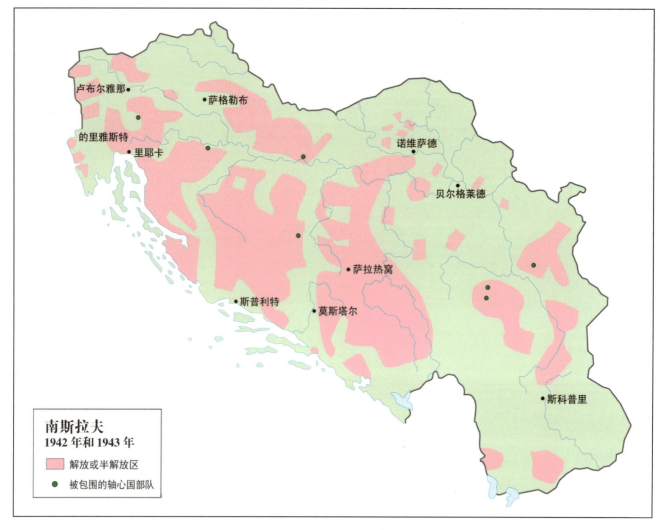

南斯拉夫
1942 年和 1943 年

▨ 解放或半解放区

● 被包围的轴心国部队

里）。"巴格拉季昂"行动对德国中央集团军群造成了沉重而不可挽回的损失，其他阻挡进军的德军也遭到猛烈攻击。此时苏军的位置已经可以轻松地攻击德国本土了。

华沙起义

德军在占领波兰期间对华沙平民实施了惨无人道的暴行，尤其是对犹太人族裔的残酷情况，这最终导致波兰人民在1944年发动了声势浩大的华沙起义。1942年，大约30万犹太人被转移到特雷布林卡（Treblinka）的集中营；当那里的情形传回犹太居住区时，一个反抗组织形成并奋起反抗。

1943年1月一次转移更多犹太人的行动中，部分德军遭遇了当地居民的袭击。德军进行了零星的战斗，但节节退让，因此当1943年4月19日德军闯入犹太居民区试图将居民转

▶ ▶ 一个德军机枪小组观察苏军动向。尽管库尔斯克战役后，德国国防军已经丧失了主动权，但仍是一个危险的对手，因为他们越来越精通反击战了。但德军所有的反击都不能影响大局，胜利的天平显然已经偏向盟军一方。

巴格拉季昂

1944年6月6日盟军在诺曼底登陆后不久，"巴格拉季昂"行动就开始了，其目标是压倒性地击败德军。6月23日，4个苏联方面军对中线的德军发起进攻。

攻势的目标很简单：在明斯克－维贴布斯克－罗加乔夫三角地带包围德军。苏军拥有空中优势和相当大的兵力优势，先包围了德国第53军（LIII Corps），随后又包围了第4集团军。即便如此，希特勒仍拒绝撤退，而等他同意撤退的时候已经太晚了。

因此德军遭遇了一系列灾难。首先，第9集团军在维贴布斯克（Vitebsk）被消灭；然后，6月29日，第9集团军的7万人被围困在巴布鲁伊斯克（Bobruysk），苏军随即大举攻城。

随着苏军突破奥尔沙（Orsha），第4集团军根本无法防御。尽管蒂普尔斯克瑞奇（Tippelskirch）将军无视命令，开始撤退，但到6月30日，他的大部分部队被困在贝尔齐纳河以东，部队或死或俘。到8月末，苏军抵达波罗的海诸国，到了波兰和罗马尼亚的边境。

"巴格拉季昂"行动是德军在第二次世界大战中最惨重的失败。不到1个月时间内，德军损失了将近50万人；看来苏联红军很快就能进入德国本土了。

移到集中营时，一次更大规模的反抗爆发了。超过700个反抗者小队对德军发起攻击，持续将近一个月。德军镇压了这次反抗，共枪杀了7000名俘虏，并将另外5万人送到了集中营。

这些最初的反抗激励了华沙居民，他们决定举行一次大规模的暴动来配合盟军的行动。1944年8月1日，苏联红军抵达城市东部，有4～5万名男女揭竿而起。起义军打算坚持2～6天，以便让苏军有充足的时间赶到并解放这座城市。

起义者的评估不切实际。罗科索夫斯基元帅的最初计划是在8月2日攻入华沙，但情况对波兰"本土军"（Polish Home Army）的计划不利。首先，罗科索夫斯基的白俄罗斯第1方面军需要时间重新部署、稳固补给线，因为这支军队在进军波兰的过程中有28%的伤亡。其次，德军的4个师发动了有力的反攻，将苏军击退。斯大林让问题更加复杂。波兰"本土军"忠于伦敦的流亡政府，但斯大林希望把政权交给波兰全国委员会（Polish National Committee）。当波兰"本土军"公开声明其代表波兰的合法政府时，斯大林拒绝支持起义者，并终止罗科索夫斯基夺取华沙的计划。

德国的反应

德军残酷镇压了起义，迫使"本土军"缩小了在华沙的活动范围，起义6周后，德军试探性地发起了劝降。协商破裂后，白俄罗斯第1方面军于9月10日起再次推进。苏军向华沙挺进的时候，德军把波兰"本土军"赶到了维斯瓦河（波兰称维斯杜拉河）西岸，以免他们和苏军里应外合。英美联军本计划向波兰人空投补给，但斯大林拒绝让其降落在苏联控制的机场，计划只得作罢。尽管后来斯大林改变了想法，但为时已晚。波兰"本土军"被迫在10月2日投降。

罗马尼亚和波兰

1944年8月初，苏军从北线和中线发动的攻势取得了相当大的成功，因此苏军最高统帅部转而计划攻入罗马尼亚。苏军决定让乌克兰第2方面军从雅西（Iasi）的西北部进攻德国和罗马尼亚的守军，然后插入到德国第6集团军的后方。乌克兰第3方面军在宾杰里（Bendery）发动攻击，攻克敌军阵线后，和乌克兰第2方面军会合。其余军队通过打开的

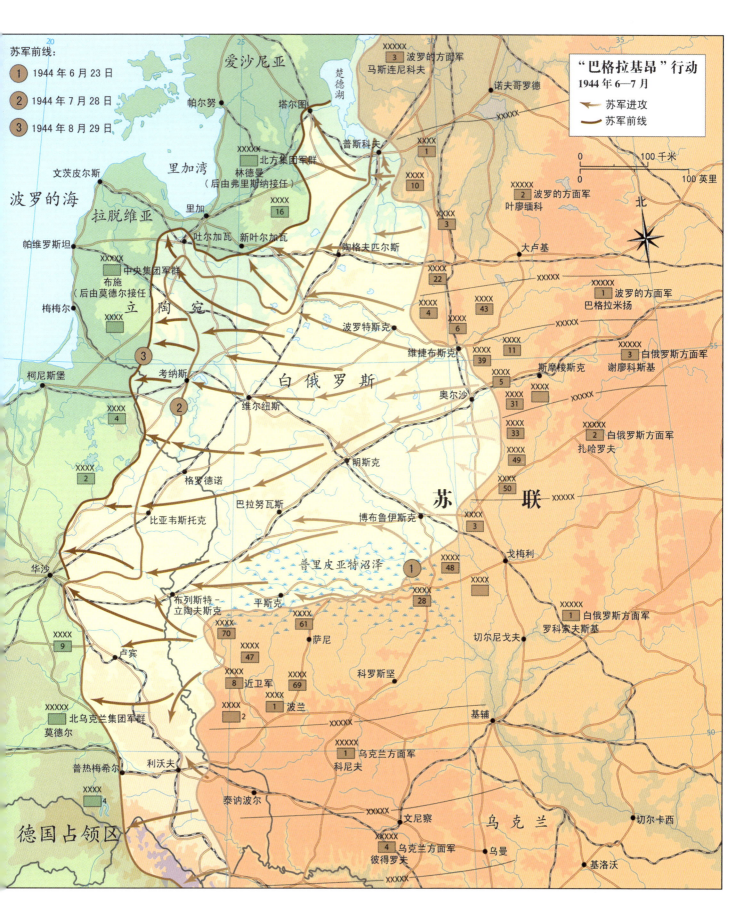

苏军前线：
① 1944 年 6 月 23 日
② 1944 年 7 月 28 日
③ 1944 年 8 月 29 日

爱沙尼亚
楚德湖
帕尔努
塔尔图
普斯科夫

里加湾
XXXXX 北方集团军群
林德曼
（后由弗里斯纳接任）
XXXX 16

波罗的海
拉脱维亚
文茨皮尔斯
里加
帕维罗斯坦
吐尔加瓦 新叶尔加瓦
陶格夫匹尔斯

"巴格拉基昂"行动
1944 年 6—7 月
苏军进攻
苏军前线

XXXX 3 波罗的方面军
马斯连尼科夫
诺夫哥罗德
XXXX 1
XXXX 10
XXXXX 2 波罗的方面军
叶廖缅科
XXXX 3

北
0   100 千米
0   100 英里

大卢基
XXXX 22
XXXXX 1 波罗的方面军
巴格拉米扬
XXXX 4
XXXX 43
XXXX 6
XXXX 11
XXXX 39
XXXXX 3 白俄罗斯方面军
谢廖科斯基
XXXX 5

柯尼斯堡
XXXXX 中央集团军群
布施
（后由莫德尔接任）
XXXX
梅梅尔
立 陶 宛
考纳斯
维尔纽斯
波罗特斯克
维捷布斯克
斯摩棱斯克
奥尔沙
XXXX 31
XXXX 33
XXXX 49
XXXX 50

白 俄 罗 斯
苏
XXXX 2 白俄罗斯方面军
扎哈罗夫

③
②
XXXX 4
XXXX 2
格罗德诺
巴拉努瓦斯
明斯克
博布鲁伊斯克
XXXX 3
联

比亚韦斯托克
①
戈梅利
XXXX 48
XXXX
切尔尼戈夫
罗科索夫斯基

普里皮亚特沼泽
XXXX 28
XXXXX 1 白俄罗斯方面军

华沙
布列斯特—
立陶夫斯克
平斯克
XXXX 61
XXXX 9
卢宾
XXXX 70
萨尼
XXXX 47
科罗斯坚
基辅

XXXX 8 近卫军
XXXX 69
XXXX 1 波兰
XXXX 2
XXXXX 北乌克兰集团军群
莫德尔
XXXXX 1 乌克兰方面军
科尼夫
普热梅希尔
利沃夫
泰讷波尔
文尼察
乌克兰
切尔卡西
XXXX 4
XXXXX 4 乌克兰方面军
彼得罗夫
乌曼
基洛沃

德国占领区

起义

　　由于附近的苏军不提供帮助，波兰"本土军"解放华沙的行动最终失败了。

　　波兰"本土军"从一开始就处于不利地位，武器和装备都很欠缺，而德军尽管在和苏联的战斗中损失不小，但还是拥有足够的坦克、火炮和重型武器，可以很轻易地击败没有外部帮助的起义军。

　　在起义的初始阶段，德军被赶出了华沙的部分区域，但"本土军"没能控制住维斯瓦河的桥梁，也就无法和苏军连成一气。一旦德军努力回击，在华沙街头的巷战中很快就把波兰人打了回去。

　　在海因里希·希姆莱的命令下，德军处决了大量平民，并开始彻底毁灭华沙城。战斗在10月2日结束，这座城市中至少75%的建筑被摧毁（有些数据说超过90%），根据估算的伤亡数据，波兰人民的死伤人数在15万~20万人之间，同时有大约1.7万名德军被打死。

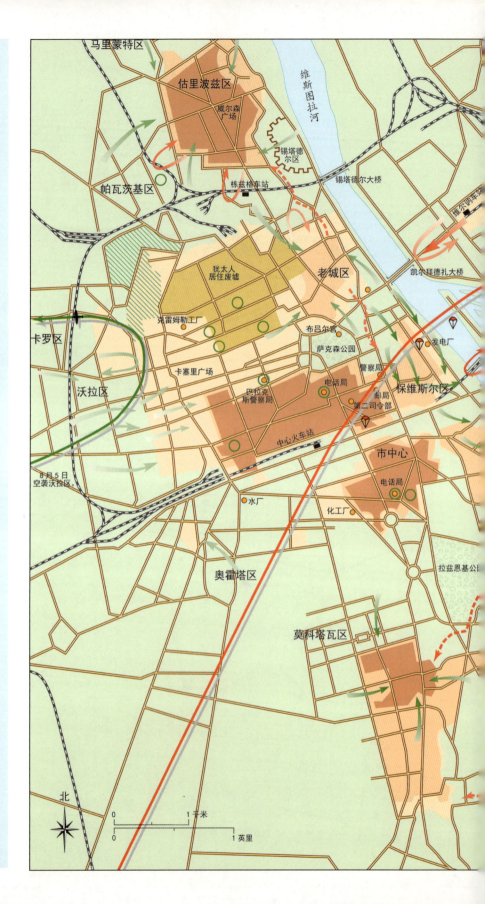

8月14—15日,从意大利南部空军基地起飞的英国飞机给被波兰内地军空投补给品。

火车东站

尼亚托斯基大桥

萨斯卡-凯帕区

切尔涅卡瓦斯基港

尔兹区

切尔涅卡瓦区

30日—9月2日
波兰内地军撤退

沙迪巴区

波罗的海

芬兰湾

斯德哥尔摩　赫尔辛基　科塔拉　维堡

塔林　　列宁格勒

爱沙尼亚　纳尔瓦　普希金　沃尔霍夫

帕尔努

塔尔图　卢加　诺夫哥罗德

里加湾

普斯科夫　旧鲁萨

里加

拉脱维亚　卢基

帕维洛斯塔

立陶宛　希雅乌耶　陶格夫匹尔斯

苏维埃茨克　波罗特斯克

柯尼斯堡　考纳斯　维捷布斯克

维尔纽斯　奥尔沙　斯摩棱斯克

比亚韦斯托克　明斯克　莫吉廖夫

巴拉努瓦斯　博布鲁伊斯克

华沙　白俄罗斯　戈梅利

谢德尔采
布列斯特-立陶夫斯克　平斯克

卢宾　科瓦尔　苏联

切尔尼戈夫

吕特斯特　科罗斯坚

雅罗斯瓦夫　罗夫诺　涅任　科诺托普

普热梅希尔　利沃夫　日托米尔　基辅

塔尔诺波尔　别尔季切夫

乌日哥罗德　凯米尔尼兹基　文尼察

斯坦尼斯拉夫

穆卡切沃　卡缅涅茨-波多利斯基

解放巴尔干

　　由于相当一部分罗马尼亚军队已经不想再为轴心国卖命，苏军在进入罗马尼亚后的进展相当顺利。8月20日，乌克兰第2和第3方面军发起攻势。乌克兰第3方面军打入宾杰里（Bendery）附近德军两个师之间的接合部。在战线的其他地段，罗马尼亚军对于苏军的抵抗都并不顽强，且在战斗开始后很快逃之夭夭，任由苏军向着目标长驱直入。

　　德国–罗马尼亚前线很快崩溃，位于雅西（Iassy）东南突出部的德国第6集团军为了避免被全歼，不得不快速撤退。这让卡罗尔二世国王有机会将亲纳粹的首相安东内斯库（Antonescu）撤职。

　　国王立刻派遣使者和盟军商谈休战事宜。有鉴于此，一支混合的德军战斗群开往布加勒斯特（Bucharest），但他们很快就发现，尽管罗马尼亚人不太愿意抗击苏军，但他们决心抗击德军。

　　德军未能攻取罗马尼亚首都，因而德军指挥官弗里斯纳元帅下令用空袭暗杀卡罗尔二世国王，暗杀失败了，但很多罗马尼亚人因此丧生。而这次攻击也让整个国家团结起来，对德宣战的决议正式被批准。

▼ 在匈牙利的战场上，一支苏联红军反坦克步枪小队在等待目标出现，后方一辆T–34坦克正在搭载步兵穿越战场。到1944年，苏联红军的将领、指挥官、军士已经经验丰富、效率高超。苏联红军还用"闪电战"战术还治彼身，对空前虚弱的德军发动不断的进攻。

苏军进军罗马尼亚和匈牙利
1944年8月8日—12月15日

8月苏军前线
9月中旬苏军前线
12月中旬苏军前线
苏军进攻
罗马尼亚和保加利亚进攻
德军反攻
德军撤退
据称，希腊游击队进攻方位

0   100 千米
0   100 英里

北

地名（按地图位置）：

奥地利　维也纳　布拉迪斯拉发
格拉茨　瓦拉日丁　匈牙利　布达佩斯
尼赖吉哈佐　彼得罗夫　乌克兰第4方面军　博托沙尼
德布勒森　奥拉迪亚　代日科卢日　雅西　巴克乌
马利诺夫斯基　乌克兰第2方面军　加拉茨
塞格德　阿拉德　切伯蒂察　锡比乌　布拉索夫　罗马尼亚　图尔恰
萨格勒布　卡尔洛瓦茨　近卫军　托尔布欣　皮特什蒂　普洛耶什蒂
铁托游击队　贝尔格莱德　塞维林堡　乌特兰第3方面军　布泽乌　康斯坦察
巴尼亚卢卡　克拉约瓦　布加勒斯特
F集团军群　魏克斯　特拉夫尼克　维丁　久尔久　鲁塞　瓦尔纳
萨拉热窝　铁托乌日采　黑海
杜布罗夫尼克　米特罗维察　尼什　索非亚　保加利亚　布尔加斯
普里什蒂纳　旧扎戈拉
亚得里亚海　斯科普里　红斯腾迪尔　普罗夫迪夫　哈斯科沃　埃迪尔内
阿尔巴尼亚　比托拉　兹拉马　克桑西　科莫蒂尼　伊斯坦布尔
塔拉特　F集团军群　勒尔　埃泽萨　塞萨洛尼基　亚历山德鲁波利斯
意大利　布林迪西　阿尔巴尼亚游击队　科扎尼　卡泰里尼　萨索斯岛　马尔马拉海
希腊游击队　萨莫色雷斯岛
克基拉岛　到阿尼纳　特里卡拉　拉里萨　利姆诺斯岛　爱琴海　土耳其
阿尔塔　希腊　拉米亚　伊兹密尔
迈索隆吉翁　帕特雷　阿尔基斯　希俄斯岛　莱斯沃斯岛
科林斯　马拉松　安德罗斯岛　蒂诺斯岛
皮尔戈斯　雅典　纳克索斯岛
卡拉迈　特里波利斯
莫奈姆瓦夏　克里特岛

进军布达佩斯

由于苏联红军进军罗马尼亚，此后德军在巴尔干半岛的情势迅速恶化。希特勒一直不放心他在巴尔干半岛的盟友，当苏联红军接近时，他的怀疑得到证实。罗马尼亚和保加利亚都很快转变了立场。

德国意识到，希腊、克里特岛和阿尔巴尼亚的德军很可能陷入孤军奋战的境地，因而决定撤退。此地区的战争焦点转移到了希腊左翼和保皇党的内战。保皇党有英国的支持，而左翼却无法得到斯大林的援助。对于希腊成为英国的势力范围，斯大林相当满意，因而希腊左翼也只能自力更生了。

到9月初，苏军进入匈牙利东部，1944年8月6日至28日，乌克兰第2方面军着手消灭德军的南方集团军群和F集团军群，以便让乌克兰第4方面军进军布达佩斯（Budapest）。

同时，德国在南斯拉夫的军队则遭遇苏联红军和铁托游击队的双重打击。尽管贝尔格莱德在10月15日解放，德军仍坚持战斗，直到1945年5月，最后一支在南斯拉夫的德国军队一直战斗到希特勒自杀两周后。

缺口，开赴布加勒斯特和普洛耶什蒂的油田。

攻势在8月20日开始，尽管宾杰里的攻势停滞不前，但北部区域的罗马尼亚军队分崩离析了。苏军的攻势继续，显然除了北方的抵抗之外，罗马尼亚军队因为国王卡罗尔二世解散政府而成了无头苍蝇，因而和苏军达成了休战协议。德国对此事的反应是在8月24日派出刺客暗杀国王，这只能导致罗马尼亚背叛曾经的盟友——罗马尼亚第二天向德国宣战。到了这个月底，苏军占领了宝贵的油田，并进入了布加勒斯特。德军全面溃退。

巴尔干半岛

苏联没用多久就在罗马尼亚取得胜利，很大程度上受益于保加利亚的局势。尽管保加利亚是轴心国的成员，但这时候他们并没有和苏联开战。索菲亚政府一再宣称中立，并要求从罗马尼亚撤退回来的德军交出武器，并随即拘禁了手无寸铁的士兵。

保加利亚政府随后和美国、英国商讨休战协议，但没能阻止苏联在1944年9月5日宣战。苏联的乌克兰第3方面军继续西进并侵入保加利亚，保加利亚的反应和罗马尼亚类似：新政府上台，并迅速在9月9日对德宣战。保加利亚军队并入了苏军，一起向南斯卡夫开进。

罗马尼亚境内的小股苏军清扫了喀尔巴阡山的西南部，同时乌克兰第3方面军沿多瑙河挺进南斯拉夫。乌克兰第3方面军短暂休整后，于9月25日跨入南斯拉夫边境。苏军和游击队一起向南斯拉夫首都贝尔格莱德挺进，并于1944年10月15日抵达。

德军在希腊的处境同样糟糕，由于南斯拉夫的撤退，他们也开始紧急撤退。近3年来，他们一直遭到左翼和保皇派的抵抗。由于派别众多，抵抗运动的关系非常复杂，各派之间互不信任。亲共和亲皇派团体只是互不信任，有的派别则水火不容，彼此之间的恨意甚至超过对德国人的仇恨。

1944年10月12日，英军登陆希腊，目的是协助流亡政府重掌大权。他们发现痛苦的内战即将爆发。希腊在1944年11月4日被解放，但内战一直持续了数年。

到1945年年初，德国的情势变得危机四伏。北部的桥头堡梅梅尔和库尔兰都面临陷落的危险；苏军控制了大部分波罗的海国家的领土，而第二波攻势就要从东普鲁士清扫德军。

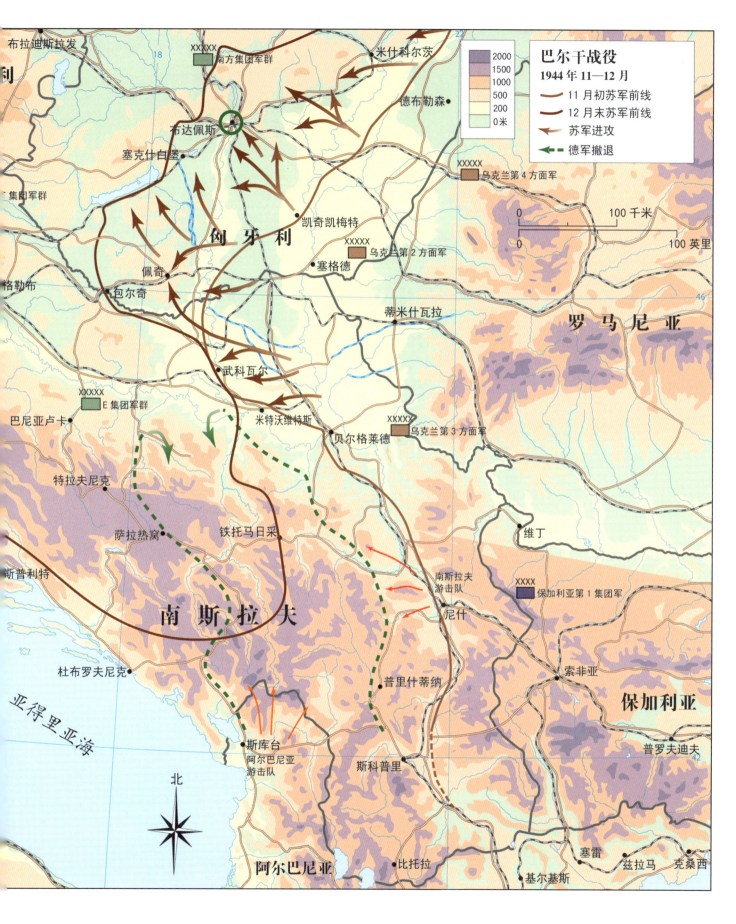

布拉迪斯拉发

XXXXX 南方集团军群

米什科尔茨

德布勒森

布达佩斯

塞克什白堡

凯奇凯梅特

XXXXX 乌克兰第 4 方面军

匈 牙 利

XXXXX 乌克兰第 2 方面军

塞格德

佩奇

包尔奇

蒂米什瓦拉

罗 马 尼 亚

格勒布

武科瓦尔

XXXXX E 集团军群

巴尼亚卢卡

米特沃维特斯

贝尔格莱德

XXXXX 乌克兰第 3 方面军

特拉夫尼克

维丁

萨拉热窝

铁托马日采

南 斯 拉 夫

南斯拉夫
游击队

XXXX 保加利亚第 1 集团军

尼什

索非亚

杜布罗夫尼克

亚 得 里 亚 海

普里什蒂纳

保 加 利 亚

普罗夫迪夫

斯普利特

斯库台
阿尔巴尼亚
游击队

斯科普里

北

塞雷

兹拉马 克桑西

阿 尔 巴 尼 亚

比托拉

基尔基斯

巴尔干战役
1944 年 11—12 月

| 2000 |
| 1500 |
| 1000 |
| 500 |
| 200 |
| 0 米 |

—— 11 月初苏军前线
—— 12 月末苏军前线
← 苏军进攻
⇠ 德军撤退

0   100 千米
0   100 英里

普里什蒂纳

丘斯滕迪尔

旧扎戈拉

斯科普里

保加利亚

普罗夫迪夫

联盟对象由德国改为苏联

哈斯科沃

埃迪尔内

南斯拉夫

阿尔巴尼亚

比托拉

兹拉马

科莫蒂尼

塞雷

克桑西

亚历山德鲁波利斯

培拉特

埃泽萨

基尔基斯

萨索斯岛

萨莫色雷斯岛

科扎尼

塞萨洛尼基

约阿尼纳

卡泰里尼

利姆诺斯岛

克基拉岛

希腊

特里卡拉

拉里萨

爱琴海

阿尔塔

拉米亚

莱斯沃斯岛

伊奥尼亚海

迈索隆吉翁

希俄斯岛

伊兹密尔

帕特雷

哈尔基斯

马拉松

皮尔戈斯

科林斯

雅典

安德罗斯岛

特里波利斯

蒂诺斯

北

纳克索斯岛

卡拉迈

莫奈姆瓦夏

10月12日,
英军到达。

0 100 千米

0 100 英里

克里特岛

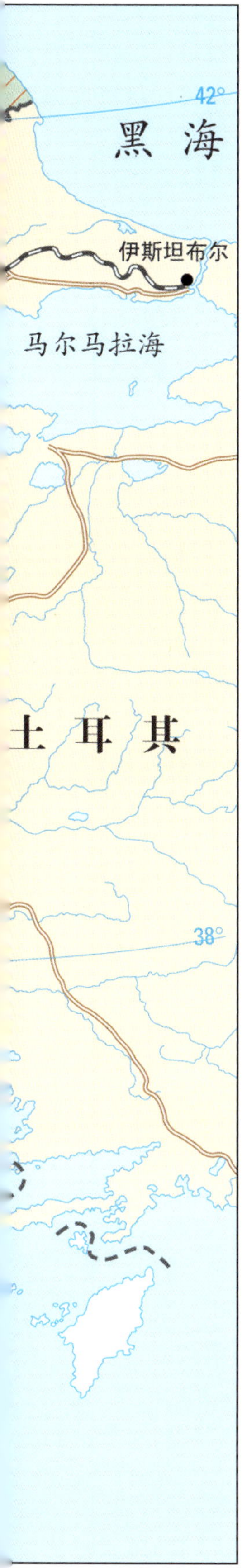

1945年1月13日，白俄罗斯第3方面军开始进攻柯尼斯堡。攻击进展不顺，德军进行了顽强抵抗，攻势一度停滞。切尔尼亚霍夫斯基（Chernyakovsky）元帅重新部署军队，在1月20日突破了德军阵线。大军开往柯尼斯堡，不到一周苏军就几乎包围了城市。苏军坦克几乎攻入了柯尼斯堡，就在此时被德军的6辆突击炮击退。苏军在1月29日、30日完成了围城，开始围攻。

2月19日柯尼斯堡的围城战结束，德军第5装甲师和第1步兵师突围成功，加入第18集团军后前出至萨姆兰，从而形成了一条狭窄走廊，可以疏散居民。苏军的攻势一度陷入停顿，最主要原因可能是切尔尼亚霍夫斯基阵亡。华西列夫斯基继任指挥官，立刻把波罗的海第1方面军纳入麾下。接手指挥权、安排协同作战让华西列夫斯基用了一些时间，但他很快就准备好再次发动攻击了。

德军在拉什将军的指挥下利用间歇期重整旗鼓，加强了城市内的防御工事。但这不足以抵挡住苏军，拉什明确表示应该开始撤退。他获准进行有限的疏散，但在完成之前，苏军就在4月2日开始进攻了。

苏军以第11近卫集团军为先导发起进攻，到4月6日，他们已经攻破了德军阵线。两天后，近卫军和苏联第43集团军汇合，切断了柯尼斯堡和东普鲁士剩余地区的联系。拉什知道此地不易防守，4月10日，为了避免不必要的伤亡，拉什宣布投降。

布达佩斯和维也纳

成功地在罗马尼亚击败德军后，苏联红军进入匈牙利。罗马尼亚和保加利亚政府决定加入盟军对德作战，这让希特勒的同盟国匈牙利

解放希腊

1944年10—11月

- 10 月 12 日英军抵达
- 截至 11 月 4 日，德军完成撤退
- ELAS 游击队
- EOA 游击队
- ES 游击队
- SNOF 游击队
- PAO 游击队
- EDES 游击队
- EKKA 游击队

进军柯尼斯堡
1944年10月—1945年4月

— 10月底的苏军前线
— 4月的苏军前线
← 苏军进攻
⇠ 德军撤退
◯ 德军被包围地点

于韦斯屈莱

坦佩雷

芬 兰

卡累利阿地峡

科特卡

赫尔辛基

芬 兰 湾

塔林

纳尔瓦

XXXXX
列宁格勒方面军
戈沃罗夫

佩普西湖

派尔努

塔尔图

普斯科夫

波 罗 的 海

里加湾

XXXXX
北方集团军群
舍纳尔
（1月前）

XXXXX
波罗的海第2方面军
波波夫
（后来由叶廖缅科接替）

奥斯特洛夫

文茨皮尔斯

XXXXX
北方集团军群
（后来的库兰）

里加

涅日克内

北

梅梅尔

希奥利艾

XXXXX
波罗的海第1方面军
巴格拉米扬

陶格夫匹尔斯

苏 联

柯尼斯堡

蒂尔西特

XXXX

考纳斯

波洛茨克

XXXXX
中央集团军群

XXXXX
白俄罗斯第3方面军
切尔尼亚霍夫斯基
（2月）

维尔尼亚

1500
600
300
0米

0   100千米
0   100英里

柯尼斯堡

当苏军穿越波罗的海诸国时，德军被压缩到里加湾周围的区域内，之后又被赶入库尔兰 (Courland)，并在此处。1945年1月，苏军已经沿着东普鲁士一路推进至柯尼斯堡。

尽管苏军指挥员切尔尼亚霍夫斯基将军在1月18日去世，他的继任者华西列夫斯基将军还是重组了白俄罗斯第3方面军，并在3月初重新发起对德军的攻势。他选择进攻黑利津贝尔的德军第4集团军，之后再进攻柯尼斯堡。1945年3月13日至28日，激烈战斗在该地区打响，最终德军第4集团军全军覆没。在黑利津贝尔的战斗还未完全结束时，华西列夫斯基就将一部分军队调往了柯尼斯堡。

德军在此城内的指挥官是奥托·拉什，他尽力构筑防线，但只能用19世纪的旧防御工事作为基础。外围的防线则主要依靠1874—1882年间建造的12座坚固堡垒，内部防线的堡垒也是差不多同一时期的。尽管堡垒很坚固，但敌不过苏军的炮火。德军在苏军无情的打击下逐步退却，柯尼斯堡最终无险可守。1945年4月10日，拉什投降。

柯尼斯堡战役

— 4月5日德军前线
— 4月8日德军前线
— 4月9日德军前线
→ 德军反击
← 苏军进攻

德军防线
⌐⌐⌐ 外防线
⌐_⌐ 第一道防线
-□-□- 第二道防线
◆◆◆ 第三道防线

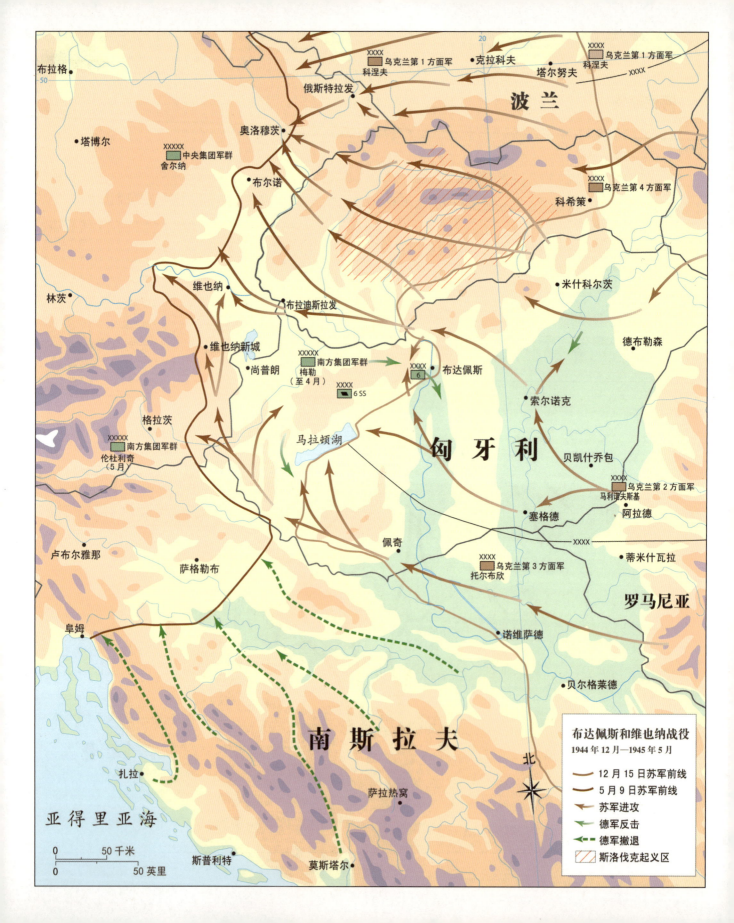

布拉格•

波 兰

XXXX 乌克兰第1方面军
科涅夫   •克拉科夫   •塔尔努夫   XXXX 乌克兰第1方面军
科涅夫

•塔博尔

•俄斯特拉发

XXXXX 中央集团军群
舍尔纳

•奥洛穆茨

•布尔诺   XXXX 乌克兰第4方面军
科希策•

•维也纳
林茨•   •布拉迪斯拉发   •米什科尔茨

•维也纳新城   •德布勒森

•尚普朗   XXXXX 南方集团军群
梅勒
（至4月）   XXXX
6 SS   XXXX
6 •布达佩斯

•格拉茨   •索尔诺克

XXXXX 南方集团军群
伦杜利奇
（5月）   马拉顿湖   •贝凯什乔包

XXXX 乌克兰第2方面军
马利诺夫斯基
•阿拉德

•塞格德

•卢布尔雅那   •萨格勒布   •佩奇   XXXX 乌克兰第3方面军
托尔布欣   •蒂米什瓦拉

罗马尼亚

•诺维萨德

•阜姆   •贝尔格莱德

北

南 斯 拉 夫

亚得里亚海   萨拉热窝•

布达佩斯和维也纳战役
1944年12月—1945年5月

| ——— 12月15日苏军前线
| ——— 5月9日苏军前线
| ↢ 苏军进攻
| ↢ 德军反击
| ⇠ 德军撤退
| ▨ 斯洛伐克起义区

0   50 千米
0   50 英里

•扎拉

斯普利特•   莫斯塔尔•

陷入了严重的危机。希特勒尝试鼓励匈牙利领导人霍尔蒂上将继续抵抗,并许
诺将部分罗马尼亚领土划给匈牙利。尽管匈牙利人对这个提议很感兴趣,但霍
尔蒂并不确定希特勒能够提供多少帮助,毕竟他的军队已经面临灭顶之灾。霍
尔蒂和苏联展开秘密谈判,但这不足以阻止苏军在1944年10月6日发动攻势。不
到3天,苏军就推进到了离布达佩斯不足112千米(70英里)的地方,匈牙利首
都大为震动。

　　霍尔蒂缺乏抗击苏军的决心,希特勒决定敲打一下布达佩斯的领导层。
由奥托·斯科尔兹内指挥的党卫军突击队的一个小队绑架了霍尔蒂的儿子,
试图以此让匈牙利的领袖坚定决心。但霍尔蒂决定让位,由亲纳粹的萨拉
希·费伦茨(Ferenc Szálasi)在10月16日顶替了他。在领导人更迭的6天前,2
个德国装甲师已经分割了苏军3个投入进攻的集团军,因而情况对其有利。苏
军花了4天才摆脱困境,但已经严重贻误战机。10月20日,德军在尼赖吉哈佐
(Nyíregyháza)镇取得了更惊人的胜利,严重打击了另外3个苏联集团军。

　　这些胜仗显示德军尚未被击溃,但并未扭转战局。苏军重新展开攻势,到
这个月末,苏军坦克距离布达佩斯已经不足80千米(50英里)。

　　马林诺夫斯基将军要求斯大林再给他5天时间,以便让乌克兰第2方面军
做好进攻布达佩斯的准备,但斯大林命令他立刻展开进攻。进攻进展缓慢,
乌克兰第3方面军加入进来。尽管布达佩斯在圣诞节被包围,但此后又在佩斯
(Pest)前展开了数周的激烈巷战,之后苏军封锁了布达(Buda),直到1945年
2月13日才攻下来。

　　苏军此前在巴拉顿湖周围的行动,让他们有机会趁势进入奥地利,攻下维
也纳后,苏军就能全歼匈牙利境内的残余德军。进攻维也纳的战斗开始于3月16
日,苏军进行了有条不紊的推进。到4月5日,他们距离维也纳已不足8千米(5英
里),攻打奥地利首都的战斗开始了。仅仅过了7天,维也纳就被苏军攻破了。

进军奥得河

　　到1944年年末,希特勒的注意力从东线转移到了大胆但过于乐观的阿登高
地攻势上。尽管遭到将军们的反对,他最终还是拒绝承认阿登高地行动会让东
线的苏军更容易攻击德国。他认为苏军已经连续作战4个月,无力再发起其他攻
势了。

　　事实上,阿登高地攻势反而对苏军更有利,就像德军将领害怕的那样,调
遣部队到西欧意味着他们无力对抗苏军的进攻。为了应对匈牙利危机,希特勒
调离了维斯瓦河的守军。这等于帮了苏军的忙,他们早在1944年10月就开始准备

布达佩斯包围战

　　进攻匈牙利首都的战斗开始于1944年10月6日攻打杜克拉山口(Dukla Pass)的战斗。德军的反攻拖延了苏军前进的步伐,但尽管德军尚未完全崩溃,却已经无力阻止苏军在1944年12月24日包围双子城布达和佩斯。

　　苏军先攻打佩斯,但这个城市的布局——规模巨大,工厂和街道易于建造防御工事,不利于坦克行进——意味着攻城的任务很困难。苏军步步为营,与德军逐屋争夺,终于在1945年1月12日抵达赛马场。这里曾是德军的空运补给站,它被攻克意味着德军无法再坚持多久了,最终德军在1月18日投降。对布达城的攻势也同样艰难,且进展缓慢,依然是逐街推进,直到2月12日1.6万名卫戍部队突围失败后,残存的少量轴心国军队才在第二天投降。

　　之后苏军进军奥地利。攻势开始不到1个月(1945年3月16日),苏军已抵达维也纳郊区。4月5日到9日的战斗很激烈,但到4月10日苏军已经占据上风,3天后这座城市就被攻克。

北方集团军群
伦杜利克
（后由威斯接任）

XXXXX

维斯杜拉集团军群
希姆莱
（后由海因里奇接任）

XXXXX

柯尼斯堡

劳恩堡

斯塔尔普

格丁尼亚
但泽

5月9日，
被困守军
最终投降。

XXXX
4 穆勒

克斯林

科尔贝格

斯德丁

霍伊尼采

奥斯特鲁达

奥尔什丁

格鲁琼兹

施耐德姆赫尔

布隆贝格

波 兰

伊诺费罗茨瓦夫

莫德林

兰茨贝格

弗沃茨瓦韦克

奥得河畔
法兰克福

普沃茨克

波兹南

库特索

华沙

古本

格林贝格

莱什诺

卡利什

罗兹

托马舒夫

德 国

凯尔采

A集团军群
XXXXX 舍尔纳

布雷斯劳

琴斯托霍瓦

奥珀伦

因斯特堡

东普鲁士

卡尔瓦里亚

苏瓦乌凯

格罗德诺

沃姆扎 　比亚韦斯托克

XXXX
白俄罗斯第 2 方面军
罗科索夫斯基

苏 联

布列斯特
－立陶夫斯克

谢德尔采

XXXX
白俄罗斯第 1 方面军
朱可夫

拉多姆

卢布林

XXXX
乌克兰第 1 方面军
科涅夫

进军奥得河

1945年1—2月

1月12日苏军前线

2月4日苏军前线

苏军进攻

被苏军隔离和绕开
的"要塞城市"

3月初德军"飞地"

1945年的攻势了。

大约220万名苏军在维斯瓦河对岸集结，1月初时到达适当位置。为了协助西线的战斗，斯大林将攻势提前了8天，于1945年1月12日开始。凌晨4点半，攻势在暴风雪中开始，首先是对德军的大规模轰炸和炮击。30分钟后轰炸和炮击停止，苏军向前推进。苏军突入德军阵线3千米（2英里），然后攻势一度停顿。

10点钟，另一波针对德军阵线的大规模炮击开始，持续了1小时45分钟。炮击中，德军第4装甲集团军的指挥部被炸毁，德军完全丧失了战斗力，苏军的坦克和步兵进攻时德军已经乱作一团。由于此前的大规模炮击，一些德军被困在战壕里无法移动，另外一些则转身和苏军对攻起来。

苏军迅速撕开了德军防线，这天结束时，40千米（25英里）宽的阵线已经深入了22千米（14英里）。第二天，苏军坦克跨越冰冷的乡村，切断了华沙和克拉科夫之间的交通线。德军从华沙撤退，留下克拉科夫和西里西亚成为苏军

奥得河

苏军的维斯瓦河－奥得河行动因其规模大、范围广而著称。希特勒决定继续在西线发动攻势，意味着德军腹背受敌，但又几乎没可能分身去东线迎战苏军的新攻势。希特勒盲目自信地认为，近四个月的战局很稳定，意味着苏军近期不会发动攻势，因而东线的德军没有充足的后备部队，导致40万名德军要面对220万名苏军。

维斯瓦河－奥得河战役在1945年1月12日发起，随后进展迅速。在大规模炮火轰炸下，德军很快崩溃，不得不从华沙撤退。希特勒的反应是撤职了一大批将军，将指挥权更多收归自己，导致军队毫无主动权可言。克拉科夫和西里西亚很快被攻克，到月末，朱可夫的先锋部队已经到达奥得河岸边。

斯大林在2月2日下令终止攻势，以便有时间准备柏林之战。这次行动非常成功，共在两周内推进了480千米（300英里），并消灭了德国中央集团军群。

的目标。科涅夫的乌克兰第1方面军负责攻下克拉科夫和西里西亚，然后攻向布雷斯劳。克拉科夫很快就被攻下，德军及时撤退，避免了被包围。

西里西亚要困难得多，它的工业化程度很高，防御很强。为避免重蹈斯大林格勒的覆辙，科涅夫将军队转向90度，沿着奥得河的右岸进军。德军为了避免被围再次撤退。

朱可夫在波兹南包围了6万名德军，然后向奥得河进军，他的军队于1月的最后一天抵达。第5突击集团军跨过了河流，完成了最后一击，然后在斯大林的命令下于1945年2月2日停下。停止的原因有两个：第一，积雪融化，导致河水暴涨，必须等到水流平稳才能过河，而希特勒将此视为天意，他的运气很快就会好转——还真是乐观。第二，斯大林认为军队需要时间休整，以便夺得最后的战利品：柏林。

目标柏林

到1945年3月，柏林显然很快就会成为战场。希特勒发布命令，要求德国军队守

▼ 匈牙利军队构筑防御工事，准备迎战苏联红军。匈牙利是希特勒的自愿盟友，因而苏军必须艰苦战斗，直到攻陷首都布达佩斯。其他轴心国则没有对苏军造成这么大的困难，罗马尼亚和保加利亚在时机成熟时都很快倒戈了。

卫首都，但命令辞藻华丽却缺乏实质内容。希特勒的过度自信让事情更加糟糕，柏林"堡垒"计划还没有完全实施。确实，城市内很多部分都缺乏防御阵地。

尽管困难重重，到4月的第2周，防御柏林的计划还是制订好了，但德国的情势也很清楚了。德军严重缺乏弹药，尤其是火炮，由于缺乏运输车辆，燃料补给不足，德军的移动也受到阻碍——坦克无法开动，残余的空军完全瘫痪。而且，尽管柏林守军有百万之众，但多是不到参军年龄的孩子和老人，以及此前不具备兵役资格的人。他们最缺乏的是基本训练，但已经下定决心抵抗苏军，因为他们被灌输称苏军会在攻克柏林后生灵涂炭。

希特勒自己住进了总理府的地下掩体，制订打退苏军的乐观计划。4月12日，罗斯福总统去世的消息传来，希特勒大为振奋。希特勒认为这是个好兆头，他觉得最终可以达成一份协议，而不用无条件投降了。此后两天，希特勒甚至觉得可能反败为胜，因为德军在易北河桥头堡击退了美军。

这都是错觉：总统的去世和战略撤退并不能阻止美军赢得战争。希特勒的乐观也完全忽视了苏军马上就要开始进攻。苏军从2月起就行了规模最大、最复杂的军队调动，现在的态势对他们攻击敌军首都极为有利。苏军拥有超过250万人的兵力、6000辆坦克和装甲车、4.5万门大炮和火箭发射车，以及充足的食物和弹药供给，他们在1945年4月中旬准备好了。

守军还面临着更困难的局面，英美联军已经更加深入德国西部了，似乎在证明德国同时在两边开战是不明智的。斯大林认为美国人可能会偷走他占领柏林的荣耀，尽管美国一再保证无意于此。斯大林不用久等了，4月16日，进攻柏林的战斗开始了。

德意志的终结

进攻柏林的计划简单而残忍：苏军在宽泛的前线发动大规模进攻，包围并消灭德军。朱可夫的白俄罗斯第1方面军离德国首都最近，他们从奥得河西岸的库斯特林（Küstrin）附近发动进攻，直扑柏林。科涅夫则让他的乌克兰第1方面军跨过奈塞河（Neisse），从西南方攻击敌人的首都，同时罗科索夫斯基则在斯德丁（Stettin）附近进攻，牵制住残留的德国第3装甲军，使他们无法援助被包围的柏林守军。

这个计划让科涅夫很愤怒。他和朱可夫的竞赛变得白热化，无疑，科涅夫因为攻克柏林这一殊荣被交给了斯大林任命的大本营代表朱可夫而心生嫉妒。这些自负的私心杂念对后来的战斗有重要影响，斯大林也利用这一诱惑激励二人。

1945年4月16日凌晨3点，朱可夫的部队开始进攻泽洛高地（Seelow Heights）。超过100万枚炮弹落在德军阵地上，伴随的还有猛烈的空袭。在维斯瓦河–奥得河战役中，猛烈的炮火让敌军无法动弹，但这次不同了。朱可夫的部队当天未能突破，科涅

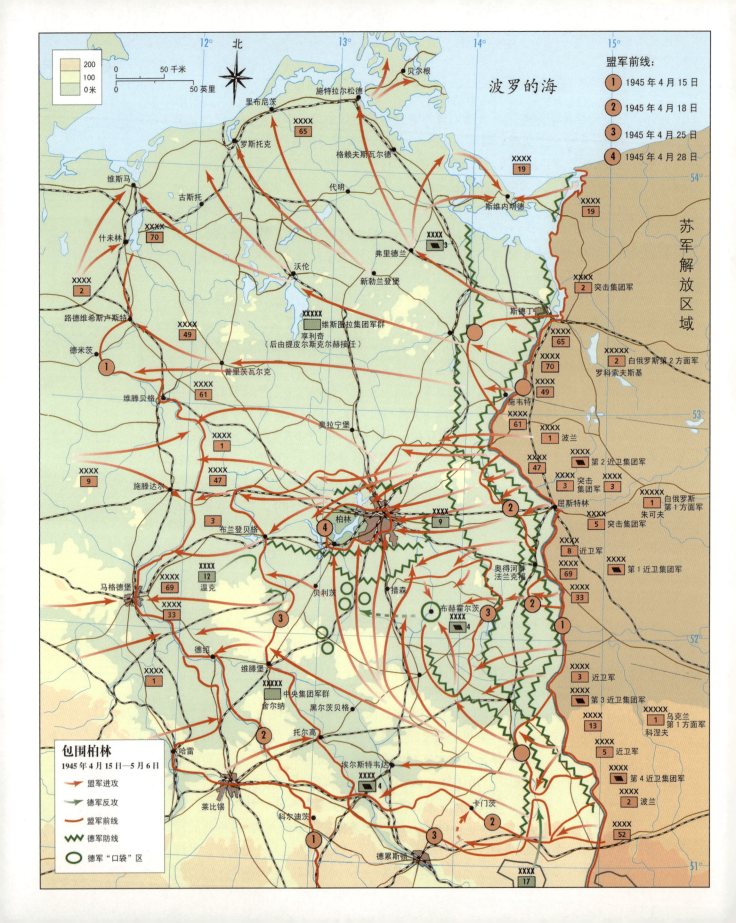

包围柏林

1945年4月15日—5月6日

盟军前线:
① 1945年4月15日
② 1945年4月18日
③ 1945年4月25日
④ 1945年4月28日

波罗的海

苏军解放区域

北

12° 13° 14° 15° 54° 53° 52° 51°

贝尔根
施特拉尔松德
里布尼茨
罗斯托克
格赖夫斯瓦尔德
XXXX 65
代明
XXXX 19
维斯马
古斯托
斯维内明德
XXXX 19
什未林
XXXX 70
弗里德兰
XXXX 3
新勒兰登堡
沃伦
XXXX 2
斯德丁
XXXX 2 突击集团军
路德维希斯卢斯特
维斯图拉集团军群
（后由提皮尔斯克尔赫接任）
享利奇
XXXX 65
XXXX 2 白俄罗斯第2方面军
罗科索夫斯基
德米茨
① 普里茨瓦尔克
XXXX 70
XXXX 49
维滕贝格
XXXX 61
奥拉宁堡
施韦特
XXXX 49
XXXX 61
XXXX 1 波兰
XXXX 9
XXXX 1
施滕达尔
XXXX 47
XXXX 47
XXXX 3 突击集团军
XXXX 3
布兰登贝格
XXXX 3
柏林
④
XXXX 9
屈斯特林
XXXX 1 白俄罗斯第1方面军 朱可夫
XXXX 5 突击集团军
马格德堡
XXXX 69
温克
XXXX 12
贝利茨
措森
奥得河畔法兰克福
布赫霍尔茨
XXXX 4
②
③
XXXX 8 近卫军
XXXX 69
XXXX 33
第1近卫集团军
XXXX 33
①
德绍
XXXX 1
维滕堡
舍尔纳
中央集团军群
黑尔茨贝格
③ 近卫军
XXXX 3
第3近卫集团军
XXXX 3
哈雷
②
托尔高
埃尔斯特韦达
XXXX 4
卡门茨
XXXX 1 乌克兰第1方面军 科涅夫
XXXX 13
XXXX 5 近卫军
第4近卫集团军
莱比锡
科尔迪茨
①
③
德累斯顿
XXXX 17
XXXX 2 波兰
XXXX 52

高程图例:
200
100
0米

0 50千米
0 50英里

图例:
→ 盟军进攻
→ 德军反攻
— 盟军前线
〰 德军防线
○ 德军"口袋"区

德国的灾难

尽管柏林是苏军的重要目标，但他们已经开始考虑占领德国全境的事情了。这就意味着西方强国要在柏林附近和苏军会合，否则苏军占领柏林后将会继续前进，直到和盟军会合。斯大林更喜欢后一种选择，美国人也支持这种观点，因为美国并不急于抵达柏林（尽管英国的温斯顿·丘吉尔发出了后果将会非常严重的警告）。

西线的盟军继续朝易北河（River Elbe）推进，此时苏军也实施了数次调动。罗科索夫斯基（Rokossovsky）的白俄罗斯第2方面军朝西北进军，扫平了海岸，牵制住了可能救援柏林的德军。罗科索夫斯基的其余部队则继续向西和西部的盟军会合。

在南方，科涅夫的乌克兰第1方面军向北挺进，威胁到柏林的南郊，其余部队则向易北河挺进。朱可夫的白俄罗斯第1方面军绕过柏林，进逼勃兰登堡。德军腹背受敌，几乎毫无胜算。美军和苏军在易北河边的托尔高首次会合。很快，敌军的小股抵抗就会被消灭了。

▼ 这张著名的合成照片展现了苏联轰炸机掠过柏林的德意志帝国国会的景象，前景中则有一辆"斯大林2"型重型坦克。在镰刀锤子的旗帜飘扬两天后，该建筑的地下室仍然在战斗。在其余地方——如南斯拉夫、捷克斯洛伐克——顽固的纳粹支持者仍战斗了数周，最终才被击败。

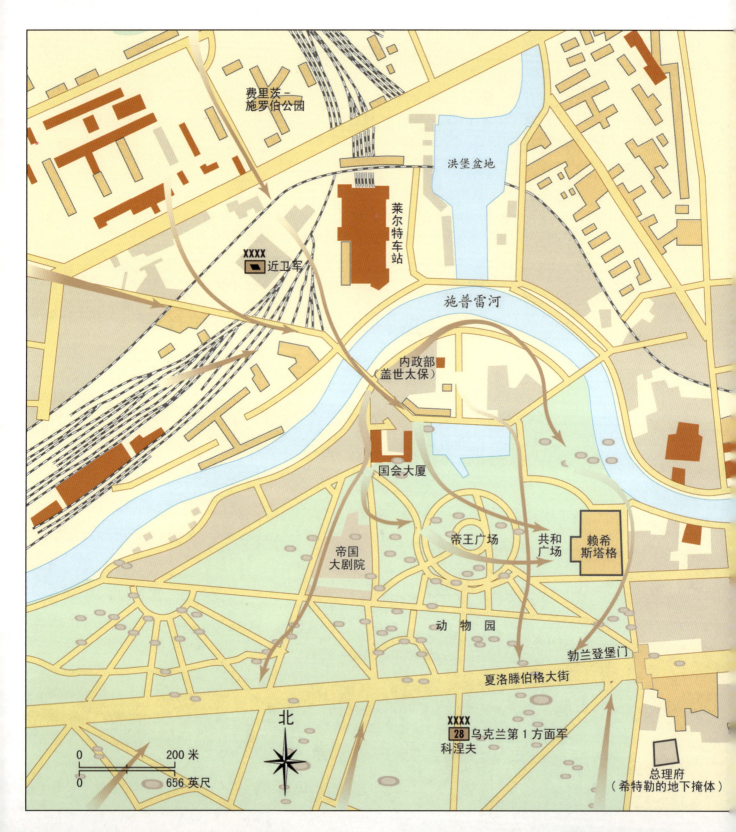

费里茨-
施罗伯公园

洪堡盆地

莱尔特车站

XXXX
近卫军

施普雷河

内政部
（盖世太保）

国会大厦

帝国
大剧院

帝王广场

共和
广场

赖希
斯塔格

动 物 园

勃兰登堡门

夏洛滕伯格大街

北

0   200 米

0   656 英尺

XXXX
28 乌克兰第 1 方面军
科涅夫

总理府
（希特勒的地下掩体）

菩提树下大街

国家歌剧院

XX 18

夫则取得了一些成功。第二天的战斗中，科涅夫更进一步，斯大林（科涅夫提出的建议）威胁说，如果朱可夫没能攻下泽洛高地，就让科涅夫攻击柏林。这大大刺激了朱可夫，他软硬兼施地迫使部下更努力。尽管4月18日的进展有限，德军阵线仍感受到了压力，朱可夫的部队在第二天成功突破成功。

4月21日，朱可夫的第3突击集团军和第5突击集团军到达柏林的郊外，然后向城中心进发。科涅夫的军队在4月22日结束时抵达泰尔托运河（Teltow Canal），向朱可夫的部队靠拢。4月24日，乌克兰第1方面军和白俄罗斯第1方面军在哈弗尔河附近会合，包围了柏林。逐屋逐街争夺的惨烈巷战开始后，德军被步步逼退。德军最后的防线在4月28日被攻破。2天后，希特勒在掩体内自杀，德国国会大厦被占领。柏林卫戍部队在5月2日投降后，苏军用了几天时间清理战场。1945年5月8日，德国无条件投降，欧洲战争终于结束。

柏林

苏军进攻柏林的主要途径是朱可夫的白俄罗斯第1方面军攻占泽洛高地。4月16日，德军阵地遭到苏军的猛烈炮火打击，但损失不大，德军部队选择暂时撤退以避敌锋芒。

行动的第二天，大规模消耗战开始。朱可夫的计划被放弃，他利用6支后备的装甲部队——决意要实现突破——试图打开一个缺口，但同样失败了。朱可夫直到他的竞争对手科涅夫在城市南部取得了更大成功，他不想让斯大林把攻克柏林的荣誉授予科涅夫，所以他威胁军官说，如果他们不能胜利，就要像列兵一样上前线战斗。

苏军的勇猛对德军很不利。4月18日，德军阵线开始出现缺口，第二天，苏军成功突破。白俄罗斯第1方面军和乌克兰第1方面军都进入了柏林，把敌军防御部队围在了中间。此后数天，苏军持续推进，到4月27日，德军只剩一条狭窄的逃生走廊。第二天，这条走廊也被攻克，德军的抵抗此时也几乎全面瓦解。德意志帝国国会的高层在4月30日被攻克，但国会大厦地下室内的战斗持续到了5月2日。

法国南部的一支美军坦克部队。美军为了法国战场急不可耐地将大量部队和装备从意大利战场转移至此，以便尽快攻入德国本土。1944年8月在法国南部登陆的行动名为"龙骑兵"（Dragoon）行动，但英国首相温斯顿·丘吉尔喜欢称之为"强迫"（Dragooned）行动，因为他更希望在希腊或巴尔干半岛登陆。

第**7**部分
西线战场

　　1944年6月6日，美国、英国和加拿大军队在诺曼底海滩登陆，在西欧开辟了第二次世界大战场。经过几个月的艰苦战斗，打开了通往柏林的道路，但盟军的后勤和德国的顽强抵抗使得战争没能在1944年结束。寒冷的冬天延长了战争，1945年5月战争才会结束。

第二次世界大战的西线比1914—1918年的战争更复杂。第一次世界大战时的西线的主要冲突始终是法国和比利时一带的冲突，参战各方也都认为这里才是最重要的威胁，而第二次世界大战的模式很不一样，前三年中西北欧地区都没有重要的战斗。

西线的第一阶段并没有多少实际战斗，因而被称为"伪战争"。英法军队一直在训练。直到1940年2月才改变，当时希特勒下令入侵挪威以便获得铁矿。1940年4月，德军入侵丹麦和挪威。丹麦几乎马上就投降了，因而英法派军前往协助挪威。尽管盟军取得了一些成绩，但到5月初，盟军的主力部队被迫开始撤退。

英法联军的进军顺序因为德军在1940年5月10日入侵低地国家而急剧改变。荷兰自从1830年就再也没参加过战争，因而被入侵4天后就投降了，德国空军紧接着对鹿特丹进行了大规模恐怖轰炸。比利时军队相当英勇地抵抗入侵的德军，但由于法国和英国要保持中立立场而拒绝派兵进入比利时，比利时孤木难支。当英军和法军终于派遣部队抵达德尔河协助防守的时候，德军能从荷兰进军，侧面包围了盟军，迫使盟军撤退。比利时在5月28日投降，英法军队撤退到英吉利海峡沿岸。英军主力抵达敦刻尔克，由于判断失误，希特勒让装甲部队停了很长时间，让英军得以撤退。敦刻尔克大撤退是一次非凡的成功（尽管对盟军而言是一次惨败），因为成功撤退了超过33.5万人的英军和法军。

孤立的英国

在此时，随着法国的陷落，西线的前线可以说转移到了英国的南岸。和第一次世界大战不同，这次的前线不是陆地而是天空。英国皇家空军在不列颠之战的胜利确保德军无法入侵——至少在1940年不能。随着德军在1941年6月入侵苏联，西线的战斗几乎都是空战，皇家空军的轰炸机奉命轰炸德国。这些空袭的目的是开辟"第二前场"，把战火引到敌国，也是因为英军在短时间内还无法重返欧洲大陆。美国参战意味着登陆欧洲成为可能，但这也需要准备时间。此时在法国方向只有零星的，如针对圣纳泽尔和布鲁纳瓦尔的突袭行动，此类行动有效提升了平民的士气。加拿大军队在

迪耶普战役中的灾难尤其重要，它的教训为诺曼底登陆提供了参考，在未来拯救了很多生命，但这些奇袭都不是为了在欧洲大陆建立桥头堡，所以实际的前线还是英吉利海峡。一切都在1944年6月登陆法国的战斗后改变了——这次是传统意义上的"前线"了，英美联军（以及盟国军队）一步步逼退德军，直到1945年最终将其击败。

全球战略

在1941年年中以前，第二次世界大战都不能算是全球性冲突。尽管在德国入侵苏联时，美国并未参战，但它在大西洋战场上的表现表明，美国并不是完全中立的。和英国签订的租借协议，以及美国海军的中立巡逻——包括通报潜艇位置（让前往英国的船只避开它们的威胁）、用深水炸弹对付德国潜艇——都让希特勒认为美国已经不宣而战。日本偷袭珍珠港，让美国总统富兰克林·罗斯福不再进退两难，于是对德宣战，而希特勒也向美国宣战。

英国和美国达成协议，击败德国是优先考虑事项，美军和英国在大西洋战场上联手加强攻势，与此同时，北非和地中海的战斗取得了一些进展：突尼斯的德军在1943年投降，同一年盟军登陆意大利。苏联领导人斯大林持续施压，要求开辟第二次世界大战战场，意味着登陆欧洲的计划必须尽快制订，最终于1943年5月商定在1944年展开行动。登陆欧洲计划完成后，美国在太平洋上开始实施"越岛作战"计划，一步步逼近日本。

"哥萨克"的计划

1943年1月，英美在卡萨布兰卡举行会议，制订了未来的作战计划，包括盟军的目标是要求德国无条件投降。为了达到这个目标，登陆西欧是必要的。美国自从参战以来就在计划，最早在1942年就已经准备登陆，但结果触动了英国。1942年8月迪耶普突袭灾难性的惨败，说服美国应该暂缓开辟第二次世界大战战场，但作战计划——"围捕"行动（Operation Round Up）并未停止，而是成为未来登陆计划的基础。

为了完善"围捕"行动的必要细节，让行动顺利展开，英国首相温斯顿·丘吉尔和罗斯福总统同意设立一个联合规划参谋部。弗雷德里克·摩根（Frederick Morgan）爵士被任命为"（未来）盟军最高统帅的参谋长"（Chief of Staff to the Supreme Allied Commander，简称COSSAC），负责制订登陆计划，但行动的最高统帅尚未指定。摩根的人员确定后，第一个任务就是挑选登陆地点。大家都同意登陆地点必须要有空旷、开放的海滩，最终决定在加莱、布列塔尼（Brittany）、诺曼底之间选择。

从英吉利海峡到加莱海峡的距离最短（这里到德国的距离也最短），但也有一些反对的意见。首先就是这个地点显然是登陆的好选择，所以德军一定会严加防守；其

英国

普尔•
韦茅斯• •波特兰
怀特岛
南安普敦
朴茨茅斯
肖勒姆
布莱顿
纽黑文
黑斯廷斯
敦刻尔
加莱
布洛涅

后续部队跟进

进攻

英吉利海峡

多佛尔海峡

奥尔德尼岛

根西岛
圣彼得港
萨克岛

卡朗唐

初期占领区

特鲁维尔

泽西岛
圣赫利尔

圣马洛

格朗维尔

阿沃朗什

阿朗松

14 天后的前线（已有 18 个师登陆上岸）

法 国

次，这个海滩的出路比较难走，这就让装甲部队和重装部队难以推进。很快登陆地点就限定在比利时海岸或塞纳河港口，以便使这些装备能够登陆。最后，肯特港规模不足，无法满足全部登陆舰队的要求，只能从朴次茅斯和南安普敦加派船只——这段航程中超过160千米（100英里）的地方都在德军炮台的攻击范围内。

　　加莱海峡被放弃后，注意力都转向了布列塔尼。尽管"（未来）盟军最高统帅的参谋长"赞成在布列塔尼登陆，但海军表示反对，因为这个地区多发猛烈风暴，会严重影响登陆。除了这些考量之外，布列塔尼到德国的距离遥远，盟军从英国空投补给的后勤保障将面临严峻挑战，"（未来）盟军最高统帅参谋长"最终选定诺曼底作为登陆地点。1943年6月，登陆地点确定，"围捕"行动更名为"霸王"行动（Overlord）。由于斯大林的要求，登陆的时间被设定在1944年5月。

诺曼底

　　1944年6月5日，由于天气糟糕，行动临时取消，最终"霸王"行动在6月6日展开。空降部队遭遇了一些麻烦，尽管滑翔机的空降很成功，但伞兵部队被空投到各地，用了很长时间才各自找到自己的部队。海军在五个海滩登陆，分别是"剑""朱诺"和"金"（英军和加拿大军队），以及"奥马哈""犹他"（美军）。其中四个海滩的登陆都没遇到大麻烦，只有"奥马哈"海滩遇到困难。为登陆提供掩护的装甲部队距离海滩太远，而主力坦克又陷入泥沼。遭遇顽强抵抗后，似乎6月6日只能放弃"奥马哈"海滩了，但到了夜里，危机解除，"奥马哈"海滩和其他海滩一样成功登陆，只是这沉重的一天里共

"霸王"行动

　　为了准备"霸王"行动，英国南部的大部分地区都成了军事训练营：到1944年5月，大约有150万名美军扎营于此，另有5万辆坦克。有175万名英军和数十万名来自大英帝国及其殖民地、流亡的纳粹占领区国家军队也将参与登陆欧洲的作战。

　　美国国内还有另外100万名士兵，一旦登陆法国，成功占领合适港口，他们就会立即被运送过来。

　　登陆计划包括空降突击，以便保护登陆地区的侧翼。第一天有3个师登陆海滩，其后还有更多部队。一旦滩头阵地稳固，就要占据卡昂，同时由英军牵制住德军，美军则进入法国境内。

　　艾森豪威尔被任命为盟军总指挥后，"（未来）盟军最高统帅参谋长"并入了"盟国远征军最高统帅部"（SHAEF）。陆军元帅蒙哥马利负责指挥登陆军队，并对计划进行了数次改进。蒙哥马利将3个师的登陆部队增加到5个师，其中英国和加拿大部队负责3个海滩，美国部队负责另外2个海滩。

里尔

阿布维尔

亚眠

鲁昂

塔普勒

耶普

"哥萨克"作战计划
1943年8月

→ 突击师和后继部队

⇢ 即将修建的预制港口

空降登陆

Ⓐ 英军

Ⓑ 美军

英军布雷场

德军布雷场

有3000名盟军伤亡。

上岸后，盟军先要守住海滩阵地。到6月10日，五个登陆地区合而为一，美军已经向内陆的瑟堡（Cherbourg）推进。英军随即开始进攻卡昂（Caen），但遭遇顽强抵抗，三次进攻都无功而返。但这些进攻让德军疲于应对，被钉死在原地，给了美军可乘之机去增强兵力、做好攻击准备。

突破计划

1944年6月18日，陆军元帅蒙哥马利发布命令，要求在5天内由英军攻克卡昂、美军攻克瑟堡。由于天气恶劣，行动未能及时展开，美军直到6月27日才攻下瑟堡。英军攻打卡昂的战斗由于遭到德军反抗而挫败，但也牵制了另外两个德国装甲师加入防御，让他们无暇他顾。

6月末，超过87.5万人兵力登陆诺曼底，但指挥官之间对于究竟该以何种速度实施行动意见不一。到7月初，各登陆部队深入内陆都不足24千米（15英里），只达到初始

计划的1/5。军队中的恐惧情绪滋长，到7月第2周，只有蒙哥马利元帅还感到乐观。7月10日，他下令从诺曼底突破。奥马尔·布莱德利将军的美国第1集团军攻打阿弗朗什（Avranches），之后美国第3集团军（第8军）的一部分攻进布列塔尼。米尔斯·登普西（Miles Dempsey）爵士的英国第2集团军则攻向卡昂东部的郊野。

登普西在7月18日开始了名为"古德伍德"行动（Operation Goodwood）的攻势，作为配合，第二天布莱德利开展"眼镜蛇"行动（Operation Cobra）。7月19日攻克圣洛（StLô）后，布莱德利无法展开进攻，因而"眼镜蛇"行动只能推迟到7月24日再开始。

7月19日下午，就在胜利近在眼前的时候，"古德伍德"行动的部队遭遇了猛烈抵抗，被阻隔在伯格布斯山（Bourgébus Ridge）。7月20日的一场大雨让进攻彻底陷入停顿。看起来"古德伍德"行动已经完全失败了。事实上，蒙哥马利牵制德军装甲部队的目标已经实现了。现在，13个德国师正面抗击英军，另外9个师在对抗美军，其中只有2个是装甲师。

"眼镜蛇"行动的开端也不顺利：一部分本应丢到敌军阵地上的炸弹阴差阳错地落在了美军自己头上。但是轰炸依然还是摧毁了德军装甲教导师超过6成的兵力。到第一天结束时，美军前进了大约3600米（4000码）。美军攻势继续，7月27日，美国第2装甲师打开一条路，进入旷野：终于成功突破了。

盟军完成突破后，显然德军面临着被包围的危险。8月3日，希特勒下令装甲部队在莫尔坦（Mortain）附近对乔治·巴顿将军的军队发起攻击。希特勒的计划似乎很简单——四个装甲师从科唐坦半岛（Cotentin Peninsula）攻到阿弗朗什，将巴顿的军队一分为二。这个行动能让盟军立刻停下。

这个计划的难处在于它完全没有考虑盟军的空中火力。德军将领被希特勒的计划吓倒，因为他们知道发动进攻将会有什么样的结局。当第116装甲师的指挥官拒绝执行进攻命令时，他被撤职了。

德军的进攻还是在8月6日开始了，德军一度控制了莫尔坦，但无法控制镇子东部的高地。8月7日黎明，英美的战斗轰炸机对德军阵地进行了持续轰炸。莫尔坦攻势宣告失败，盟军有机会在诺曼底包围并歼灭德军。盟军大胜可能只需一两天：既可以在阿让唐-法莱斯（Argentan–Falaise）地区封锁德军，也可以在塞纳河沿岸形成一个更大的包围圈。前一个计划率先实施，德军在莫尔坦战败后，撤退到美军在阿让唐布置好的口袋里，而加拿大第1集团军则已经准备好在法莱斯堵截。希特勒一开始拒绝撤退，但陆军元帅冯·克鲁格（von Kluge）无视命令，下令全线撤退。但这对德军而言还是太晚了，因为陷阱的袋口很快就收紧了。

"总计"行动（Operation Totalise）中要求率先到达法莱斯的计划已经失败，但这

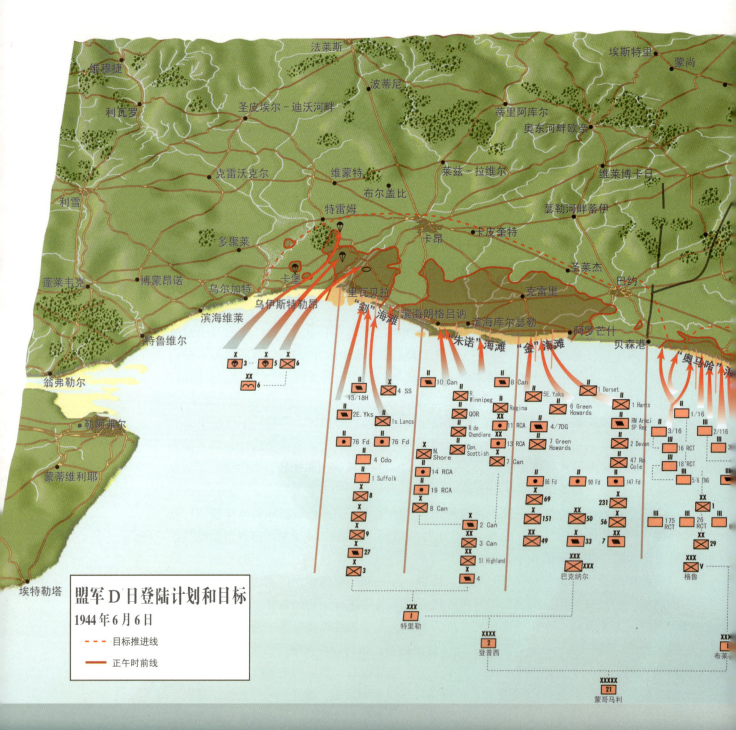

法莱斯　埃斯特里　蒙尚

维穆捷　波蒂尼

利瓦罗　圣皮埃尔 - 迪沃河畔　蒂里阿库尔
奥东河畔欧芬

克雷沃克尔　维蒙特　莱兹 - 拉维尔　维莱博卡日

利雷　布尔盖比　瑟勒河畔蒂伊

特雷姆　卡昂　卡皮奎特

多聚莱　圣莱杰

博蒙昂诺　卡堡　里瓦贝拉　克雷里　巴约

蓬莱韦克　乌伊斯特勒昂　滨海朗格吕讷

滨海维莱　"剑"海滩　"朱诺"海滩　"金"海滩　阿罗芒什
贝森港

特鲁维尔　滨海库尔瑟勒　"奥马哈"滩

翁弗勒尔

勒阿弗尔

蒙蒂维利耶

埃特勒塔

盟军 D 日登陆计划和目标
1944 年 6 月 6 日

- - - - 目标推进线
———— 正午时前线

特里勒　登普西　蒙哥马利

X 3　X 5　XX 6
XX 6

II 13/18H　X 4 SS　■ 10 Can　■ 8 Can　5 E. Yaks　1 Dorset
II 2E. Yks　1s. Lancs　R. Winnipeg　Regina　6 Green Howards　1 Hants
II 76 Fd　76 Fd　QOR　11 RCA　4/7DG　RM Armd SP Regt　1/16
X 4 Cdo　R. de Chendiere　13 RCA　7 Green Howards　3/16　2/116
1 Suffolk　N. Shore　Con. Scottish　7 Can　2 Devon　16 RCT
X 8　14 RCA　86 Fd　90 Fd　147 Fd　47 Rd Cole　18 RCT
X 9　19 RCA　69　231　5/6 ENG
X 27　8 Can　151　50　56　175 RCT　26 RCT
X 3　2 Can　49　33　7　29
3 Can　V 格鲁
51 Highland
4　巴克纳尔

XXX I 特里勒

XXXX 2 登普西

XXXXX 21 蒙哥马利

两个前线

　　1944年6月6日诺曼底登陆实施时，希特勒仍控制着大部分欧洲。要想避免全盘皆输，希特勒只能寄希望于和西方盟国达成单独的和平协议，以便全力对付苏联红军。当希特勒痴心妄想的时候，盟军却只会接受无条件投降这种可能性。

　　盟军在诺曼底站稳脚跟后，解放西欧的战争就正式开始了。盟军此时从西欧、意大利、东线同时向德国施压，意味着德军行动的时间和空间都很有限了。希特勒越来越认不清形势，让他的军队为了毫无希望的阵地而不必要地牺牲，还莫名其妙地发动了阿登高地攻势，这次行动根本不可能实现目标。他认为盟军失去了安特卫普（Antwerp）就会寻求和平的想法也是站不住脚的。

　　因此，到1944年9月，德军已经被赶出了苏联、法国、比利时和意大利大部。尽管战争还要进行8个月，但结局已经注定了。德国现在四面楚歌，所以它被侵入、被击败、被占领已经无可避免，只是时间早晚罢了。

突破

到1944年7月，盟军关于诺曼底突围计划争论不休，因为德军似乎能够阻挠盟军的所有可能的行动。盟军进展缓慢，因为守军占据了有利地形，而英国和加拿大军队在夺取卡昂（Caen）的战斗中也遇到了相当大的抵抗。

然而，尽管无法否认英军在对抗德军时被拖延、被挫败，但也达到了预定目标：让德军无法加强对美军的抵抗。

美军试图突破的"眼镜蛇"行动最开始的处境很不利，7月25日夜晚，艾森豪威尔担心攻势可能失败。但是"闪电乔"·柯林斯（'Lightning Joe' Collins）将军的第7集团军刺穿了德军阵线，并持续对敌军薄弱阵地发起冲锋。经过50天的激战，美军终于实现了长期渴望的突破。7月30日，美军进入布列塔尼。

然后乔治·S.巴顿将军的第3集团军穿过阿弗朗什（Avranches）的缺口，开始把战场快速推进。巴顿的军队撕开德军的后方区域，到1944年8月6日，诺曼底突围终于实现了。

个要求还是下一个计划"温顺"行动（Operation Tractable）的先决条件。盟军进展缓慢，但在8月15日，也就是攻击一周后，加拿大军队终于进入了法莱斯。趁着口袋还未扎紧，德军理智地决定撤退，大约4万军队成功撤走。8月20日口袋扎紧后，法军立刻前去收复巴黎。

法莱斯和解放巴黎

法莱斯的口袋收紧的前一天，巴黎居民受到附近地区战斗的鼓舞，爆发了起义。艾森豪威尔并不急于进攻巴黎，因为它的军事价值不高，但来自戴高乐的压力以及左翼势力可能控制巴黎的危险，迫使他改变想法。几周前华沙起义被德军镇压让斯大林饱受批评，艾森豪威尔可不想也落下一个冷酷无情的名声。盟军开赴法国首都，菲利普·勒克莱尔（Philippe Leclerc）的法军第2装甲师已经率先侦察了这座城市。紧跟勒克莱尔的是美国第4师。

1944年8月24日，第一批法军抵达巴黎。第二天早上，第2装甲师余部抵达。同一天，巴黎被攻克，24小时后，戴高乐耀武扬威地进城。希特勒本来下令夷平巴黎，但巴黎卫戍部队指挥官迪特里希·冯·肖尔蒂茨（Dietrich von Choltitz）拒绝执行，因而勒克莱尔将军的部队得以收复大体完整的巴黎。

法国南部和1944年9月进军

最初的"霸王"行动需要在法国南部进行一次登陆，以便让法国两个地方的登陆大军夹击德军。尽管德黑兰会议同意了该计划，但没有确定具体的行动时间（代号"铁砧"），因为无法在诺曼底登陆之外再调拨足够的船只。艾森豪威尔确认该计划应该在"霸王"行动之后展开，直到6月11日的时候，丘吉尔终于放弃了这个计划，转而要在巴尔干半岛登陆。

罗斯福拒绝了这个建议，他对丘吉尔说，对美国而言，在巴尔干登陆很不受欢迎。由于这一年是大选年，显然丘吉尔不会成功，但英国首相还是和艾森豪威尔单独会谈，试图更改计划，被艾森豪威尔拒绝了。丘吉尔开玩笑地说，他是被

欧代维尔

圣克鲁瓦

莱皮约

科

卡特雷

波尔巴伊

格朗维

圣米歇尔山海湾

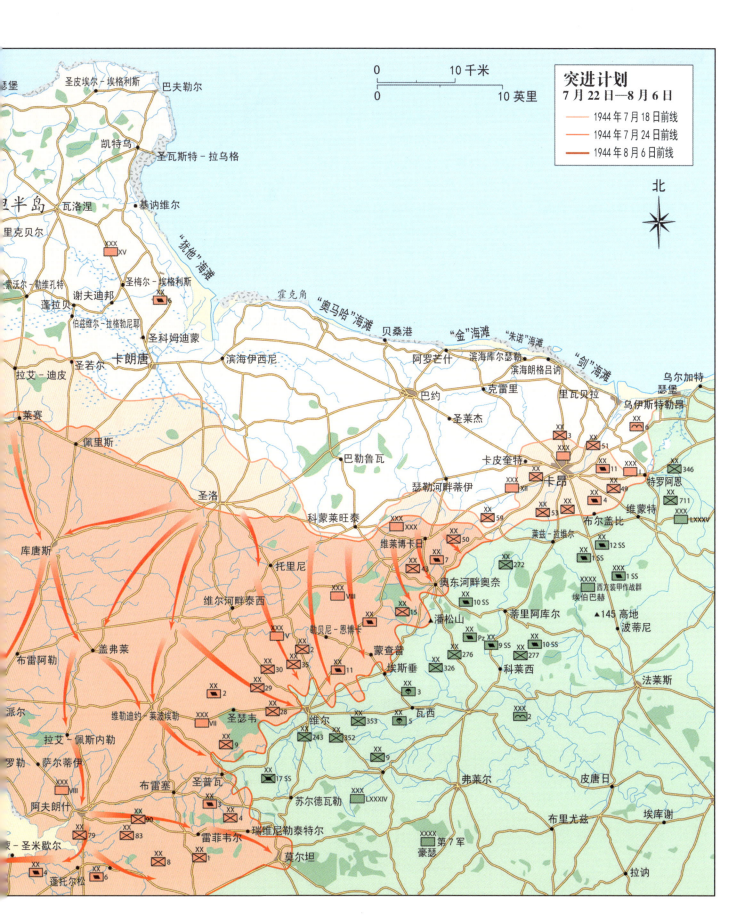

地图图例：
- 1944年7月18日前线
- 1944年7月24日前线
- 1944年8月6日前线

0　　　　10千米
0　　　　10英里

北

主要地名：
瑟堡　圣皮埃尔－埃格利斯　巴夫勒尔
凯特乌　圣瓦斯特－拉乌格
里半岛　瓦洛涅　基讷维尔
里克贝尔　"犹他"海滩
索沃尔－勒维孔特　圣梅尔－埃格利斯
蓬拉贝　谢夫迪邦
伯兹维尔－拉格勒尼耶　圣科姆迪蒙
拉艾－迪皮　圣若尔　卡朗唐　滨海伊西尼
莱赛　佩里斯
库唐斯
布雷阿勒
盖弗莱
派尔
拉艾－佩斯内勒
罗勒　萨尔蒂伊
阿夫朗什
圣米歇尔
蓬托尔松

霍克角　"奥马哈"海滩　贝桑港　"金"海滩　"朱诺"海滩　"剑"海滩
乌尔加特　瑟堡　乌伊斯特勒昂
阿罗芒什　滨海库尔瑟勒　滨海朗格吕讷
巴约　圣莱杰　克雷里　里瓦贝拉
巴勒鲁瓦　卡皮奎特　卡昂　特罗阿恩
瑟勒河畔蒂伊　维蒙特
科蒙莱旺泰　布尔盖比
维莱博卡日　莱兹－拉维尔
托里尼　奥东河畔奥奈
维尔河畔泰西　蒂里阿库尔
勒贝尼－恩博　潘松山　▲145高地　波蒂尼
蒙查普　科莱西
埃斯垂　法莱斯
维勒迪约－莱波埃勒　圣瑟韦　瓦西
布雷塞　圣普瓦　维尔
雷菲韦尔　瑞维尼勒泰特尔　苏尔德瓦勒
弗莱尔　布里尤兹　埃库谢
莫尔坦　豪瑟　第7军　拉讷
皮唐日

法莱斯

　　德军的莫尔坦反攻失败，给了盟军机会在阿让唐–法莱斯（Argentan–Falaise）区域包围诺曼底的德军。美军进逼阿让唐的时候，加拿大第1集团军也在朝法莱斯进攻。第一次试图接近法莱斯的行动失败了，但第二次攻势在1944年8月15日展开，加拿大军队终于进入了法莱斯。

迫接受登陆计划的，行动应该改名为"龙骑兵"（这个词也有被迫的意思），但行动计划组的人没有领会这个玩笑，认真地把行动名改成了"铁砧–龙骑兵"（Anvil–Dragoon）

　　8月10日，登陆舰队确定了地中海多个港口的登陆地点，并确定登陆突击队在8月14日夜展开进攻。登陆前在勒米伊（Le Muy）空降了一支队伍控制这个交通要道。部分伞兵未能降落在指定地点，正好落在德国67军（German LXII Corps）的指挥部。伞兵们抓住这个机会袭击了指挥部，防止了德军协同攻击抢滩登陆部队。勒米伊在第二天被攻下。主力部队在8月15日凌晨5点50分登陆，进展顺利。8月17日，德国指挥部签发命令，要求德军放弃法国南部（除了港口），开始撤退。

　　法美联军的推进很顺利。马赛市（Marseille）在8月28日被攻克，9月3日，卢西恩·K.特拉斯科特（Lucian K. Truscott）将军的第6军的先头部队进入里昂。与此同时，被捕的盟军在突破后也迅速推进。蒙哥马利展开了"基滕"行动（Operation Kitten），于8月16日推进到塞纳河，迫使德国巧妙地分期撤退到河对岸，避免了覆灭的厄运。德军继续朝比利时和德国边界撤退，而盟军紧追不舍。9

法莱斯包围战

1944年8月6日—19日

―――― 8月6日前线

―――― 8月16日前线

―――― 8月19日前线

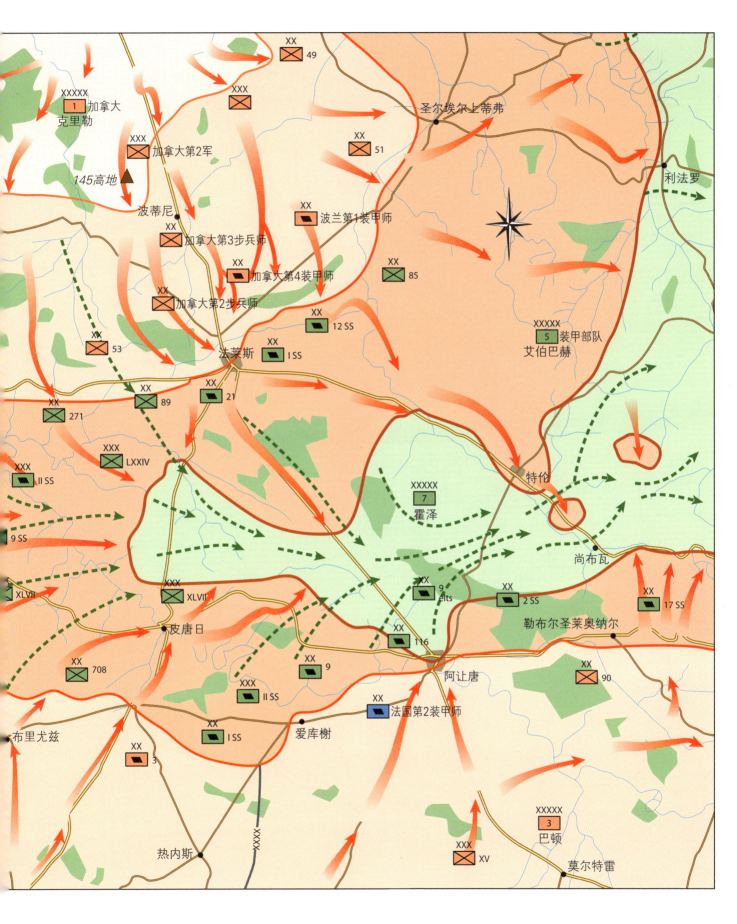

XX 49

XXX

XXXXX
1 加拿大
克里勒

XXX
加拿大第2军

145高地 ▲

波蒂尼

XX
加拿大第3步兵师

XXX
加拿大第4装甲师

XX
加拿大第2步兵师

XX
53

XX
271

XXX
LXXIV

XXX
II SS

9 SS

XLVII

XXX
XLVII

皮唐日

XX
708

XXX
II SS

布里尤兹

XX
3

XX
I SS

爱库榭

热内斯

XXX
XV

圣尔埃尔上蒂弗

利法罗

XX
51

XX
波兰第1装甲师

XX
85

XX
12 SS

XX
I SS

法莱斯

XX
89

XX
21

XXXXX
5 装甲部队
艾伯巴赫

特伦

XXXXX
7
霍泽

尚布瓦

XX
9
elts

XX
2 SS

XX
17 SS

勒布尔圣莱奥纳尔

XX
116

XX
9

XX
90

阿让唐

XX
法国第2装甲师

XXXXX
3
巴顿

莫尔特雷

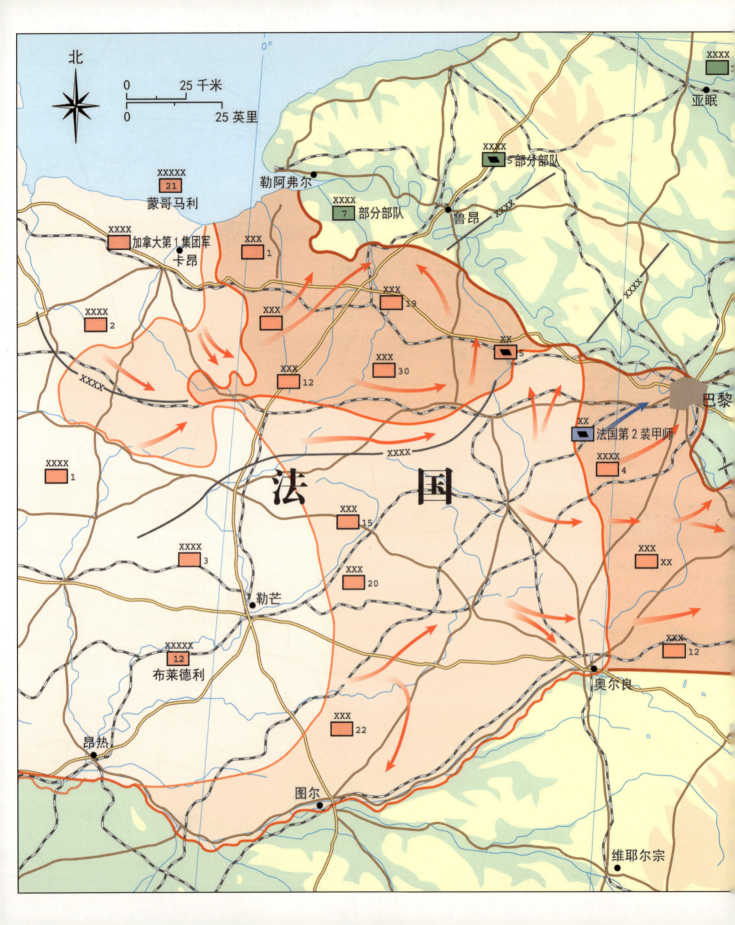

北

0   25 千米
0   25 英里

XXXXX
21
蒙哥马利

勒阿弗尔

XXXX
7 部分部队

XXXX
5部分部队

亚眠

鲁昂

XXXX
加拿大第1集团军
卡昂

XXX
1

XXX

XXX
19

XX
5

XXXX
2

XXX
12

XXX
30

XX
法国第2装甲师

XXXX
4

XXXX
1

法 国

XXX
15

XXX
XX

XXXX
3

XXX
20

勒芒

XXX
12

XXXXX
12
布莱德利

XXX
22

奥尔良

昂热

图尔

维耶尔宗

月初的这几天里，盟军的后勤补给都赶不上进军的速度了。进攻在默兹河到马斯特里赫特（Maastricht）的前线停止了一段时间，然后被阻滞在亚琛（Aachen）南部到瑞士边界一线。

制订好下一阶段的行动计划后，9月11日，特拉斯特科和巴顿的部队联合行动，困住了至少2万名德军并迫使其投降。法国南部行动的后勤则越来越困难，因为补给都要由盟军从北方运来，但"铁砧–龙骑兵"行动至少稳定了法国南部，为了让行动继续，美军对此尤为重视。

蒙哥马利的大胆计划

为了解决盟军失去进攻势头的问题，蒙哥马利提出了一个大胆的空降计划：夺取莱茵河上的桥梁，从而长驱直入，让德国无法发射V2导弹。该计划要在重要的桥梁附近空降3万名英国和美国空军，同时布里安·霍洛克斯的第30军从北方穿越荷兰，守住空降沿线的100千米（60英里）长廊。蒙哥马利认为，如果德军继续战斗，德国就会崩溃，即便不会，盟军也能获得跨越莱茵河的桥头堡。盟军要夺取的最远的桥在阿纳姆，英国第1空降师将先行夺取该大桥，然后等待第30军的到达。这个行动代号是"市场花园"（Market Garden），其中"市场"是指空降部队，"花园"是指地面部队。艾森豪威尔同意了这个计划，决定在1944年9月17日实施。

巴黎

趁着包围圈还有缺口，法莱斯的德军合理地进行了有序撤退，大约4万人逃脱。包围圈合围后，法军前去重夺巴黎，而巴黎此时已经爆发了起义。希特勒下令将巴黎夷为平地，但命令没有执行。尽管经过了几天战斗，但勒克莱尔将军的军队进城时，巴黎基本安然无恙。

6000
3000
1500
600
300
0米

4°
50°

兰斯
XXXX B
莫德尔

XXXX 1

XX 4

解放巴黎
1944年8月14日—25日
—— 8月14日前线
—— 8月19日前线
—— 8月25日前线

内韦尔

"龙骑兵"行动

"铁砧–龙骑兵"行动更多是政治行动，而不是军事需要，其目的是确保南部法国的政权已经得到承认（防止抵抗军中的左翼建立政权）。这次行动由法国–美国发动，有少量的英军参与。首批大约9.4万名士兵从那不勒斯（Naples）登船被运输到行动地点，登陆后只遇到轻微抵抗。德军几乎无力战斗，很快就向北方撤退，以便守卫德国本土。

利摩日

克莱蒙费朗

圣埃蒂尼

勒皮

0   50千米

0   50英里

法   国

8月28日

XXXX
19
威塞

XX
189
尼姆

蒙波利埃

XX
338

图卢兹

北

2743
1829
914
457
183
91
0米

佩皮尼昂

瑞 士

意 大 利

里昂

尚贝里

XX 157

格勒诺布尔8月23日

XX 36

加普
8月20日

瓦朗斯

蒙特利马尔
8月21日—31日

X

索村8月25日

XX LXXXV

XX 45

XX

XX 148

阿维尼翁

XX 3

XX 242

摩 纳 哥

阿尔勒

普罗旺斯地区

XX 36

XX 244

XXX VI VI
图斯卡特

尼斯8月30日

XX 9

戛纳

马赛

XX 1

XX

8月28日守军投降

XXXX 7

XX 3

土伦

II

XXXX B

图斯卡特

法国南部登陆

1944年8月

→ 盟军进攻

→ 德军反项

⌒ 德军据点

←--- 德军撤退

英 国

南安普敦

多佛尔

敦刻尔克

朴次茅斯

加莱

韦茅斯

布洛涅

普利茅斯

阿比维尔

英 吉 利 海 峡

50

亚眠

迪耶普

大 西 洋

瑟堡

勒阿弗尔

鲁昂

海 峡 群 岛

卡昂

XXXXX
21

布雷斯特

阿夫朗什

蒙哥马利

巴黎

圣马洛

艾森豪威尔

法

国

XX

雷恩

勒芒

布莱德利

奥尔良

昂热

圣纳泽尔

图尔

讷韦尔

南特

维耶尔宗

北

比 斯 开 湾

盟军推进态势

1944年9月4日

利摩日

昂古莱姆

—— 8月26日盟军前线

克莱蒙费朗

—— 9月4日盟军前线

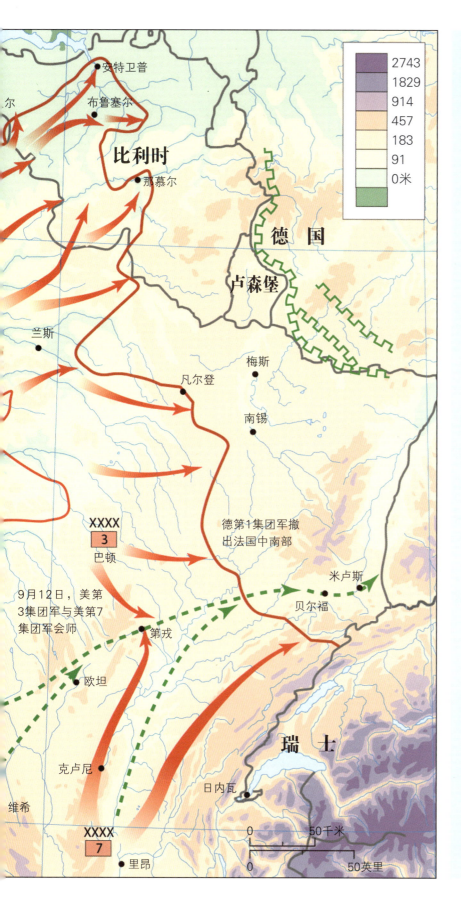

安特卫普

布鲁塞尔

比利时

那慕尔

兰斯

德 国

卢森堡

凡尔登

梅斯

南锡

XXXX
3
巴顿

德第1集团军撤
出法国中南部

9月12日，美第
3集团军与美第7
集团军会师

米卢斯

贝尔福

第戎

欧坦

瑞 士

克卢尼

日内瓦

维希

XXXX
7

里昂

	2743
	1829
	914
	457
	183
	91
	0米

0   50千米

0   50英里

布鲁塞尔

　　巴黎解放后，盟军的推进
似乎不可阻挡，而德军已经筋
疲力尽，无力组织起防线了。
德军被打回到比利时和德国边
界。此时加莱（Calais）和敦
刻尔克周边的海岸还在德军之
手，而盟军则在9月初攻克了布
鲁塞尔和安特卫普，并控制了
大部分法国。然后，盟军进行
了休整，准备最终推进到德国
境内。

"市场花园" 行动

决定在莱茵河下游进行空降行动、控制桥梁的人是艾森豪威尔将军，他很赞赏一贯谨慎的蒙哥马利能提出一个如此大胆的计划。艾森豪威尔决定对德国采取"宽大战线"的战术，给每一位指挥官提供平等的支持，这让巴顿将军非常愤怒。不过，蒙哥马利的计划似乎能让战争在年前结束，艾森豪威尔决定赌一次。

给"市场花园"行动提供的空中支援的规模很庞大。1944年9月17日，"空中花园"行动开始时，英国南部和北海的上空都被飞机遮住了——很多是常见的C-47"达科他"飞机——滑翔机载着大约2万人和装备，穿越海峡进入荷兰。

机队分为两个航线：北线飞机搭载着美军第82空降师和英国第1空降师，在奈梅亨和阿纳姆着陆；南线飞机则载着美国第101空降师在埃因霍温的降落区着陆。南线飞机遭遇了德军防空火炮的攻击，有一定损失，但成功抵达降落区，大约7000人成功着陆。

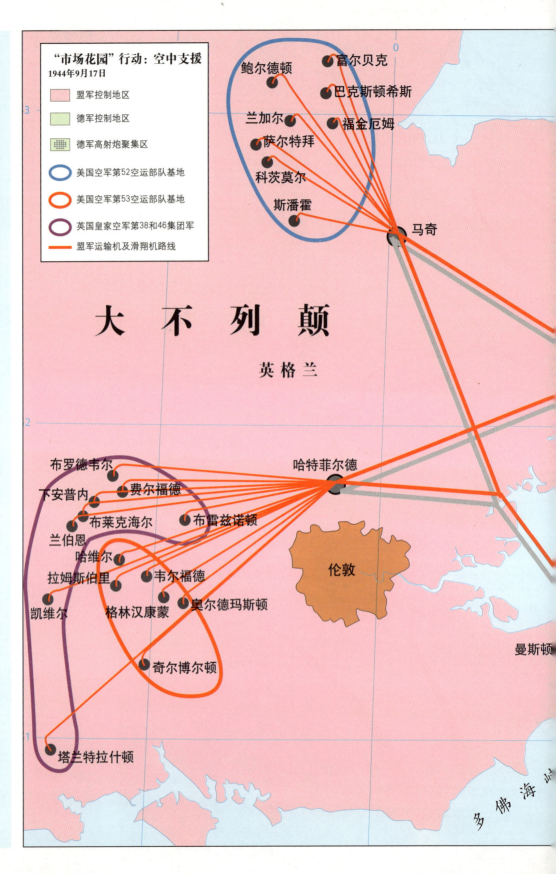

"市场花园"行动：空中支援
1944年9月17日

- 盟军控制地区
- 德军控制地区
- 德军高射炮聚集区
- 美国空军第52空运部队基地
- 美国空军第53空运部队基地
- 英国皇家空军第38和46集团军
- 盟军运输机及滑翔机路线

大 不 列 颠

英格兰

鲍尔德顿　富尔贝克
兰加尔　巴克斯顿希斯
萨尔特拜　福金厄姆
科茨莫尔
斯潘霍
马奇

布罗德韦尔
下安普内　费尔福德
布莱克海尔　布雷兹诺顿
兰伯恩
哈维尔
拉姆斯伯里　韦尔福德
凯维尔　格林汉康蒙　奥尔德玛斯顿
哈特菲尔德
奇尔博尔顿
塔兰特拉什顿

伦敦

曼斯顿

多佛海峡

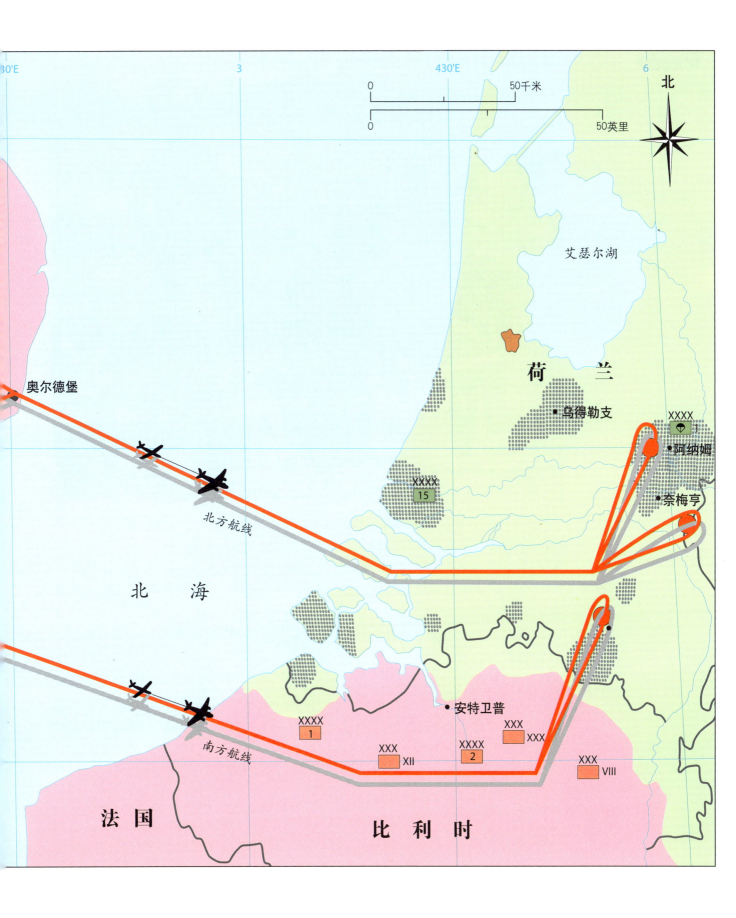

北

50千米

50英里

北海

艾瑟尔湖

荷　兰

奥尔德堡

乌得勒支

XXXX
🪂 1

阿纳姆

XXXX
15

奈梅亨

北方航线

XXXX
1

XXX
XII

安特卫普

XXX
2

XXXX
2

XXX
XXX

南方航线

XXX
VIII

法　国

比　利　时

▶ 英军用担架将伤者抬上吉普，以便转移到战地医院。1944年9月时，战争很快就会结束，很多盟军士兵都不愿意再在战斗中冒不必要的风险。与此同时，德军在靠近德国本土的前线加强了抵抗。

　　这个计划非常大胆，尤其是考虑到蒙哥马利平常都很小心谨慎，而且有很多困难。首要的难题就是盟军第1空降集团军的指挥官刘易斯·布里尔顿（Lewis Brereton）将军和他的副手弗雷德里克·"男孩"·勃朗宁中将之间的关系复杂。他们俩几乎不和对方讲话，最好的例子就是两个人对9月6日的空降制订了两套不同的计划，结果是两个人的计划都被取消。另外一个难题就是可用的飞机数量，尽管美国陆军航空队（USAAF）和英国皇家空军有规模最大的航空运输机队，但仍不足以一次性运输超过1/3的军队。

　　"市场花园"计划制订好后，盟军预定要夺取埃因霍温、奈梅亨和阿纳姆的桥梁。勃朗宁发表了很有预见性的评论："我觉得我们要去一座最遥远的桥。"但计划已经来不及更改。9月17日，大规模的运输机队从南方的空军基地起飞，将空降兵运往战场。

阿纳姆战役

　　"市场花园"的空降行动在9月17日周日早上展开，第一批伞兵和滑翔机在正午之后不久降落。到下午2点的时候，大约2万士兵，以及一些车辆和装备空投到了走廊地

带，准备开始朝目的地推进。

　　不幸的是，盟军的计划面临着一系列的困难。首先，阿纳姆附近的德军并不像预测的那样弱。当第1空降师着陆的时候，德国陆军元帅瓦尔特·莫德尔（Walther Model）已经将此消息报告给了希特勒。第2党卫军装甲军准备应对，第9党卫军装甲师立刻开赴阿纳姆，第10党卫军装甲师也被紧急调派前往阿纳姆。预计不足是盟军计划的最大障碍。

　　美军成功占领埃因霍温的桥梁后，他们必须等待英军第30军抵达。第30军的坦克部队前行道路必须通过德军阵地。在遭到空袭和炮击之前，德军的反坦克火炮对盟军的先头部队造成重大损失。这让第30军的前景变得不容乐观。通过这个障碍后，第30军再次突入德军阵地，同样要消耗大量时间。到9月19日下午的时候，第30军抵达奈梅亨，然后越过瓦尔河（River Wahl）。他们此时在终极目标阿纳姆的南方16千米（10英里）的地方，但德军的抵抗使得盟军推进完全停止，而第1空降师也被阻隔在阿纳姆。

▼ 英国滑翔机部队在练习如何从滑翔机上着陆。盟军的空降师都是精兵强将，他们由于未能参加诺曼底的第一次登陆而感到失落。"市场花园"行动让艾森豪威尔有机会用他的训练有素的士兵对抗"不堪一击"的德军。不幸的是，盟军的情报不准确，轻装的空降部队发现他们面对的是顽强、有经验的纳粹党卫军，而且配备了装甲部队和重型武器。

"遥远的桥"

到1944年9月17日下午2点，"市场花园"行动的第一批空降完成，2万名盟军士兵成功降落。由于德军没有预料到，所以空降部队初期进展顺利，轻松夺取了大部分预定目标。但第101空降师在接近并夺取一座桥的时候遭遇了挫败。

阿纳姆的英军遇到了最苦难的任务，他们刚刚抵达，就意外遭遇了正在此地休整的纳粹党卫军装甲师的袭击。然而他们还是迅速控制了部分桥梁。

同时第82和第101空降师夺取了目标，并准备迅速去和第30军会合，以免被越来越多的德国守军困住。但盟军的计划出错了：只有一条路可以通向第30军的进攻方向。德军当然很快就发现了这一点，仅用很少的兵力就足以严重拖延英军的速度。

因此，该行动从开始就落后于计划，每一个小时过去，德军都可以增加援兵，堵住盟军通往阿纳姆和最终目标——那座桥的道路。

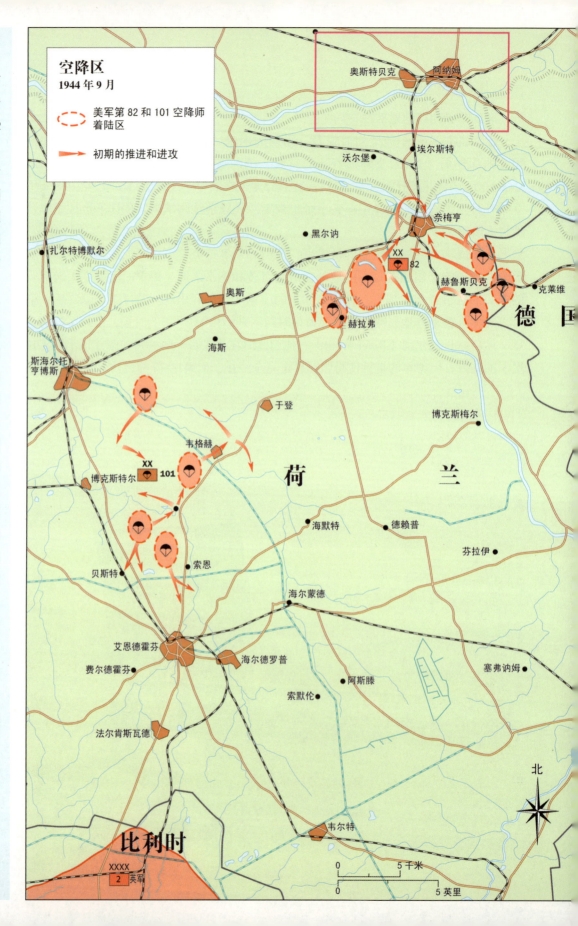

空降区
1944 年 9 月

- ⬭ 美军第 82 和 101 空降师着陆区
- ➡ 初期的推进和进攻

奥斯特贝克　阿纳姆

埃尔斯特

沃尔堡

奈梅亨

黑尔讷

扎尔特博默尔

奥斯

赫鲁斯贝克

克莱维

德 国

赫拉弗

海斯

斯海尔托亨博斯

于登

博克斯梅尔

韦格赫

荷 兰

博克斯特尔

101

海默特

德赖普

芬拉伊

贝斯特　索恩

海尔蒙德

艾恩德霍芬

海尔德罗普

阿斯滕

费尔德霍芬

索默伦

塞弗讷姆

法尔肯斯瓦德

北

韦尔特

比利时

2 英军

0　　　　5 千米

0　　　　5 英里

第1空降师在阿纳姆附近激战了3天，情况并未好转。盟军本来计划让武装吉普出其不意地攻占城镇的桥梁，但滑翔机没能把装备空投到指定地点。第1伞兵旅的第2营抵达桥的北端，但增援部队一直没来。

增援迟到的原因是第1空降师的指挥官罗伊·厄克哈特（Roy Urquhart）少将脱离了指挥部，花了36个小时躲避德国的巡逻队，才最终找到归路。在他缺席的情况下，他的下属没能就行动达成一致，只是派出部队争夺镇外的有利位置，却没有往桥梁派遣增援。第2营完全孤立，击退敌军的一次进攻后，他们遭到了猛烈的、摧毁性的轰炸。这是一次史诗般壮观的战斗，但任务无法完成，德军在9月21日重新占领了这座桥。

阿纳姆战斗继续的时候，盟军正在努力进行空投补给和增援，但由于天气恶劣而失败。第30军逐步推向阿纳姆，最终于9月23日抵达莱茵河的南岸。企图过河的努力失败后，蒙哥马利决定他必须让第一空降师撤退。剩余的军队在9月25日、26日开始从河流沿岸撤退。尽管盟军宣称这个行动成功了90%多少有点夸大，但瓦尔河上的这些桥在1945年的行动中发挥了很大的作用。

"突出部之役"

为了应对盟军的胜利，希特勒开始计划反攻，重新赢得主动权。希特勒的计划野心勃勃，他要通过在阿登高地发动突然袭击，进而控制安特卫普的港口。希特勒的将领们目瞪口呆，他们明白德军根本没有能力实施这么大规模的进攻。希特勒坚持己见，下令军队集中火力攻取阿登高地，为此他不惜把东线紧缺的兵力调往此处。

1944年12月16日攻势开始。尽管取得了一些进展，但希特勒要抵达安特卫普的目标未能充分实现，就像他的资深指挥官预计的那样。德军第6装甲军向北推进的时候停滞了几天，推进到中心的时候取得了更大成功。12月18日—22日，101空降师被包围在巴斯托涅，此后又在极为不利的局面中坚持了数天。虽然德军插入了盟军阵线，但一旦盟军站稳了脚跟，天气也适合轰炸的时候，结果就注定了。12月23日盟军反攻开始，3天后巴斯托涅解围。1945年的新年，德军进行了最后一次努力，但遇到盟军的抵抗后停滞不前。

1945年1月3日，盟军在德军突出部的北翼和南翼发动进攻，要毕其功于一役。在接下来的两周中，德军被击退到初始地点。德军开始的攻势很顺利，让盟军一时很吃紧，但很快德军兵力不足的缺点显现出来，无法获得战略性的成功。最终的结果是，德军为了一个难以达到的目标而遭遇了惨重损失。

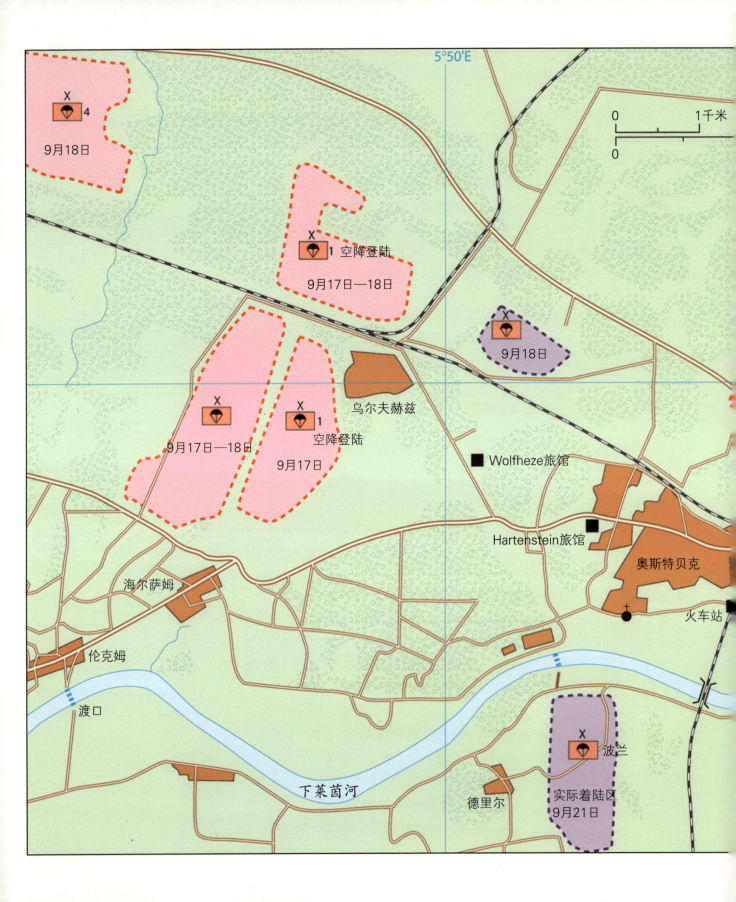

X
4
9月18日

X
1 空降登陆
9月17日—18日

X
9月18日

X
9月17日—18日

X
1 空降登陆
9月17日

乌尔夫赫兹

Wolfheze旅馆

Hartenstein旅馆

奥斯特贝克

海尔萨姆

火车站

伦克姆

渡口

X
波兰

实际着陆区
9月21日

下莱茵河

德里尔

0   1千米
0

5°50'E

第1空降师

着陆区，1944年9月

英军着陆区

波兰军队着陆区

北

英里

补给品空投区
（计划）

火车站

阿纳姆

伊丽莎白医院

舟桥

学校

主要大桥

波兰

计划着陆区

阿纳姆空降

第1空降师的空降作战行动极为复杂，因为他们的降落地点距离阿纳姆还有一段距离，因而该师需要快速到达城市，守住这座桥。由于空降部队太多，一个批次的飞机无法运完，所以后续部队，尤其是波兰空降旅和英军第1空降师的空降师第4旅第二天才到达，也就是1944年9月18日。第4旅的空降也是由于天气恶劣而被推迟，直到9月18日下午才抵达。

德军抵抗、运气不好、天气恶劣共同作用，导致几处应该被用作空投补给区的地方未能占领。其他空降区都在德军控制下，所有试图将此信息通知英国皇家空军的努力也都失败了。补给的确空投了，但没有到达盟军士兵手里，因而必须为波兰空降旅制订替代方案。这部分补给在9月21日投下，但德军已经事先知道运输机即将到来，重型防空火炮和两个德军战斗机中队发起攻击，造成了重大损失。等波兰军队奋力突出降落区后，他们只剩750人了。

进占莱茵河

　　德国的阿登高地攻势让盟军大吃一惊，因为这表明德国还没有被击败。尽管被德军夺占的地区在1945年1月末都夺了回来，但显然德军仍是实力强大的对手。此外，盟军可以肯定，当他们攻到德国本土的时候，战斗将会更加激烈。

　　盟军要想进入德国，必须跨过莱茵河，而德军肯定会利用这个天然屏障。更复杂的是，进入德国还要先攻下"西墙"（West Wall）——也被称为"齐格菲"防线。好像这些麻烦还不够，恶劣的天气让河流附近的低洼地带都积了水，进军更加困难。

　　艾森豪威尔的跨越莱茵河的计划包括两阶段的行动。第一阶段要求蒙哥马利的第21集团军扫清通往莱茵河对岸卫泽尔的道路。在"真实"行动（Operation Vertiable）期间，第30军要从奈梅亨进军到雷赫瓦尔德，随后美军第9集团军推进到门兴格拉德巴赫。随后各支军队暂停下来合并，第21集团军则准备渡过莱茵河，从北方迂回到鲁尔，然后推进到德国北部平原。如果计划成功，蒙哥马利就有机会直捣柏林。

　　布莱德利的第12集团军要推进到蒙哥马利的南部，清除科隆和科布伦茨之间通往莱茵河的道路。巴顿的第3集团军朝美因茨和曼海姆进军，和前往萨尔州的美军联合。这个计划成功的话，就能攻下跨越莱茵河的桥头堡。

　　加拿大第1集团军负责"真实"行动的第一步，在2月8日开始。德军的抵抗很猛烈，盟军的推进速度远低于预期。守军是德军第一空降集团军，他们的防守准备充分，有足够纵深。这里的地形易守难攻，再加上低洼地方积水，迫使盟军只能走狭窄的道路，就让防守更加容易。雨更大之后，路也不能走了，步兵只能涉水而行。德军还开闸放水，让美军第9集团军无法前行，而德军则转而去迎战英国-加拿大联军了。水退后，第9集团军在2月23日发起进攻（比计划晚了两周），遇到了很轻微的抵抗后，于3月3日和"真实"行动的部队会合。

　　美军负责的部分则进展顺利。1945年3月5日、6日攻克克隆，随后攻克波恩（Bonn）。3月6日夜间，B战斗司令部的一小支部队被派往雷马根（Remagen）封锁莱茵河，架起桥梁让部队和美军第

◀◀　在"市场花园"行动中，英国皇家空军"达科塔"飞机将第一空降师空降到阿纳姆上空。"市场花园"行动失败、持续补给困难、恶劣天气，造成盟军的进攻止步不前。希特勒占领了安特卫普，并将英美两国军队分隔开，他看到了和西方盟国求和的机会。

列日

奥伊彭

蒙绍

于伊

斯帕

比特亨巴赫

昂代讷

霍奇斯

马尔梅迪

洛斯海姆

斯图蒙

斯塔沃格

韦尔博蒙

特鲁瓦蓬

锡奈

圣维特

奥德尔

普吕姆

比 利 时

迪南

古维

克莱沃

普罗斯菲尔德

塞勒

马尔什昂法梅讷

罗什福尔

锡耶尼翁

乌法利兹

德 国

博兰

昂贝尔

韦兰

圣于贝尔

巴斯托涅

维尔茨

利布拉蒙

讷沙托

马特朗日

埃特尔布吕克

迪基希

卢 森 堡

巴顿

阿尔隆

卢森堡

0   5千米

0   5英里

① 1944年12月15日盟军前线

② 1944年12月16日夜间
德军伞兵着陆区

③ 1944年12月20日盟军前线

④ 1944年12月24日盟军前线

3集团军会合。意外的是，过河的桥梁完好无损。经过了一些战斗，美军过了桥。这个意外的消息传开后，美军纷纷从此渡河。尽管3月17日桥梁被破坏，但渡过莱茵河的第一步已经完成了。到了这天结束时，第3军团已经控制了莱茵河西岸的大部分，并准备过河。

跨过莱茵河

攻克雷马根大桥为盟军提供了第一个渡河点，第一批渡河开始于3月22日。巴顿心有不悦，因为雷马根是美军第1集团军攻克而不是他的军队攻下的，但还是下令士兵们在尼尔施泰因和奥本海姆上船渡河。蒙哥马利的"战利品"行动（Operation Plunder）要求英军在3月23日开始渡河，到第二天早上已经占领了5个桥头堡，进攻势头因为"大学"行动（Operation Varsity）的空降突袭而更加顺利。"大学"行动用来给步兵开路，使他们能够相对轻松地抵达河岸。尽管有些飞机和滑翔机被德军击落，但计划整体是成功的。

到3月25日，第21集团军在莱茵河东岸占领了一处基地，并用3天时间加固此处。莱茵河两岸的盟军的注意力都集中在战争的最后阶段了。此时，艾森豪威尔改变了战术。就在蒙哥马利计划穿越德国北部平原进逼柏林的时候，艾森豪威尔决定关注第12集团军的行动，他们负责在易北河和穆尔德河（Mulde）附近进攻，目标是将德军一分为二，然后和苏联红军会合；第21集团军则要沿波罗的海海岸前进，抢在苏军之前清除荷兰的德军，控制德国港口，切断丹麦的后路。在第12集团军的南部，美军第6集团军开进奥地利，消灭那里的残余德军，以及纳粹在那里的残余势力。

为了和新计划保持一致，英国第2军团在3月28日突破桥头堡，跨过威悉河，尽管在汉诺威附近遭遇德军抵抗，还是在3周内推进320千米（200英里）。到4月18日，第21集团军的先锋第1军抵达须得海；第12军在朝汉堡进攻的路上推进迅速；第30军已经抵达不来梅；第8军则攻下了吕讷堡，逼近易北河。

同时，第12集团军已经包围了鲁尔，开始了系统的扫尾行动。到4月的第二周，大量德军投降，很多都毫无反抗。集团军在4月10日抵达汉诺威，第二天进军到易北河。到4月18日，尽管还有一些零星的抵抗，但显然战争不会持续多久了。

最后阶段

盟军在西线的最后阶段，就是见证德军抵抗在1945年4月末和5月初土崩瓦解。第21集团军于4月27日夺下不来梅；5月2日攻下吕贝克和汉堡。第12集团军于4月19日攻下哈勒和莱比锡，3天后攻下德绍。4月24日，美军第1集团军到达穆尔

阿登高地

德军在阿纳姆发起攻势，意图改变西部展现的战略格局。希特勒的宏伟计划是要控制住安特卫普港，在英美军队之间插入一个楔子，并利用此优势分别和西方强国达成和平协议，以便集中兵力对付苏联。

德军的进攻计划中包括让突击队员装扮成美军，沿途制造混乱，误导交通，控制重要交通枢纽的计划。但这个计划失败了，因为会说英语的人太少，而且缴获的美式装备不够，所以很难骗过对手。很多突击队员被俘后被枪毙。

德军还计划实施空降突击，但空降部队着陆地点太分散，根本无法行动。尽管三支德军成功发起进攻，将美军打退一些距离，但只是暂时的。12月23日，美军的一个反击把德国人赶了回去，到1月末，他们已经注定失败。德军在进攻中损失了超过12万人和600辆坦克，被严重削弱的部队甚至无法守住莱茵河。

突出部战役反击

1944年12月26日－1945年2月7日

→ 盟军反击

⌒ 盟军前线

斯帕

斯图蒙

马尔梅迪

斯塔沃格

特鲁瓦谨

迪南

锡奈

塞勒

马尔什昂法梅讷

XXXX
1

古维

锡耶尼翁

罗什福尔

2

阿 登 高 原

乌法利兹

3

博兰

XXXX
5

XXXX
7

韦兰

1

圣于贝尔

昂贝尔

巴斯托涅

维尔茨

盟军前线：

1 1944年12月26日

2 1945年1月2日

3 1945年1月16日

4 1945年2月7日

利布拉蒙

XXXX
3

讷沙托

马特朗日

比 利 时

5°30'

比特亨巴赫

洛斯海姆

施塔特基尔

XXXX
6

圣维特

奥德尔

普吕姆

普罗斯菲尔德

4

克莱沃

比特堡

迪基希

埃特尔布吕克

埃希特纳赫

特里尔

卢 森 堡

德河的停止线，第二天在托尔高附近的易北河和苏军会师。

　　美国第3军团于同一天跨过多瑙河，攻下雷根斯堡。然后第3军团进入奥地利，于5月5日攻下林兹。在第3军团的右侧，美国第7军团经过5天激战，于4月20日攻下纽伦堡，然后越过多瑙河和法国第1军团会合。这些战斗终于消灭了德国G集团军群的抵抗，使得法军可以直通瑞士边界。此时希特勒自杀的消息传出来，显然战争即将结束。1945年5月4日，德军抵抗几乎全部停止。蒙哥马利在吕讷堡石楠草原的指挥部接受了驻荷兰、丹麦和德国北部的德军的投降。第二天，使者抵达艾森豪威尔的指挥部，做了一些延期的努力后，于5月7日凌晨2点40分签署了停战协议。欧洲战争在第二天宣布结束。

　　德国的失败有几个原因，最主要的原因是它的工业生产、人力根本不是盟国的对手。德军对苏联红军造成了巨大损失，但苏联可以承担这些；而德国却无法承受东线的损失。在西线，尽管德军的抵抗有时候会让盟军陷入麻烦，但诺曼底登陆成功，第二次世界大战的结果就毫无悬念了。

突出部战役中，一辆德军的 Ⅲ 型突击炮被士兵们伪装起来，以免遭到盟军战斗轰炸机的袭击。到1944年，盟军已经掌握了西线的空中优势，德军的行动严重受制。任何引人注意的烟尘或尘土都会引起英国"台风"战机或美国"雷电"战机的注意，并用反坦克武器将其摧毁。

▼ 美军士兵在跨越莱茵河的登陆艇上寻求掩蔽。雷马根的大桥被占领后，德国已经丧失了在莱茵河阻挡盟军的最后希望，随后巴顿和蒙哥马利的大量军队跨过了莱茵河——温斯顿·丘吉尔密切关注着后者的行动——德国的命运已经注定了。

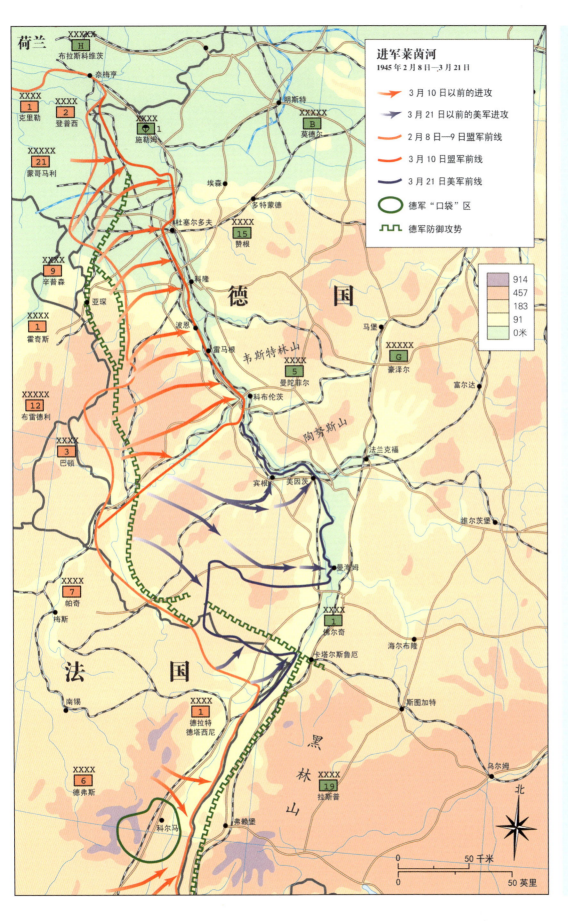

进军莱茵河

进军莱茵河对于参与第一阶段行动的英国-加拿大军队来说尤其困难，因为他们不但要面临德军的顽固抵抗，还得越过难走的地形。攻势的第一阶段"真实"行动（Operation Veritable）由于天气恶劣、英-加军队需要面临艰难地形而进展缓慢。

因此，进军速度远远低于预计，而由于德军放水淹没鲁尔山谷（Ruhr Valley）阻挡盟军，所以美国第9军团的配合性行动——"手榴弹"行动（Operation Grenade）也必须推迟两周。美国第1军的运气稍微好点，他们攻克了科隆和波恩这番胜利之后，他们又成功攻取了位于雷马根的跨越莱茵河的鲁登道夫大桥。

守卫此桥的德军本打算炸毁它，而他们没有炸桥大大出乎美军的意料。这座桥在美军的一次快速进攻后被占领，后来对于运输军队和装备跨过莱茵河起到了重要作用，但并非决定性的。

尽管鲁登道夫大桥在3月17日被破坏，但盟军大部分辎重已经越过莱茵河，抵达德国中心了。

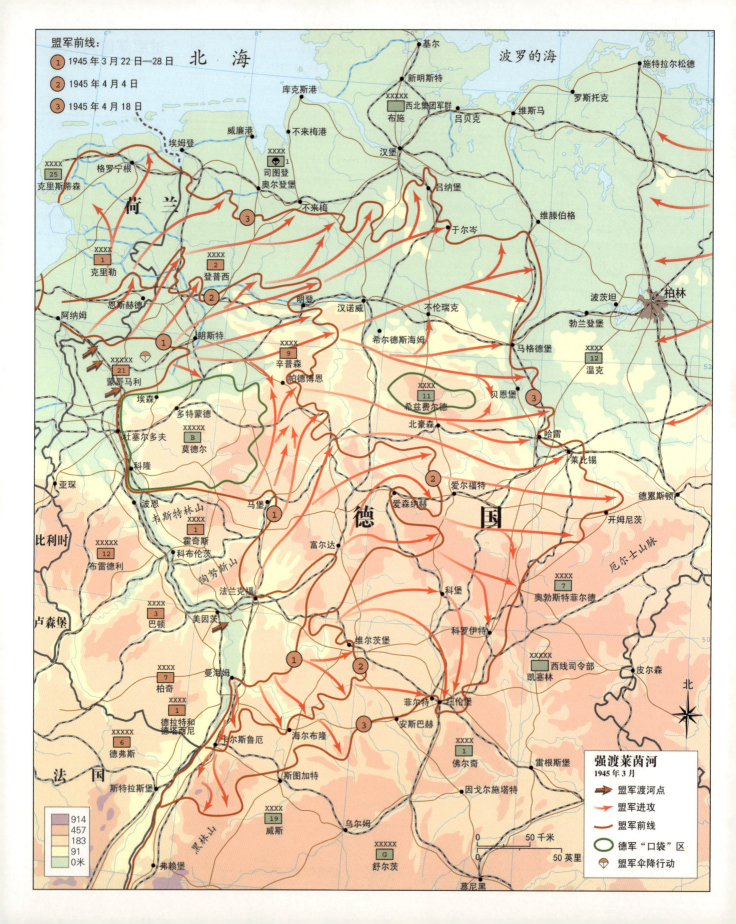

北海

波罗的海

1945年3月22日—28日

1945年4月4日

1945年4月18日

基尔

施特拉尔松德

新明斯特

罗斯托克

维斯马

库克斯港

西北集团军群

布施

吕贝克

威廉港

不来梅港

汉堡

埃姆登

司图登
奥尔登堡

吕纳堡

维滕伯格

格罗宁根

荷 兰

不来梅

克里斯蒂森

于尔岑

柏林

克里勒

登普西

明登

汉诺威

不伦瑞克

波茨坦

恩斯赫德

马格德堡

勃兰登堡

阿纳姆

明斯特

希尔德斯海姆

温克

蒙哥马利

辛普森

帕德博恩

希兹费尔德

贝恩堡

埃森

北豪森

哈雷

多特蒙德

杜塞尔多夫

莫德尔

莱比锡

科隆

德累斯顿

亚琛

爱尔福特

开姆尼茨

波恩

韦斯特林山

马堡

爱森纳赫

厄尔士山脉

比利时

富尔达

德 国

霍奇斯

科布伦茨

奥勃斯特菲尔德

布雷德利

陶努斯山

科堡

卢森堡

法兰克福

科罗伊特

巴顿

美因茨

皮尔森

维尔茨堡

西线司令部

凯塞林

柏奇

曼海姆

菲尔特 纽伦堡

德拉特和
德塔西尼

安斯巴赫

佛尔奇

雷根斯堡

卡尔斯鲁厄

海尔布隆

德弗斯

法 国

斯图加特

因戈尔施塔特

斯特拉斯堡

乌尔姆

威斯

黑林山

舒尔茨

弗赖堡

慕尼黑

北

强渡莱茵河
1945 年 3 月

→ 盟军渡河点

→ 盟军进攻

⌐ 盟军前线

◯ 德军"口袋"区

盟军伞降行动

914
457
183
91
0米

0   50 千米

0   50 英里

尾声

　　盟军一旦越过莱茵河，完全控制了桥头堡，就已经处于居高临下的位置。艾森豪威尔决定将进攻焦点从柏林转移，并没有引发任何重大的规划困难，第12集团军和第21集团军很快就出发，准备发动第二阶段的攻势。

　　北方的第21集团军在攻入荷兰和进攻波罗的海海岸的过程中取得了相当大的成功，到1945年4月18日，他们已经抵达不来梅的郊区，靠近汉堡了。南方的第12集团军以类似的速度进攻，在4月的前两周收缩了鲁尔的包围圈。这一阶段，美军最大的难题是德军投降的人数太多了，因而在如何处置俘虏问题上造成了管理上的麻烦。

　　第9集团军进军易北河也进展顺利。4月4日，军队越过威悉河；4天后渡过莱纳河；又过了3天，第9集团军抵达易北河南岸的马格德堡。只有美国第7集团军和法国第1集团军各自在维尔茨堡和卡尔斯鲁厄附近遇到了较强的抵抗，但这些抵抗也不足以严重拖延进军速度。到1945年4月18日，德国战败已经指日可待。

▼　微笑的艾森豪威尔（右二）和美军、英军、苏军的高级军官们见证了德军投降。尽管欧洲战胜日（VE）是1945年5月8日，但和希特勒坚定支持者的零星战斗又持续了一周，而盟军接下来就要面对在远东击败日本可能付出的高昂代价了。

一支美国舰队在"埃塞克斯"号（Essex）航空母舰的率领下穿过南太平洋。太平洋战争从一开始就明确了航空母舰是最重要的战略资产，每一方命运的涨落都取决于可用航母的数量。战争开始阶段，日本的航母数量和海军力量都处于上风——尤其是相对于几乎彻底老旧的英军舰队而言——因而在最初阶段取得了引人注目的成功。

第8部分
太平洋战争

　　自日本帝国海军偷袭美国的珍珠港海军基地开始，直到美国
向日本本土扔下名为"小男孩"和"胖子"两颗原子弹，其间日
本和美国一直在太平洋地区展开激战。中途岛海战之后，日本在
太平洋战区咄咄逼人的态势迅即遭到遏制；尽管如此，彻底打败
日本军队还需经历数年苦战。

"夏威夷战事"——世称"珍珠港事件"——之所以发生，其根源在于20世纪30年代亚洲地区的复杂局势以及日本在此之中的角色。第一次世界大战结束后，日本满心期待从"剥夺德国的海外殖民地"的终战条约中受益，这个如意算盘落空之后，日本民众（尤其是民族主义情绪炽热的日本军部）心生怨恨。由于宪法（1889年颁布的《大日本帝国宪法》。——译者注）的原因，日本军部在该国政治体系之内权势巨大；1931年，日本关东军更是绕过日本政府，擅自在中国沈阳发动"九一八"事变。面对这次事件引发的国际公愤，日本做出了退出"国联"的回应，并继续加强军备。日本最终于1937年开始全面侵华。时至1940年之前，日本军队在中国屡屡得手；一俟法国沦陷，为阻止中国经由中南半岛获得战争给养，日本开始向当地的法属殖民当局施加压力——遭到抗拒之后，日本趁机（于1940年9月）占领了法属中南半岛。英国、美国及荷兰（流亡政府）由此发起了针对日本的制裁，日本经由该地区的贸易和石油供应骤降3/4。

此时，日本面前的两条路是：一、以妥协换得制裁的解除；二、趁资源储备还未耗尽加快战争进程。但东条英机领导的日本军国民族主义政府从未考虑过第一种可能。

如意盘算

选择了继续战争的道路之后，本地区的美国海军舰队成了日本的主要威胁。因此，继续战争的第一步骤就是以舰载机发动攻击，炸毁美国的珍珠港海军基地。日本海军效法英国皇家海军，大力建设舰载航空兵部队；英军舰载航空兵1940年夜袭驻泊塔兰托意大利舰队行动的巨大成功让日本相信，对本地区的美国舰队如法炮制的话，后者也将毫无还手之能力。1941年，日本联合舰队（在本书中，"联合舰队"的字面含义是2个以上舰队编成的日本海军中心部队。……联合舰队由日本天皇直属联合舰队司令长官统领，军令相关由军令部总长、军政相关由海军大臣指示。1944年莱特湾海战后日本联合舰队名存实亡，1945年10月10日正式解散。——译者注）司令山本

五十六大将一直在为此精心谋划，并制订了一个最终的行动方案。

山本五十六将在这次突袭行动中使用6艘航空母舰以及400余架各型战机。经过了全面的针对性训练之后，航母编队于1941年11月22日在千岛群岛一个孤绝的泊地集结。又经过了4天的临战准备，这支攻击部队起航了，为规避侦测，他们不惜在大海中兜圈子。在另外某个地方，几艘日本潜艇也各自朝着夏威夷岛方向驶去，它们的任务是向攻击部队提供相关的即时情报并在必要时攻击抛锚的敌方舰只。

山本五十六的舰队已在前往珍珠港的途中了，日本外交官才受命同美国人展开谈判：一旦谈判破裂，立即下达最后通牒并展开军事打击，一气呵成。日本驻美大使之所以有如此行动，不过是为了维持最后一丝外交合法性。事实上，宣战布告尚未送达，日本舰载机的第一波攻击就已经开始了。日本人是铁了心要对美不宣而战的。

珍珠港事件

1941年12月7日上午6点，第一批次的日本舰载机起飞，7点55分左右即飞临珍珠港上空，美国舰船对此毫无防备。日本战机按预定任务分成两个编队：一个编队前往附近的美军机场上空预防美军战机升空拦截，另一个编队则负责攻击美军舰船。

日本人阻截美军战机的行动异常成功：后者将近200架飞机被完全炸毁，160架严重受损，得以完好无损地离开己方机场的屈指可数。日本舰载机得以几乎"不受干扰"地展开对舰攻击了。

受命对付美军舰船的日本舰载机面对的是一个毫无还手之力的攻击目标。位于珍珠港中心位置的是福特岛，美军战舰编队紧挨着这座小岛驻泊。日本人的高空轰炸机首先登场，低空飞行的鱼雷轰炸机紧接着从相反的方向进入阵位。港内的美国舰船排布得十分紧密，日本舰载机飞行员可以轻松命中目标，只要投弹时间把握准确。

开战不到十分钟，"亚利桑那"号美舰即先后被一枚鱼雷和一颗炸弹击中，那颗炸弹穿透了它的弹药舱，导致该舰发生剧烈殉爆后翻沉。紧接着，"西弗吉尼亚"号被6枚鱼雷击中后坐沉港内，"加利福尼亚"号被2枚鱼雷击中开始进水。"内华达"号曾经设法起锚逃脱，但未能逃脱日方的第二波攻击：该舰只得奋力抢滩搁浅，以免沉没在航道中央，妨碍其他美军舰船。"加利福尼亚"号在日方的第二波攻击中被再次击中并坐沉港内。尽管如此，展开第二波攻击的日本飞行员也发现，美军此时已经反应过来发起反击，他们的攻击行动顿时变得困难多了。

日军中将南云忠一（此次偷袭行动的日军前线指挥官）决计不发动预定的第三波舰载机攻击，最后一架日军舰载机于当天中午时分飞回。南云忠一开始急速撤离自己的舰队。

美国海军太平洋舰队在珍珠港遭到毁灭性的打击，但日本并未完全达到其预定作

珍珠港

　　日本决定对美国舰队实施果断攻击的计划确定后，在1941年12月22日秘密集结了6艘航母——"赤城"号、"加贺"号、"苍龙"号、"飞龙"号、"翔鹤"号和"瑞鹤"号——参战。为了确保安全，舰队选择了一条最不容易被发觉的航线。这条航线不仅远离美国水上飞机从夏威夷或中途岛触发的行动半径，还因为经常遇到恶劣天气而不容易被舰队袭击。

　　日本舰队抵达飞机放飞阵位，潜艇还借用靠近夏威夷的南风航线前进，以免被侦察到。他们的情报以及夏威夷的间谍都传来了令人失望的消息，即珍珠港并没有任何美国航母，而其他舰船也在别处执行任务。但珍珠港还是停靠着超过80艘美国军舰，丝毫不知日本舰队正在接近。

　　1941年12月7日早上6点刚过，第一波飞机从日本航母甲板上起飞，直扑夏威夷的目标。珍珠港大部分水兵还在平静地睡觉，不知道大屠杀即将到来。

150

日军离开单冠湾
东京时间：11月26日06：00
夏威夷时间：11月25日10：30
华盛顿时间：11月26日16：00

舰队集合：11月22日
出击开始：11月26日

日本海

日本

本州

太　平　洋

"攀登新高山"行动中日军进攻舰队航线

1941年11月26日至12月7日

→　日军航线

→　支援主力部队的日军潜艇航线

■　12月7日前美军航空兵巡逻范围

⚑　风向

○　风速（英里/小时）

■　能见度（英里）

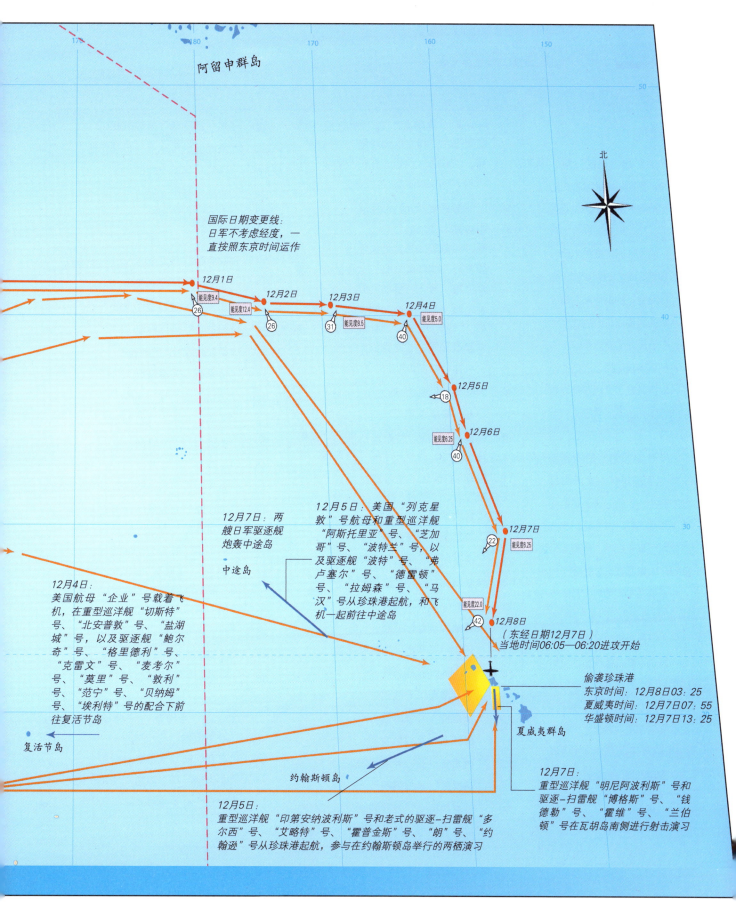

阿留申群岛

国际日期变更线：
日军不考虑经度，一
直按照东京时间运作

12月1日　能见度9.4
26

12月2日　能见度12.4
26

12月3日　能见度8.5
31

12月4日　能见度5.0
40

12月5日
18

12月6日　能见度6.25
40

12月7日：两艘日军驱逐舰炮轰中途岛

中途岛

12月5日：美国"列克星敦"号航母和重型巡洋舰"阿斯托里亚"号、"芝加哥"号、"波特兰"号，以及驱逐舰"波特"号、"弗卢塞尔"号、"德雷顿"号、"拉姆森"号、"马汉"号从珍珠港起航，和飞机一起前往中途岛

12月7日　能见度6.25
22

能见度22.0

12月8日（东经日期12月7日）
42　当地时间06:05—06:20进攻开始

12月4日：
美国航母"企业"号载着飞
机，在重型巡洋舰"切斯特"
号、"北安普敦"号、"盐湖
城"号，以及驱逐舰"鲍尔
奇"号、"格里德利"号、
"克雷文"号、"麦考尔"
号、"莫里"号、"敦利"
号、"范宁"号、"贝纳姆"
号、"埃利特"号的配合下前
往复活节岛

偷袭珍珠港
东京时间：12月8日03:25
夏威夷时间：12月7日07:55
华盛顿时间：12月7日13:25

复活节岛

夏威夷群岛

约翰斯顿岛

12月7日：
重型巡洋舰"明尼阿波利斯"号和
驱逐-扫雷舰"博格斯"号、"钱
德勒"号、"霍维"号、"兰伯
顿"号在瓦胡岛南侧进行射击演习

12月5日：
重型巡洋舰"印第安纳波利斯"号和老式的驱逐-扫雷舰"多
尔西"号、"艾略特"号、"霍普金斯"号、"朗"号、"约
翰逊"号从珍珠港起航，参与在约翰斯顿岛举行的两栖演习

袭击

偷袭珍珠港是经过精心配合的，各部分部队从不同的高度和方向实施攻击，以便迷惑守军。高空炸弹的轰炸尤其出色：日本炸弹的威力不足以摧毁战舰，所以他们把355毫米（14英寸）的炮弹配上鳍片和合适的附着点，改装成穿甲弹，在那天证明非常有效。

日军事前进行了严格的训练，对任务做了充足准备，他们的炸弹和鱼雷对战舰队列特别有效。

与针对停泊舰船的袭击一样优秀的是针对夏威夷机场的袭击，这部分袭击是要摧毁美军战斗机，然后它们的突袭就可以毫无抵抗。日本不但摧毁了大量战机，还毁坏了相当数量的海军巡逻机以及一支B-17轰炸机队伍——他们不幸地恰好在袭击时抵达。

只有寥寥几架美军战斗机成功起飞，并击落了少量日军战机。防空火炮和意外事故也造成了日军的一些伤亡，但袭击结束时，日本取得了重大成功，仅用29架飞机的代价就重创了美军舰队。

① 补给船"惠特尼"号和驱逐舰"塔克"号、"科宁厄姆"号、"里德"号、"凯斯"号和"塞尔弗里奇"号
② "布卢"号驱逐舰
③ "菲尼克斯"号轻巡洋舰
④ 驱逐舰"艾尔温"号、"法拉格特"号、"戴尔"号、"莫纳汉"号
⑤ 驱逐舰"帕特森"号、"拉尔夫·塔尔波特"号、"亨利"号
⑥ 补给船"多宾"号和驱逐舰"沃登"号、"赫尔"号、"杜威"号、"菲尔普斯"号、"麦克道夫"号
⑦ "慰藉"号医疗船
⑧ "艾伦"号驱逐舰
⑨ "丘"号驱逐舰
⑩ 驱逐-扫雷舰"甘布尔"号、"蒙哥马利"号，轻型布雷艇"拉姆塞"号
⑪ 驱逐-扫雷舰"特雷弗"号、"布里斯"号、"赞恩"号、"佩里"号、"瓦斯穆特"号
⑫ "美杜莎"号维修船
⑬ "柯蒂斯"号水上飞机补给船
⑭ "底特律"号轻型巡洋舰
⑮ "罗利"号轻型巡洋舰
⑯ "犹他"号目标战舰
⑰ "丹吉尔"号水上飞机补给船
⑱ "内华达"号战列舰
⑲ "亚利桑那"号战列舰
⑳ "女灶神"号维修船
㉑ "田纳西"号战列舰
㉒ "西弗吉尼亚"号战列舰
㉓ "马里兰"号战列舰
㉔ "俄克拉荷马"号战列舰
㉕ "尼欧肖"号油轮

㉖ "加利福尼亚"号战列舰
㉗ "反嘴鹬"号水上飞机补给船
㉘ "索肖"号驱逐舰
㉙ "唐斯"号驱逐舰
㉚ "卡森"号驱逐舰
㉛ "宾夕法尼亚"号战列舰
㉜ "抹香鲸"号潜艇
㉝ "奥格拉拉"号布雷舰
㉞ "海伦娜"号轻型巡洋舰
㉟ "阿拉贡"号工程船
㊱ "萨克拉门托"号炮艇
㊲ "贾维斯"号驱逐舰
㊳ "马格福德"号驱逐舰
㊴ "天鹅"号水上飞机补给船
㊵ "参宿七"号维修船
㊶ "拉玛波"号油轮
㊷ "新奥尔良"号重型巡洋舰
㊸ "卡明斯"号驱逐舰和轻型布雷舰"普雷布尔"号、"特雷西"号
㊹ "旧金山"号重型巡洋舰
㊺ "鹏鹕"号驱逐-扫雷舰、"施莱"号驱逐舰和轻型布雷舰"普鲁伊特"号、"西卡尔"号
㊻ "火奴鲁鲁"号轻型巡洋舰
㊼ "圣路易斯"号轻型巡洋舰
㊽ "巴格利"号驱逐舰
㊾ "独角鲸"号、"海豚"号、"蚝隆头鱼"号潜艇，"桑顿"号、"赫尔伯特"号补给船
㊿ "波利阿斯"号潜艇补给船
51 "萨姆纳"号工程船
52 "海狸"号工程船

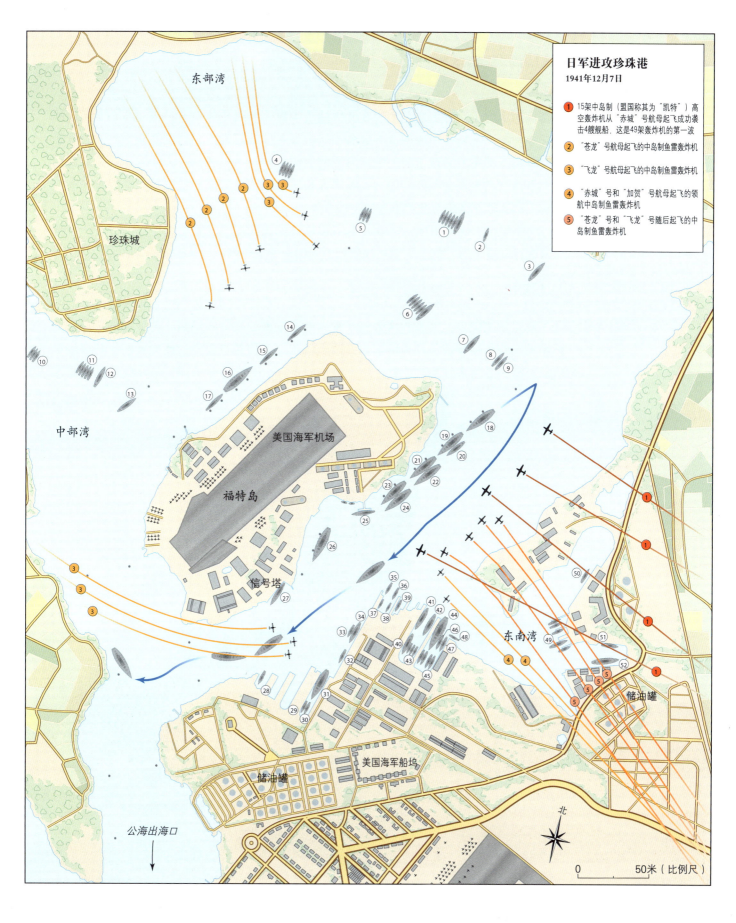

日军进攻珍珠港
1941年12月7日

① 15架中岛制（盟国称其为"凯特"）高空轰炸机从"赤城"号航母起飞成功袭击4艘舰船，这是49架轰炸机的第一波

② "苍龙"号航母起飞的中岛制鱼雷轰炸机

③ "飞龙"号航母起飞的中岛制鱼雷轰炸机

④ "赤城"号和"加贺"号航母起飞的领航中岛制鱼雷轰炸机

⑤ "苍龙"号和"飞龙"号随后起飞的中岛制鱼雷轰炸机

东部湾

珍珠城

中部湾

福特岛

美国海军机场

信号塔

东南湾

储油罐

美国海军船坞

储油罐

公海出海口

北

0   50米（比例尺）

战目标。尽管美军有数艘主力舰在此次偷袭中被击沉或坐沉，但日后对整个太平洋战场局势发挥了决定性作用的美军航母当时没有一艘泊在港内，得以保全。此外，日本人在此次行动中着力攻击的是美国海军的舰船而非岸上设施，后者依然具备数月之后在太平洋战场上发动反击的能力。美军在很短的时间内完成了艰巨的战场搜救和港口重建工作，珍珠港海军基地重新具备作战能力。

出于疑虑，山本五十六当初没有对珍珠港的美国海军发动更加彻底的打击，日本人这次行动最大的"战果"便是：激怒了美国，走上了自我毁灭的道路。

日本的扩张

按照预先谋划，偷袭珍珠港只是发动更大规模的战争的序曲。苦于无法应对西方国家发起的贸易制裁，日本军国主义政府认定，为确保自身不受他国影响地获取战争所需资源，必须占领相关原料产地；欲征服亚洲，必须消除美国太平洋舰队这个重大

▼ 珍珠港事件中美军"亚利桑那"号战舰被直接击中后爆炸。偷袭珍珠港让日本在随后获得了太平洋战争的主动权，但没有击沉任何美军的航母——12月7日偷袭时它们都在港口外——航空母舰的幸存对最终阻止日本扩张起到了重要作用。

障碍。

英国和荷兰在亚洲的殖民地都有大量的原材料；荷属东印度群岛是石油的重要产地，马来亚的橡胶制品也非常重要。在原材料的重要性之外，日本政府还考虑到了本国民众的民族主义情绪和自豪感。该种情绪的基本信条是，日本理应成为亚洲地区的第一强国：一方面，日本可以自如地在本地区获取原材料；另一方面，日本应当终结西方国家在亚洲的殖民史，将美国、英国以及荷兰人从本地区驱逐出去即是彰显日本实力和声势的绝佳方式。因此，日本人的目标并不只是那些自然资源丰富的亚洲国家，还有地理位置重要——日本帝国海军借此可以自如控制整个太平洋，并攻占敌国控制的岛屿。

缘此之故，珍珠港事件不但是针对西方强国的一次孤立行动，更是一次大胆的有预谋的征服战的序曲。日军的大规模侵略理论上有着相当多的有利条件：英国已在欧洲、地中海及北非地区独力对付德国和意大利，若要再分兵亚洲对付日本，必然是力不从心；荷兰流亡政府则看来无法反击任何之于其亚洲殖民地的威胁。日本人在珍珠港的胜利似乎预示着一次迅速且无可阻遏的征服。

突袭珍珠港的日本舰载机已经撤回了，其他日本军队又开始进攻菲律宾的吕宋岛，揭开了征服菲律宾的序幕并在3个月后将菲律宾占领；在吕宋岛的北方，驻华日军开始进攻英国占领之下的中国香港；最后，还有一支日本部队在马来半岛登陆，其目的是从英国手中夺取缅甸及此处石油资源。

兵锋所指之处，日军战无不胜。英国人、美国人及荷兰人原本只将日本视作一个次等的军事强国，他们部署在亚洲的部队装备并不齐整，他们做梦也想不到日本人会是训练有素的丛林战士；盟军的自大给自己带来了灾难。日本人将英国赶出了马来半岛、新加坡和缅甸，美国人在菲律宾和太平洋战场上被打得落花流水，荷属东印度群岛上的荷兰部队被彻底击败——所有这些都发生在8个月之内。在1942年7月那个时点看来，再要阻止日本人主导太平洋几无可能。

入侵马来半岛和新加坡

和缅甸一样，马来半岛也是日本军队1941年年末的主要目标。占领了马来半岛，日本就掌握了全球38%的橡胶制品和60%的锡产出。事实上，前往马来半岛和新加坡的日军船队在珍珠港突袭开始之前就已经在海上了；一架英军侦察机1941年12月6日发现了这支日本部队的行踪，但碍于糟糕的天气，英国人没有开展进一步的侦察。日本船队不受干扰地继续开进，12月8日凌晨1点刚过，日本军队开始登陆。这支登陆部队——通过滩涂的时候溺毙了不少人——所遇到的抵抗微乎其微，第一位登上滩涂的日军指挥官得以从容不迫地下达突击英军阵地的命令并很快将其占领。

迅速扩张

1942年年初日本在太平洋的扩张无论是范围还是速度都很突出。日军横扫抵抗部队，所有军队的抵抗都似乎无效。凭借这些胜利，日本所号称的"不可战胜"要过很长时间才会被打破。

尽管面对着世界上的英美两大强国，日本还是相当轻易地入侵了马来半岛、新加坡和菲律宾，并无情地消灭了所遇到的抵抗：1942年夏初，印度和澳大利亚也面临着日本入侵的威胁，荷兰在东印度群岛的统治被永久终结，日本也开始在爪哇推行其民族主义运动。

除了占领这些重要的国家，日本的扩张还包括很多小岛和珊瑚岛，这些地方是为了表示日本在太平洋占领了幅员辽阔的区域，利用这些地方也能方便舰船和飞机守卫新创建的海洋霸权。到1942年年初，盟军似乎看不到希望——但事实上，转折点就在前方。

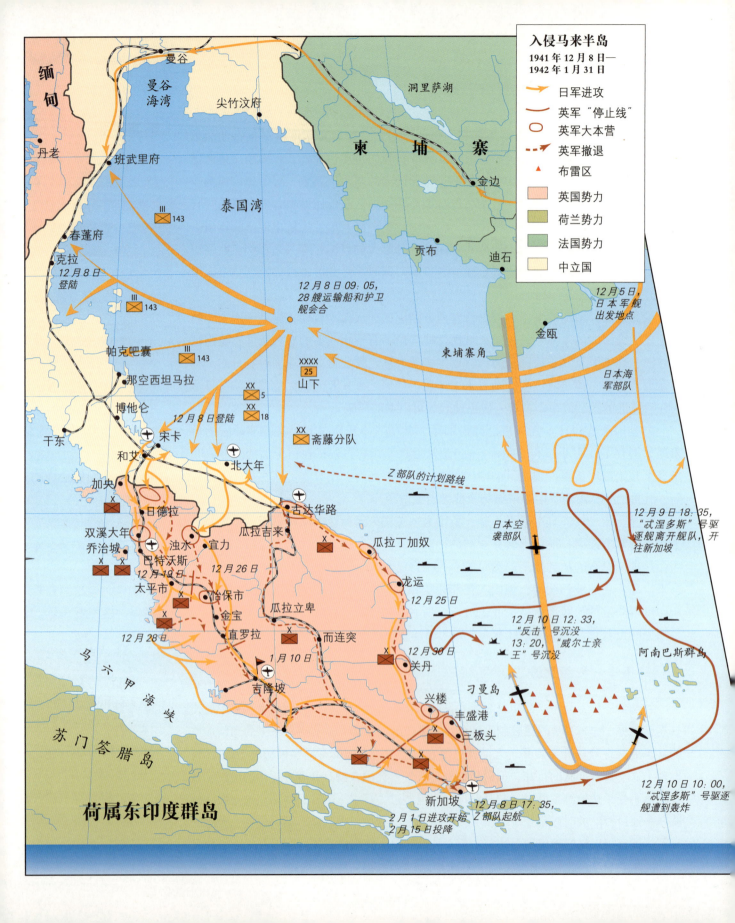

入侵马来半岛
1941年12月8日—
1942年1月31日

→ 日军进攻
︵ 英军"停止线"
◯ 英军大本营
┅→ 英军撤退
▲ 布雷区
🟧 英国势力
🟩 荷兰势力
🟩 法国势力
🟨 中立国

缅甸
曼谷
曼谷海湾
尖竹汶府
丹老
班武里府
泰国湾
束 埔 寨
洞里萨湖
金边
春蓬府
克拉
12月8日
登陆
XXX 143
贡布
迪石
XXX 143
帕克吧囊
XXX 143
那空西坦马拉
XXXX 25 山下
12月5日,
日本军舰
出发地点
博他仑
干东
12月8日 09:05,
28艘运输船和护卫
舰会合
束埔寨角
日本海
军部队
宋卡
XX 5
和艾
12月8日登陆
XX 18
加央
北大年
XX 斋藤分队
日本空
袭部队
日德拉
Z部队的计划路线
12月9日 18:35,
"武涅多斯"号驱
逐舰离开舰队,开
往新加坡
双溪大年
乔治城
浊水
宜力
古达华路
瓜拉吉来
瓜拉丁加奴
巴特沃斯
12月19日
太平市
怡保市
12月26日
瓜拉立卑
龙运
12月25日
12月10日 12:33,
"反击"号沉没
13:20,"威尔士亲
王"号沉没
金宝
而连突
直罗拉
12月28日
1月10日
吉隆坡
关丹
12月30日
阿南巴斯群岛
马六甲海峡
兴楼
习曼岛
丰盛港
三板头
苏门答腊岛
新加坡
12月8日 17:35,
Z部队起航
2月1日进攻开始
2月15日投降
12月10日 10:00,
"武涅多斯"号驱逐
舰遭到轰炸
荷属东印度群岛

英国的灾难

日本入侵马来半岛的行动很大程度上受益于英国的自满。日本作为一个对手的实力被严重低估，真正的实力也未得到重视。因此各国都几乎没有准备好应对日本的入侵，马来半岛的兵力也没有把军备当作第一要务。比如战机，当时部署在该地区的都是美制"水牛"战斗机，这款战机的战斗力远远弱于同期欧洲战场上的型号，但英军认为这款战机依然比日军所有型号的战机都要先进——在战争爆发后，英国人的偏执就开始不断受到现实的打击。

日军在马来半岛站稳脚跟后便开始了势不可挡的推进。随着日军朝半岛的东西两侧推进，英军被迫撤退，每一个防御阵地都被从南方登陆而来的军队包抄。更糟糕的是，日军击沉了两艘未得到空中保护的英军战列舰——"威尔士亲王"号和"反击"号，日军由此确保了在该地区的制海权。

幸存的英军被赶到新加坡，但日军成功穿越柔佛海峡，包围了卫戍部队。1941年2月15日，新加坡守军司令珀西瓦尔将军决定投降。

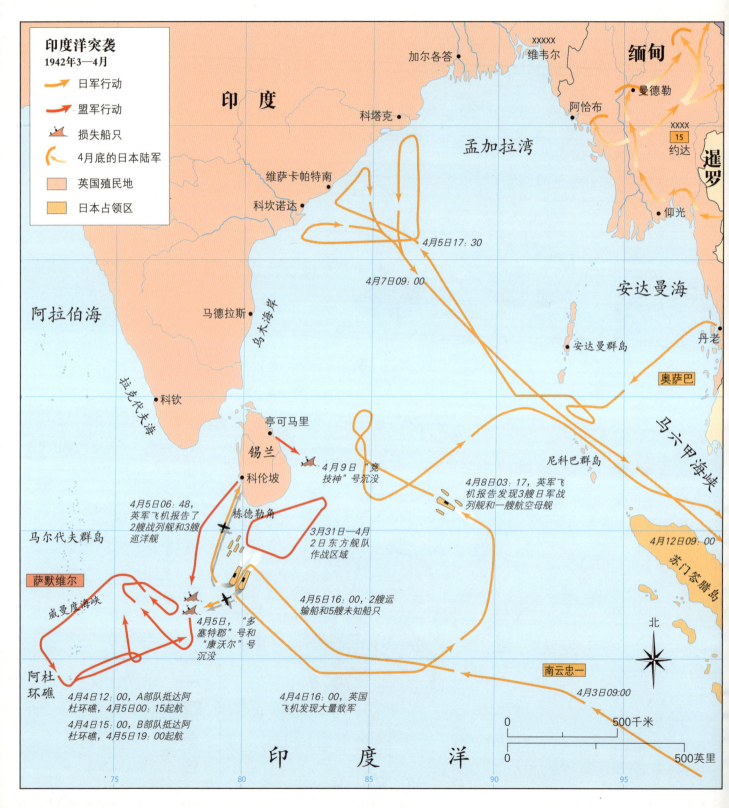

印度洋突袭

1942年3—4月

日军行动

盟军行动

损失船只

4月底的日本陆军

英国殖民地

日本占领区

加尔各答

维韦尔 XXXXX

缅甸

曼德勒

阿恰布

约达 XXXX 15

仰光

暹罗

印 度

科塔克

孟加拉湾

安达曼海

维萨卡帕特南

4月5日17: 30

科坎诺达

4月7日09: 00

阿拉伯海

马德拉斯

乌木海岸

安达曼群岛

丹老

奥萨巴

拉克代夫海

科钦

亭可马里

锡兰

科伦坡

4月9日 "竞技神" 号沉没

4月5日06: 48, 英军飞机报告了2艘战列舰和3艘巡洋舰

栋德勒角

马六甲海峡

尼科巴群岛

4月8日03: 17, 英军飞机报告发现3艘日军战列舰和一艘航空母舰

苏门答腊岛

马尔代夫群岛

3月31日—4月2日东方舰队作战区域

4月12日09: 00

萨默维尔

威曼度海峡

4月5日, "多塞特郡" 号和 "康沃尔" 号沉没

4月5日16: 00, 2艘运输船和5艘未知船只

北

南云忠一

阿杜环礁

4月4日12: 00, A部队抵达阿杜环礁, 4月5日00: 15起航

4月4日15: 00, B部队抵达阿杜环礁, 4月5日19: 00起航

4月4日16: 00, 英国飞机发现大量敌军

4月3日09:00

0   500千米

0   500英里

印 度 洋

印度洋突袭

印度洋突袭对该区域的英国海军力量造成了重大打击，皇家海军要用很长时间才能再对日本发动攻势。

这场灾难起源于南云忠一将军的行动，他们绕过附近的英国军舰，朝锡兰的科伦坡和亭可马里发起进攻。英军被错误的情报阻碍，当日军舰队出现的时候，他们还在几百英里外加油。老旧的英国舰船无法应对日本突袭，考虑到它们的年龄，即便参战也未必能阻挡日军攻击，他们的航空母舰也很容易被强大的日本海军的空中力量攻击。

突袭的结果是，英军老旧的"多塞特郡号和"康沃尔"（Cornwall）号巡洋舰在4月5日被击沉，4天后"竞技神"号航母在驶离亭可马里后被击沉，所幸船上没有运载战斗机。日军出其不意，这艘航空母舰毫无防备，因而几分钟内就被击沉。在印度洋突袭战中，日军一直都胜过皇家海军，也证明了战前的观点——仅凭一支老旧的小型海军部队就能胜过日本海军——是错误的。

▼ 1941年12月8日，日军在入侵马来半岛北部前，先在泰国南部的宋卡登陆。尽管日军和盟军相比而言是轻装部队，但没有重型装备也让他们可以快速穿过马来半岛的雨林。同时，日军也用两栖登陆的方式包围不稳固的守军。

日本军队继续向前推进：第5师团占领宋卡机场之后，日军赢得了对该战区英国皇家空军（此时装备低劣且兵力不足）的空中优势；有了空中掩护，日军的推进更加快速了；尽管马来亚的大部分还在手中，但日本军队对日得拉的占领使英国人的处境更加危急了。英军士气低落下去了，入侵者高歌猛进，很快就横扫整个马来丛林。1942年1月初，英军指挥官珀西瓦尔上将意识到，对日作战已经无可继续；1月31日，幸存的英军撤往新加坡。

尽管新加坡已经被英军建成了一座巨大的军事要塞，但它主要考虑的是防备来自海上——而非陆上——的攻击。日军从狭长的柔佛海峡进入，轻松地攻克了新加坡岛，英军溃败后撤。1941年2月13日，大约80000名英军被困在新加坡城内，珀西瓦尔将军开始考虑向日军投降；两天以后，他升起了白旗，其部队蒙受了英国军队有史以来最大的耻辱，对英国的全国士气造成了极为沉重的打击。

印度洋空袭

太平洋战争早期，南云忠一将军不仅对美军舰队作战取得了巨大战果，突袭珍珠港之后的3个月之内，他又在印度洋上成功突袭了英国皇家海军。

1942年2月19日，南云忠一指挥拥有4艘航空母舰的联合舰队攻击澳大利亚西北部的达尔文港（Darwin）和布鲁姆港（Broome），击沉众多盟军舰船并对这个城（镇）的基础设施及其本身造成严重破坏，日军自身只损失了1架飞机。经过4个星期的休整，南云忠一的联合舰队又开始了下一次行动。1942年2月26日，他们朝印度洋进发了。

英国对印度洋极为担心：尽管这一区域的英国皇家海军拥有5艘战列舰和4艘航空母舰，但其中一艘航空母舰和4艘战列舰均已经彻底过时，完全不是正在赶来的日本舰队的对手。这支英国海军的指挥官詹姆斯·萨默维尔中将不得不谨慎使用自己的舰只，而且有情报显示，4月初日军将登陆锡兰（即斯里兰卡）。萨默维尔将军将所有舰只集结起来，白天朝西航行，又趁着夜色掩护加速扑向预计之中的日本舰队进发路线。

不幸的是，萨默维尔将军所得情报是错误的，截至1942年4月2日晚上，他的大部分舰船都面临燃料短缺，不得不前往阿杜环礁（Addu Atoll）英军基地，另有2艘巡洋舰、1艘驱逐舰和航空母舰"竞技神"号径直驶向锡兰。4月4日，英军舰队甫一抵达阿杜环礁，萨默维尔将军就得知南云忠一的联合舰队在东南方向400英里处出现：锡兰港成了待宰羔羊，此时前往救援也来不及了。

由于防空炮和英国皇家空军的保护，锡兰港的岸上设施损失不大，尽管英军战斗机损失了一半，但日本人的此次进攻没能得逞。然而，中午时分，英军"多塞特郡"

进军马尼拉

日军入侵菲律宾时迅速而残忍，而抵抗部队又羸弱不堪、装备贫乏。菲律宾共有3.1万人军队，其中大约1.9万人是美军，另外还有接近10万人的动员兵可以守御岛屿。

日军在12月初对关键目标发起空中突袭，意味着麦克阿瑟无法仰仗空中支援去阻挡日军。克拉克空军基地停放着大量毫无保护的飞机，任由日本的突袭飞机大肆破坏。剩下的飞机都是被淘汰的无用货色，尽管飞行员勇敢战斗，却还是被彻底击败。

日军在菲律宾的第一次登陆规模很小，只是在南北两方建立了空军基地，为后来的主要打击做好准备，随后他们夺取了南方的棉兰老岛，利用这里作为攻击荷属东印度群岛的空军基地。

1941年12月22日，日军主力登陆，迅速击垮菲律宾的新兵并占领大片土地，迫使麦克阿瑟撤退到巴丹半岛和科雷希多岛，否则就会被日军的两翼铁钳夹击。12月26日，麦克阿瑟宣布马尼拉为不设防城市，决定不防御此地。

日军入侵菲律宾
1941年12月8日—1942年6月
日军进攻日期
日军空袭

► 日军乘坐登陆艇接近吕宋时看到马尼拉在燃烧。事实上,麦克阿瑟认为马尼拉不可守御,因而宣布不设防,并撤退到巴丹半岛准备长期防御,同时寄希望于美国派遣援军。不幸的是,麦克阿瑟渴望的援助并未到来。

号和"康沃尔"号巡洋舰被1架日方侦察机发现,因此遭到90架日军舰载机的攻击,20分钟后沉没。

　　萨默维尔将军率领其余舰只急速前去阻击,预定4月6日与敌接战,却追赶不及。4月7日的情形更加糟糕:1架英军侦察机发现了南云忠一的联合舰队,萨默维尔的舰队却折返回去继续补充燃料了。南云忠一的舰队攻击了亭可马里港口,但港口预先得到了警报,得以从容应对;在消除了亭可马里港口的威胁之后,正要离岸的"竞技神"号航空母舰——所属舰载机还未返回——不幸被日军侦察机发现:遭受了85架日军舰载机投下的大约40枚炸弹的密集攻击之后,这艘老旧的航母侧翻并最终沉没。

　　南云忠一指挥的此次印度洋空袭也是日本人在印度洋上空的最后一次肆虐,却也足以在一个时期之内确保英国海军无法进入太平洋。

巴丹半岛和科雷吉多尔岛

"我会回来的"

　　日军进行了一系列进攻后，美军在1月26日放弃了巴丹半岛的第一道防线。日军试图侧面迂回到半岛的南方登陆，从侧翼夹击第二道防线，但经过了残酷的战斗后被美军击退。日军指挥官本间雅晴久决定等待日本派遣更多援军到来。

　　罗斯福总统命令道格拉斯·麦克阿瑟将军撤离，麦克阿瑟不情愿离开后，说出了他那句著名的要重返的诺言。

　　同时，巴丹半岛的守军只有1/4的口粮，而且遭遇疾病袭击。4月3日，日军突破，巴丹迅速沦陷，最后的守军在4月9日投降，菲律宾只剩科雷吉多尔岛等少数几个岛屿了。

　　日军在对付其他岛屿的时候，还对科雷吉多尔岛进行了轰炸，以弱化其防御。当日军发起主攻时，所遇抵抗已经是零星、无用的。

　　温赖特将军接替麦克阿瑟担任指挥官后认为再做抵抗也是徒劳的，于是美军在1942年5月6日投降。很多美国和菲律宾俘虏在穿过菲律宾去往集中营的跋涉（即臭名昭著的"巴丹死亡行军"）中死亡。

▼ 入侵缅甸时，一个日本军官骑着马和士兵一起穿越矮树丛，背景中可以看到一座佛塔。和在马来半岛一样，日军的快速进军让英军和盟友猝不及防，没有足够的时间准备阻挡日军的占领。缅甸沦陷后，日军可以直抵"大英帝国皇冠上的明珠"——印度边境了。

缅甸的束缚

由于英国在战争爆发前一直低估了敌人的实力，日军在缅甸战场上的表现再次令英国感到震惊。日本的攻击利用了英军缺乏准备、训练不足、经验不够的缺陷，所以英军的防御变得更加困难。

日军于1942年1月15日开始进攻缅甸，入侵开始时的规模很小，日军只打算占领空军基地，以便利用基地攻击缅甸当时的首都仰光（Rangoon）。

等日军大规模进入缅甸后，英军就无能为力了。英军指挥部的混乱使得他们甚至无法在战地指挥官少将约翰·史密斯爵士的领导下制订一份切实可行的防御计划，直到敌人攻到眼前才手忙脚乱地确定方案。计划批准时还是太晚了，不可阻挡的日军在3月8日攻下了仰光。

4月末，英军在缅甸已经无法立足，最后一部分士兵退到印度，任由日本享受胜利。缅甸沦陷不仅是对英国声望的羞辱，而且错误地赋予了日军"丛林战无敌"的光环，这种认知要到很久之后才会扭转。

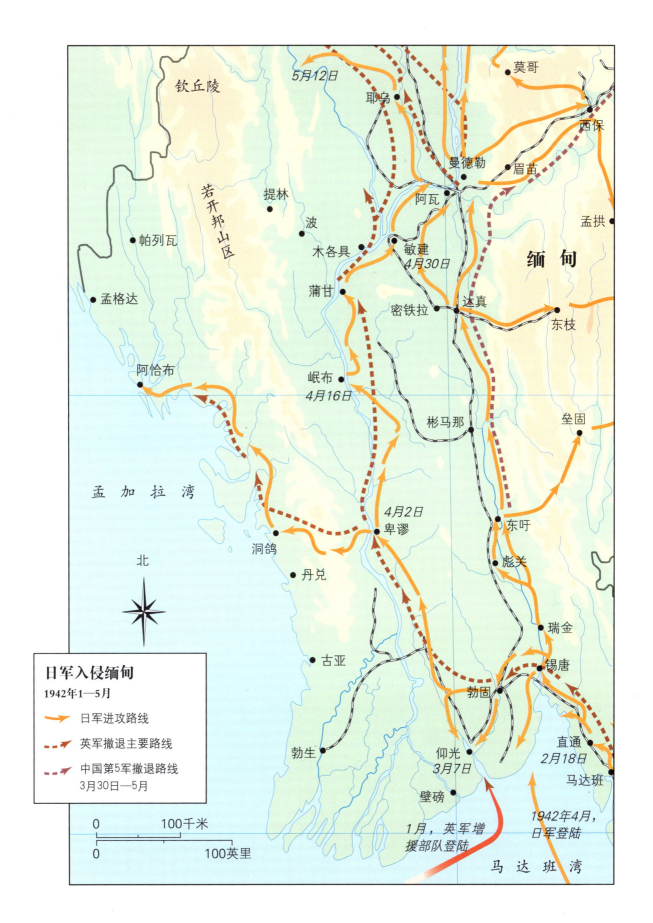

钦丘陵

莫哥

耶乌

5月12日

西保

曼德勒

眉苗

提林

阿瓦

波

孟拱

帕列瓦

若开邦山区

木各具

敏建
4月30日

缅 甸

蒲甘

达真

密铁拉

东枝

孟格达

阿恰布

岷布
4月16日

彬马那

垒固

孟 加 拉 湾

北

洞鸽

4月2日
卑谬

东吁

彪关

丹兑

瑞金

古亚

锡唐

勃固

直通
2月18日

日军入侵缅甸

1942年1—5月

日军进攻路线

英军撤退主要路线

中国第5军撤退路线
3月30日—5月

勃生

仰光
3月7日

1942年4月，
日军登陆

壁磅

马达班

1月，英军增
援部队登陆

0   100千米

0   100英里

马 达 班 湾

马尼拉和巴丹半岛

图例	
⊠ XX	美军部队
→	美军动向
⌒	美军前线
⊠ XX	日军部队
→	日军动向
✚	机场

卡布

卡巴那图

12月29日

12月30日

打拉

拉帕兹

XX 11

XXXX 14

XX 48 (-)

木瓜

XX 21

卡帕斯

班班

XX 9

圣孕

加潘

12月30日

XX 91

伯多兰

红娑罗双

圣费利佩

德洛丽丝

XX 21

马格朗

斯托森堡垒

克拉克基地

奥乌

XX 11

阿拉耶

西布尔泉

圣何塞

乌米雷

安杰利斯

1月2日

1月2日

墨西哥

吕宋岛

北

圣马塞里诺

XX 21

波拉克

1月2日

圣费尔南多

XX 91 (-)

XX 71

圣安东尼奥

XX

瓜瓜

巴柳昂

12月31日

诺萨加赖

艾波

塔玛拉

苏比克

戴尔卡门基地

卢巴欧

卡伦皮特

XX 51

皮拉利地

圣玛利亚

英芬塔

斯塔利塔

1月2日

马洛洛斯

奥隆加坡

XX 71 (-)

阿布凯

1月7日

皮拉尔

波洛

诺瓦里切斯

蒙塔尔班

圣马特奥

莫伦

XXX I

XXX II

茅堡

奥利安

马尼拉湾

马尼拉

12月31日

帕西格

马利金纳

皮努加

巴加克

利迈

帕塞帕克纳拉

尼尔森基地

安蒂波洛

泰泰

三巴洛

XXXX

甲米地

尼克尔斯基地

塔纳伊

拉蒙湾

科雷吉多尔岛

卡巴洛岛

拉古纳德湾

圣地亚哥

锡尼洛安

弗赖莱岛

卡拉宝岛

穆丁鲁伯

帕格桑汉

鲁帕斯

奈克

特尔纳特

12月31日

X 1C

坎鲁班

麻马迪奥

林加

12月26日—28日

茅堡

XX 41

12月29日

XX 51

洛斯巴诺斯

卢克班

12月24日

XX

12月29日

圣巴勃罗

塔亚巴斯

12月24日

阿蒂莫南

塔尔湖

XX 51

红娑罗双

卢塞纳

XX

昆卡

利帕

12月29日

XX 51

12月27日

12月26日

12月28日

12月28日

八打雁

塔亚巴斯湾

0 15千米

0 15英里

民都洛岛

马克杜克岛

入侵缅甸

　　日军马来半岛的行动进展迅速，缅甸的战事也随即开始。1942年1月15日，一小股日军迫使驻守英军撤离了丹老（Mergui）机场和维多利亚角（Victoria Point）机场。撤离之前，维多利亚角的守卫部队坚持了数月时间，丹老的守卫部队则经历了3天的包围——之后才经海路撤走。在一个星期之内，日军几乎兵不血刃地获得了两个重要的机场，从而可以轻易轰炸缅甸当时的首都仰光。

　　拿下这两个机场之后，饭田祥二郎中将指挥的日本第15军从中国及暹罗（泰国旧称）朝缅甸南部的毛淡棉进发，目标是肃清马达班湾沿岸地区，然后渡过锡当河并进入仰光。日军的计划是8个星期之内实现此目标，行动期间日军进展顺利，沿途几无抵抗。

▼ 1942年5月7日，科雷吉多尔岛的美军俘虏前往船只停泊处，等着被转移到巴丹半岛；同时日军正在前去守御要塞。很多美军俘虏在从巴丹半岛到囚禁地点的"死亡行军"中死亡。日本武士文化认为投降是一种可耻的行为，因而大部分盟军俘虏都遭到了野蛮对待。

日军入侵荷属东印度群岛
1942年1—3月

➤ 日军在1月底之前的进攻
➤ 日军在3月底之前的进攻
✳ 战斗地点和日期
▭ 盟军
▭ 日军
⛉ 日军伞兵降落点

荷兰帝国沦陷

　　1942年1月7日，日本入侵荷属东印度群岛的部队（分为东路军和西路军）离开了大堡的驻地。东路军要攻克塞兰岛、安汶岛、帝汶岛、西里伯斯、孟加锡和巴厘岛；中路军要占领婆罗洲的沿海地区；西路军则要夺取苏门答腊岛。

　　日军的推进速度非常惊人，而盟国守军在面对压倒性的日本陆海空部队时显得几乎没有还手之力。荷兰没有征募东印度群岛的土著人参与防御，因此也就没能给日本造成更大麻烦，而且荷兰的这个举动大大推动了战后东印度群岛的民族运动。

　　盟军试图扰乱日军的行动大部分在海上执行，但收效甚微。即便是1942年2月19日、20日在龙目海峡利用鱼雷艇和驱逐舰的夜间突袭，也没能对入侵者造成多大麻烦。不到一周，盟国部队已经无法防守。幸存的盟国士兵利用各种各样的运输工具逃亡澳大利亚，有些成功了，有的则溺水而亡或被俘虏。荷兰总督在3月7日公开和日军谈判，并于第二天投降。

马六甲海峡

马来亚

棉兰

吉隆坡

苏门答腊岛

巴东

新加坡
2月15日投降

XXXX

XXXX　西部方面军
大泽

12月24日

1月27日

山口洋

XX　38

坤甸
1月29日

XXXX　15军
饭田

2月16日

巴邻旁

⛉
3月1日

Ⅲ
▭（混编）

半里马塔海峡

肯达万

巴当湾

XX　38

爪哇海
爪哇海

✳ 巽他海峡
2月28日

巴达维亚

印　度　洋

XX　2

XXXX　爪哇军（荷兰）

井里文

爪哇

3月8日
爪哇投降

	3000
	2000
	1000
	200
	0米

转折点

尽管在当时没有被立即承认，但中途岛战役是太平洋战争中的决定性一战。日本海军航空部队在此战役中遭到沉重打击，损失了4艘珍贵的航母——更重要的是损失了众多经验丰富的飞行员，其中很多人都参与过偷袭珍珠港。

这场战役的关键是，美国情报机关向尼米兹上将提供了日军将要进攻中途岛的准确情报，使得他可以合理调配力量。他的对手山本五十六大将则认为防御中途岛的美军没有航母，但为了确保万无一失，他还是在阿拉斯加的阿留申群岛发起了一场牵制性的进攻。

1942年6月4日一早，日军空袭中途岛，标志着战役开始。日本的进攻非常成功，但他们很快就发现了美国"企业"号航母、"大黄蜂"号航母、"约克城"号航母起飞的鱼雷轰炸机，大大出乎他们的意料。尽管美国飞机还没有朝日军登陆部队发起攻击，但它们的出现意味着航母就在附近。

山本五十六夺取中途岛的计划
1942年5—6月

日军特遣部队
日军航母
日军空袭
美军舰队动向
美军航母
伴动行动的位置

"赤城"号
"加贺"号
"苍龙"号
"飞龙"号

山本指挥的主力部队

近藤的第二舰队

硫黄列岛

马库斯群岛

马里亚纳群岛

塞班岛

关岛

埃尼威托克岛

135   150   165

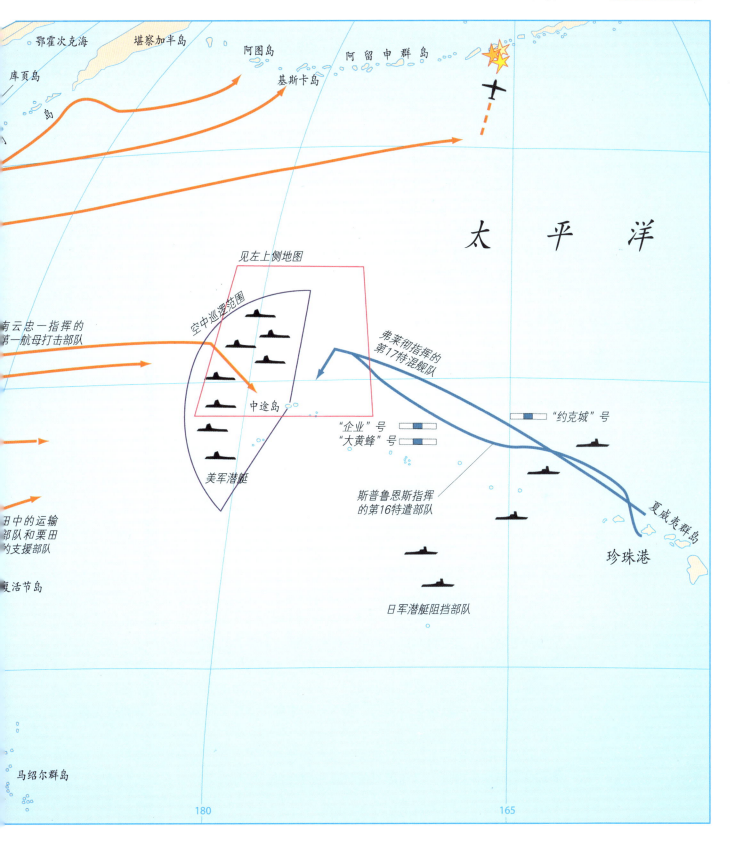

鄂霍次克海　　堪察加半岛

库页岛

岛

阿图岛

基斯卡岛

阿留申群岛

太 平 洋

见左上侧地图

空中巡逻范围

南云忠一指挥的
第一航母打击部队

弗莱彻指挥的
第17特混舰队

"约克城"号

中途岛

"企业"号
"大黄蜂"号

美军潜艇

斯普鲁恩斯指挥
的第16特遣部队

田中的运输
部队和栗田
的支援部队

夏威夷群岛

复活节岛

珍珠港

日军潜艇阻挡部队

马绍尔群岛

赫顿（T. J. Hutton）中将为司令、约翰·史密斯（John Smyth）少将任前线指挥官的驻缅甸英军装备落后，且几乎无人接受过丛林战的训练，基层军官和军士长的数量也极为不足——他们已被派去北非战场加强那里的英属印度军队。最糟糕的是，他们得不到任何空中掩护。

史密斯意识到他手中的有限军力很难抵御日军的进攻，因此向赫顿中将建议：将部队集中起来，开到锡当河沿岸的开阔地带去，以锡当河为屏障阻滞日军；但赫顿中将没有批准这个建议。史密斯唯有勉力支撑，但他很快遭遇了一次失败：从土瓦和丹老撤下来的英属印军第16旅——之前已经丢弃了所有的支援武器和载具——刚一抵达战场即被日军击溃。1月26日，日军开始进攻毛淡棉市，这里的英军坚守了2天之后不得不再次从海路撤离。史密斯再次要求主动将所有英军部队撤到锡当河之一侧，这个建议（被再次否决之后）直到2月19日才被批准，但为时已晚了。

日军不断向锡当河上的桥梁地带增兵，并于2月23日将桥炸毁。对岸的英军撤离桥梁地带，能够防卫仰光的英军部队又急剧减少了。3月8日，英军向印度方向收缩。从4月底到5月2日，所有英军终于渡过伊洛瓦底江，逃脱日军追击。撤到河对岸后，英军想要再度渡河还需要很长的时间。

入侵菲律宾

1941年7月，美国设立远东陆军司令部，任命麦克阿瑟为总司令，统一指挥在菲律宾的美国和菲律宾军队。这支军队的主要关切是菲律宾国内的骚乱，当日本人突袭珍珠港的消息于1941年12月9日（菲律宾和珍珠港相差5个时区，珍珠港此时正值12月8日清晨）传来，麦克阿瑟诧异不已。他否决了驻美国远东空军司令布里尔顿将军对日本在中国台湾的航空基地发起先发制人的打击的请求，但作为预防措施，他命令所属的B-17轰炸机升空，以免被可能来袭的日本战机击毁在地上。

由于中国台湾上空的大雾，以此为基地的日军计划的第一次空袭行动不得不往后推迟，而美军的B-17轰炸机则在升空盘旋数圈之后重新停放在停机坪上。但此时日军的机群却已经出发了。约200架日本军机攻击了美国空军的克拉克机场，经过两个小时的轰炸之后，这里变得面目全非了。排列齐整、无遮无掩的B-17轰炸机成了日本飞行员的极佳目标，截至（1941年）12月9日午后，超过100架美军飞机（轰炸机17架，战斗机超过50架）被毁。这真是致命的一击：麦克阿瑟防卫菲律宾的计划是以支撑到美国太平洋舰队前来救援为前提的，没有任何军舰，空军又所剩无几，菲律宾现在守无可守了。

12月10日，第一批次的日军在吕宋岛开始登陆了，其目的是抢占那里的机场；这支部队随后向南推进，以与那里的日军主力会合。12月22日，会合之后的日军开始整

体登陆，第二天即站稳了脚跟、继续向前，几乎没有遭遇任何抵抗。12月24日，日军开始登陆马尼拉南部（Siain及茅堡附近）的地峡。麦克阿瑟开始意识到，他的部队已经陷入绝境；日本人开始第二波登陆行动的前一天，他决定撤往科雷吉多尔岛——并以该岛作为保卫后方的巴丹（Bataan）半岛的据点。麦克阿瑟同时宣布马尼拉为不设防城市。

日军的胜利来得并不轻松：大量日本士兵患上了热带病，美军则依托阵地发起了顽强的阻击；在第二年（1942年）的4月到来之前，日军的攻势停歇了很长一段时间。这段时间内，美国政府将麦克阿瑟召回了本土，离开菲律宾的当日（3月8日），他说了一句话：我还会回来！4月9日，巴丹半岛陷入敌手，仅剩科雷吉多尔岛尚在盟军手中。日军不得不以大炮渐次炸掉美军据点，经过将近一个星期的炮火准备之后，日军（5月5日）对科雷吉多尔岛发起最后总攻，幸存下来的美军于次日投降。菲律宾全境陷落。

入侵荷属东印度

除了石油，荷属东印度还拥有其他各种自然资源，日本人也因此对这里垂涎三尺。日军（1941年）12月16日开始在沙捞越海岸登陆，第二年（1942年）1月，美英荷澳联军司令部清楚地认识到，日军对本地区发动全面进攻将很快让盟国在太平洋战场面临的局面变得不可收拾。

日本人将攻击荷属东印度的部队分为东路、西路及中路3个部分。不言而喻，他们将分别攻击荷属东印度群岛的东部和西部。这个计划的意图十分简单：分进合击、各个（目标）击破。东路日军率先发动攻击，依次占领西里伯斯岛（印尼苏拉威西岛旧称）、安汶岛、帝汶岛及巴厘岛；帝汶岛上的盟军守军化整为零，在一年多的时间里坚持对敌游击战，直至最后一人被捕杀——但其他各处几无抵抗，1942年2月19日—20日，盟国海军在龙目海峡对日军发起了一场突袭战，最后也失败了，只是使日军的攻势往后延迟了数个小时。

东路日军会合西路日军[已于半途攻占苏门答腊岛]及中路日军［已控制了婆罗洲（加里曼丹旧称）的重要海岸］，于3月1日开始登陆爪哇岛，爪哇战役拉开序幕；在此次战役中，盟军试图阻遏日军长期以来的迅猛攻势却惨遭失败，只有4艘舰船幸存下来。此时的盟军寡不敌众，显然已经陷入了绝境。

在同荷兰指挥官谈判的过程中，日本人明确表示：如不立即投降，爪哇岛首府必将被夷为平地。遭此胁迫，荷属东印度群岛上的残存盟军士兵于次日投降。

珊瑚海

日本决定入侵莫尔兹比港。美军已经破译了日本海军的密码，因而派了一支部队去阻截。后来的珊瑚海之战是历史上第一次双方舰队都未见到对方的海战，战斗完全是空战。

"祥凤"号在5月7日被击沉，接下来的24小时内双方的航母都派遣了更多飞机投入进攻。日本击沉了美军的"列克星敦"号航母以及1艘驱逐舰和1艘油轮，总体损失比美军少。战斗是平局，但日本的入侵没有得逞。

珊瑚海战役

1942年5—6月

➡ 日军行动

➡ 盟军行动

✈ 日军空袭

✈ 盟军空袭

⛵ 日本沉没船只

⛵ 盟军沉没船只

新爱尔兰岛

拉包尔

塔拉斯

新不列颠岛

赛多尔

阿拉维

新几内亚

莱城　芬什港

埃拉普

5月5日—6日午夜与来自Tulap的登陆部队会合

萨拉门瓦

多诺

莫罗贝

所罗门海

洛苏亚

特罗布里恩岛

库鲁马道

伍德拉克

凯鲁库

布纳

图菲

巴尼亚拉

埃萨阿拉

米西马岛

莫尔斯比港

曲田

萨迈莱

路易西亚德群岛

乔马德通道

5月7日14：00—14：45，第44巡洋舰分队遭到日军岸基飞机的猛烈空袭

5月8日08：00

第44特遣部队向北移动，攻击莫尔斯比港的登陆部队

0　　　100千米

0　　　100英里

5月8日20：00

珊 瑚 海

146　　148　　150　　152

世界新型作战无人机
MILITARY DRONES

无人机作战
起源和发展史
DRONES AT WAR

作战无人机系统
和全球作战无人机
UNMANNED COMBAT OR SYSTEMS
A NEW KIND OF CARRIER AVIATION

作战无人机系统
和全球作战无人机
UNMANNED COMBAT OR SYSTEMS
A NEW KIND OF CARRIER AVIATION

空战的历史
A I R
WARFARE
从第一次世界大战
到第二次世界大战

F-14"雄猫"
舰载战斗机
GRUMMAN F-14 TOMCAT

F/A-18"大黄蜂"
和"超级大黄蜂"
MCDONNELL DOUGLAS
F/A-18 HORNET AND SUPER HORNET

海战的历史
S E A
WARFARE

海战的历史
S E A
WARFARE
II

二战最强战机
A I R
WARFARE
Top Aircrafts In WW II

ATLAS OF
TANK WARFARE
地图上的
坦克大战

ATLAS OF
AIR WARFARE
地图上的
大空战

ATLAS OF WORLD WAR II
地图上的
第二次世界大战

WAR AT SEA
A NAVAL ATLAS 1939-1945
地图上的
第二次世界大战之
大海战

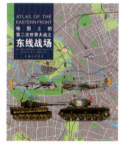
ATLAS OF THE
EASTERN FRONT
地图上的
第二次世界大战之
东线战场

NOTES OF
瓦西里·扎伊采夫
我在斯大林格勒的生死狙击
A RUSSIAN
SNIPER

SNIPERS
战争中的狙击手
狙击作战的装备和历史
An Equipment and Operations History
AT WAR

SNIPERS
战争中的狙击手
狙击作战的装备和历史 II
An Equipment and Operations History

世界
航空母舰
极简史
THE WORLD'S GREATEST
AIRCRAFT CARRIERS
AN ILLUSTRATED HISTORY

陆战的历史
L A N D
WARFARE
从第一次世界大战到今天
I

第三帝国
的灭亡
THE FALL OF
THE REICH

东线战场
THE EASTERN
FRONT

闪击战
GERMAN
LIGHTNING
WAR

血战太平洋
THE PACIFIC
WAR

意大利战场
THE ITALIAN
FRONT

5月4日18: 00,
日军登陆部队的
运输船和驱逐舰
从拉包尔出发

北

所罗门群岛

布干维尔岛

基埃塔

布因

舒瓦瑟尔群岛

肖特兰群岛

5月4日—5日午夜

掩护部队
"翔凤"号（航母）
4艘巡洋舰

圣伊萨贝尔岛

新乔治亚岛

拉塞尔群岛　图拉吉岛

马莱塔岛

5月6日
08: 00

5月7日09: 00,
登陆部队撤退

B-17飞机从澳大利亚
起飞进攻"翔凤"号

霍尼亚拉

瓜达尔卡纳尔

5月5日
08: 00

5月6日
09: 30

5月7日11: 35,
"翔凤"号沉没

5月9日
02: 00

"瑞鹤"号

5月5日—
6日午夜

5月4日
06: 30

伦内尔岛

5月6日—
7日午夜

5月7日
08: 00

5月7日
05: 00

"约克城"号

5月7日
08: 00

"列克星敦"号
和"约克城"号

5月6日
20: 00

5月6日
08: 00

"约克城"号的舰
载机群为突袭图拉
吉岛完成集结

5月8日09: 00
进攻集团开始
行动

5月8日20: 00
"列克星敦"号沉没

5月6日
11: 30

5月11日："尼欧
肖"号被击沉

5月7日12: 30:
"西姆斯"号驱逐舰沉没
"尼欧肖"号油轮被空袭重创

4

156

158

160

162

164

珊瑚海

面对日军在太平洋战场上的一系列胜利，1942年4月18日，美军从"大黄蜂"号航母上起飞B-25轰炸机，对日本本土发起了一次大胆的突袭。此次突袭行动的直接军事成果并不显著，但有效提升了美国军民的士气，此次行动的领导者吉米·杜立特（Jimmy Doolittle）上校成为美国人眼中的英雄。日本军部对美国人的这次突袭行动十分震惊，为防范此类事件再次发生，他们决定扩大日军的防御范围；为此目的，他们决定在巴布亚岛（Papua）上的莫尔兹比港发动两栖登陆，珊瑚海海战就此爆发。

由于成功破解了日本海军的通信密码，美国海军得以提前派出两艘航母前往预定位置伏击对手。1942年5月4日，美军"约克城"号航母起飞的舰载机攻击了日军的水上飞机基地；3天后，美军舰载机成功击沉日本航母"翔凤"号。互相知晓对方的位置之后，美日两国海军（5月8日）之间展开了一场大规模厮杀；结果，美国损失了"列克星敦"号航母和"西姆斯"号驱逐舰，日本则损失大量的舰载机和宝贵的飞行员，两艘航空母舰也因此退出战斗。在战术层面上，美日打成了平局，尽管如此，美国人却由此赢得了第一次对日作战的战略性胜利。

中途岛海战

由于被迫退出了珊瑚海海战，日军侵占莫尔兹比港的计划也未能实现，但山本五十六对于这个结果并不十分在意，毕竟他们击沉了"列克星敦"号航母、击伤了"约克城"号航母。山本五十六认为：美国的"约克城"号航母数月之内无法重新出战，另外两艘美国航母——"企业"号和"大黄蜂"号——又远在南太平洋；此时的美国太平洋舰队必然无力发起一次新的海上决战。他决计趁此时机，登陆美国的中途岛海军基地，摧毁美国太平洋舰队的剩余力量，最终巩固日本（截

6月5日
Mikum号沉没

南云忠一指挥的第一航母打击部队

4艘航母
2艘战列舰
5艘巡洋舰
8艘驱逐舰

"苍龙"号沉没
"赤城"号沉没
"加贺"号沉没

6月4日
07：10

"企业"号的俯冲轰炸机

180

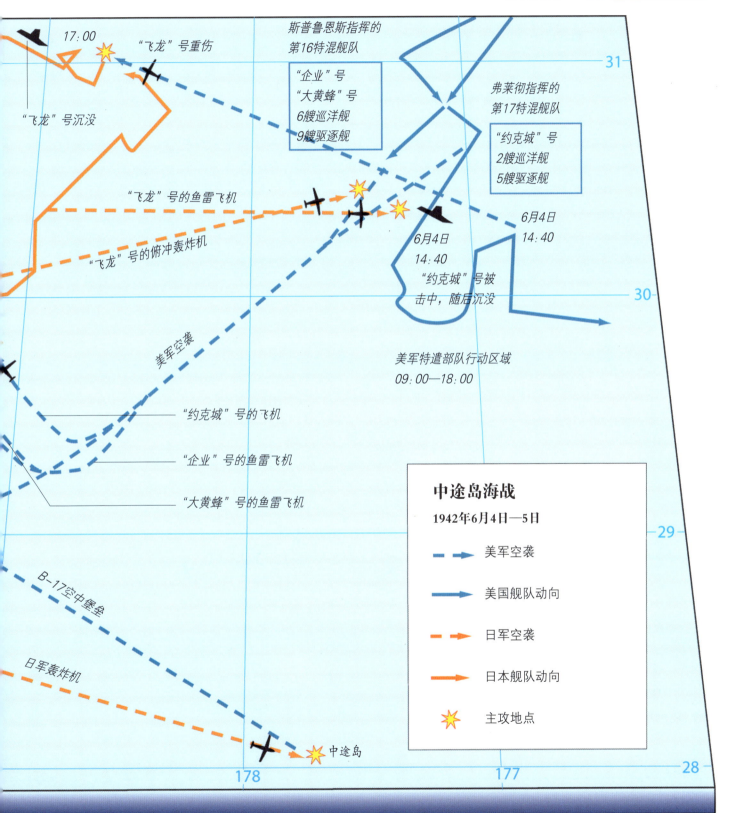

17:00

"飞龙"号重伤

"飞龙"号沉没

斯普鲁恩斯指挥的
第16特混舰队

"企业"号
"大黄蜂"号
6艘巡洋舰
9艘驱逐舰

弗莱彻指挥的
第17特混舰队

"约克城"号
2艘巡洋舰
5艘驱逐舰

"飞龙"号的鱼雷飞机

6月4日
14:40

6月4日
14:40

"飞龙"号的俯冲轰炸机

"约克城"号被
击中，随后沉没

美军特遣部队行动区域
09:00—18:00

美军空袭

"约克城"号的飞机

"企业"号的鱼雷飞机

"大黄蜂"号的鱼雷飞机

31

30

29

28

中途岛海战
1942年6月4日—5日

- - →   美军空袭

——→   美国舰队动向

- - →   日军空袭

——→   日本舰队动向

✦   主攻地点

B-17空中堡垒

日军轰炸机

中途岛

178   177

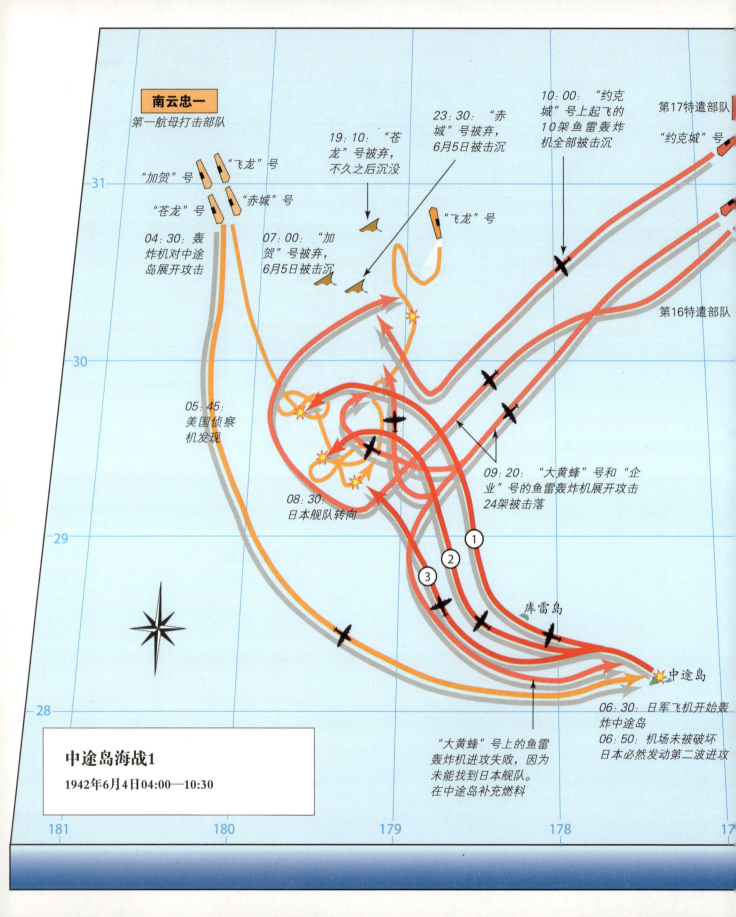

南云忠一
第一航母打击部队

"加贺"号　"飞龙"号

"苍龙"号　"赤城"号

04:30：轰炸机对中途岛展开攻击

07:00："加贺"号被弃，6月5日被击沉

19:10："苍龙"号被弃，不久之后沉没

23:30："赤城"号被弃，6月5日被击沉

10:00："约克城"号上起飞的10架鱼雷轰炸机全部被击沉

第17特遣部队

"约克城"号

"飞龙"号

第16特遣部队

05:45：美国侦察机发现

09:20："大黄蜂"号和"企业"号的鱼雷轰炸机展开攻击24架被击落

08:30：日本舰队转向

① ② ③

库雷岛

中途岛

"大黄蜂"号上的鱼雷轰炸机进攻失败，因为未能找到日本舰队。在中途岛补充燃料

06:30：日军飞机开始轰炸中途岛

06:50：机场未被破坏日本必然发动第二波进攻

中途岛海战1

1942年6月4日04:00—10:30

181　180　179　178　17

31

30

29

28

至当时）在太平战场上的优势。

对于山五十六来说，不幸的是，"约克城"号航母的损伤并没有他认为的那么严重；由于珍珠港的美国海军维修人员的巨大努力，"约克城"号航母很快就可以重新出海了。此外，由于美国人此时已经破译了日本海军的通信密码，美国太平洋舰队司令切斯特·威廉·尼米兹海军上将事先掌握了山本五十六的中途岛作战计划。尼米兹命令雷蒙德·斯普鲁恩斯少将和弗兰克·弗莱彻中将分别率领第16特混编队和第17特混编队赶往中途岛北部，自己则率兵在中途岛坐等日本海军的到来。山本五十六万万想不到，美国太平洋舰队的3艘航母竟会同时出战。

1942年6月4日凌晨，日本人对中途岛的攻击开始了。日本人给中途岛的美国海军造成了严重的破坏，但来自美军特混编队的舰载机轰炸（尽管没有取得任何战果）也令他们吃惊不小。通过侦察机找到了美军特混编队的一些舰船的位置之后，日军在接收前去空袭中途岛的舰载机着舰后立即对美军舰队发动进攻。美军对日本航母的头几次攻击都没有取得什么战果；时至上午10点，正当日军舰载机返回母舰补充燃油和弹药之际，35架美军俯冲轰炸机飞临……日军的"赤城"号、"加贺"号、"苍龙"号航母都被击沉："赤城"号被主甲板上的燃油和炸弹引发的大爆炸炸成了碎块，"加贺"号挣扎至黄昏时分才没入海面之下，"苍龙"号则不到20分钟之后就沉没了；当天晚上，参加此次海战的第4艘——最后1艘——日本航母"飞龙"号也沉入海底。尽管"飞龙"号航母起飞的日军舰载机也于当天中午时分重创美军的"约克城"号航母，但很明显的是，日本海军在此次海战中遭遇了彻底的战败。中途岛海战成为太平洋战争的转折点，遭此一败之后，日本海军再也没能恢复过来。

弗莱彻

"企业"号

"大黄蜂"号

斯普鲁恩斯

美军发起空袭

① 07：05：鱼雷轰炸被击退，一颗炸弹被打回基地

② 07：55：俯冲轰炸袭击被击退

③ 08：10：B-17和俯冲轰炸袭击被击退

176

日军的惨败

尽管美军最初的空袭功败垂成，但鱼雷机的牺牲让日军战斗机不得不返回母舰补充燃料和弹药，而就在这时，美军发起了决定性的打击。日军的"赤城"号、"苍龙"号、"加贺"号都被美军的俯冲轰炸机的炸弹击中。

由于此时日军舰载机正在补充燃料和挂载弹药，美军的炸弹引发了航母油料和弹药的殉爆，使得日军战舰全部沉没——"赤城"号和"苍龙"号在几分钟内就沉入海底。

唯一幸存的日本航母"飞龙"号让其战斗机升空，寻找美国航母，并成功击伤刚刚将珊瑚海海战中受到的损伤修补完毕的"约克城"号。但美军航母上的战机发现了"飞龙"号后，轮流发起攻击击沉了它，这也就意味着日军所有的参战航母在一天之内全军覆没。

由于山本的舰队实力仍然远超美军，如果他决定强行进行水面舰艇决战，依然能在败局之下翻盘取胜。而美军方面虽然负责指挥的弗莱彻所搭乘的旗舰"约克镇"号已经被重创只能拖带航行，但由斯普鲁恩斯接手指挥的美军舰队行踪莫测，山本也因此不得不放弃了海上决战。日本被迫取消中途岛登陆，此后在太平洋只能采取守势。日军在此战中的唯一值得一提的战绩是用潜艇击沉了正被拖回珍珠港的"约克城"号。

18：00：下沉的"飞龙"号遭到中途岛起飞的B-17的攻击

14：30："飞龙"号投放鱼雷进攻"约克城"号被四颗鱼雷击中

"三偎"号重型巡洋舰在6月6日沉没

山本

主力部队

6月5日02：55 山本放弃所有中途岛的行动

南云忠一

第一航母突击部队

南云忠一一边等待近藤抵达，一边期待着美军到来展开决战

"飞龙"号最终沉没

12：05："飞龙"号的俯冲轰炸机展开攻击

15：00："约克城"号被放弃，最终在6月7日沉没

6月4日：没有发现美军舰队的迹象。
6月4日零点，登陆被取消，舰队已经进入美军空中打击范围。接到命令撤回日本

17：00："企业"号的24架俯冲轰炸机进攻，3架被击落，"飞龙"号起火

近藤

登陆部队主力

"企业"号发起轰炸进攻

栗田

近距支援部队

斯普鲁恩斯决定在中途岛空中掩护的范围内追击

6月5日："三偎"号巡洋舰和"最上"号相撞

库雷岛

中途岛

中途岛海战2

6月4日10：30—6月6日00：00

181　　180　　179　　178　　177

31

30

29

28

弗莱彻

"约克城"号
的战机摧毁3架
日军护航战斗
机和6架轰炸机

"约克城"号

6月6日："哈曼"
号被鱼雷击中

"大黄蜂"号

"企业"号
"大黄蜂"号

斯普鲁恩斯

斯普鲁恩斯撤回中途岛
决定不再追击

中途岛海战

1942年6月

 日军进攻部队

 日军航母

 美军空袭

 美军航母

 沉没船只

 主攻地点

176

瓜达尔卡纳尔岛

到了1942年，瓜达尔卡纳尔岛和所罗门群岛成为战争双方在南太平洋上的重要战略目标。若是日本人得手，这里就将成为他们攻击盟军的美国–澳大利亚补给线的基地；反之，此处将成为盟军发动对日攻势作战的基地，还可以作为保卫澳大利亚的屏障。

截至1942年5月，日本人在佛罗里达岛的基础设施建设已经取得诸多进展，并以此为跳板，将部队运到对面的瓜达尔卡纳尔岛去修建一个机场。这些基建工程一旦完工，日本的轰炸机就可以由此起飞，直接轰炸这个海域的盟军航线甚至澳大利亚本土；美军决定尽早攻占瓜达尔卡纳尔岛。1942年8月7日，17000名美国海军陆战队士兵登陆瓜达尔卡纳尔岛，将岛上的日本人赶进了丛林。美国人将还在建设中的机场命名为亨德森机场，并将其竣工。日本人留下来的建筑材料被美国人拿来修建机场周围的防卫设施，这些防卫设施很快就展现了其必要性。

日军很快做出了反应，他们派出一支巡洋舰部队经由新乔治亚（New Georgia）群岛和圣伊萨贝尔岛（Santa Isabel）之间的通道——人称"槽沟"——赶往瓜达尔卡纳尔岛。8月9日，这支日军在萨沃岛附近与一支盟军船队发生战斗，后者4艘驱逐舰沉没，运输船全部落入敌手。但由于害怕美军航母舰载机前来攻击，这支日军舰队撤退了——却不知美军航母已在他们撤退之前就撤走了。错过此次良机之后，不甘心的日军又发动了一系列针对瓜达尔卡纳尔岛的进攻，双方转入消耗战阶段：8月18日日军第一次进攻受阻，9月13日的第二次进攻接近成功——于次日凌晨时分被美军的大炮和战机给挡了回去。

日美双方还在瓜达尔卡纳尔岛附近发生了数次海战，其中最著名的是10月11日的埃斯帕恩斯角海战和10月25日的圣克鲁兹海战——前一次海战美军获胜，而后一次海战美军损失了"大黄蜂"号航母。一直打到了10月底，瓜达尔卡纳尔岛的美日两军还是不分胜负。

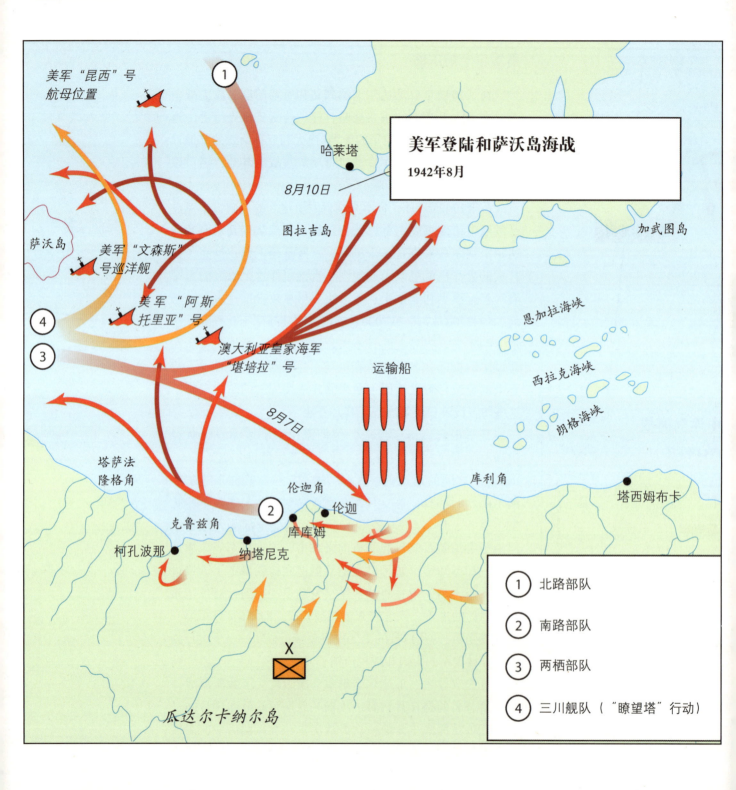

美军"昆西"号航母位置

美军登陆和萨沃岛海战

1942年8月

哈莱塔

8月10日

加武图岛

图拉吉岛

萨沃岛

美军"文森斯"号巡洋舰

恩加拉海峡

美军"阿斯托里亚"号

西拉克海峡

澳大利亚皇家海军"堪培拉"号

运输船

朗格海峡

8月7日

塔萨法隆格角

库利角

塔西姆布卡

伦迦角

克鲁兹角

伦迦

库库姆

柯孔波那

纳塔尼克

瓜达尔卡纳尔岛

① 北路部队

② 南路部队

③ 两栖部队

④ 三川舰队（"瞭望塔"行动）

最后阶段

　　1942年11月，瓜达尔卡纳尔岛及（东）所罗门群岛战役进入最后阶段。日军派出了第38师团的所有兵力，在整个联合舰队的全力支援下登陆瓜达尔卡纳尔岛，意在与岛上的美军展开最后决战，毕其功于一役。与中途岛海战的情形一样，美国情报部门提前得知了日本人的意图。日本人的计划是，海军上将田中赖三（据其他资料，当时田中赖三的军衔应为海军少将。——译者注）指挥"东京快车"（1942年8月之后，瓜达尔卡纳尔岛周边海域的制空权掌握在美军手中，日本海军运输人员和物资的唯一手段就是趁着夜色的掩护，充分利用驱逐舰的速度和防护能力，以小运量、高频度的方式来

▼ 中途岛海战中被日军投下的3枚炸弹击中后的美军"约克城"号航母，负责损伤和消防的船员正在修复损伤。一颗炸弹落入烟囱中，所有锅炉仅剩一个能用。拍摄此照片之后不久，这艘航母被第二波日军攻势中的鱼雷击中，两天后被I-168日本潜艇击沉。

美军登陆

日军动向

美军动向

铁 底 湾

美国轻型巡洋舰
和其他船只沉没

北

10月25日黎明，日本
海军对美军位置进行轰
炸，迫使美军舰只离开

库库姆

防御阵地

克鲁兹角

III 4
住吉

纳塔尼克

10月21日—23日

II

II 7

II

III 5

10月25日—26日

X

III 124
大冈

瓜 达 尔 卡 纳 尔 岛

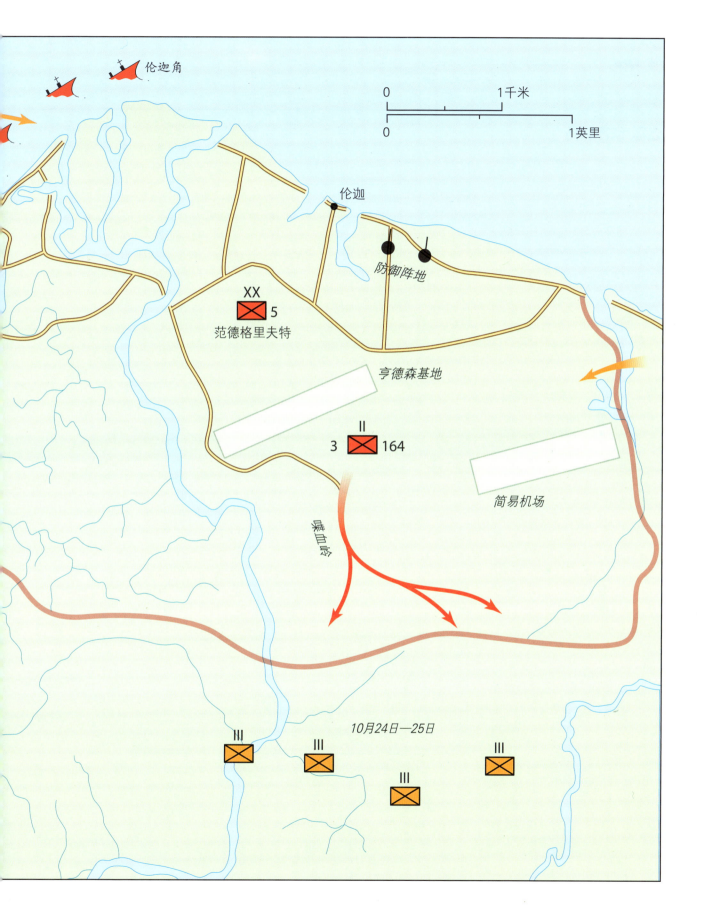

伦迦角

0 _____ 1千米

0 _____ 1英里

伦迦

防御阵地

XX
5
范德格里夫特

亨德森基地

II
3 164

喋血岭

简易机场

10月24日—25日

III   III

III

III

瓜达尔卡纳尔岛

　　瓜达尔卡纳尔岛本来不是盟军的目标，但日本试图在岛上修建一座机场（该机场后来成为美军的"亨德森机场"），盟军只好匆忙制订了进攻计划，由第一陆战师在1942年8月7日登陆此岛，只遇到了轻微的抵抗。日军迅速发动反击，并在萨沃岛重创美军舰队，但被送上岸的美军陆战师不惧日军越来越多的兵力，坚守此岛。

　　日本最大的登陆进攻发生在8月18日和9月13日。第一波进攻的兵力不足，但第二波很接近胜利了。10月24日和25日，日军主力再次进攻亨德森机场，遭遇严重伤亡后被击退。此时双方仍维持着均势，美军对于亨德森基地周边的控制力也并不牢固。

图拉吉岛

加武图岛

佛罗里达岛

布纳加岛

恩加拉海峡

西拉克海峡

伦迦海峡

塔努角

8月18日

8月29日—9月11日

11月2日—3日

8月7日

库利角

特特雷

11月8日—10日

伦迦角

塔纳鲁

库库姆

亨德森机场

9月13日—14日

克鲁兹角

10月24日—26日

10月26日

10月10日

瓜 达 尔 卡 纳 尔 岛

瓜达尔卡纳尔战役

日军动向

美军动向

机场

进行。这种运输方式美军称为"东京快车"，日本人自己称之为"鼠运输"。——译者
注）（该行动原本是为瓜岛上的日军输送补给）为第38师团的登陆行动提供运力，其
他参战海军负责掩护。

　　11月12日晚至13日凌晨，日本海军中将阿部弘毅率2艘战列舰、6艘驱逐舰进入被
称为"槽沟"的新乔治亚群岛-圣伊萨贝尔岛水道，美国海军丹尼尔·卡拉汉少将指挥
一支特遣舰队——由5艘巡洋舰和8艘驱逐舰组成——赶去阻击。双方在萨沃岛附近遭
遇，接火数分钟之内，卡拉汉少将所在的旗舰"旧金山"号重型巡洋舰舰桥即被一发
日军炮弹击中，卡拉汉阵亡。美海军采用集中火力对付敌军的两艘战列舰的战术，但
在自身损失3艘巡洋舰及2艘驱逐舰之后，后者依然得以从容向北撤退，脱离战斗。日
本海军在此次战斗中取得了战术性胜利，尽管如此，他们却未能如愿在瓜岛上的亨德

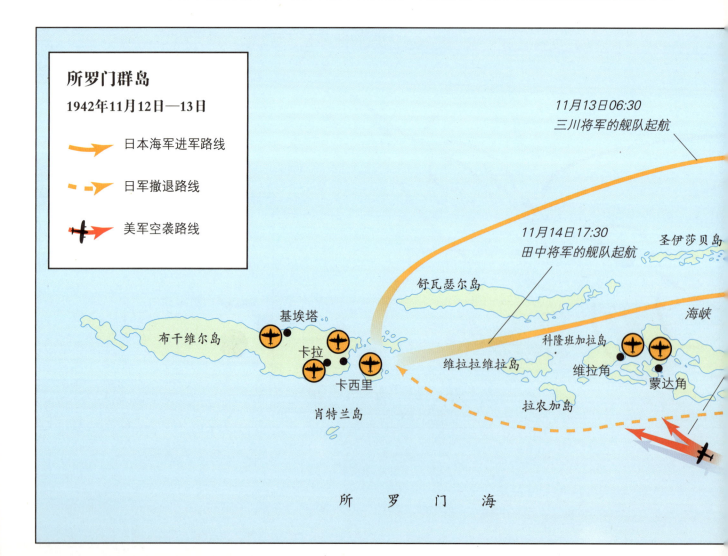

森机场登陆。第二天，美军飞机发现并猛烈
轰炸了已严重受损的日方旗舰"比睿"号战
列舰（该舰之后被迫自沉）。

　　11月14日，战斗继续进行。美国飞行员
发现并猛烈轰炸了日方运兵船及其护航队：
后者4艘巡洋舰被击沉或失去战斗力，6艘运
兵船被击沉，总共损失数千名士兵。遭此惨
败，日方决定展开最后一搏，命令田中赖三
少将再率一支由1艘战列舰和4艘巡洋舰组成
的舰队前去轰炸亨德森机场。这一次，美军

激烈的战斗

　　瓜达尔卡纳尔岛的战斗在陆地和海洋上持续到1943年年初，直到日
军无力承受损失后才决定撤退，但美军在前一年11月中旬就占据了上风。

　　但日军在决定撤退前，一直希望通过增兵击退美军，因此试图出动
名为"东京快车"的快速运输船队，在强大的海军兵力掩护下增援。

　　不过这些护航队容易遭到攻击，尤其是美军从该岛的亨德森机场派
遣飞机更加容易，此区域的美国海军也很容易攻击他们。1942年11月，日
军决定不惜一切代价打败瓜达尔卡纳尔岛上的美军。

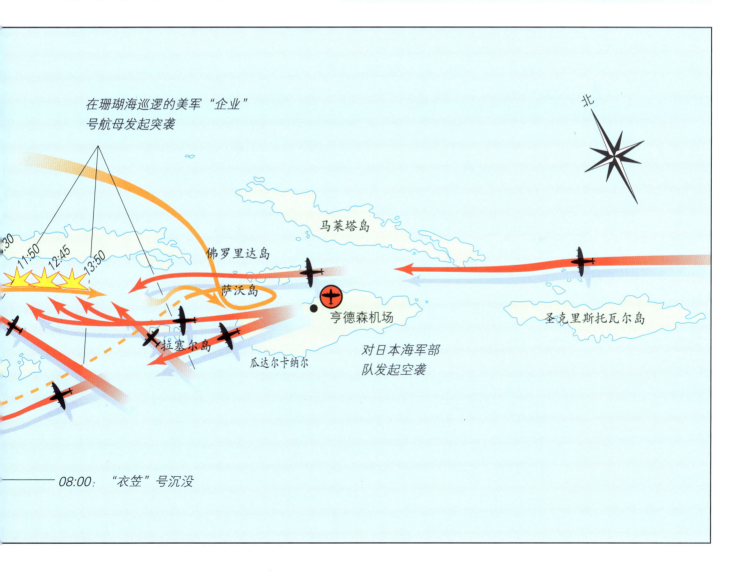

在珊瑚海巡逻的美军"企业"号航母发起突袭

北

马莱塔岛

佛罗里达岛

萨沃岛

亨德森机场

拉塞尔岛

瓜达尔卡纳尔

圣克里斯托瓦尔岛

对日本海军部
队发起空袭

08:00：　"衣笠"号沉没

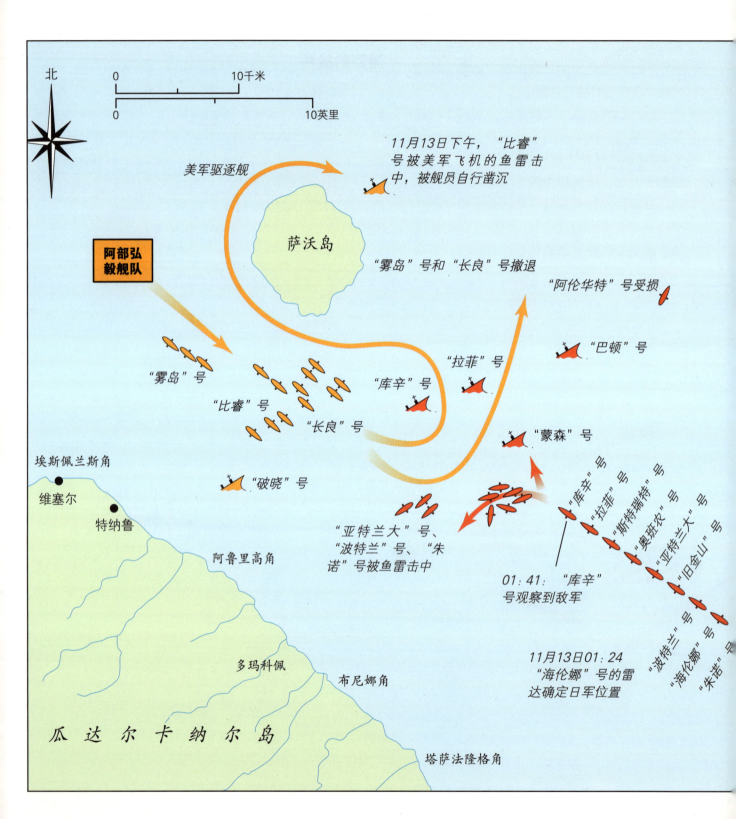

北

0   10千米
0   10英里

美军驱逐舰

阿部弘毅舰队

萨沃岛

11月13日下午，"比睿"号被美军飞机的鱼雷击中，被舰员自行凿沉

"雾岛"号和"长良"号撤退

"阿伦华特"号受损

"巴顿"号

"拉菲"号

"库辛"号

"雾岛"号

"比睿"号

"长良"号

"蒙森"号

"破晓"号

埃斯佩兰斯角

维塞尔

特纳鲁

阿鲁里高角

"亚特兰大"号、"波特兰"号、"朱诺"号被鱼雷击中

"库辛"号
"拉菲"号
"斯特瑞特"号
"奥班农"号
"亚特兰大"号
"旧金山"号
"波特兰"号
"海伦娜"号
"朱诺"号

01：41："库辛"号观察到敌军

11月13日01：24"海伦娜"号的雷达确定日军位置

多玛科佩

布尼娜角

瓜达尔卡纳尔岛

塔萨法隆格角

关键战斗

决定性的海军行动发生在1942年11月13日至15日，双方在萨沃岛附近的水域发生激战。在第一天夜里，日军在20分钟内击沉了盟军3艘驱逐舰和2艘巡洋舰。不过，美国海军付出的牺牲让日军无法达到预定目标：在瓜达尔卡纳尔岛登陆更多士兵。

第二天早上，被击伤的"比睿"号战列舰被亨德森机场起飞的美军飞机击沉。在这天内，日军4艘巡洋舰和6艘运输船被击沉，但日军的灾难还并没有结束。在11月14日到15日的夜间，"雾岛"号战列舰不到7分钟就被"华盛顿"号战列舰击沉。日军指挥部之后决定从该岛撤离士兵。

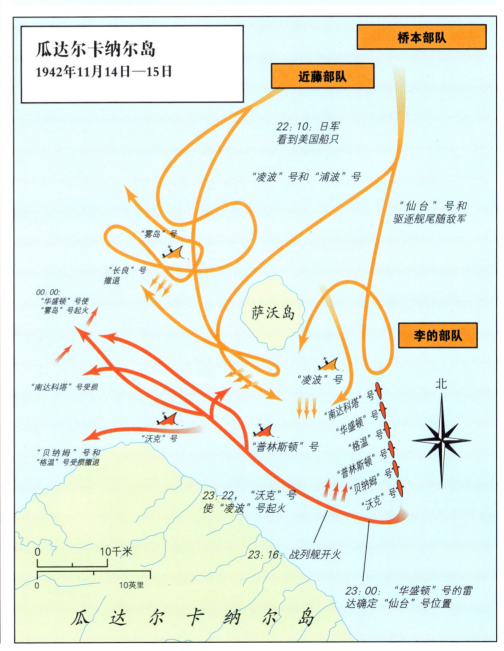

瓜达尔卡纳尔岛
1942年11月13日

→ 日军动向

⟜ 日军船只

→ 美军动向

⟝ 美军船只

⚓ 舰船沉没

铁底湾

"阿伦华特"号
"巴顿"号
"蒙森"号
"弗莱彻"号

卡拉汉舰队

瓜达尔卡纳尔岛
1942年11月14日—15日

桥本部队

近藤部队

22：10：日军看到美国船只

"凌波"号和"浦波"号

"仙台"号和驱逐舰尾随敌军

"雾岛"号

"长良"号撤退

00：00："华盛顿"号使"雾岛"号起火

南达科塔"号受损

萨沃岛

"凌波"号

李的部队

北

"南达科塔"号
"华盛顿"号
"格温"号
"普林斯顿"号
"贝纳姆"号
"沃克"号

"沃克"号

"普林斯顿"号

"贝纳姆"号和"格温"号受损撤退

23：22，"沃克"号使"凌波"号起火

0 10千米
0 10英里

23：16：战列舰开火

23：00："华盛顿"号的雷达确定"仙台"号位置

瓜 达 尔 卡 纳 尔 岛

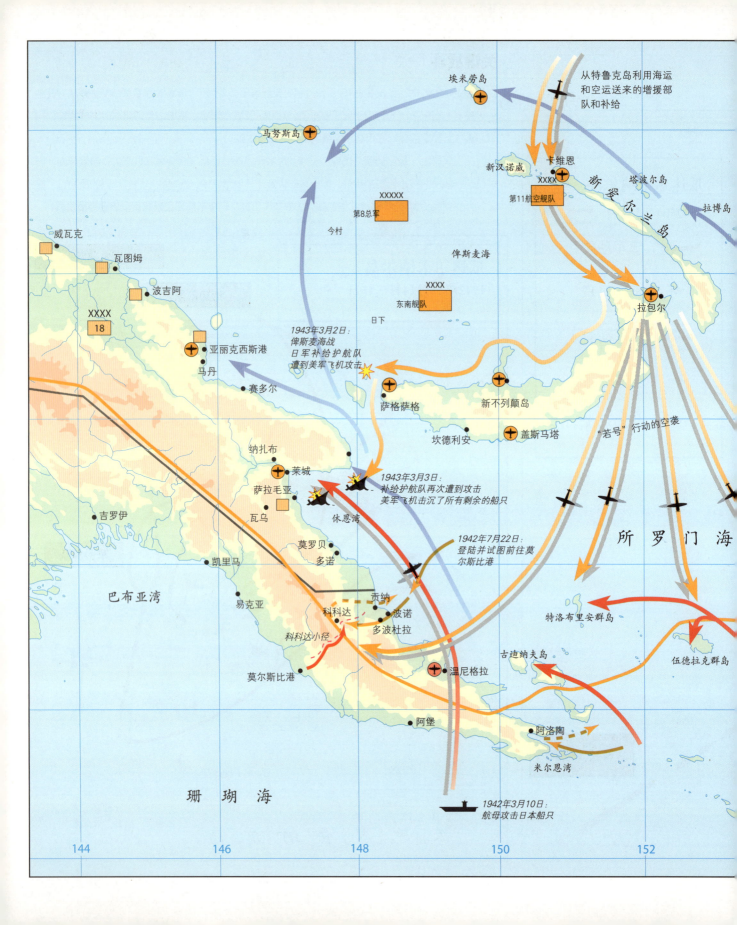

埃米劳岛

马努斯岛

从特鲁克岛利用海运和空运送来的增援部队和补给

新汉诺威
卡维恩
塔波尔岛

XXXXX
第8总军
今村

XXXX
第11航空舰队

新爱尔兰岛

拉博岛

威瓦克

瓦图姆

波吉阿

XXXX
18

亚丽克西斯港

马丹

赛多尔

俾斯麦海

日下

XXXX
东南舰队

拉包尔

1943年3月2日：
俾斯麦海战
日军补给护航队
遭到美军飞机攻击

萨格萨格

新不列颠岛

坎德利安

盖斯马塔

"若号"行动的空袭

纳扎布

莱城

萨拉毛亚

瓦乌

吉罗伊

1943年3月3日：
补给护航队再次遭到攻击
美军飞机击沉了所有剩余的船只

休恩湾

所罗门海

莫罗贝

多诺

1942年7月22日：
登陆并试图前往莫尔斯比港

凯里马

易克亚

贡纳

科科达

波诺

多波杜拉

特洛布里安群岛

巴布亚湾

科科达小径

莫尔斯比港

温尼格拉

伍德拉克群岛

古迪纳夫岛

阿堡

阿洛陶

米尔恩湾

珊瑚海

1942年3月10日：
航母攻击日本船只

144   146   148   150   152

"车轮"行动
1942年3月—1943年11月

→ 盟军推进	↷ 日军推进
→ 梦军空袭	⇢ 日军撤退
■ 盟军单位	→ 日军空袭
← 计划的盟军攻击（"车轮"行动）	■ 日军单位
	■ 日军驻地
✛ 机场	✦ 空袭地点

北

芬尼岛

所 罗 门 群 岛

布卡岛
布卡
11月1日
布干维尔岛
布因　10月27日—28日
第3陆战师　XX
沃萨
舒瓦瑟尔岛
II
2
XXX
XIV
第1陆战突击师
维拉拉维拉
X
8 NZ
10月27日
III
8月15日
XX
25
III
13
8月27日
XX
145
148
圣伊萨贝尔岛
XXXX
第8舰队
三川
II
伦多瓦岛
8月5日
新乔治
亚群岛
XX
第1陆战突击师
北部
登陆部队
III
XX
7
乌拉
6月21日
6月30日
229
103
XX
II
6
东部
登陆部队
2月21日
XX
103
拉塞尔岛
佛罗里达岛
亨德森机场
瓜达尔卡纳尔
1942年8月的日军前线
XXXXX
1943年6月占领
XXXXX
东南太平洋战区
麦克阿瑟

54　156　158　160

2
4
6
8
10
12

新不列颠

　　"车轮"行动是为了在新几内亚和瓜达尔卡纳尔岛的胜利基础上，孤立驻守新不列颠的拉包尔基地的日军主力。尼米兹将军和麦克阿瑟将军的分歧解决后（原定的作战范围进行了重新调整），行动以后来称为经典的"越岛作战"方式展开，盟军向日军发起进攻。

　　日军在新几内亚增兵的效果由于俾斯麦海之战而大受打击，美军B-25"米切尔"轰炸机使用新研发的"跳弹轰炸"（Skip Bombing）战术，对日军护航舰进行了低空轰炸。因而，日本发起了代号"い"（"伊"）号作战的空中攻势，但这个规模庞大的攻势并没有达到多少目标。

　　随后，盟军的海军和陆军按部就班地逐岛推进。盟军利用两栖攻击、传统的地面进攻和伞降等方式，彻底击败了该方向的日军。到1943年11月，消除拉包尔威胁的基本目标已经实现。日军认为他们无力承担这样的消耗战，将大部分军队撤到了特鲁克岛。

新几内亚

新几内亚的地理位置决定了它对双方而言都有重要的战略价值。在1942年年初，日军决定占领该岛，但由于珊瑚海之战爆发，计划只得推迟。日军转而决定从近陆的一边攻取首府莫尔兹比港，第一批日军在7月抵达。

日军在早期取得胜利，从丛林中杀出一条路，夺下了科科达，然后占据了欧文·斯坦利山脉的顶峰，他们再次驻扎，等待援兵一到就开始攻打莫尔兹比港。尽管日军距离首府最近的时候已经不到48千米（30英里），却从没能攻取该城。此时日军已补给不继，而急需的增援部队又被派往了瓜达尔卡纳尔岛，另一次试图派遣援兵登陆的行动也被守军击退了。

到1942年9月中，日本指挥部明白他们已经不可能占领该岛，因而撤退到海岸。随后美国和澳大利亚军队试图将日军赶出贡纳和布纳，和日军爆发了一系列激战。盟军最初遇到挫折，但在12月和次年1月初实现目标，日军已经处于危急的不利地位。

新几内亚

1943年8—9月

新 不 列 颠 岛

坎德利安

0　　　　　　　　　　　　　　200英里

0　　　　　　　　　　　　　　300千米

北

所 罗 门 海

昂特雷卡斯托群岛

伍德拉克群岛

1942年10月
18日—26日

图菲

52

科林伍德湾

宾纳里

古迪纳夫湾

山脉

阿堡

马加里达

米尔恩湾

已经做好了迎战准备，2艘新式战列舰——"华盛顿"号和"南达科他"号——及其率领的一队驱逐舰严阵以待。（15日凌晨）战斗开始之后，"南达科他"战列舰发生一系列故障，被日舰击中40多发炮弹，暂时失去战斗力；而"华盛顿"号战列舰借助雷达的指引，连续命中日军"雾岛"号战列舰54发炮弹，使之成为一堆火光冲天的残骸。（天已大亮）日方幸存军舰被迫撤退，田中赖三的运兵船（第38师团）只能在得不到任何空中或海上火力掩护的情况下登陆瓜岛——这无异于一次屠杀，他们完全暴露在美军的空中火力之下。一天过去了，第38师团只有2000名士兵活着加入了岛上的守军队伍。很明显，岛上的美国海军陆战队已经挨过了难关，他们逐渐攻入丛林深处。由于减员越来越严重，日本守军决定撤退。到了1943年2月8日，美国海军陆战队攻占了整个瓜达尔卡纳尔岛，美国人迎来了太平洋战场上的第一次——也许是最重要的一次——陆上战斗的胜利。

新几内亚

新几内亚岛是太平洋地区第一（世界第二）大岛屿，地理位置重要，日本人图谋占而据之。第一次（两栖）攻击莫尔兹比港遭美军挫败之后，日本人转而寻求在他处发动另一次攻击。

1942年7月21日，堀井富太郎少将带领南海支队在新几内亚岛东北部的戈纳登陆，意在强行穿越科科达小径，进而拿下莫尔兹比港。日本人认为欧文·斯坦利山脉上的

▼ 美军在太平洋战争中的第一次攻势——美军乘坐登陆艇朝瓜达尔卡纳尔岛进发，试图控制那里的机场。和此后的很多登陆不同的是，美军登陆瓜达尔卡纳尔岛仅仅遭遇了日军轻微的抵抗。

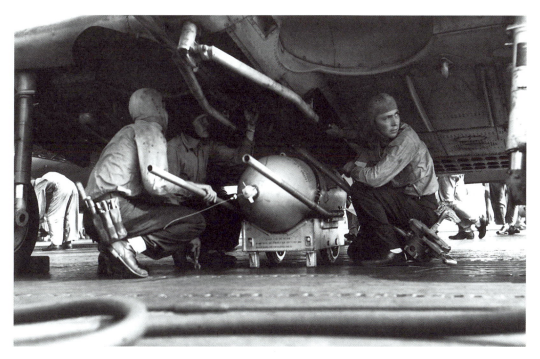

► 在准备攻击瓜达尔卡纳尔岛的"企业"号航母上，弹药装填人员在给第6侦察中队的道格拉斯SBD"无畏"舰载俯冲轰炸机装配227千克的炸弹。美军和日军都利用航母上的低空轰炸机和鱼雷轰炸机攻击对方舰队，同时由众多战斗机为攻击机群提供保护。

科科达小径不难通行，最终却发现丛林里的小径宽仅数尺。

　　面对恶劣的自然条件，日本士兵展现了良好的丛林运动–战斗技能：他们在一个星期之内就攻占了科科达，到9月中旬，他们已经前进到了距离莫尔兹比港不过48千米的地方。这之后，南海支队停了下来，他们的补给线再也支撑不住了，堀井富太郎决定原地等候增援。但是，由于瓜达尔卡纳尔岛的战斗，预定的增援被取消了。

　　为了获得补给，堀井富太郎的南海支队发动了一次攻击，却被对手打败了，他们撤退到拉包尔。岛上的美澳联军决定坚守不出：他们知道日军由于得不到任何物质和人员援助，处境正日益艰难。最后，这支日军队伍受命撤回布纳及其附近地区。两天以后，澳大利亚人发动反击，日本人苦战之后，继续后撤。堀井富太郎本人在撤退过程中被打死，幸存者融入驻守布纳、戈纳及萨纳南达等地的日军，此后，他们建起了坚固的防御阵地。

胜利的起点

　　此时，麦克阿瑟将美军第32步兵师调到了新几内亚战场，以支持此处盟军的进攻战。第32步兵师的第一个任务是攻占布纳，澳大利亚部队负责对付驻守戈纳及萨纳南达的日本部队。麦克阿瑟预计很快就能取得胜利，却忽视了当地的地形和地势带来的困难。由于缺乏装甲车辆和重武器，美军最初几星期组织的进攻都被打退了，几无进

展却伤亡惨重。为此，麦克阿瑟派罗伯特·艾肯伯格中将接手美第32步兵师的指挥。罗伯特·艾肯伯格发起了一次攻击，也失败了，于是决定等待更多的兵力和装甲车辆。澳大利亚人于12月9日拿下了戈纳，10天以后美军发动攻击，攻占布纳。1943年1月22日，日军撤离萨纳南达，最后一个目标也落入了盟军手中。新几内亚岛上的盟军不断取得进展，截至9月，盟军已经占领了新几内亚岛的大部分地区。这里的战斗一直持续到第二次世界大战的最后一刻，但1941年年底到1942年年初的这些战斗正是麦克阿瑟在太平洋战场上转败为胜的起点。

"车轮"行动

在新几内亚和瓜达尔卡纳尔岛取得胜利之后，盟军开始为下一阶段的军事行动做准备，最终目标是拿下拉包尔。但对于该次行动的指挥权和预期目标，麦克阿瑟和尼米兹发生了分歧。作为折中，这两位美军将领决定发动一次较小规模的进攻战——代号"车轮"行动。按照作战计划，海军中将"公牛"威廉·哈尔西指挥的美国海军将沿着所罗门群岛—布干维尔岛一线攻击前进，而麦克阿瑟指挥的陆军部队则沿着新几内亚岛海岸线攻击前进，两路军队最终于1942年年底分别赢得胜利。

新几内亚的日本军队很快察觉到了自身的危险处境，于是拼命采取各种应对措施。日军第51师团开始增援新几内亚，1943年3月1日，运送这支部队的日本船队于半路上被美军侦察机发现；次日，美军B-25轰炸机前往轰炸，俾斯麦海之战爆发。一场浩劫发生了，经过两天的战斗，日军的登陆舰船遭遇灭顶之灾，整个日军第51师团最后只有100人左右活着抵达新几内亚。

面对1942年年底以来的一系列失败，日军发起了一场代号为"伊号"作战的空中进攻性防卫战，同时打击诸多盟军基地。但是，日本人面临飞行员缺乏经验的困难，此次空中攻势防御的结果是：摧毁大约30架盟军飞机、1艘盟军驱逐舰、1艘轻型巡洋舰以及2艘商船——这与他们所声称的战果相差甚远。此次战斗中，日本人的战机损失甚至比盟军还大。对日本人来说，更加糟糕的是，山本五十六决定搭机前往南太平洋前线视察参加此战的日方飞行员——被美国提前截获具体行程，其座机途中被美国的P-38战斗机击落，一命呜呼。

7月底，麦克阿瑟指挥的美国陆军在几内亚岛的拿骚湾登陆，距此大约400英里，哈尔西指挥的美国海军正在进攻新乔治亚岛——岛上的日军寡不敌众，却坚持战斗了一个月的时间。哈尔西接着将矛头指向了韦拉拉韦拉岛上的日本军队；日本人在新几内亚岛上的重要基地莱城和萨拉毛亚此时也被麦克阿瑟的部队攻占。"车轮"行动的最后一战发生在布干维尔岛，占领该地之后，盟军就可以以此为基地，对日本人在拉包尔的前哨基地发起空中打击。

1943年11月1日，美军开始登陆布干维尔岛，几乎没有遇到什么抵抗。一俟占领滩头阵地，美军即开始修建飞机跑道。一支拥有10艘舰船的日本舰队想要赶来破坏美国的滩头阵地，却在半路上被美国海军拦截并遭遇猛烈打击。哈尔西又顶着损失"萨拉托加"号和"独立"号航母的风险，使用舰载机攻击了另一支日本海军，结果成功了。由于实力悬殊，日本人只好将舰船和飞机都撤到了他们的特鲁克岛基地，拉包尔附近的海域终于重回平静。

阿留申群岛战役

第二次世界大战期间的阿留申群岛战役较少引起关注，而历史学家尤其如此。这次战役确实不具决定性影响，但战役发生之时的极端天气以及阿留申群岛本身的地理位置——靠近美国的阿拉斯加群岛——使它颇具历史意义。

阿留申群岛附近海域首次发生战斗是在1942年6月，这是日本发起的中途岛海战计划的一部分。为了引开美国人的注意力，日本人派遣以两艘轻型航母为主导的舰队对荷兰港发动空袭，佯攻阿留申群岛西端的阿图岛和吉斯卡岛；其最终意图是由此牵制美军的空中力量，提高中途岛方向的胜算。日本人没能如愿，中途岛海战成了日军的灾难。在中途岛-阿留申群岛战役的过程中，日本人只在阿图岛和吉斯卡岛获得了局部的且意义有限的胜利。日本对荷兰港的空袭只对地面造成了很小的损失，1架"零"式舰载战斗机迫降在安库坦岛并被美军缴获。美国人得以细致研究这种性能优异的日本战机，由此找到了对付它的办法（并据此研发了美国人自己的性能更在"零"式舰载战斗机之上的新型战机）。

阿留申群岛及其附近海域的气候条件极其恶劣，以至于日本人占领阿图岛和吉斯卡岛的事实在近一星期之后才被美军飞机发现（在日本军人到来之前，这两处岛屿一直杳无人烟）——这部分美国国土头一次受到美国人的关注。美国的后续部队受命前去驱逐日本人（不过夺岛作战在1942年一直未能发起），同时进行持续的轰炸和封锁。直到1943年3月，科曼多尔海战爆发，日军指挥官很快就退出了战斗，将胜利拱手相让。

1943年，美国参谋长联席会议终于批准了夺回阿图岛和吉斯卡岛的作战行动。对阿图岛的进攻于5月11日开始了，经过两个星期的苦战（恶劣的天气也是其原因之一）之后，这个岛又回到了美国人手中。8月15日，盟军在吉斯卡岛附近海域集结了100艘各型舰船，34000名美国及加拿大士兵对吉斯卡岛发起了进攻，结果却发现日本人（由于自知无力抵挡）早就主动撤离了。

阿留申群岛本身之于美国未来的军事行动并无太大的意义，但这里的战斗充分展现了日本士兵的战斗韧性，这种韧性在太平洋战争变得对日本人日益艰难之后还将一再重现。

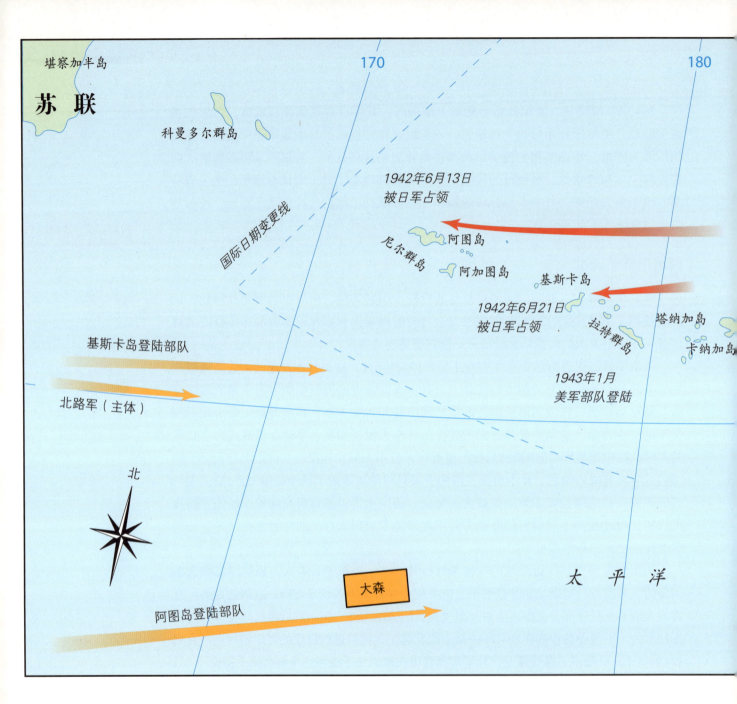

堪察加半岛

苏 联

科曼多尔群岛

国际日期变更线

1942年6月13日
被日军占领

尼尔群岛　阿图岛

阿加图岛　基斯卡岛

1942年6月21日
被日军占领　拉特群岛　塔纳加岛

卡纳加岛

基斯卡岛登陆部队

北路军（主体）

1943年1月
美军部队登陆

北

太 平 洋

大森

阿图岛登陆部队

缅甸"钦迪特"支队

英军"钦迪特"（"钦迪特"，缅甸人所尊崇的万能神兽之名。传说其狮首鹰身，翱翔、疾奔、游泳皆擅长，力大无穷，专司除暴安良。——译者注）支队由桀骜不驯的奥德·温盖特（Orde Wingate）准将创建，他过去曾在巴勒斯坦指挥反暴乱作战。他提议组建一支专门在缅甸日占区开展行动的"远程渗透"作战部队，补给事宜由英国空军负责。1943年年初，英属印军第77旅（也称"钦迪特"支队）组建完毕并

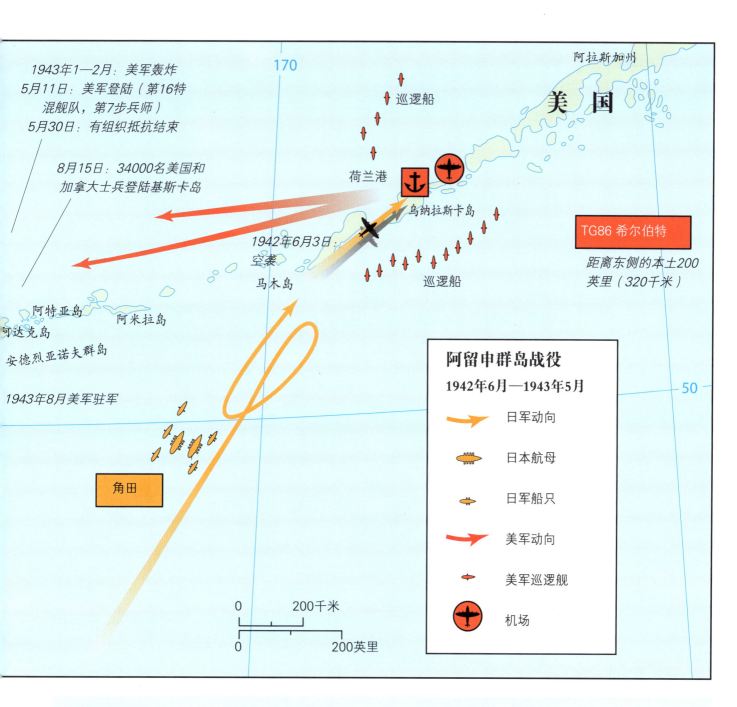

1943年1—2月：美军轰炸
5月11日：美军登陆（第16特
　混舰队，第7步兵师）
5月30日：有组织抵抗结束

8月15日：34000名美国和
加拿大士兵登陆基斯卡岛

1942年6月3日：
空袭

马木岛

阿特亚岛

阿米拉岛

阿达克岛

安德烈亚诺夫群岛

1943年8月美军驻军

角田

阿拉斯加州

美　国

巡逻船

荷兰港

乌纳拉斯卡岛

巡逻船

170

50

TG86 希尔伯特

距离东侧的本土200
英里（320千米）

阿留申群岛战役

1942年6月—1943年5月

日军动向

日本航母

日军船只

美军动向

美军巡逻舰

机场

0　　　200千米

0　　　200英里

阿留申群岛

　　日军在中途岛战役期间占领阿留申群岛，意味着这个地方将成为对抗日本的重要因素。

　　空中侦察机发现日军占领了阿图岛和基斯卡岛后，美军参谋长联席会议非常关切。显然日本打算利用这些岛屿威胁阿拉斯加州，或者是西伯利亚。

　　美军直到1943年才做好重夺阿图岛和基斯卡岛的准备。1943年1月，空袭开始。5月11日，盟军在阿图岛登陆。日军的猛烈抵抗和糟糕的天气妨碍了美军的行动，直到5月30日美军才肃清了抵抗。重夺基斯卡岛简单得多，因为日军此时已撤离该岛。

开始投入作战。

　　1943年2月8日，"钦迪特"支队突然渡过钦敦江，进入缅甸。他们袭击日军补给线的行动非常成功，并因此钳制了大量的日军兵力。不幸的是，温盖特命令他的部队向东渡过伊洛瓦底江，进入了开阔地带。这导致该部队难以抵挡日军的正面进攻，且脱离了英国皇家空军的空中补给范围。面对日军的不断进攻，温盖特决定带领部队重返伊洛瓦底江西岸，但日军利用自身的机动优势处处围追堵截。尽管如此，分成若干小组的"钦迪特"支队还是运用自己的游击战技能，各自冲出了日军的堵截圈，回到了印度——不过人员折损率在30%以上。

　　"钦迪特"支队第一次出征以失败告终，尽管如此，温盖特及其手下的幸存者成了英国人心中的英雄，他们首次确立了远程突袭的作战观点。1943年11月，攻占缅北的作战计划开始实施，温盖特提议实施"远程渗透"作战，以更好地落实这个作

缅甸

密支那

孟拱

品邦

比瓦克

英多

伊洛瓦底江

八莫

淘绍

杰沙

奥光

南孔

邦姜
3月18日

3月6日—7日夜间：
桥梁和铁路线被摧毁

因育瓦

缅甸步枪部队
前往科钦山脉

提亚灵

3月3日：
铁路线被毁

庙当

3月24日：温
特盖退回印度

南坎

太公

斋丁

3月23日：
第3纵队开
始撤退

包

密松

3月22日：
与敌军接触

南部集群移
至科钦山脉

马尔

帕格

3月23日

勐米特

腊戍

德贝金

莫哥

3月11日

第3纵队移
至固特关口

西保

"钦迪特"部队在缅甸的行动

1943年2—3月

盟军动向

与日军交火地点

1943年3—5月计划的行动区域

钦迪特

　　"钦迪特"部队接受过专门训练，深入日军后方行动，破坏敌军的通信线路。1943年2月中旬，第一次钦迪特行动队伍被送往亲敦江另一侧。他们深入敌占区，扰乱敌军补给线，迫使日军派出数量众多的士兵负责警卫。

　　1943年跨越伊洛瓦底江的决定是个错误。3月中旬的一系列战斗证明钦迪特已经无力坚持，因而决定撤退。突袭对提升英军士气起到了重要作用。

海参崴

汉城

釜山

京都

东京

日本海

日本

长崎

东海

冲绳

太 平 洋

中途岛

夏威夷群岛

复活节岛

珍珠港

塞班岛
天宁岛
罗塔岛
关岛

埃尼威托克岛

太平洋地区军队

1944年10月20
日登陆莱特岛

乌利西环礁

夸贾林环礁

雅浦岛

特鲁克岛

马德拉岛

帕劳群岛

加 罗 林 群 岛

贾卢伊特岛

日本托管区

马金岛

塔拉瓦环礁

大洋岛

所罗门群岛

艾塔佩

俾斯麦群岛

拉包尔

新几内亚

萨拉毛亚

瓜达尔卡纳尔

帝汶岛

莫尔斯比港

阿拉弗拉海

珊瑚海

西南太平洋
区域的军队

130

15

新喀里多尼亚岛

澳 大 利 亚

1944年10月前的太平洋局势

- 🟧 日军占领的领土或地区
- → 日军攻势
- — 日军防御的界线
- 🟥 盟军控制的区域
- → 美军攻势
- 中立国

战计划。新的"钦迪特"支队得以重建，总兵力扩展至6个旅——所有人员以400人为单位，编成配备对空联络官（以在必要时呼叫空中支援）的战斗纵队。温盖特的计划是，一开始投入"钦迪特"支队一半的兵力，两个月之后轮换另一半。"钦迪特"支队第二次出征取得了更大的战果，在日军的后方制造了很大的麻烦，攻占了若干关键地域。此次行动彻底结束之前，（1944年3月25日）温盖特死于飞机失事。

频繁战斗、人员折损严重的第77旅及第11旅最终撤出了缅北战场，但仍有"钦迪特"战士在萨茂和东尼等地独力支撑战局，直至1944年年底盟军完全占领英多（Indaw）及其以北地区。

太平洋局势

中途岛海战及瓜达尔卡纳尔岛战役之后，太平洋上的胜局已经无可逆转地倒向了盟军一方，但此时离最终打败日本人还很远。日本人的抵抗异常坚决，太平洋上的每一处日军基地都是难啃的骨头。有鉴于此，盟军开始实施"越岛作战"：绕开不具战略意义的日据岛屿，暂且置之不理，以待日后解决。

盟军已经转入反攻，但最终打败日本的时候还远未到来。1944年，盟军及日军为抢占太平洋上的关键岛屿展开了激烈厮杀：无论是盟军还是日军，成败在此一举！在这场战争中不断扩张的日本帝国至今还占据着广阔的海洋及陆地——荷属东印度群岛、马来亚、缅甸及中国，但是，由于盟军潜艇的攻击，日本商船已经遭受了严重的损失，帝国继续保有如此广阔的地域变得越来越难了。时至1944年10月，除了"自杀式袭击"，日本空军之于盟军已经不是什么实质性的威胁了。马里亚纳海战之于日本空军不啻一次屠杀，而日本海军的命运也变得风云飘摇了。盟军快速向日本本土推进，麦克阿瑟却始终不忘菲律宾，他按捺不住"回去"兑现他的承诺："我还会回来！"

盟军不断接近日本本土的事实使得日本人的抵抗决心更加坚定了。战斗变得前所未有的残酷，战场上的日本士兵往往会坚持战斗至最后一人。盟军对于占领日本本土所需付出的代价更加担心了，这为绝密武器——原子弹的研发提供了更多动力。

中太平洋的航母打击行动

1944年，由于航母舰载机的使用，太平洋上的美军攻势进入了一个新的阶段。马克·米切尔中将指挥的第58特混舰队（快速航母编队）拥有十多艘"快速航母"；他于1944年1月13日履新，经过两个星期的最后准备，第58特混舰队从夏威夷启程了。

得知美军侦察了特鲁克岛之后，日军主动将一些重要部队从特鲁克岛向帕劳群岛转移。美军第58特混舰队的既定目的地是夸贾林环礁，为那里的登陆战（1月29日）提

航母突袭

1944年年初，舰队司令米切尔的58特混舰队利用航母对关键日本目标进行了大量成功的突袭。突袭共有三次，包括两次对特鲁克岛的攻击以及在新几内亚的牵制性登陆；另外一次是突袭帕劳群岛和马里亚纳群岛。

三次航母突袭是一个清晰的示范，证明舰载机已经成为了海战的主力武器，也让美国海军清除了日军岛屿据点的威胁。

供支援，夸贾林环礁既已占领，第58特混舰队便前往马朱罗环礁。2月13日，第58特混舰队向特鲁克岛进发，为轰炸特鲁克岛提供火力压制。

2月17日凌晨，72架格鲁曼F6F"地狱猫"拉开了空袭的序幕，美军对特鲁克岛的第一波攻击开始了。尽管"地狱猫"遭到了日方猛烈（但不精确）的地面防空火力以及大约80架战斗机的拦截，美军还是轻易占了上风。日军大约50架战机被击落，截至中午至下午之间的时段，占据空中优势的美军开始攻击日军机场，日方损失飞机约150架，另有总吨位超过10万吨的日本舰船在附近海域沉没；第二日，美军继续攻击。在这两天的时间里，第58特混舰队击毁日军250架战斗机、击沉总吨位将近20万吨的日军舰船。

补充燃料之后，第58特混舰队前往马里亚纳群岛，途中（2月21日夜至22日清晨）被日本战机发现并遭到攻击。日军战机此次攻击毫无所获，第58特混舰队于22日上午发动猛烈还击，日军机场及舰船遭到扫射和

珍珠港
夏威夷

复活节岛

比基尼岛
埃尼威托克岛　马绍尔群岛
太平洋区域军队

夸贾林环礁

沃莱艾环礁

特鲁克岛
波纳佩岛
科斯雷岛
贾卢伊特岛

加罗林群岛
萨塔万环礁

日本托管区

马金岛

吉尔伯特岛
塔拉瓦环礁

俾斯麦群岛
拉包尔
所罗门群岛

萨拉毛亚

莫尔斯比港

瓜达尔卡纳尔

西南太平洋
海域的军队

3月23日

斐济

珊瑚海 150

圣埃斯皮里图岛
170

170

新喀里多尼亚

截至1944年10月太平洋中部的
航母突袭

　　　美军攻势

．．．．． 2月17日—23日美国航母行动

－－－▶ 3月23日—4月6日美国航母行动

　　　▶ 4月13日—5月4日美国航母行动

轰炸，一些逃出锚地的日本舰船也遭到事先埋伏好了的美军潜艇的阻击。这次攻击完成之后，第58特混舰队撤往马朱罗岛，于2月23日抵达。在下一次行动——攻击帕劳群岛之前，他们有一个月的休整时间。在此期间，尽管第58特混舰队设法摆脱日军战机的袭扰，但未能如愿，好在没有因此遭到任何损失。3月30日，美军开始攻击帕劳群岛，超过30架日军战机被美军战机击落。日方商船也遭到攻击，美军还在日军舰船周边布雷，以牵制其行动。成功完成任务之后，第58特混舰队再次撤出战斗，前去补充燃料。

4月13日，第58特混舰队再次启程，前去支持新几内亚海岸的登陆行动。在4月21日开始的这次登陆行动中，日军的抵抗很轻微；第58特混舰队提供了空中支援之后撤出战斗，然后补充燃料前往特鲁克岛。日本人在特鲁克岛的修复工作颇有进展，那里的机场也恢复使用了。4月29日，第58特混舰队再次攻击特鲁克岛，并很快取得制空权，击毁日军战机约90架。成功完成此次对特鲁克岛日军的火力压制任务之后，第58特混舰队赶赴新的锚地埃尼威托克岛，途中还使用出动驱逐舰炮轰了波纳佩岛。

吉尔伯特群岛战役

1943年中期，在清除了阿留申群岛的日本人之后，美国开始将注意力转向太平洋中部和吉尔伯特群岛。攻占吉尔伯特群岛的战斗代号为"电流"行动，海军中将雷蒙德·斯普鲁恩斯负责制订作战计划。斯普鲁恩斯决定先占领群岛西部的马金岛和塔拉瓦环礁，然后以此为依托，压制其他岛屿上的日军火力。经过3天的苦战，美军于1943年11月20日攻占马金岛。日军战斗部队仅有1人投降生还，美军阵亡66人、伤150人。

攻占塔拉瓦环礁的主要困难之一在于，隐没在水面以下的珊瑚礁使得登陆艇无法直接冲上滩头，登陆人员中途完全暴露在日本守军的火力之下——必须使用两栖

◀ 澳大利亚军队在新几内亚穿越科科达的小路，朝布纳挺进。雨太大，小路已经成了泥潭。由于日本在新几内亚战败，澳大利亚眼前的威胁降低了，但澳军在1942年被日本海军打败则意味着他们的入侵舰队缺乏保护，无力施展入侵计划。

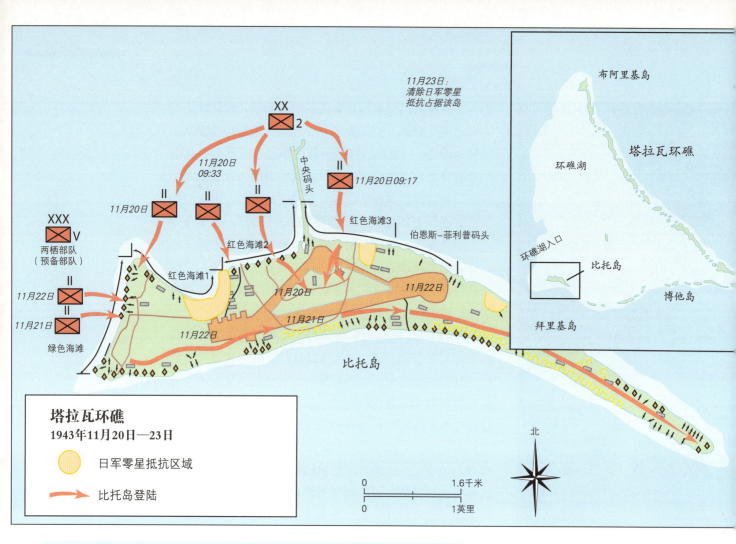

11月23日：
清除日军零星
抵抗占据该岛

XX
2

11月20日
09:33

中央码头

II
11月20日 09:17

II
11月20日

II

II

XXX
V

红色海滩3

伯恩斯—菲利普码头

两栖部队
（预备部队）

红色海滩2

红色海滩1

11月22日

II

11月20日

11月21日

11月21日

II

11月22日

绿色海滩

比托岛

布阿里基岛

塔拉瓦环礁

环礁湖

环礁湖入口

比托岛

拜里基岛

博他岛

北

塔拉瓦环礁
1943年11月20日—23日

🟡 日军零星抵抗区域

➡ 比托岛登陆

0　　　　　　　1.6千米

0　　　　　　　1英里

血腥的塔拉瓦环礁

　　进攻吉尔伯特群岛和马绍尔群岛的行动指明了"越岛作战"会如何发展。盟军占领了几个重要岛屿，其他一些岛屿上的日本卫戍部队则因为孤立而丧失补给线，在封锁下逐渐"枯萎"。

　　这次战役因为特别激烈的战斗而闻名。塔拉瓦环礁易守难攻，因为登陆海滩后面对着难以穿过的珊瑚礁，复杂的地形意味着美军必须正面攻击日军防御阵地，而不能在环状珊瑚岛的其他地方登陆或侧翼包抄守军。而攻占莱岛则容易得多，因为开始的轰炸相当成功。那慕尔和夸贾林环礁上树木繁茂、防御工事坚固，让美军的猛烈炮火的威力大减，也使得日军能够顽强抵抗进攻方。

　　吉尔伯特群岛和马绍尔群岛不仅战术价值突出，也为将来进攻日占岛屿提供了重要经验教训。1944年2月23日，马绍尔群岛全部被攻克，菲律宾海之战和马里亚纳群岛的战斗即将开始。

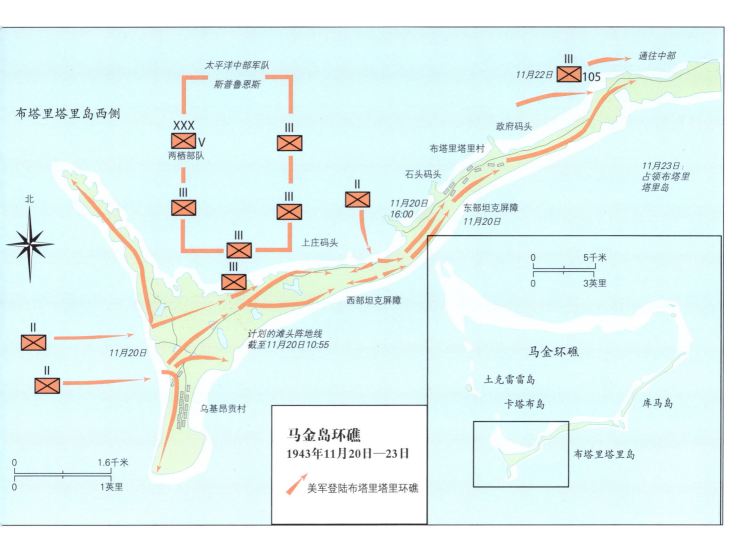

布塔里塔里岛西侧

太平洋中部军队

斯普鲁恩斯

两栖部队

上庄码头

西部坦克屏障

计划的滩头阵地线
截至11月20日10:55

乌基昂贡村

11月20日

北

通往中部

11月22日 105

政府码头

布塔里塔里村

石头码头

11月20日
16:00

东部坦克屏障
11月20日

11月23日:
占领布塔里
塔里岛

马金岛环礁
1943年11月20日—23日

美军登陆布塔里塔里环礁

马金环礁

土克雷雷岛

卡塔布岛

库马岛

布塔里塔里岛

0   5千米
0   3英里

0   1.6千米
0   1英里

履带式装甲输送车（AMTRAC），同时还要为登陆艇提供火力支援。（1943年11月20日）攻击开始之后，登陆艇在珊瑚礁上搁浅了，登陆人员所能依靠的只有水陆两栖战车，甚至冒着敌人的猛烈开火徒手涉水。虽然乍看上去美军部队可能无法将足够的兵力送上滩头，但他们最后还是做到了这一点。日本守军展开殊死反抗，所有4750名战斗人员中，最后只有17人投降。在这次持续了3天时间的战斗中，美国海军陆战队阵亡1000人以上。

拿下马金岛和塔拉瓦环礁之后，美军转向莱岛、那慕尔岛以及夸贾林环礁，揭开了"燧发枪"行动的序幕。1944年2月1日，美国海军陆战队第4师开始进攻莱岛和那慕尔岛，陆军第25步兵师开始进攻夸贾林环礁。进攻莱岛的海军陆战队发现，最大的障碍在于巨大的海浪和珊瑚礁，一部分登陆艇由于海浪的冲击失去了掌控。首批上岸的陆战队士兵发现，很多日本守军被美军的炮火震晕了，因而只遇到了微弱的抵抗。截至当天傍晚，莱岛已经落入美军手中。

那慕尔岛的战斗更加艰难。这里繁茂的树木削减了美军炮火准备的效力，日军的

日本海上航运线

1941—1945年

━━━ 日本占领的最大范围

─── 1944年1月1日

─── 1944年5月1日

─── 1944年9月1日

─── 1945年1月1日

─── 1945年5月1日

─── 1945年8月15日

─── 战争结束时仍在运行的航线

海运

　　日本因为版图的报废扩张，只能以商船维持物资运输。但在1942年后，日本商船损失剧增，而且情况越来越糟。盟军的潜艇和空中袭击相配合，造成了日军大量伤亡。到1944年年末，日本已经不能控制这些海域以及大部分商船运输。

日本海

东京

日　本

太　平　洋

小笠原群岛

马里亚纳群岛

Tropic of Cancer

菲律宾

帕劳群岛

加罗林群岛

马绍尔群岛

0　　　500千米

0　　　500英里

吉尔伯特岛

新几内亚

俾斯麦群岛

拉包尔

巴布亚新几内亚

帝汶岛

所罗门群岛

珊瑚海

澳大利亚

太 平 洋

东京

乌绍尔群岛

加罗林群岛

新几内亚

莫尔斯比港

所罗门群岛

凯恩斯

新喀里多尼亚

澳大利亚

140　　　160

布里斯班

日本商船损失
1941年12月7日—1942年12月31日

- 1941年12月7日—1942年4月30日
- 1942年5月1日—8月31日
- 1942年9月1日—12月31日
- 日本占领区

共损失89艘船只

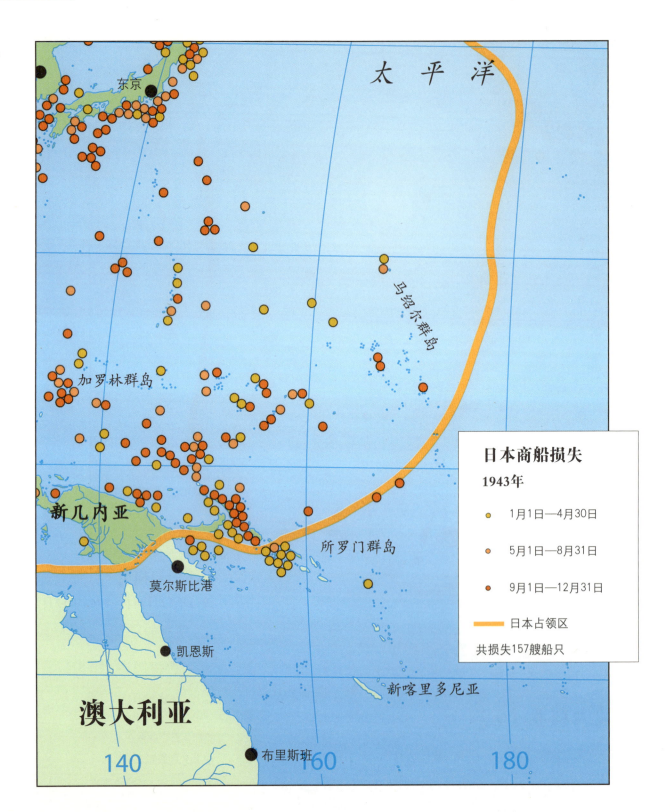

太平洋

东京

乌绍尔群岛

加罗林群岛

新几内亚

莫尔斯比港

所罗门群岛

凯恩斯

新喀里多尼亚

澳大利亚

布里斯班

140　160　180

日本商船损失

1943年

- 1月1日—4月30日
- 5月1日—8月31日
- 9月1日—12月31日

—— 日本占领区

共损失157艘船只

太平洋
汉城
东京
加罗林群岛
马绍尔群岛
新几内亚
所罗门群岛
莫尔斯比港
达尔文
凯恩斯
新喀里多尼亚
澳大利亚
布里斯班
140
160
180
日本商船损失
1944年
1月1日—4月30日
5月1日—8月31日
9月1日—12月31日
日本占领区
共损失385艘船只

太 平 洋

汉城

东京

乌绍尔群岛

加罗林群岛

新几内亚

所罗门群岛

达尔文

莫尔斯比港

凯恩斯

新喀里多尼亚

澳大利亚

布里斯班

140　　160　　180

日本商船损失

1945年

- 1月1日—4月30日
- 5月1日—8月15日

━━━ 日本占领区

共损失550艘船只

抵抗极其顽强，防御阵地又十分坚固。等到坦克上岸参战之后，陆战队才得以向前推进。日军一处弹药库的爆炸让陆战队伤亡不小，当天的攻势因此停了下来。直到从莱岛赶过来更多的坦克和人员之后，那慕尔岛才被美军完全占领。

夸贾林环礁的地貌和那慕尔岛类似，第25步兵师的官兵直到当天傍晚才推进到位于该岛中部的机场的周边地带。此后3天的战斗一直非常残酷，因为美军不得不使用坦克和火焰喷射器。日本守军最后无一生还。

日本商船

日本扩张领土的主要原因之一是列岛极其缺乏某些原材料。为使日本的战时工业获得稳定的石油、橡胶等关键性资源，日本军队必须控制相关海上交通线。如若不然，这场扩张战争资源的来源必定无以为继。

战争爆发之初，日本的商船队——被整体性地一分为三——总吨位达到了600万吨；其中2/3专门承担军事需要，另外1/3承担民用需要。这个"三等分"的安排总体效率非常低下，商船队的各个部分之间的工作从来没有协调过。此外，日本船坞在船队的日常维护工作上也不合格——战争末期，竟然有将近一半的可用船只在船坞当中等候修理。

战争的最初几个月，日本的商船损失轻微，其造船厂的制造能力足以弥补战损。然而，瓜达尔卡纳尔岛海战之后，日本商船损失急剧上升。从1943年开始，盟军击沉日本商船的速度越来越快，当年晚些时候，美军潜艇在击沉日本商船方面尤其高效。由于美国人在太平洋上不断取得进展，日本商船不得不进入某些美军舰载机的巡逻水域——一旦被发现，逃脱的希望非常渺茫。

到了1943年11月，为了减少盟军潜艇造成的商船损失，日本人终于开始实行护航制度，但此时已经来不及了。此时日本商船的每月折损吨位已经高达20万吨，在此后14个月的时间里——除了其中2个月——也一直维持着这个数字。美军在荷属东印度群岛和菲律宾群岛展开反攻之后，日本的商船损失更加严重了，截至1944年年末，日本商船队几近彻底破产。到了1945年8月，即使不再折损，日本商船的运力也只能维持4个月的所需供应。在战争结束之前，美国及其盟友的封锁战已经在事实上将一个曾经的工业强国逼到了失败的临界点。

菲律宾海海战

1944年6月，美军开始登陆塞班岛，这逼迫日本军队做出强烈反应，因为马里亚纳群岛一旦失守，美国就可以此为基地，派遣轰炸机直接轰炸日本本土。日本人决定派

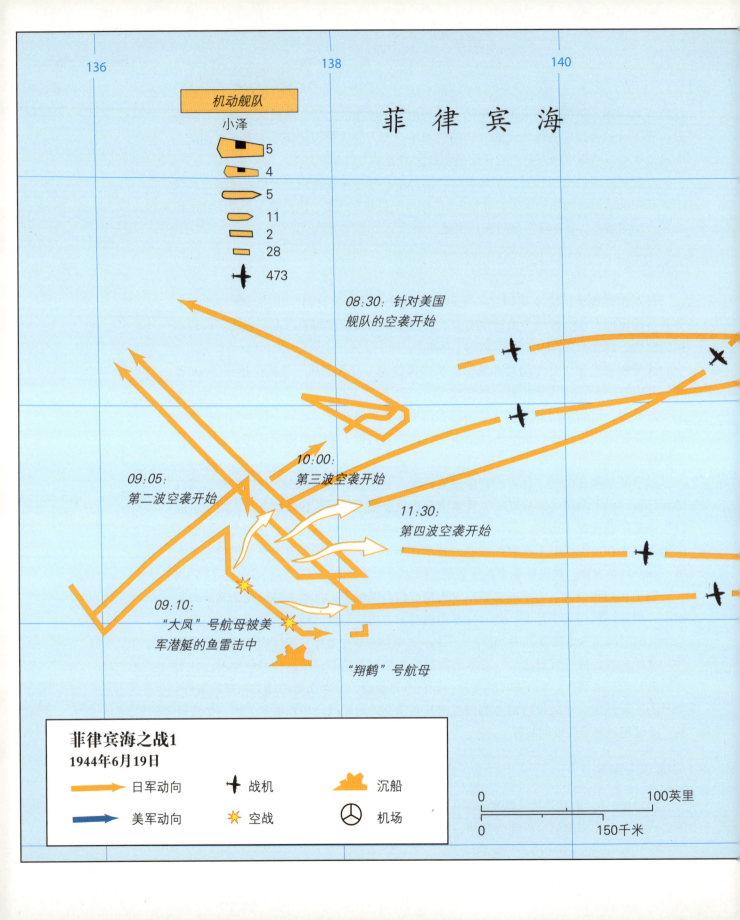

菲律宾海

机动舰队
小泽
■ 5
■ 4
5
11
2
28
✈ 473

08:30：针对美国
舰队的空袭开始

10:00：
第三波空袭开始

09:05：
第二波空袭开始

11:30：
第四波空袭开始

09:10：
"大凤"号航母被美
军潜艇的鱼雷击中

"翔鹤"号航母

菲律宾海之战1
1944年6月19日

日军动向　　✈ 战机　　沉船

美军动向　　✸ 空战　　机场

0　　　　　　　　　100英里

0　　　　　　　　　150千米

142   144   145

萨里甘岛

安纳森岛

16

梅迪尼利亚

塞班岛

天宁岛

13:00:
空袭被拦截

10:39:
美军飞机起飞拦
截敌军空袭

罗塔岛

14

11:39:
美军飞机拦截空袭

美军飞机成功拦截来自日军
航母和岸上基地的敌机

14:21:
空袭被拦截

阿加尼亚

关岛

58特混舰队
米切尔

	7
	8
	7
	8
	13
	69
	956

12

北

10

"马里亚纳射火鸡大赛"

菲律宾海之战对日本而言是一个灾难。58特混舰队摧毁了日军海岸基地的飞机，这就意味着日军不可能用大规模空中力量压制美军了。

当日军航母闯入美军的完整防线时，放空火炮和防御战机屠杀了大量袭击者，因而这次战斗被称为"马里亚纳射火鸡大赛"。更糟的是，"大凤"（Taiho）号航母被美军"青花鱼"（Albacore）号潜艇击沉，3个小时后，美军"黑尾鲹"（Cavella）号潜艇击沉了"翔鹤"号航母。

机动舰队
返回冲绳

菲 律 宾 海

6月21日20:30：
58特混舰队放弃追赶，
返回塞班岛

18:30：
"飞鹰"号航母
和2艘油轮沉没

16:25：
空袭开始

菲律宾海之战2
1944年6月20日—21日

日军动向

日军搜索计划

美军动向

美军搜索计划

战机

沉船

机场

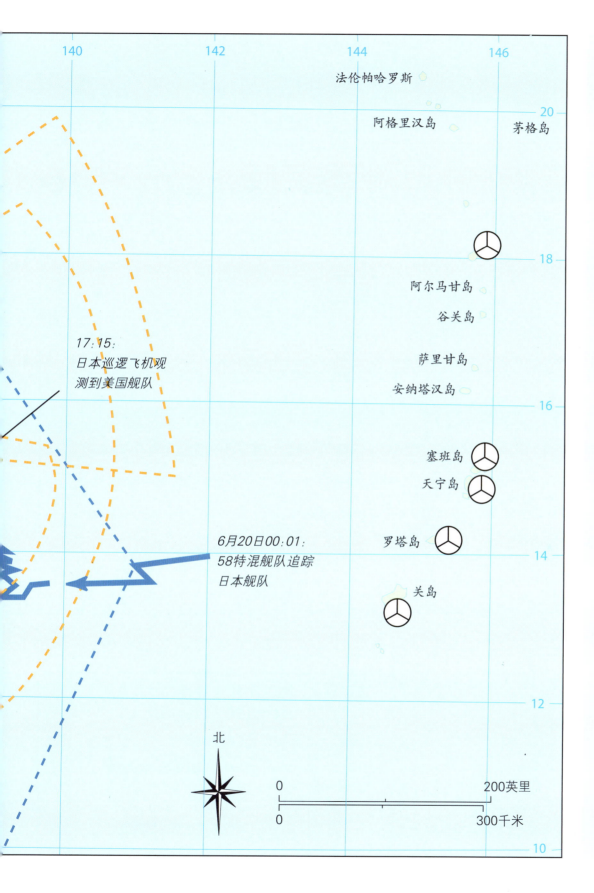

140   142   144   146

法伦帕哈罗斯

阿格里汉岛

茅格岛

20

18

阿尔马甘岛

谷关岛

萨里甘岛

安纳塔汉岛

16

17:15:
日本巡逻飞机观
测到美国舰队

塞班岛

天宁岛

6月20日00:01:
58特混舰队追踪
日本舰队

罗塔岛

14

关岛

12

北

0   200英里

0   300千米

10

逃跑

　　第二天，两支舰队以接近平行的航线航行大半天；当美军终于意识到这一点后，他们在傍晚发动了进攻。美军战机击沉了"飞鹰"号航母和2艘油轮，并重创了多艘日军油船。

　　幸存的美国飞机在黑暗中返回航母时几乎耗尽了燃油。米切尔不顾潜艇威胁，下令舰船打开灯光，让100多架飞机安全降落，另外80架飞机在接近舰队时落海，但大部分人员都被救上了船。

巴里巴泽 •

高普巴泽

第26印度师

81
西非
军队

高普关隘

XXX
XV
克里斯蒂森

北

2月8日

久延部队

尼拉 •

12月28日

纳冈羊 •

唐恩巴泽

巴登那 •

2月5日—8日

卡松 •

棚桥部队

代
格
纳
夫
半
岛

纳
夫
河

芒诺玛 •

新奥彬 •

2月6日—7日

第7印度师

"行政方块"

布迪当 •

第5印度师

X
樱井部队

代格纳夫 •

拉扎比 •

55

第二次若开战役
1943年12月—1944年4月

1月9日
孟都

英军动向

1943年12月的英军前线

日军动向

1943年12月的日军前线

0   2千米

0   2英里

剩余的航母参加此次反登陆战，打退美军的进攻。

在自认为处于美军舰载机攻击范围之外的情况下，日本人决定派遣大量舰载机进驻关岛，其目的是攻击参战的美国航母。日本人的设想很不错，只是该设想的前提并不成立：战斗正式打响之后的第二天，美军第58特混舰队机动进入战位，该舰队起飞的舰载机横扫马里亚纳岛诸岛的日军机场，日军布置在关岛基地里的舰载机也损失殆尽。日本人对掩护登陆部队的美军航母几乎不构成任何有效威胁。

日本派出了9艘（6艘轻型、3艘舰队）航母、5艘战列舰、12艘巡洋舰、27艘驱逐舰及24艘潜艇的庞大兵力参加此次战斗，但参加此役的美军第58特混舰队更是拥有15艘（8艘轻型、7艘舰队）航母、7艘战列舰、21艘巡洋舰、62艘驱逐舰及25艘潜艇。两相比较，日方还是明显处于下风。

6月19日，日军主力发动针对美国航母的第一次攻击，日方69架舰载机中有42架被美军防空火力及战斗机击落，而美国只有"南达科他"号航母受了轻伤。日军紧接着发动了第二次攻击，但数分钟之后就有一艘日本航母被美国潜艇发射的鱼雷击沉，110架舰载机被美军战机打得落花流水——其中79架遭击落。发起第三次攻击的47架日军

若开

第二次若开战役由英军第15军的第5印度师和第7印度师对若开山发起进攻。他们最开始取得了胜利，但被花谷（Hanaya）的日军第55师团分割在新泽雅附近的"行政方块"（Admin Box）处。这两个师被围困到2月25日，期间一直依靠空投的补给维持。随后日军撤退，这两个师开始追击。

◀ 道格拉斯SBD"无畏"舰载俯冲轰炸机在攻击特鲁克环状珊瑚岛的帕拉姆岛。可以看到炸弹落到建筑上引发的浓烟。日本在特鲁克建造了重要基地，美军对加罗林群岛进行了多次轰炸，但一直没有将打击的重点放到特鲁克环礁，该岛的守军直到战争结束后的1945年9月才投降。

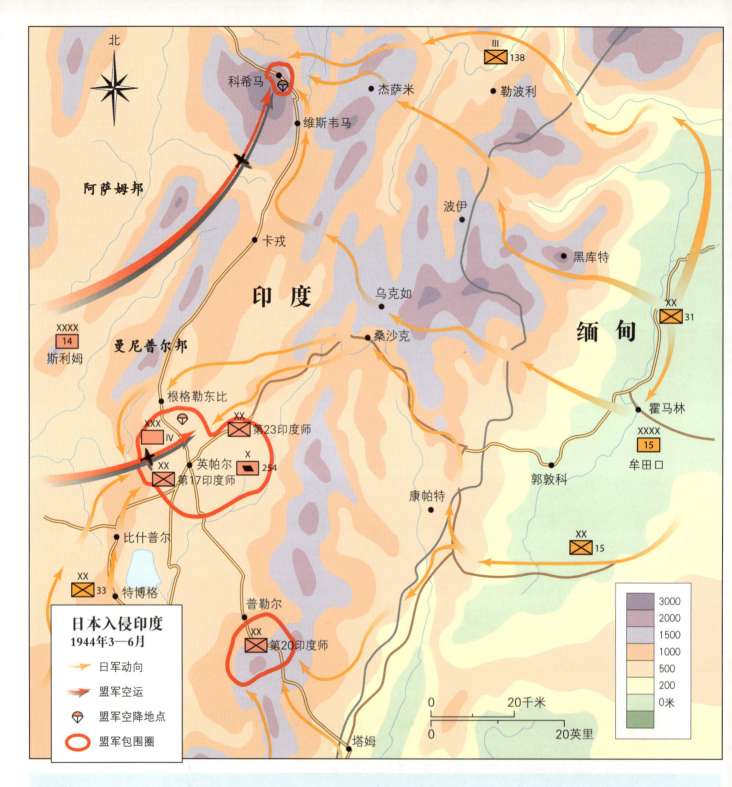

北

科希马

维斯韦马

阿萨姆邦

卡戎

印 度

乌克如

桑沙克

III 138

杰萨米

勒波利

波伊

黑库特

缅 甸

XX 31

霍马林

XXXX 14
斯利姆

曼尼普尔邦

根格勒东比

第23印度师

英帕尔

X 254

XX
第17印度师

比什普尔

XX 33 特博格

普勒尔

XX 第20印度师

康帕特

XX 15

XXXX 15
牟田口

郭敦科

塔姆

日本入侵印度
1944年3—6月

日军动向

盟军空运

盟军空降地点

盟军包围圈

3000
2000
1500
1000
500
200
0米

0   20千米

0   20英里

印度

　　第二次若开战役以日军进攻缅印边境上的两座城镇——科希马和英帕尔拉开帷幕。此役中英军的顽强抵抗加上稳定的援军，使得日军进攻数个月后依旧久攻不下。

　　最终，日军第15军在损失3万人后撤离。这次进攻未能按照设想那样引发印度国内的反英浪潮，反而削弱了缅甸的防御。

舰载机成功突破了第58特混舰队的外层防御，但最终极少命中。在最后一次攻击中，日方的82架舰载机中途迷路了，而找到了攻击目标（但自身防护能力微弱）的33架日军轰炸机则惨遭痛击。

当天12点22分，日本的"翔鹤"号航母被一艘美国潜艇发射的鱼雷击中后爆炸并沉没。收到了"（日方）岸基战斗机已沉重打击美军"的报告后，日军指挥官小泽治三郎海军中将决定：鸣金收兵，来日再战。他犯了一个致命的错误。第二日下午，美军发现了日军舰队的位置，斯普鲁恩斯将军冒着舰载机飞行员不得不在夜间返航着舰的风险用200架舰载机发动攻击。在这次攻击中，美军舰载机获得了压倒性胜利：日方航母1艘沉没，另外3艘重伤，其他舰船也大量沉没或受伤。得胜的美军舰载机摸黑返航并着舰，米切尔命令所有舰船用灯光尽量照亮夜空，为飞行员导航。最终，116架舰载机安全着舰，另外80架返航的舰载机在航母附近坠海——大多数飞行员都成功获救了。

菲律宾海海战成了日本舰载航空兵的末日，美军成功登陆马里亚纳群岛。不久之后，美军开始出动大量轰炸机从马里亚纳群岛出发轰炸日本本土。

第二次若开攻势

1943年，由于第一次若开攻势的失败，驻缅甸盟军的指挥架构发生变化。阿奇博尔德·韦维尔将军转任印度总督，其东南亚战区英军最高指挥官的职务由克劳德·奥金莱克接任，并归入蒙巴顿任最高司令的盟军东南亚战区司令部的指挥序列。这种指挥架构上的变化和重组着眼于准备即将开始的新的军事行动。

东南亚战区盟军地面部队被整合为第11集团军群，其主力为威廉·斯利姆担任司令的英军第14集团军，斯利姆指定其所辖第15军——菲利普·克里斯蒂森中将任指挥官——负责第二次若开攻势，重启对缅甸日军的进攻。驻缅甸盟军1944年的战役目标是重新占领缅甸北部，重新打通滇缅公路，恢复美英向中国提供战略物资的交通线。盟军在科希马的一个大型后勤基地正在建

▼ 日军携带着火炮穿越缅甸丛林赶往科希马和英帕尔。这次进攻印度是为了煽动印度的民族主义者反抗英国，迫使英国把大部分军队用于镇压内乱，而日本就能有喘息的机会，以便集中精力对付太平洋上的美军。然而英军守住了科希马和英帕尔。

盟军夺回缅甸
1944年12月—1945年2月

→ 盟军进军和日期
→ 日军反攻

印 度

缅 甸

科希马

塔曼提

密支那

莫瓜格

11集团军群
莱斯

霍马林

八莫

西尔恰尔

英帕尔

146页地图区域

19

12月15日

英多

哈达

36

锡当

平勒布

艾藻尔

莫莱

19 印军

XXXX
14
斯利姆

33
斯托普福德

卡里瓦

2

19 印军

耶乌

德贝金

7 印军

20

瑞波

西保

28 东非军队

甘高

1月5日

4
梅瑟维

1月14日

明木

曼德勒

眉苗

1月10日

提林

7

阿瓦

33
本田

孟拱

33
斯托普福德

波克

木各具

皎克西

15
北村

帕列瓦

1月26日

2月21日

敏建

82

81

28 东非军队

色漂

良乌

东枝

芒当

28
樱井

帕甘

密铁拉

3月4日

12月23日

4月25日

央米丁

阿恰布

岷布

东敦枝

19 印军

北

1月21日

71 印军

阿兰谬

20 印军

彬马那

罗衣考

莱韦

缅甸方面军
木村

卑谬

东吁

2月9日

设之中，印度境内的交通线由此得到改进，这也是预定于1944年1月初开始的第二次若开攻势的预备。驻印英军第15军下属的第5师及第7师进入若干地区，分别进入玛育山脉两侧，各以孟都和布迪当为目标。与此同时，日军也决计发动一次以印度为目标的反攻。为削弱当地英军的防御，日军认为必须首先吸引尽量多的英军进入若开地区，并于1944年2月开始了这一行动。

2月4日，日军成功包抄英印军第5师，接着开始进攻英印军第15军的驻防区辛泽维。由于英国皇家空军和美国陆军航空队（USAAF）的空中补给，驻印英军及印度军队守住了阵地，直到第26印度师和第36英军师赶来解围；眼见无望拿下辛泽维，围攻的日军选择了撤退。日军转而集中兵力攻击英帕尔。当此之时，第5印度师已经占领了拉扎比尔，第7印度师则占领了布迪当。此后，这两个师于3月22日赶到英帕尔，增援这里的盟军——接替的是第26印度师和第36英军师，他们继续向前，拿下了孟都和551号阵地。第二次若开战役顺利结束，基本都达到了预定目标。

缅甸的盟军攻势

日本人对科希马和英帕尔的进攻遭到挫败，英军开始设法发起反攻。英帕尔的围困甫一解除，威廉·斯利姆将军就开始重新排兵布将：第4军及第50伞兵旅转入后方短暂休整，第33军追击日本第33师团；与此同时，第36英军师向前推进到距离曼德勒不到100英里的地点。为了从日本人手里拿下整个缅甸——代号为"扩展的大写"行动（Operation Extended Capital），斯利姆将军还派第19印度师渡过伊洛瓦底江，往曼德勒方向前出，另派第4军穿过甘高谷，拿下位于曼德勒以南80英里的交通枢纽密铁拉。

为保障从英帕尔到各个前出部队之前的补给线，第15军受命夺取了一些机场，以供英国皇家空军运输机起降。第15军第25师所辖第71突击旅对弥蓬发动两栖攻击，该支部队首先占领兰里岛顶峰，建立起一个桥头堡阵地，第25师其余部队随后跟进，将日本人驱逐出该岛，英国皇家空军获得了一条为附近盟军转运补给的跑道。此后，第15军所辖的另外3个突击旅同时对阿恰布岛发动类似的两栖攻击。

塞班岛、关岛和天宁岛

1944年年初，美军开始寻求建立几个借以能够实现一些高价值目标的基地。这些基地须满足以下条件：截断日本人的海上和空中航线，压制特鲁克岛上的日

新攻势

日本进攻英帕尔失败后，盟军就有机会将日军赶出缅甸了。英-印联军第1集团军指挥官威廉·斯利姆爵士重组了部队后，准备侵入缅甸，一劳永逸地击败日军。

斯利姆的计划中最重要的部分是攻击密铁拉和曼德勒，目的是以钳形之势包围日本第15军和第33军，并从南方切断仰光的补给线。日本计划撤退到伊洛瓦底江，对任何企图过河的部队发起坚决反攻，利用他们的后勤优势来击退盟军。

斯利姆命令第19印度师和第33军直接从曼德勒附近穿过去，不过日军预料到了此举。同时，他虚设了一个第4军的指挥部，每天照常发电报，来迷惑日军，暗地里却派遣第7师和第17师朝南穿越曼德勒下游的伊洛瓦底江，切断日本南撤的线路。

北方的进军遭遇顽强阻击，第19印度师从1月14日起开始据守桥头堡，第33军从2月12日起也开始据守。不过，南方的第7师和第17师则没有遭遇任何抵抗。

北

	400
	300
	200
	100
	0米

0　　　　　　　3千米

0　　　　　　　3英里

7月7日：27步
兵师被解围，重
归后备部队

麻僻岬　　　7月9日

麻僻山

麻僻

马坤沙

塔腊潘

佩同苏卡拉山

阿楚根山

6月15日：
后备部队佯攻

穆托岬

7月4日

塞　班　岛

6月30日

XX
第2陆战师
沃森

国会山

从马沙尔群岛出发的军队

XXX
两栖部队
H.史密斯

6月15日

XX
第2陆战师
沃森

蒂波山前哨

塔伯特哈山

紫心山脊

XX
第4陆战师
施密特

XX
27
R.史密斯

欧勒艾

XX
27
R.史密斯

思书浦

丘克安克亚

6月22日

卡曼半岛

6月17日

XX
第4陆战师
施密特

6月15日

圣维森特

卡诺亚查兰

巫师湾

阿斯利托

6月15日

6月18日

6月21日

6月27日

优士岬

天宁岛

134

纳夫坦岬

登陆塞班岛
1944年6月15日—7月9日

→ 美军动向

── 美军前线

── 6月27日的日军位置

→ 7月6日，日军最后一次反攻

✈ 机场

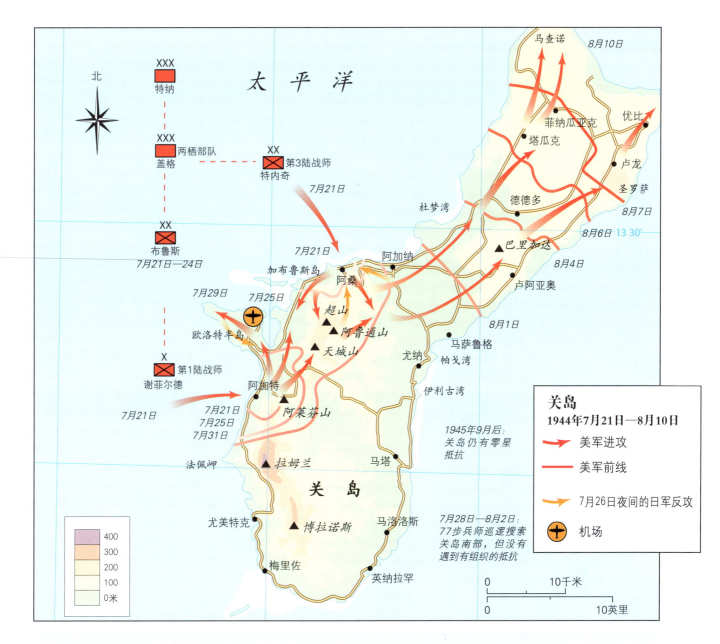

北

太 平 洋

马查诺　　8月10日

XXX
特纳

两栖部队
盖格

XX
第3陆战师
特内奇
7月21日

菲纳瓜亚克　　优比

塔瓜克

XX
布鲁斯
7月21日—24日

卢龙

圣罗萨

8月7日

7月21日

德德多

8月6日 13 30'

杜梦湾

加布鲁斯岛

阿加纳

7月21日

巴里加达

8月4日

7月29日　7月25日

阿桑

超山

卢阿亚奥

欧洛特半岛

阿鲁通山

8月1日

天城山

马萨鲁格

X
第1陆战师
谢菲尔德

阿加特

尤纳

帕戈湾

7月21日
7月25日
7月31日

阿莱芬山

伊利古湾

7月21日

1945年9月后：
关岛仍有零星
抵抗

法佩岬

拉姆兰

马塔

关 岛

博拉诺斯

马洛洛斯

7月28日—8月2日：
77步兵师巡逻搜索
关岛南部，但没有
遇到有组织的抵抗

尤美特克

	400
	300
	200
	100
	0米

梅里佐

英纳拉罕

关岛
1944年7月21日—8月10日

→ 美军进攻
── 美军前线
→ 7月26日夜间的日军反攻
✈ 机场

0　　　　10千米
0　　　　10英里

马里亚纳群岛

　　马里亚纳群岛让美军获得了很多战略优势，不仅仅是获得了远程轰炸日本的绝佳基地。参谋长联席会议很快就决定，要夺取该群岛，先夺取塞班岛，并准备在1944年6月11日先对塞班岛、天宁岛、关岛、罗塔岛发起猛烈的空中和海上轰炸。部队在6月15日登岸，尽管遇到抵抗，但在这一天最后还是稳固了滩头阵地。7月9日，该岛被盟军占领。

　　由于日军舰队的出现，人们的注意力不再放在几座岛上。这迫使美国海军离开该岛，以便参加菲律宾海之战。战斗结束后，美军舰队又赶回来助战。但由于舰队的离场，进攻关岛的时间被推迟了。7月21日，进攻关岛的战斗开始，日军进行了相当顽强的抵抗，但美军还是不到10天就占领了该岛。

　　最后，天宁岛的战斗在7月24日打响，这次战斗或许是三次行动中最成功的一次。和进攻塞班岛、关岛相比，这次的美军伤亡要低得多，不到4天就占领了岛屿的大部分土地。8月1日，盟军夺取了该岛。

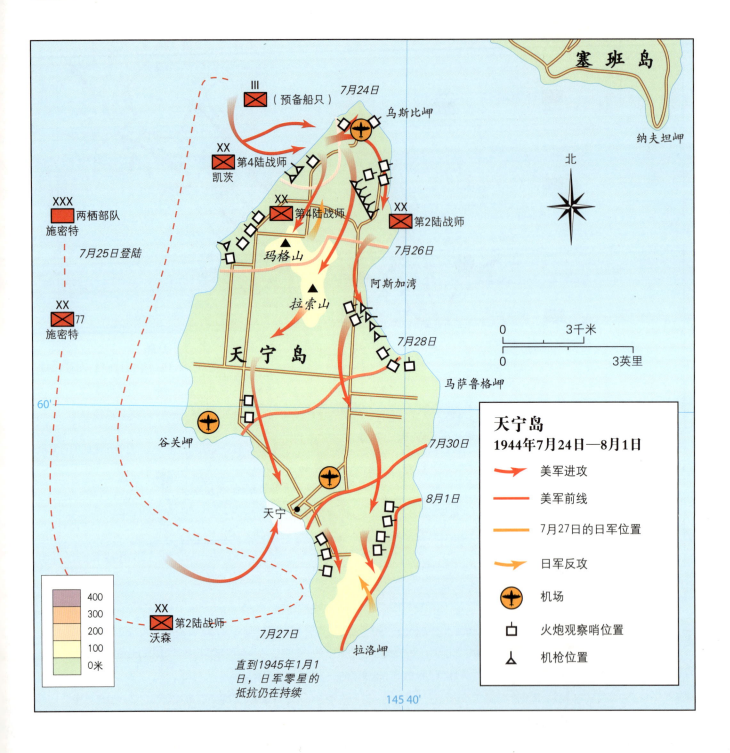

塞班岛

纳夫坦岬

III （预备船只）　7月24日

乌斯比岬

北

XX 第4陆战师
凯茨

XXX 两栖部队
施密特
7月25日登陆

XX 第4陆战师

玛格山

XX 第2陆战师
7月26日

XX 77
施密特

阿斯加湾

拉索山

天宁岛

7月28日

马萨鲁格岬

60'

谷关岬

7月30日

8月1日

天宁

400
300
200
100
0米

XX 第2陆战师
沃森
7月27日

拉洛岬

直到1945年1月1
日，日军零星的
抵抗仍在持续

145 40'

天宁岛
1944年7月24日—8月1日

→ 美军进攻

— 美军前线

— 7月27日的日军位置

⇝ 日军反攻

✈ 机场

⬜ 火炮观察哨位置

⋏ 机枪位置

0　　　3千米
0　　　3英里

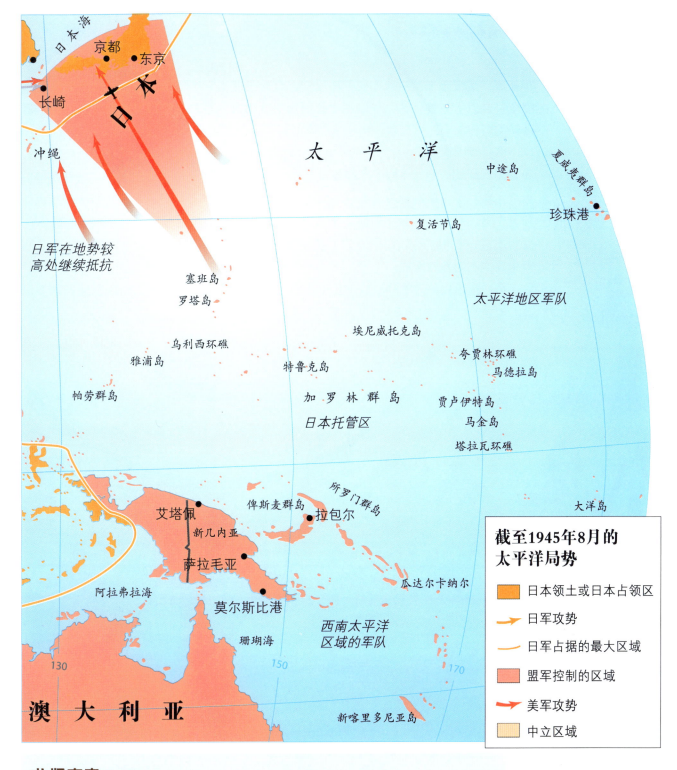

日本海

京都　东京

长崎

日本

冲绳

太　平　洋

中途岛

夏威夷群岛

珍珠港

复活节岛

日军在地势较
高处继续抵抗

塞班岛

罗塔岛

太平洋地区军队

埃尼威托克岛

乌利西环礁

夸贾林环礁

雅浦岛

特鲁克岛

马德拉岛

帕劳群岛

加　罗　林　群　岛

贾卢伊特岛

日本托管区

马金岛

塔拉瓦环礁

新几内亚

俾斯麦群岛

所罗门群岛

大洋岛

艾塔佩

拉包尔

萨拉毛亚

瓜达尔卡纳尔

阿拉弗拉海

莫尔斯比港

西南太平洋
区域的军队

珊瑚海

130

150

170

澳　大　利　亚

新喀里多尼亚岛

截至1945年8月的
太平洋局势

🟧	日本领土或日本占领区
→	日军攻势
—	日军占据的最大区域
🟥	盟军控制的区域
→	美军攻势
🟨	中立区域

收紧套索

　　1945年，日本的局面越来越困难。它没能激起印度人民的起义，美军又控制了海洋和天空。

更糟的是，在这一年的第一个月，日本就失去了菲律宾和缅甸，盟军已经完全掌握了主动。

▼ 1945年1月3日，英国突击队在阿恰布岛登陆，这是"猛禽之爪"行动（Operation Talon）的一部分，是为了在缅甸海岸为皇家空军建立一座新的空军基地，以便为深入内陆的斯利姆第14集团军提供补给。在3月以后第17师被围困在密铁拉的时候，以及斯利姆部队快速进军仰光的过程中，空中补给线的扩展对盟军的物资补给和维持推进速度都是非常重要的。

军基地，支援未来的对菲律宾群岛反攻，直接发起对日本本土的轰炸。马里亚纳群岛完全符合以上条件，参谋长联席会议因而决定批准一举攻占南马里亚纳群岛——塞班岛、关岛和天宁岛的行动，代号为"征粮者"。

离总攻发起还有4天，马克·米切尔的第58特混舰队开始了对马里亚纳群岛的炮击和轰炸。从航母上起飞的美军舰载机至少炸毁了日军150架战机，揭开了"马里亚纳射火鸡大赛"（美国人对马里亚纳海战的谑称）的序幕。6月13日，美军开始炮击塞班岛和天宁岛，日本人的众多岸防工事遭摧毁，但执行滩头侦察任务的美军水下爆破队注意到还有一些构筑巧妙而坚固的工事存留下来。美军知道，即将开始的登陆行动必将遭受日本人的激烈抵抗。

第一批出发的海军陆战队士兵于1944年6月15日凌晨上岸，当天傍晚，他们顶着日

本人的猛烈反击建起了两个滩头阵地，提供掩护的美国海军用舰炮打退了一次日方反攻。为维持攻势，美军第27步兵师也上岸投入战斗。日军抵抗非常顽强，但一星期之后，美军还是占领了南部塞班岛的绝大部分地区；又经过3天苦战，美军终于占领了该岛几乎所有重要目标。至此，日军仍然没有放弃抵抗，美军另外花了3个星期的时间才完全拿下该岛。

　　第二波登陆行动发生在关岛。按照预定计划，塞班岛一旦拿下，关岛登陆紧随其后。但既已开始的菲律宾海战转移了美国海军的目标，而美军第27步兵师全员投入塞班岛也意味着关岛登陆没有了预备队——关岛登陆必须推迟到7月21日。和塞班岛的情形一样，日军顽强抵抗，但节节后退。7月25日晚至26日凌晨，美军挫败了日军的一次重大反攻，并于当月底控制该岛绝大部分地区。时至8月10日以后，日军已无力发起有组织的抵抗了，但关岛上的最后一名日本守军直到1960年才投降（而在投降之前他一直都不知道战争已经结束）。

　　天宁岛是最后一个目标，美国海军陆战队于1944年7月24日开始登陆。行动非常成功。截至当天傍晚，已有15000名美军士兵上岸，登陆过程中仅阵亡15人。完全拿下该岛，美军只用了9天时间，阵亡394人，日本守军则伤亡9000人。塞班岛、关岛及天宁岛既已拿下，下一步美军便可以直取日本本土。

1944年年末至1945年春的太平洋局势

　　到了1944年年末，太平洋战场上的盟军已经可以"横行无忌"了。尽管日本帝国依然在太平洋上占据着广大的地理区域，但已经开始稳步缩减。盟军潜艇及战机有效地封锁、阻断了分散在太平洋各个角落的日军占领区之间的交通。

　　1944年9月至1945年1月之间，盟军最大的战果是经过苦战之后，攻克了菲律宾群岛。麦克阿瑟将军兑现了"我会回来"的承诺，紧接着将注意力转向了针对日本本土的最后一战。

　　在南亚地区，英国及印度军队打退了日军侵入印度的进攻，并挫败了日军对英帕

▲ 一名神风特攻队员向美军战列舰发动撞击。美军入侵菲律宾的时候，日本开始使用神风战术，美军最开始毫不知情，遭遇了重大损失。日军第一次神风攻击就击沉了"圣洛"号航母，并损坏了其他4艘。但到了入侵冲绳的时候，美军就已经学会如何把神风攻击带来的损失降到最低。

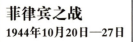

菲律宾之战
1944年10月20日—27日

➜ 日军进攻和日期
✈ 日军空袭
⊕ 日军机场
➜ 美军进攻和日期
✈ 美军空袭
✈ 沉船

① 10月20日：美国第6集团军在克鲁格将军的带领下攻克莱特岛东岸的滩头战地

② 10月23日：美国潜艇损坏1艘、击沉2艘日军航母。1艘美国潜艇在搁浅后沉没

③ 10月24日：日本南方军进入苏里高海峡，迎击一支美国海军分遣队

④ 10月24日：南方军未能进入苏里高海峡就撤退

⑤ 10月24日：美军"普林斯顿"号被日军海岸基地的飞机击沉

⑥ 10月25日：栗田怀疑有陷阱，撤退到圣贝纳迪诺海峡

⑦ 10月25日：恩加尼奥角之战，北方舰队出击

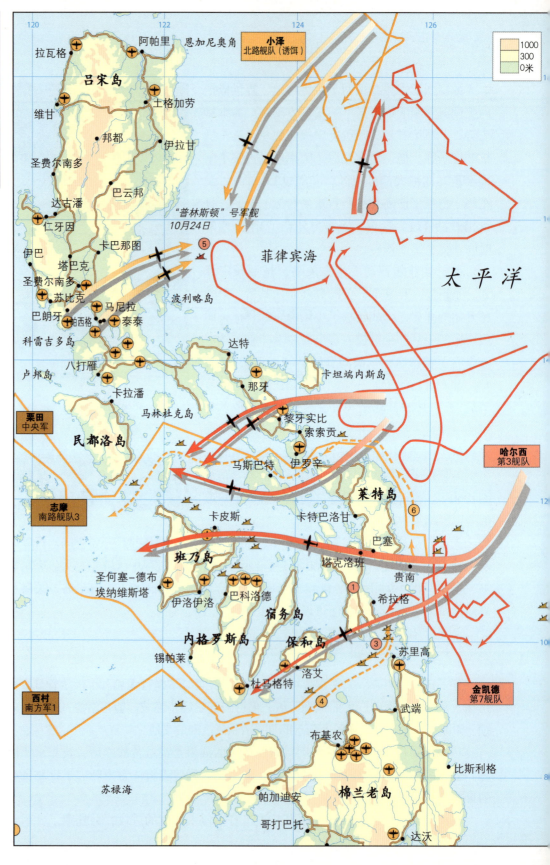

尔和科希马的围攻。经过一段时间的重新部署之后，英国人已经横扫整个缅甸，截至1945年春末，除一些各自孤绝的小股部队之外，缅甸境内的日军已被完全消灭。英印部队的下一个目标即是从日本人手中夺回曼德勒和新加坡，该行动计划于夏秋之交发起。荷属东印度群岛面积广大，在某种意义上也应夺取，但这些岛屿上的日军对澳大利亚或者任何其他盟军占领区都不构成即时威胁，依据"越岛作战"原则，这些岛屿暂被搁置不顾。

最后，攻击目标指向了日本本土。下一阶段的行动是占领毗邻日本本土的某些岛屿，为进攻日本本土做准备。具体的日本本土登陆计划也在制订之中，但眼见着日本人必然寸土必争，盟军开始担心该行动可能给双方带来的巨大伤亡。这是盟军决定——不派地面部队侵入日本本土——将来使用原子弹逼迫日本人投降的主要原因之一。1945年的夏天来了，击败日本指日可待，人们开始盘算的是：最后的胜利到来之前，还要牺牲多少人，还会牺牲谁？

重返菲律宾

事后看来，解放菲律宾的战斗极富争议。美国海军的领导人认为驱除菲律宾群岛上的日本人意义很小，因为他们对盟军的推进几无威胁。美国海军打算搁置菲律宾群岛，转而进攻中国台湾。一直惦记着"我会回来"的麦克阿瑟将军则强烈要求首先进攻菲律宾群岛。

但美国海军得出结论：倘若首先进攻菲律宾，日本必将以其剩余的海军兵力发动孤注一掷的反击。侵入菲律宾的行动被延迟到1944年11月。但是，有美国海军第38特混舰队（由于舰队司令的轮换，第58特混舰队的番号改为第38特混舰队）针对棉兰老岛的一次突袭只遭到了微弱的抵抗，登陆菲律宾的日期因此得以提前。盟军为此集结了一支大规模的舰队，还在向菲律宾群岛靠近的过程中，美国太平洋舰队第3舰队所辖第38特混舰队对日本冲绳至菲律宾海之间的日军目标发动了多次攻击，并在10月12日的一次大规模空战中沉重打击了日本第6航空舰队。

10月17日，美军派出一支小规模舰队进入莱特湾并炮轰苏卢安岛。驻守此处的日本军队提前发出警告，栗田健男的第1游击舰队、小泽治三郎的机动舰队幸存舰只以及西村祥治的第2游击舰队受命阻击——但莱特湾登陆战（于1944年10月20日）开始时，他们还在前来的路上。美军的登陆行动非常成功，以损失49人的代价夺取了莱特湾的大部分区域——但日本人的抵抗很快变得顽强起来了。

在路上损失了一些舰只之后，日本海军第1突击舰队于10月24日抵达圣贝

菲律宾

为应对美军舰队，日本派出3支海军部队，栗田和西村舰队将进入莱特湾发起特攻，小泽的部队则作为诱饵，吸引哈尔西的第3舰队脱离登陆舰队。这个计划成功了，哈尔西动身前去迎战小泽，防御莱特湾的部队只剩战力较弱的美军第7舰队。

日军在苏里高海峡上损失惨重，失去了"扶桑"号战列舰和"山城"号战列舰，西村随"山城"号战列舰沉入海底。美军仅有一艘"普林斯顿"号（Princeton）航母损失，它是被炸沉的。

栗田的部队意外在萨马岛海域开始攻击美军的护航航母编队。在美军航母向南逃离时，日军巡洋舰对其发动了追击，不过美军的空袭让栗田只能撤退，错过了这一次大好时机。日军的第一次神风自杀式袭击击沉了美军"圣洛"号航母。

最后阶段的战斗发生在恩加诺角。哈尔西的第3舰队攻击小泽的部队，通过空袭击沉了4艘航母。哈尔西在意识到第7舰队遭遇危险后，急忙赶回萨马岛迎战栗田的部队，但日军已经溜之大吉。不过，美国海军最终还是控制住了菲律宾周围的海域。

解放菲律宾
1945年1—8月

日军前线
—— 3月15日
—— 3月15日—7月1日
—— 7月1日—8月15日
—— 8月15日之后
盟军动向
→ 1月9日—2月5日
→ 2月5日—6月26日

北

1000
300
0米

恩加尼奥角

拉瓦格
阿帕里
6月23日
贡札格
维甘
6月26日
XX
菲律宾游击部队对
日军阵地发起攻击
6月25日

吕宋岛
邦都
7月10日
伊拉甘
金根

XXXX 6
克鲁格
卢马
7月20日
格里斯尔德
XIV
3月20日
斯威夫特
XXX
圣费尔南多
巴加巴格
6月10日
XX 37

达古潘
1月9日
2月4日
仁牙因
1月31日
圣何塞
1月31日

菲律宾海
太平洋

卡巴那图
打拉
XXX 肯博
XX 1
克拉克基地
伊巴
2月5日
圣安东尼奥
XX 37
5月25日
奥隆阿波
圣弗朗西斯科
波利略岛
XXX XI
哈尔
2月5日
巴朗牙
马尼拉
泰泰
XXX 神部
2月15日
2月3日
帕西格
科雷吉多尔
XXXX 8
圣克鲁兹
艾克尔伯格
2月16日
达雅台
3月7日
茅堡
XX 11
纳苏格布
1月31日
安迪莫纳
达特
卡坦端内斯岛
4月28日
巴拉央
卢塞纳
4月11日
纳加
八打雁
3月29日
5月2日
3月7日
XIV
伊里加
卡拉潘
博克
黎牙实比
卢邦岛
马林杜克岛
索索贡
民都洛岛
4月1日
古巴特
锡布延海
布兰
塔布拉斯岛
锡布延岛
马斯巴特

纳迪诺海峡，开始与美军接战。美国海军第3舰队所辖第38特混舰队发动的一系列空中打击使日方"武藏"号战列舰遭到重创，这支日本舰队的行进速度因此放缓。美军随后发动的进一步攻击更加致命，"武藏"号战列舰最终于当天下午沉没。小泽治三郎的机动舰队于当日下午抵达吕宋岛海域，试图将掩护登陆部队的美国海军第3舰队——将除了一部分护航航空母舰之外的第38特混舰队主力全部引开。西村祥治的第2突击舰队此时已经抵达苏里高海峡，但遭到美军太平洋舰队第7舰队所辖驱逐舰舰队的痛击，1艘战列舰和3艘驱逐舰沉没，"山城"号战列舰也遭重创。第7舰队的战列舰和巡洋舰随后加入战斗，"山城"号战列舰沉没。当此之时，栗田健男的舰队已经从圣贝纳迪诺海峡中脱身，并对自身防护能力薄弱的美国海军第38特混舰队所辖护卫航空母舰发动突袭，后者损失惨重；美国人最终还是占了上风，栗田健男的第1突击舰队见势撤走。

当护航航母舰队面对栗田健男的突袭难以招架之时，第38特混舰队所辖其余舰只正在向北追歼小泽治三郎的机动舰队。（依据本书此处叙述，在莱特湾海战中，美军护航航母编队由第38特混舰队指挥；实际上该舰队隶属于第7舰队。——译者注）面对美军的空中攻击，小泽治三郎的机动舰队毫无还手之力，沉没3艘航空母舰和1艘驱逐舰。威廉·哈尔西此时回过神来：护航航母有危险！他率领舰队主力掉头赶往萨马海，其余舰只继续追击日本人的机动舰队——再击沉1艘航空母舰、2艘驱逐舰以及1艘轻型巡洋舰。莱特湾海战是人类历史上最大规模的一次海战，美国海军此次获胜具有决定性的意义。

麦克阿瑟的胜利

正当莱特湾海战如火如荼之时，（1944年10月20日）盟军侵入菲律宾群岛的战斗也在不远处的莱特岛开始了。取得初步胜利之后，由于日军第35师团的顽强抵抗，美军的攻势慢了下来，进攻吕宋岛的战斗不得不向后推迟到1945年1月9日。沃尔特·克鲁格将军指挥的美第6集团军在莱特岛西侧登陆了一个师的部队之后，岛上的日军防线被拦腰斩断，僵局由此打破。美第6集团军的部队上岸之后，日本人的抵抗陷入混乱，最终溃败了。莱特岛于1944年12月中期被美军控制，但一小股日军继续抵抗了一段时间。

对吕宋岛的攻击终于开始了。耶西·B.奥尔登多夫将军麾下的一支海军部队受命提前一周前去轰炸该岛，遭到猛烈的"神风"式自杀性攻击，损失1艘护卫航空母舰和3艘扫雷舰。美军随即对起飞"神风"式自杀攻击机的日军机场发动多次空中打击，最终将日军战机完全赶出菲律宾群岛。

1945年1月9日当天的吕宋岛登陆行动所遇抵抗微弱，登陆部队头一天就建立

夺回

1944年10月20日登陆后，美军成功占领了莱特湾，2天后麦克阿瑟回到这里——和登陆部队一起上岸，后来又攻占了民都洛岛作为进攻的空军基地。然后美军转向了吕宋岛这个菲律宾的主岛。

1945年1月9日，第一批美军在林加延登陆，仅遭遇很少抵抗，并迅速深入内陆。月末，美军在马尼拉南北两方登陆，攻占了巴丹半岛，隔绝了菲律宾首都。首都的抵抗很凶猛，经过了一个月的激战后，等美军在3月4日占领该城后，城市已被严重损毁。

同时，美军在空袭之后，在2月16日进行两栖登陆，占领了科雷吉多尔岛。日军几乎战斗到最后一人，仅有19人被俘虏。

马尼拉被攻克后，日军离开岛屿，退到那些无法进入的领域进行防守，指挥官山下奉文率领数量众多的部队抵抗美军，直到日本于1945年8月15日投降。

美国第8集团军攻占了菲律宾其余的岛屿，在此过程中进行了50次两栖登陆。

印度

第11集团军群

莱斯
西尔恰尔
英帕尔
霍马林
艾藻尔

缅甸

锡当
平勒布
英多
八莫
12月4日
哈达
12月15日
XX 19 印军
XXX 36
莫莱
卡里瓦
XXX 33 斯托普福德
XX 2
12月24日
德贝金
XX 19 印军
XX 19 印军
耶乌
瑞波
XX 20
1月5日
XX 7 印军
1月14日
明木 2月21日
曼德勒 眉苗
西保
甘高
1月10日
XXX 4 梅瑟维
阿瓦
XX 7印军
本田 33
提林
波克
木各具
皎克西
3月30日
XXXXX 15 北村
帕列瓦
XXX 33 斯托普福德
敏建
恩亚古
东枝
XX 82
XX 81
帕甘
芒当
12月23日
色漂
密铁拉 3月4日
XXXXX 28 樱井
4月25日
岷布
央米丁
1月4日
阿恰布
东敦枝
莱韦
彬马那
罗衣考
1月21日
X 71 印军
阿兰谬
XX 20 印军
东吁
4月22日
2月9日
洞鸽
卑谬
XXXXX 缅甸方面军 木村
5月2日
XX 印军 5
彪关
丹兑
XX 17 印军 瑞金
古亚
勃固
5月5日
勃生
仰光
直通
壁磅
5月2日：德古拉行动
马达班
5月1日：英军空降登陆
XX 26
马达班湾

孟加拉湾

4000
3000
2000
1000
500
0米

0 50千米
0 50英里

缅甸胜利

　　为了给盟军进攻提供良好的后勤支持，第15军沿着缅甸海岸前进，夺取机场给皇家空军的运输机使用。由于日军退回缅甸，盟军一系列两栖行动都没有遇到多少抵抗，合适的机场很快就准备好了。

　　1945年3月3日，盟军第17师出其不意地攻取了只有后方军队防守的密铁拉。日军迅速反应，发起了一系列进攻，重夺这个重要的通信枢纽，并切断了该师与第14集团军余部的联系。同时盟军第19师团经

盟军夺回缅甸
1944年12月—1945年5月5日

盟军进攻：

→ 1944年12月—1945年2月21日
⇢ 中国军队在1945年3月7日前的进攻
→ 美军在1945年3月7日前的进攻
→ 英军进攻：1945年2月21日—3月30日
→ 英军进攻：1945年3月31日—1945年5月5日
→ 1945年4月5日的前线
→ 日军反攻
⇢ 日军撤退

过激烈近战后夺取了曼德勒。

　　到3月末，日军意识到退路已被切断，转而朝仰光撤退。盟军希望在5月雨季到来前赶到仰光，因为坦克无法在泥泞中前进。

　　英国皇家海军的军舰在4月30日炮轰仰光。5月1日，盟军空降夺取了一座桥头堡，为5月2日第15军的两栖突击做准备，这次行动名为"德古拉"行动，又过了一天登陆部队进入缅甸首都（日军在5月1日秘密撤离）。尽管还有零星的抵抗，但缅甸的战斗已经基本结束。

起了一个纵深6437米、宽11265米的滩头阵地。但大量严阵以待的日本守军——其中有由日军第14方面军主力编成的"尚武集群"共15万兵力——还是迟滞了美军的推进。美第6集团军所辖第1军负责从侧翼打击、牵制守敌，美第6集团军所辖第14军则径直往南攻取马尼拉。

1月17日，美军进展依然缓慢，麦克阿瑟命令美军第14军派遣其第25师和第32师前去增援美军第1军清除（第14军推进路线上的）"振武集群"的战斗，第14军其余部队继续前进。由于此次增援，阻敌溃败了，第14军向前继续推进；1945年1月23日，第14军遭遇了日军"建武集群"，激战1周之后，才将其击退。

美军第11空降师此时也投入了针对马尼拉的进攻战。入城之后，美日双方军队之间展开了激烈的近战，由于平民事先被日军有意扣留在城内，巷战变得尤其残酷。时至1945年1月底，美军已控制吕宋岛大部，但岛上的日本守军兵力依然高达172000人——将其击败之后，吕宋岛的占领和重建工作才能开始。对日军残余的进攻于1945年3月6日开始，直到6月才结束，吕宋岛最终被美军完全控制。

反攻缅甸

1945年2月，斯利姆将军发动的对密铁拉和曼德勒攻势还在进行当中：英第15军

▼ 1945年5月，在冲绳的第1师的海军陆战队员等待进攻时看着炮弹在敌军的山脊线上爆炸。和硫黄岛一样，这里的战斗也非常激烈，尽管美军的伤亡比日军少，但日本战斗至最后一人，所以美军付出的代价不小。盟军担心，尽管拥有火力支持和装备的优势，可以战胜日本，但对日本本土发动攻击将导致大批盟军士兵阵亡。

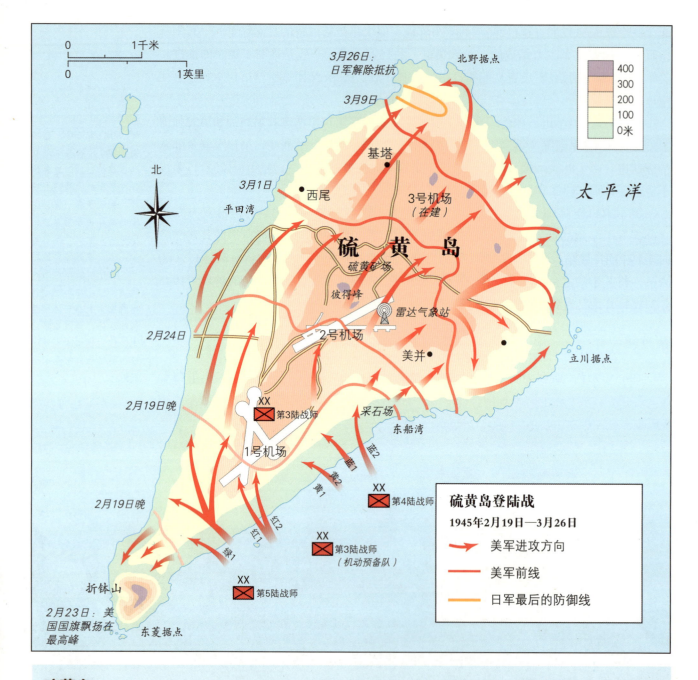

图中文字标注:

0　1千米
0　1英里

3月26日:
日军解除抵抗

北野据点

3月9日

基塔

太平洋

3月1日

西尾

平田湾

北

3号机场
(在建)

硫 黄 岛

硫黄矿场

彼得峰

雷达气象站

2号机场

2月24日

立川据点

美并

2月19日晚

XX
第3陆战师

采石场

东船湾

1号机场

据2

据1

据2

据1

XX
第4陆战师

2月19日晚

红2

红1

黄1

折钵山

XX
第3陆战师
(机动预备队)

2月23日: 美
国国旗飘扬在
最高峰

XX
第5陆战师

东菱据点

海拔图例:
400
300
200
100
0米

硫黄岛登陆战
1945年2月19日—3月26日
➤ 美军进攻方向
— 美军前线
— 日军最后的防御线

硫黄岛

　　硫黄岛的面积不足25.9平方千米,但有两座机场,可以为盟军轰炸日本提供有力支持。日军在岛上构筑了防御工事,因而当海军陆战队在1945年2月19日猛攻岛屿时,遭遇了顽强的抵抗,尽管此前曾经受了75天的海空轰炸。海军陆战队激战了36天才占领了该岛——登陆4天后,美军拍摄了那幅美国国旗被插在折钵山顶的著名照片,实际上距离战斗结束还有很久。

负责阻断日本第28军对日本驻曼德勒第15军——英第33军的攻击目标——的增援。尽管如此，英军第33军所辖第20师还是于1945年2月12日在敏务和日军第15军主力遭遇并发生激战，此地距离曼德勒尚有48千米。英第4军的战绩相对更加突出：突然渡过伊洛瓦底江，直抵密铁拉，一路上几乎未遇抵抗；3月1日，英第4军所辖第17师对密铁拉发起进攻并于两天之内将其拿下。日本曾经发起多次反攻，徒遭惨重伤亡。在密铁拉以北，英第33军开始进攻曼德勒，日本守军于3月20日败退。

史迪威（Stillwel）将军的缅北战区司令部所辖中美联军占领了新维和腊戌，消灭了缅甸北部的最后一支日军重兵集团。英军第36师转而前去曼德勒与斯利姆的其他部队会合，准备反攻仰光。

4月30日，盟军一支海军部队炮轰缅甸仰光，拉开了反攻仰光的战幕。次日，一支空降营在象角登陆，为英第15军26师占领了一个桥头堡；两天后，26师直驱仰光，一路未遇抵抗——日本人已于5月1日秘密撤离了。英第33军占领了卑谬，此时，盟军已经占领了缅甸境内的主要市镇。缅甸境内事实上已经没有日军存在了，英军和印军的任务只剩扫荡和清剿。盟军完全占领缅甸全境。

硫黄岛和冲绳岛

到了1944年年底，美军指挥官决心占领硫黄岛（Iwo Jima），其理由有三：第一，硫黄岛可以为美军的P-51"野马"战斗机直飞日本本土提供基地，"野马"战斗机的任务是为美国的B-29轰炸机空袭日本的行动护航；第二，硫黄岛上有两条飞机跑道，其中一条勉强可供在马里亚纳群岛以外行动的B-29轰炸机紧急降落和起飞；第三，硫黄岛是日本国土的一部分，占领了它可以威慑日本政府及其国民。

日本人对硫黄岛的战略意义有清醒的认识，因此在岛上构筑坚固的防御工事，并于1944年下半年不断向岛上增派精锐援军。当年年底之前，日本人在岛上挖出了数英里长的坑道，这些坑道在很大程度上挡住了盟军的空中和海上炮击。1945年2月19日，盟军开始上岸，日军抵抗微弱。然而，首先上岸的海军陆战队稍一往前运动，立刻遭遇了日军猛烈的重机枪火力。陆战队集中火力打击日军的主要工事并攻而克之。到了晚上，约有30000名陆战队士兵上岸了，并将硫黄岛的最高点折钵山分割包围了。

接下来，陆战队苦战4天，终于拿下了折钵山（这场战斗留下了著名的《星条旗插上硫黄岛》照片）。战斗还在继续，此后的3个星期里，攻守双方之间一直展开残酷的消耗战，美军不得不逐个攻击日军碉堡，消灭里面的敌人。战斗进行到第10天，美军很多部队已经伤亡过半，惨烈至极。3月25日晚至26日晨，日军残敌对陆战队发动了一次自杀式攻击，遭到歼灭。硫黄岛战役中，日军阵亡约23000人，幸存者只有216人；美国海军陆战队阵亡6281人，超过18000人受伤。

东 海

冲绳的陷落
1945年4月1日—6月21日

美军进攻
第2陆战师的行动
美军前线
日本"首里防线"
日军反攻
机场

伊江岛

4月16日—21日

XX 77

卡玛鲁诺角

4月20日：
第6陆战师
占领该地

备濑

本部半岛

古宇利岛

瀬底岛

屋我地岛

多吉

八重岳

4月8日

名护

许田

4月8日

久枝

恩纳

XX 第27师预备队

石川

金武湾

金武

32军
牛岛

太

永通

第10集团军
巴克纳

XXX 第3两栖部队
盖格

XX 第6陆战师

XX 第1陆战师

宜野湾市

嘉手纳町

宫城岛

与那城町

XXX
霍奇

XXIV

XX 第7步兵团

北谷町

宜野湾

普天关

库巴

户安

4月4日

中城湾

4月10日—11日

XX 第96步兵团

XX 第6陆战师

6月4日

那霸

浦添

秀峰

首里

锥形山

古坚

古坚机场

4月4日

4月19日

4月20日：
日军从首里
防线撤退

久高岛

南风原町

那霸机场

知念角

XX 第2陆战师

系满

游佐山

港川

喜屋武

摩文仁

西度岬
●西度
4月13日
XX
第6陆战师
4月11日
●安波
平良
4月11日

平　　　洋

硫黄岛战役刚一结束，美国第10集团军就对冲绳岛（Okinawa）发动了攻击，冲绳岛战役随之开始。头4天，美军所遇抵抗微弱，但4月5日的战斗显示，日军在冲绳岛南部的防御工事更加强固。4月接下来的时间里，美军不得不渐次攻克各个日军阵地，进展缓慢。尽管伤亡人数不断上升，但美军还是逐渐占得上风。糟糕的天气一度迫使美军推迟发动总攻，日本守军也趁机做好最后一次大战的准备。此后的零星战斗变得更加残酷了，日军防线被切为三段，陷于被动挨打的境地。

无可避免地，失败将要降临在冲绳岛上的日本人头上，但是，美国人迄今在硫黄岛和冲绳岛上所遭受的巨大伤亡也明白昭示了对日本人的最后一击将造成多大的人员伤亡！

德国战败，来自欧洲战场的盟军人员和物资不断流入，太平洋战争眼见着就要结束了，这日益临近的胜利使盟军对还需承担的伤亡变得格外谨慎起来。"曼哈顿"工程7月在新墨西哥州白沙的"三一"试验场成功引爆一件原子武器之后，杜鲁门手中多了一件杀伤力可怖、借此可以最低代价制服日本人的武器；不过，从这次试验成功到造出来一种可用于实战空投的原子武器还有一段时间，登陆日本的行动计划不能因此中止。

苏联红军出兵中国东北

第二次世界大战爆发之前，尽管日苏双方军队发生过数次冲突——以日军惨败收场，但双方都没有意愿正式向对方宣战。日苏双方的战略优先安排都认为"缓和"价值极大，并因此一直没有中断外交关系。到了1945年早期，日本政府试着请苏联人充当日本与盟国之间的"和平"调解员，却始终不见盟国的任何回应，为此吃惊不小的日本人不知道的是，苏联人本身就不同意这"姗姗来迟"的所谓和平。

其中的蹊跷在于，德国人投降之后，斯大林已经按捺不住要设法控制满洲（中国东北旧称。——译者注）、库页岛以及千岛群岛了，苏联对日宣战一事势在必行；斯大林认为，不经苏联参与就结束对日战争不符合本国利益，故而以在日本建立一个"和平党"的提议敷衍之。借助相关情报，盟国已对日本人急于媾和以及斯大林有意不向盟国通报日本意向之动机洞若观火。

冲绳

对于美军来说，冲绳战役也是同样血腥的经历。登陆部队发现日军构筑的稳固防线一旦站稳脚跟，就很难突破。海军陆战队对抗自杀式袭击，一码接一码地推进。到6月末，冲绳才落入美军之手。

长崎

琉球群岛
1945年9月7日投降

冲绳

硫黄岛

中途岛

夏威夷群岛

珍珠港

复活节岛
1945年9月7日投降

塞班岛
天宁岛
罗塔岛
关岛

马里亚纳群岛

马绍尔群岛

比基尼岛

夸贾林环礁

埃尼威托克岛
1945年9月19日投降

马德拉岛

乌利西环礁

雅浦岛

沃莱艾环礁

特鲁克岛

XXXX
31

波纳佩岛

科斯雷岛

贾卢伊特岛

马金岛

帕劳群岛
1945年9月2日投降

加罗林群岛
1945年9月2日投降

萨塔万环礁

吉尔伯特岛

塔拉瓦环礁

XXXX
8

瑙鲁岛
1945年9月14日投降

大洋岛
1945年9月14日投降

XXXX
18

艾塔佩

俾斯麦群岛

拉包尔
1945年9月6日投降

XXXX
17

班达海

新几内亚
1945年9月13日投降

萨拉毛亚

所罗门群岛

瓜达尔卡纳尔

帝汶岛
1945年9月11日投降

阿拉弗拉海

新不列颠岛
1945年9月8日投降

莫尔斯比港

珊瑚海

埃斯皮里图
桑托岛

斐济

澳 大 利 亚

新喀里多尼亚岛

130

150

17

日本帝国
1945年8月

日本领土或
日本占领区

杜鲁门总统确信罗斯福所希冀的战后美苏关系根本是天方夜谭，因而决意不给苏联人对日本国土提出要求的机会：这成为他决定在日本使用原子弹的理由之一。

1945年8月8日，美国在日本广岛市投下一颗原子弹的第三天，苏联对日宣战，76个红军师进入中国东北。战斗进展如苏联所愿：苏军成功穿过高山密林，8月21日占领中国长春和沈阳，接着是旅顺和大连；之后苏联红军转向进入朝鲜，海军则占领千岛群岛。

烈焰和原子弹

自日本人偷袭"珍珠港"海军基地之日起，美国军队就下定了这样一个决心：将来一定要以轰炸日本本土为日本人挑起的这场战争画上句号。新式波音B-29"超级空中堡垒"轰炸机是一款远程重型轰炸机，解决了研发初期的一些问题之后，它开始大量列装。首次轰炸日本本土的美军战机是从位于中国的基地起飞的，并于1944年6月15日飞临日本本土。美军攻占马里亚纳群岛之后，5个起降B-29的基地建成了：塞班岛和天宁岛各2个，关岛1个；每个基地都可以容纳180架B-29轰炸机。

B-29轰炸日本的行动事实上始于1944年11月24日，目标是东京外围的工业区。战果不如人意，此次出动的100架战机中只有24架找到了轰炸目标；如此反复十次之后，美国人开始重新评估此类行动。

1945年1月20日，柯蒂斯·E.李梅将军接任第21轰炸机司令部指挥官职务，他很快给他的部队拿出了一套新的战术：不再进行昼间高空轰炸，改为进行夜间低空（3000米以下）轰炸并改用燃烧弹。此外，考虑到日本本土夜间的战机防空十分薄弱的情况，李梅还下令拆除B-29轰炸机的绝大多数防护武器，尽量提高载弹量。

采用了新战术的B-29轰炸机于1945年3月9日夜至10日凌晨首次攻击日本东京和八幡。东京有超过41.44平方千米的城区烧成了灰烬。此后，B-29轰炸机又陆续轰炸了名古屋、大阪、神户；当月25日夜至26日凌晨，B-29轰炸机再次轰炸东京，更大面积的东京城区被毁。由于B-29的轰炸，横滨85%的城区遭焚毁，截至7月，B-29轰炸机共造成50万日本人死亡、1300万日本人失去住所。自1945年3月14日起，美国海军舰载机也加入对日攻击的阵营，日本政府继续抵抗的压力益愈增大。从新近占领的硫黄岛和冲绳岛上起飞的轰炸机及其护航战机也加入了战斗，它们飞抵日本本土所需的航程和时间都大为缩短了。

后来的历史学家一直在争论盟军持续不断的强力轰炸和日本船队既已损失殆尽的事实是否足以促使日本政府投降的问题，时任美国总统杜鲁门认定的一点是：更进一步地展现美国的军力必不可少。他下令对日本的广岛和长崎使用原子弹。

1945年8月6日，第509混成大队（专为此次原子弹轰炸行动组建）指挥官保罗·蒂贝茨（Paul Tibbets）上校驾驶一架名为"艾诺拉·盖伊"（Enola Gay）的B-29轰炸机

凋谢的帝国

在投下原子弹前，日本帝国还很稳定。但美军在太平洋上已经成功地封锁了日本，使得日本本土无法从殖民地或征服地那里获得物资。事实上日本已经"无能为力"，无论是食物、弹药还是希望，他们都没有了。

轰炸日本
1944年6月—1945年8月

→ 盟军空袭
✹ 主要燃烧弹攻击目标
✤ 次要燃烧弹攻击目标
♣ 原子弹目标

日本

札幌
仙台
神户 名古屋 东京
广岛 大阪
长崎
鹿儿岛

汉城 1

第58特混舰队 3

第38特混舰队
5

冲绳

小笠原群岛 4

硫黄岛

太 平 洋 2

阿松森岛
帕甘岛

塞班岛
天宁岛
罗塔岛
关岛

1 1944年6月—1945年1月以成都
为基地发动的早期空袭行动

2 自1944年11月24日起

3 1945年3月14日—6月13日

4 自1945年4月7日起

5 1945年7月1日—1945年8月15日

从天宁岛起飞了。这架战机找到了一个云量较低，能见度良好的目标城市——广岛，上午8时15分，该机投下了弹仓中的炸弹。为躲避爆炸冲击波，艾诺拉·盖立即调转机头脱离现场，原子弹自由降落51秒，在近地位置起爆。顷刻间，广岛变得哀鸿遍野，7万~8万人当即丧生、8万~10万人受伤。

日本政府并没有立即投降，态度暧昧。于是，美国人准备了另一颗原子弹。8月9日，查尔斯·斯威尼（Charles Sweeny）少校驾驶一架名为"博克之车"（Bockscar）的B-29轰炸机出发了，机上承载的是将要投向日本的第二颗原子弹。这颗原子弹于10时58分投放并起爆，将日本长崎市化为瓦砾。长崎的伤亡比广岛少一些，约3.5万人丧生、5万~6万人受伤。此时的日本政府内部出现了不同的意见：一种是立即投降，另一种是抵抗到底。天皇做出了最终的正式决定，1945年8月14日，他以发表广播讲话的方式向日本国民宣布：日本战败，战争结束！

日本投降

1945年8月，日本政府屈服了（于9月2日正式签署投降书），但由于英国没来得及在"结束敌对状态"之前实施反攻马来半岛的作战计划等缘故，此时的日本依然维持着一个庞大帝国的外貌。如盟军所愿"越岛作战"战术既已有效切断了日军的补给线，各日占区的日本守军也因此偃旗息鼓了。眼下的主要难题在于，如何聚拢各处日本守军并迫使他们缴械，然后予以遣返——某些日军抵抗到底的风险依然存在。

更大的风险是，为进入日本本土的中心地带强制实施无条件投降条款，盟军可能不得不再动干戈。盟军的预定计划是分两个阶段进入：1945年秋登陆九州岛，次年春再进入本州岛。届时美英两国还需从欧洲抽调更多的军队进入远东地区，战机和军舰等的增加也在所难免——但投向广岛和长崎的两颗原子弹让这个作战计划［"没落"行动（Operation Downfall）］失去了意义。

得知天皇的"终战"决定之后，各地日军开始停止抵抗。英军照既定的作战发动了反攻马来半岛的陆海攻击，日军丝毫不曾抵抗。各处日军警戒部队渐次投降：帕劳群岛和卡罗琳群岛两处的日军于9月2日投降——正当日本与盟国各方举行签降仪式之日；马来半岛的其余日军也于此后数周内投降。放下武器最晚的是中南半岛上的日军，也于1945年11月30日向盟军投降。

▼ 日本战斗机飞行员在等待下次任务的简报。战争末期，日本缺少经验丰富的飞行员，多数飞机也都是被淘汰的型号，因而只能用神风特攻队发起攻击。占据了硫黄岛之后，美军可以派B-29轰炸机直接轰炸日本的目标，从而有效牵制了大量的日军残存战斗机。

对日作战
1945年2—8月

原子弹投放地点
燃烧弹主要目标
炸弹次要目标
美军水雷地点

2500
1500
1000
500
200
100
0米

鄂霍次克海

北海道

札幌

室兰

函馆

青森
弘前　　八户

秋田　XXXX 11

坂田

XXXXX 第一总军

仙台

佐渡岛　新潟

长冈

XXXX 12

富山　宇都宫　日立
　　　前桥　水户
　　大宫　熊谷
福井　　　　桃子
本州岛　东京 川口
敦贺　　　　横滨 千叶
岐阜　一宫　清水 沼津
大垣　　名古屋 XXXX 13 藤泽
松江　XXXXX 第二总军　姬路 神户 四日 冈崎 滨松 静冈
　XXXX 15　冈山　大阪
广岛　福山　明石 井须　　丰桥
下关港　宇部 吴市　内海　　歌山 宇治山田
门司　德山
北九州　今治 高松
福冈　　松山 四国 德岛
佐世保　XXXX 16　大分
　　　　宇和岛　高知 安艺
长崎　　延冈
天日本岛
东海　九州
鹿儿岛

日本海

隐岐群岛

鸟取

本

日

伊豆群岛

太平洋

从冲绳出发
屋久岛
种子岛

从硫黄岛出发

从马里亚纳
群岛出发

北

0　100千米
0　100英里

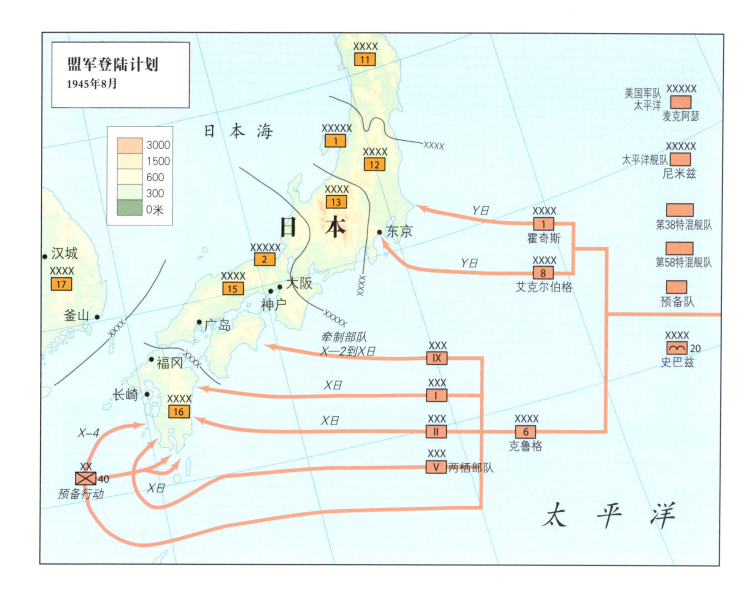

日本海

日　本

东京

汉城

釜山

大阪

神户

广岛

福冈

长崎

美国军队
太平洋
麦克阿瑟

太平洋舰队
尼米兹

第38特混舰队

第58特混舰队

预备队

史巴兹

霍奇斯

艾克尔伯格

牵制部队
X—2到X日

Y日

Y日

X日

X日

克鲁格

两栖部队

预备行动

X—4

X日

太　平　洋

对日行动

在太平洋战争的多数历史记载中都忽视了对日本的轰炸，因为戏剧性地使用核弹掩盖了之前的美军突袭。

在最初遇到困难后，李梅将军决定采取更多轰炸行动，以确保对日本城市造成决定性的摧毁。日本建筑多采用易燃的材料，这就导致燃烧弹可以快速引发大火。

1945年3月9日、10日对东京的轰炸导致大约8.4万名平民死亡，比此后任何一次轰炸造成的损失都多。占据了硫黄岛后，P—47"雷电"战机和P—51"野马"战机都可以对日轰炸，并可以用日间轰炸补充夜间突袭。美军的空中力量已经占据绝对优势，完全压制了日本。

在1945年夏季的战斗中，日本的工业基地被摧毁。到1945年8月初，第21轰炸机司令部已经没有目标可以攻击了。

同时，麦克阿瑟和尼米兹起草了登陆日本的计划。"奥林匹克"行动计划在1945年11月进攻九州；而"冠冕"行动则准备在1946年3月登陆本州岛。

▲ 1945年8月6日，"小男孩"原子弹爆炸后的日本广岛废墟，爆炸造成的风暴性大火杀死了数以千计的平民。炸弹的瞄准点是图中心从上面数的第四座桥。尽管城市被毁，日本政府仍未投降，所以第二颗原子弹（代号"胖子"）于3天后，也就是1945年8月9日被投放到长崎。

长崎

　　原子弹轰炸在历史上的记录很不平衡："埃拉诺·盖伊"号轰炸机在8月6日突袭广岛——第一颗使用的原子弹——获得了多数关注，后来的长崎成为第二个被炸地点。但落到长崎的原子弹直接导致了日本投降。

　　8月9日，B-29"博克斯卡"轰炸机投下了2万吨当量的"胖子"，事实上这是轰炸的次选目标，因为首选目标小仓市被云层挡住了。原子弹对长崎市区的毁伤效果和"小男孩"对广岛的毁灭效果相当，但乡下地区更崎岖、人口更易寻找庇护，长崎的幸存者更多。

　　广岛市内有大片开放水域，因而火势蔓延速度被减缓，所以广岛市没有发生风暴性大火。由于日本对空中轰炸习以为常，所以医疗救援并没有崩溃，奇怪的是，铁路网络未受影响——这也让救援物资更容易抵达被炸城市。

　　不过，所有这些积极的方面都无法掩饰日本已经无力回天的事实，也无法掩饰一个国际事务的恐怖纪元已经开启。核时代正式开始了。

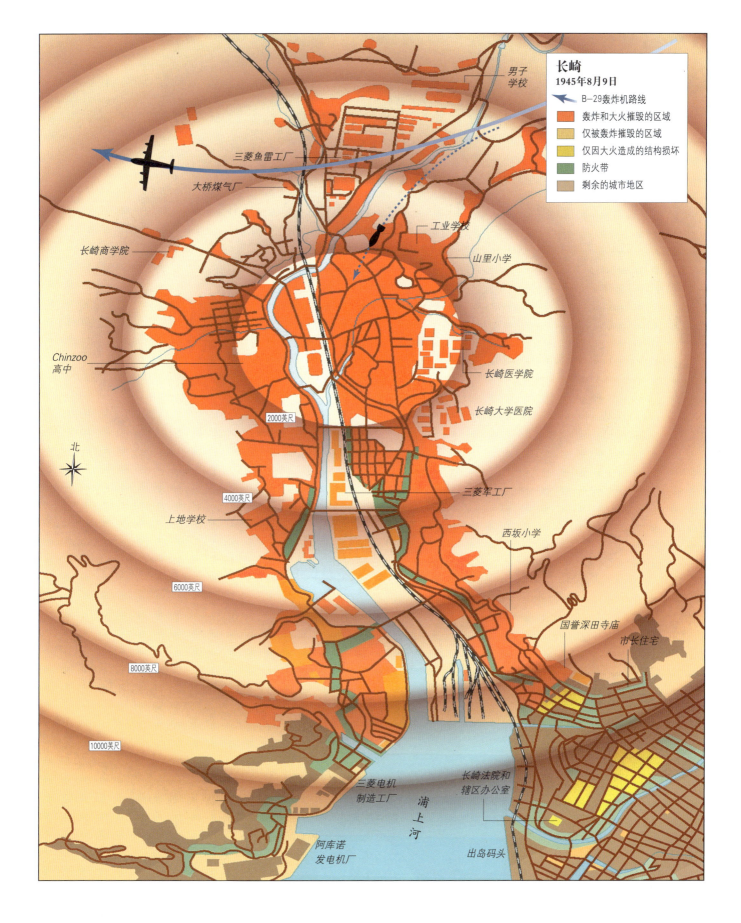

长崎
1945年8月9日

B-29轰炸机路线
轰炸和大火摧毁的区域
仅被轰炸摧毁的区域
仅因大火造成的结构损坏
防火带
剩余的城市地区

男子学校

三菱鱼雷工厂

大桥煤气厂

工业学校

山里小学

长崎商学院

Chinzoo
高中

长崎医学院

长崎大学医院

2000英尺

北

4000英尺

三菱军工厂

上地学校

西坂小学

6000英尺

8000英尺

国誉深田寺庙

市长住宅

10000英尺

三菱电机
制造工厂

浦上河

长崎法院和
辖区办公室

阿库诺
发电机厂

出岛码头

纳粹高级官员在战后的纽伦堡接受审判。从前排左上起,坐的依次是赫尔曼·戈林、鲁道夫·赫斯、约阿希姆·范·里宾特洛甫和威廉·凯特尔,除赫斯外均被判处死刑。除了裕仁天皇,日本领导人也在东京接受了类似的战争审判。盟国一方则没有进行战争审判。第二次世界大战和第一次世界大战一个显著的不同点就是,第二次世界大战中欧洲战场和亚洲战场都普遍发生了种族屠杀。

第9部分

结语

这场战争以多种方式给世界留下了印记。数以百万计的男女在军中服役，或在军工厂中劳作；更多人在战斗、屠杀、针对欧洲和日本城市的轰炸中死亡。之后，世界分为两极，一面是苏联，另一面是它曾经的盟友，它们将要在核时代中展开对抗。

1939—1941年的战争动员在每个国家都不尽相同，这取决于各个国家对人口、工业生产能力、经济实力的不同认知，更明显的则是政府政策不同。对于英国和法国来说，欧洲大陆再发生一次和第一次世界大战相似的血腥杀戮实在太可怕了。第一次世界大战后，这两个国家都陷入经济不稳定、经济衰退、失业率上升的困境，因而两国都开始思考"这一切值得吗"。到20世纪20年代晚期，英国国内和平主义盛行，没人希望看到再来一场战争。因此，张伯伦的绥靖政策获得了广泛支持，而丘吉尔关于希特勒的警告则让他被人视为"好战者"。法国同样盛行和平主义，尽管他们也担心德国在复苏，并开始鼓励法国女性多生孩子（目的是在18年后能提供一支大军，法国也认为德国可能再次成为威胁）。苏联在克服革命后的内战和与波兰的战争后，在20世纪30年代初期建立起世界上最强大的军队之一。但斯大林担心自己的权力，因而偏执地发动了一场野蛮的清洗运动，大批红军高层指挥官被清洗。

战争动员

德国的态度则截然不同。德国民众对《凡尔赛条约》极度不满，而且遭遇了经济不景气，最终引发了恶性通货膨胀，当时一生的积蓄能在一天内化为虚有。由于德国从一次危机进入另一次危机（中间仅有一小段的稳定时期），德国民众越来越相信希特勒的激进宣传。希特勒非常神奇地在选举中赢得压倒性胜利，所获得的选票足以让他当选为总理，这是一个重大错误的决定，那些政治领导人以为他们可以控制这个只当过陆军下士的人。

希特勒当权后，德国的外交政策迅速变得富有侵略性。德国开始秘密重整军备，到1935年才通知了不知所措的欧洲国家。英国和法国的反应都很胆怯。英国首相内维尔·张伯伦认为希特勒是一个可以做交易的理性政治家——等他意识到这个观点很荒谬的时候已经太迟了。希特勒在1936年重新占领了莱茵兰（Rhineland，非武装区），与《凡尔赛条约》相违背，但盟国毫无作为；1938年奥地利成为德国附庸国，盟国同样无所作为，只是抗议这种行径违反了和平协议。

德国的威胁变得非常明显后，英国和法国才开始重整军备。英国增加防御工事的举动遭到公众反对，最初进展缓慢。因此，当希特勒要夺取捷克斯洛伐克时，为了避免尚未准备好的战争，英法政府只能听凭希特勒为所欲为。但是，这次危机已经将欧洲拖到战争边缘，他们显然需要整顿军备了。当希特勒夺取捷克斯洛伐克后仍无意停止时，英法急忙为战争做准备。

1939年9月波兰被入侵后，英法的战争动员已经超过一年。欧洲战争爆发促使美国重整军备，尽管美国国内孤立主义者很反对。日本已经入侵中国，早就处于战时状态，意大利和法国还在警惕地观察欧洲局势的发展。

到1945年战争结束时，全球总共有数以亿计的人卷入，苏联红军此时的总人数甚至达到了2000万人。由于士兵复员、难民和战俘的人员安置，战后发生了一

主要国家的武器生产（1939—1945年）

	1939	1940	1941	1942	1943	1944	1945
飞机（架）							
英国	7940	15049	20094	23672	26263	26461	12070
美国	5856	12804	26277	47826	85998	96318	49761
苏联	10382	10565	15735	25436	34900	40300	20900
德国	8295	10247	11776	15409	24807	39807	7540
日本	4467	4768	5088	8861	16693	28180	11066
主力作战舰艇（艘）							
英国	57	148	236	239	224	188	64
美国	–	–	544	1854	2654	2247	1513
苏联	–	33	62	19	13	23	11
德国(U潜艇)	15	40	196	244	270	189	–
日本	21	30	49	68	122	248	51
坦克（辆）							
英国	969	1399	4841	8611	7476	5000	2100
美国	–	c.400	4052	24997	29497	7565	11968
苏联	2950	2794	6590	24446	24089	28963	15400
德国	c.1300	2200	5200	9200	17300	22100	4400
日本	c.200	1023	1024	1191	790	401	142

动员

20世纪30年代，各个国家为第二次世界大战所做的动员开始于不同时间。苏联可以说从1917年起就战乱不断，尽管红军的指挥层残缺不全，但部队的装备良好。

德国从1934年开始战争动员，重整军备的速度和范围都逐渐加速，到1939年，他们已经做好了战争准备。法国则截然相反，政治危机导致军备严重荒废。英国很晚才开始整备，一直在试图赶上德国。

太平洋上，日本从1937年起入侵中国，第二次世界大战只是冲突的扩大化而已。最重要的参与者是美国，美国在第一次世界大战后孤立起来，欧洲战争爆发后，美国国防部开始为了保持中立、支援英法而增加军费。直到珍珠港事件后，美国才进行全面的战争动员。

联合国

　　战争尚未结束之时，盟国的领导人就开始谋划战后的处置了。国际联盟在20世纪二三十年代的失败让他们深入思考，显然战后规划中必须有一个全球性的领导机构。

　　"联合国"（United Nations）一词在1942年开始使用，当时罗斯福总统在《联合国家宣言》中使用了这个词，当时26个国家宣布他们将彼此合作，共同打败轴心国。

　　1943年10月30日的盟国峰会上，美国、英国、苏联和中国呼吁建立一个维持和平与安全的全球性机构。1943年12月1日的德黑兰会议上，斯大林、罗斯福和丘吉尔在商讨战争未来方向的时候重申了这一目标。这驱使盟国开始谋划联合国事宜。

　　1944年9月21日到10月7日，华盛顿的敦巴顿橡树园会议确立了联合国的框架。美国、英国、苏联和中国的外交官在会议上提出了该组织的目标、组织架构和程序，只等和平到来就可以正式成立。

次全世界范围内大规模的人口迁移，其中最引人瞩目的就是以色列建国。

和平

　　欧洲战争结束后，德国被盟军部队一分为二，经济和很多城市都毁于盟军数年来的炮火袭击。苏联基于自己的领土考虑，波兰、保加利亚、匈牙利、罗马尼亚、捷克斯洛伐克，以及南斯拉夫都是很重要的关注点。有人认为这些国家在战后将能在民主选举的政府领导下进行重建，但他们的想法很快就破灭了，因为苏联希望牢牢控制住东欧国家，以作为将来的冲突缓冲区。

　　最重要的问题是德国会怎样。西方盟国担心和平协议会造成和第一次世界大战一样的错误——事后来看，第一次世界大战的协议几乎必然导致战争。1919年，德国人就因为那个命令式的和平协议而愤怒，而为了赔款，德国经济陷入经济危机，则让他们更加愤怒，所有发生的一切都被解释成是为了羞辱德国人。这一过程的结果不仅让希特勒跨入政坛，还导致欧洲经济陷入金融危机。德国作为经济强国，其生产和消费产品的权力都被剥夺，导致德国磕磕绊绊。大萧条迫使德国采用激进的政策，否则希特勒是不可能掌权的。因而在1945年，盟军对待战败德国的时候会采取更加平衡的方法。不过苏联要强硬得多。斯大林就像法国前总理克莱蒙梭一样，毫不犹豫地要防止德国再次崛起（并因此成为潜在威胁），并决意要在战后的德国施加影响力——至少要在红军占领的这部分德国施加影响。斯大林打算用这种方法确保苏联在未来不会遭遇攻击。

　　斯大林对欧洲其余地方的考虑也基于同样的想法，因而战后他立即在波兰、捷克斯洛伐克、匈牙利、保加利亚、罗马尼亚扶持亲苏政权。只有南斯拉夫力图避免成为苏联的附属国，这要感谢它的领袖铁托，他和斯大林断交，开始推行中立、不结盟的策略。

　　在领土方面，苏联重新控制了波罗的海诸国，并夺取了波兰东部的土地。作为交换，波兰获得了奥得河和奈塞河以东的土地，以及东普鲁士的南侧，这里曾经是国际化大都市但泽，现在叫格但斯克了。这些疆域的改变，至少在最初是合理的，但从1949年起，战争留下了最著名的遗产——将德国一分为二。尽管最初的该方案的提供者认为重建完成后，德国就会统一，但显然胜利的盟国之间不可能就德国的未来达成统一协议。苏联态度坚定，在1948年封锁柏林后则彰显两派之间的矛盾无法调和，德国在可预知的未来必然会维持分裂状态。

日本则形成了鲜明对比，其体制几乎原封不动，天皇仍是国家元首，只是在美国
B-29轰炸机的炮火下，很多日本城市需要重建，尤其是被"艾诺拉·盖伊"号轰炸机
和"博克之车"号轰炸机丢下原子弹的广岛和长崎。

人员伤亡

　　第二次世界大战是人类历史上最惨烈的战争，且为这场战争付出了高昂的代价。
和第一次世界大战不同，第二次世界大战是真正意义的全球性战争，仅有少数一些地
方没有卷入战争。由于对人群聚集的地方进行了大量轰炸，所以人员伤亡的程度比第
一次世界大战增加很多，也意味着前线的平民几乎都成了战争的一部分。总体的死亡

▼　澳大利亚士兵在缅
甸的阵亡同胞公墓前吊
唁。全球的战争致使无
数士兵埋骨他乡。战斗
的精确伤亡率无法统
计，因战争或种族灭绝
政策而死亡的数以百万
计平民的具体数量也无
法准确统计。

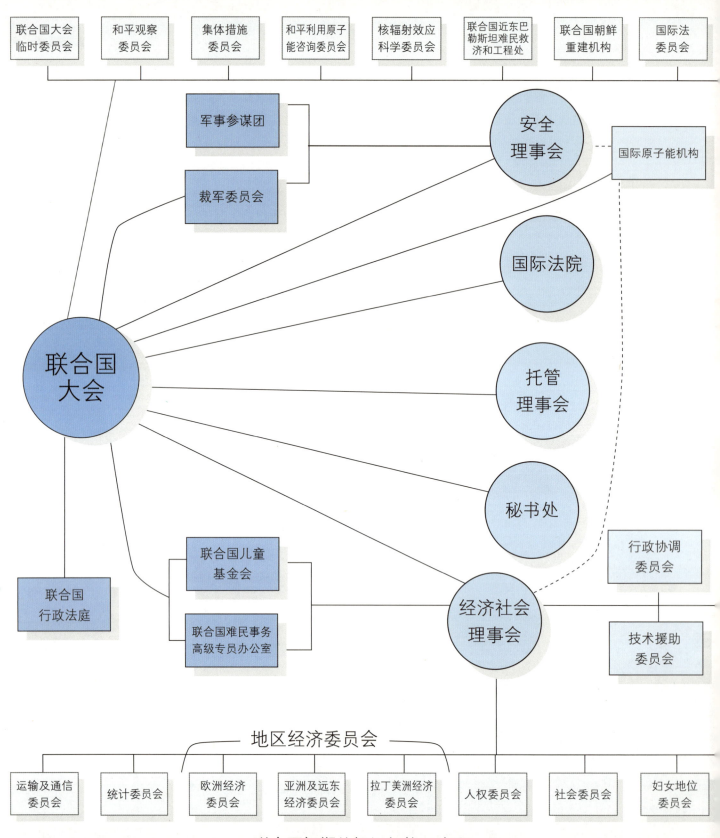

联合国初期的组织架构示意图

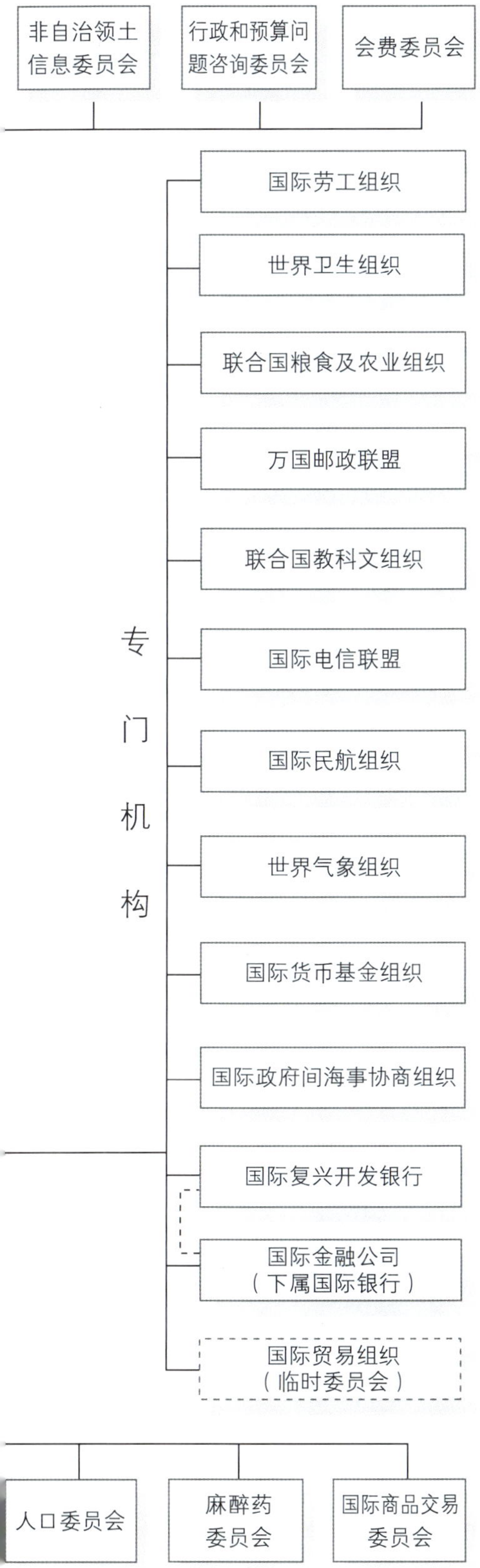

数字很难量化，各种估算的数字也不尽相同。可信的是，苏联是伤亡最多的国家，可靠的估算死亡人口数字从2000万到3000万左右，其中很多是平民，在战斗或纳粹占领区的残酷镇压中死亡。占领军把当地平民视为劣等民族，并因此对其残酷对待，大量平民被屠杀，其余则被强制征用为劳工。

高死亡率

第一次世界大战中的欧洲战争被西方国家视为消耗战，而第二次世界大战则不被这么认为，其实这是一种误解。1939—1945年的西线的战斗明显分为两个阶段。从1940年法国沦陷到4年后的诺曼底登陆之间，多数欧洲大陆的战斗都是空战——陆战仅仅是一些突袭和反突袭行动。北非和意大利的战斗对双方而言都没有拖入消耗战，战争结束时可以认为第二次世界大战的代价更低。不过，事实上，西北欧的战斗在伤亡率上和1914—1918年的西线是相当的，有时甚至更高。不过，第二次世界大战中双方军队的交战时间更短，所以西线主要参战国的总伤亡数字要更低一些。

欧洲的消耗战更多是在东线上，苏联和德国在4年的战争中，双方都遭受了惊人规模的损失。另外，这里的伤亡还包括被俘士兵，因为无论是德国还是苏联对待俘虏都不友好，因此很多俘虏再也无法回乡。有人估计，400万～500万名苏军俘虏死于德军之手。

在太平洋战场上，日军的伤亡率尤

新篇章

战争刚结束，50个国家的代表就来到旧金山参加联合国的国际组织会议。这次会议的目标是敲定联合国的组织细节。

争论不够坦率。斯大林辩称，如果英国每块领土都有一个联合国大会的席位，那么苏联的加盟国也应该各有一席。最终，苏联在联合国大会获得了3个席位，也就是乌克兰和白俄罗斯加盟共和国各得一席。关于联合国安理会的永久资格也引发了一些争论，尽管大家都同意应该由战胜国组成，但法国是否包含在内引发了疑问。

最终大家达成了一致。1945年6月26日，所有50个国家代表共同签署了《联合国宪章》。未参与会议的波兰在后来签署，因而也被视为联合国原始成员国之一。1945年10月24日，联合国正式成立。

（左侧组织结构图）

非自治领土信息委员会　行政和预算问题咨询委员会　会费委员会

专门机构
- 国际劳工组织
- 世界卫生组织
- 联合国粮食及农业组织
- 万国邮政联盟
- 联合国教科文组织
- 国际电信联盟
- 国际民航组织
- 世界气象组织
- 国际货币基金组织
- 国际政府间海事协商组织
- 国际复兴开发银行
- 国际金融公司（下属国际银行）
- 国际贸易组织（临时委员会）

人口委员会　麻醉药委员会　国际商品交易委员会

全球伤亡

精确量化第二次世界大战中的伤亡数字几乎是一项不可能的任务，精确的死亡数字也永远无法得到。据估计，有4000万~5000万人在战争中死亡，其中大部分是苏联人，比例可能高达总数的50%。

平民的死亡数字也特别高，尤其是德国和日本，空袭造成了大量平民伤亡。在其他主要的战争区域中，除了美国，都遭遇过敌人空中火力对城市的轰炸。

在德国占领的欧洲区域中，犹太人被转移到集中营，其中很多人死亡，此外抵抗组织的战士也有不少伤亡。为了报复游击队的行动，德军经常屠杀整个社区。这在苏联经常发生，在南斯拉夫、捷克斯洛伐克、法国也常发生。

战争伤亡数据（1939—1945 年）

欧洲国家的数据	军事人员死亡	平民死亡	被拘留的大批平民
匈牙利	750000	750000	
奥地利	380000	145000	
意大利	279820	17400（加入盟国后）	93000共产党和反法西斯人士
比利时	9561	75000	
波兰	850000（169822盟军）	5778200	
罗马尼亚	519822	465000	
捷克斯洛伐克	6683	310000	
荷兰	18500	1500	
保加利亚	13700	236300	
希腊	16357	155300	
南斯拉夫	1700000	1700000	

其惊人，因为日军普遍认为投降是一种最可耻的行为。在"越岛作战"和缅甸战役中，即便毫无胜算，日军士兵也宁愿战死而不投降。中国在战争中的损失通常被人忽视，具体数字已经无法精确统计，据估计中国方面有多达3500万名平民死亡，其中多数人死于日军的拘押集中营中。

图书在版编目（CIP）数据

地图上的第二次世界大战/（英）戴维·乔丹
（David Jordan），（英）安德鲁·威斯特
（Andrew Wiest）著；穆强，金存惠译.—上海：上海
三联书店，2023.9（2025.8重印）

　ISBN 978-7-5426-8085-3

　Ⅰ.①地… Ⅱ.①戴…②安…③穆…④金… Ⅲ.
①第二次世界大战战役—史料 Ⅳ.①E195.2

中国国家版本馆CIP数据核字（2023）第057697号

Atlas of World War II

Copyright © 2004 Amber Books Ltd.
Copyright in the Chinese language translation © 2020 by Portico Inc.
Published by Shanghai Joint Publishing Company.
ALL RIGHTS RESERVED
版权登记号：09-2021-0319号
地图审图号：GS（2022）3713号

地图上的第二次世界大战

著　　者 / [英]戴维·乔丹　[英]安德鲁·威斯特
译　　者 / 穆　强　金存惠
审　　校 / 徐玉辉

责任编辑 / 李　英
装帧设计 / 千橡文化
监　　制 / 姚　军
责任校对 / 张大伟　王凌霄

出版发行 / 上海三联书店
　　　　　（200041）中国上海市静安区威海路 755 号 30 楼
邮　　箱 / sdxsanlian@sina.com
联系电话 / 编辑部：021-22895517
　　　　　　发行部：021-22895559
印　　刷 / 北京文昌阁彩色印刷有限责任公司

版　　次 / 2023 年 9 月第 1 版
印　　次 / 2025 年 8 月第 3 次印刷
开　　本 / 787mm×1092mm　1/16
字　　数 / 460 千字
印　　张 / 23.75
书　　号 / ISBN 978-7-5426-8085-3/E·24
定　　价 / 196.00 元

敬启读者，如发现本书有印装质量问题，请与印刷厂联系 18601244258

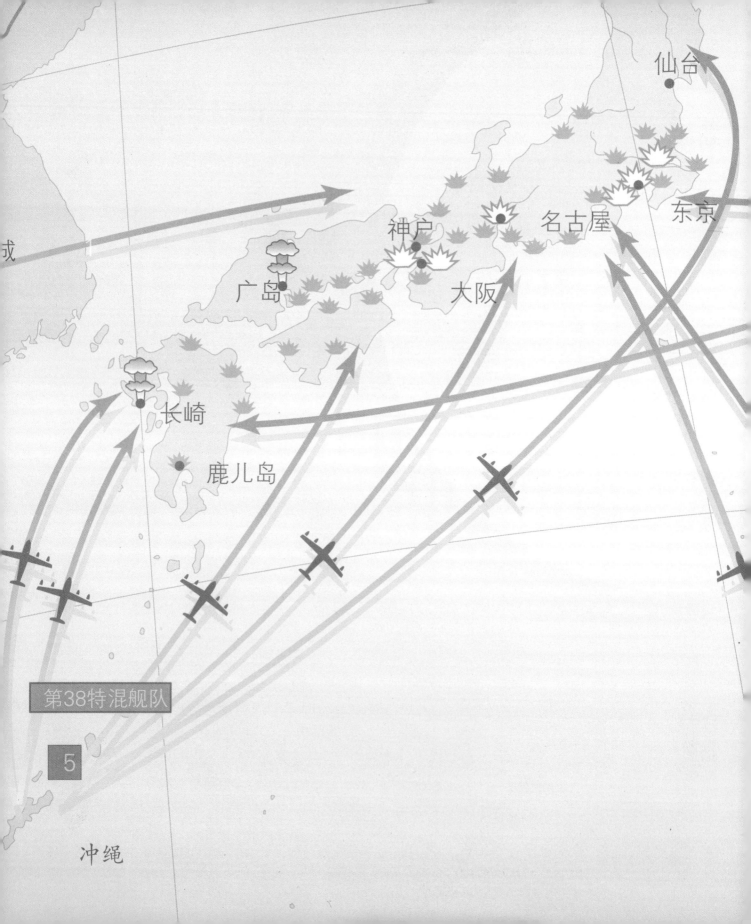

仙台

神户 名古屋

东京

广岛

大阪

长崎

鹿儿岛

第38特混舰队

5

冲绳